D1831328

हिन्दी पत्रकारिता एवं जनसंचार

हिन्दी पत्रकारिता एवं जनसंचार

डॉ. ठाकुरदत्त शर्मा 'आलोक'

वाणी प्रकाशन

वाणी प्रकाशन

4695, 21-ए, दरियागंज, नयी दिल्ली 110 002

फ़ोन : +91 11 23273167 फ़ैक्स : +91 11 23275710

शाखाएँ

अशोक राजपथ, पटना 800 004, बिहार

कॉफ़ी हाउस कैम्पस, महात्मा गांधी मार्ग, इलाहाबाद 211 001, उत्तर प्रदेश

महात्मा गांधी अन्तरराष्ट्रीय हिन्दी विश्वविद्यालय, वर्धा 442 001, महाराष्ट्र

www.vaniprakashan.com
marketing@vaniprakashan.in
sales@vaniprakashan.in

Hindi Patrakarita Evam Jansanchar
by Dr. Thakurdutt Sharma 'Alok'

ISBN : 978-81-8143-931-4
Journalism

© लेखकाधीन

संस्करण 2000, 2004, 2009, 2013
पाँचवाँ संस्करण 2023

मूल्य : ₹ 495

इस पुस्तक के किसी भी अंश को किसी भी माध्यम में प्रयोग
करने के लिए प्रकाशक से लिखित अनुमति लेना अनिवार्य है।

आर. टेक ऑफ़सेट प्रिंटर्स, दिल्ली-110 032 में मुद्रित

वाणी प्रकाशन का लोगो मक़बूल फ़िदा हुसेन की कूची से

श्रद्धेय श्री टी.आर. शर्मा, चीफ पोस्टमास्टर जनरल डाक सर्कल व श्रद्धेय श्री सी.आर.बी. ललित, वरिष्ठ प्रशासनिक अधिकारी हिमाचल प्रदेश, को सादर समर्पित, जिनके स्नेह व आशीर्वाद का मैं बराबर पात्र बना रहा हूँ।

जिनके प्रति कृतज्ञ हूँ

डॉ. राजदेव सिंह

डॉ. हरिराम जस्टा / एस.एन. वर्मा

शरत्

श्रीमती शारदा शर्मा

पन्नालाल शर्मा

प्राक्कथन

हिंदी पत्रकारिता के स्वरूप में बहुत परिवर्तन हुए हैं, उन परिवर्तनों का परिमापन ठाकुरदत्त शर्मा 'आलोक' ने अपने ग्रंथ 'हिंदी पत्रकारिता एवं जनसंचार' में बहुत संतुलित ढंग से किया है। आज हिंदी पत्रकारिता एक ओर तो संचार साधनों के तकनीकी विकास के कारण सूचनाओं के प्रसार में समय की कमी की तीव्रता के दबाव में आ गई है और बहुत संश्लिष्ट हो गई है; इसमें केवल राजनैतिक समाचार ही नहीं रहते, आर्थिक, सामाजिक समाचारों का भी सन्निवेश हो गया है। दूसरी ओर वह विश्व पत्रकारिता की होड़ में जनशिक्षा के नए आयामों, विज्ञान, तकनीकी, कला-संस्कृति और साहित्य के ऐसे उपयोग के लिए भी विवश है जो संपूर्ण मानव की रचना में समर्थ है। डॉ. आलोक ने इन सभी पक्षों को बहुत सूक्ष्मता से अंकित किया है।

पत्रकारिता आज भी आदर्श की भूमिका निभाती है, पर वह व्यावहारिकता का निर्वाह किए बिना नहीं रह सकती इसीलिए आज पत्रकारिता में व्यावसायिक प्रशिक्षण का महत्त्व बढ़ गया है। समय से उत्कृष्ट उत्पादन के लिए व्यावसायिक कुशलता अपेक्षित होती है। कभी-कभी यह कुशलता दुरुपयोग के कारण आदर्श से च्युत होने लगती है। प्रलोभन और सस्ती लोकप्रियता के दबाव में पत्रकारिता पीत पत्रकारिता में रूपांतरित होने लगती है, पर यह संतोष की बात है कि हिंदीक्षेत्र की पत्रकारिता इन सब दबावों के बावजूद एक परंपरागत मर्यादा का निर्वाह करती है। डॉ. आलोक ने इसी को ध्यान में रखकर समाचार-पत्र के संपादक, उपसंपादक के दायित्वों पर और समाचार-पत्र के सामग्री-वितरण पर मार्मिक प्रकाश डाला है।

दूसरे संचार माध्यमों और जन-संपर्क के नए उभरते स्वरूपों का क्या प्रभाव समाचार-पत्र पर पड़ता है इसका विवेचन भी डॉ. आलोक ने किया है। वस्तुतः आज सब कुछ परस्पर इतना संबद्ध हो गया है कि किसी भी व्यापार, किसी भी क्षेत्र, किसी भी ज्ञानतंत्र, किसी भी तकनीक की उपेक्षा नहीं हो सकती। सबका सब पर प्रभाव पड़ता है, पड़ रहा है। इन प्रभावों को आत्मसात करना और विशिष्ट छाप को बनाए रखना कठिनतर तो होता जा रहा है पर पत्रकारिता वही सफल होगी और वही टिकेगी जो ऐसा कर सके। जनसंचार के कुछ माध्यम उपभोक्तावादी

अपसंस्कृति के प्रसार में लग गए हैं। हिंदी पत्रकारिता उसका निरंतर प्रतिरोध कर रही है और इस प्रतिरोध का फल भी अब कुछ-कुछ दिखने लगा है।

पत्रकारिता वही स्वस्थ होती है जो सजग लोकमत का निर्माण करती है और लोकशक्ति को सही विवेक देती है कि वह राजनैतिक और सामाजिक परिवर्तनों में सशक्त भूमिका निभाए। पत्रकारिता न कोई सरकार गिराती है न कोई सरकार बनाती है। कुछ अपरिपक्व पत्रकारों को यह भ्रम भले ही हो कि वे सत्ता के खेल के नेपथ्य के खिलाड़ी हैं, पर सही पत्रकार वही है जो इस मुगालते के शिकार नहीं होते। सही पत्रकार स्वयं विवेक का प्रयोग करता है और अपने पाठक को स्व विवेक के प्रयोग के लिए प्रोत्साहित करता है। इसीलिए पत्रकारिता का काम इतना आसान नहीं है जितना कि स्वयंभू पत्रकार समझते रहते हैं। आज भी यह एक ऐसा काम है जो निरंतर बहुविध अध्ययन और खुली आँख से घटनाओं के पर्यालोकन की जिम्मेदारी मानता है।

डॉ. ठाकुरदत्त शर्मा 'आलोक' का यह प्रबंध निश्चय ही न केवल शोधार्थियों के लिए उपयोगी होगा, कार्यरत पत्रकारों के लिए भी स्वस्थ दिशा-निर्देशन देगा।

दिनांक 11.1.95

–विद्यानिवास मिश्र

विषय प्रवेश

पत्रकारिता एवं जनसंचार के क्षेत्र में जब हम पदार्पण करते हैं तो हमें ज्ञात होता है कि पत्रकारिता के इतिहास की समृद्ध परंपराओं से परिचित होना अत्यावश्यक है। पत्रकारिता एवं जनसंचार के विषय में अनेक विद्वानों ने सार्थक कार्य किया है और कुछ प्रामाणिक पुस्तकें भी प्रकाश में आई हैं। जिन पुस्तकों में पत्रकारिता जगत् के विभिन्न रूपों का विश्लेषण किया गया है पर फिर भी पत्रकारिता के संदर्भ में, जिज्ञासा का शमन नहीं हो पाता। जितना कुछ जान लिया गया है उससे मनुष्य की जिज्ञासा को एक नया आयाम एवं विस्तार ही मिला है।

पत्रकारिता यूँ भी आज एक व्यापक एवं बहुआयामी व्यवसाय बन गई है। इस विधा के अनेक पक्ष हैं। इनमें संपादन और व्यवस्था उल्लेखनीय हैं। संपादन कार्य एवं सूचना प्रवाह अंततः पत्रकारिता एवं जनसंचार का आधारभूत अंग है। इसके साथ आज के युग में मुद्रण कला भी पत्रकारिता का उल्लेखनीय विषय है। पत्रकारों के लिए भी पत्रकारिता के विभिन्न पक्षों का ज्ञान अपेक्षित है।

पत्रकारिता के इस युग में जनसंचार के जिन माध्यमों का विकास हुआ है उसमें पत्रकारिता के अतिरिक्त दूरदर्शन, आकाशवाणी, चलचित्र, प्रदर्शनी, मेले आदि बहुविधि माध्यम हमारे समक्ष उपलब्ध हैं। इसीलिए पत्रकारिता के प्रति लोकरुचि और आकर्षण में भी वृद्धि हुई है और इस तरह पत्रकारिता एवं जनसंचार को एक सम्मोहक क्षेत्र माना जाने लगा है।

आज जीवन जितना घटनाबहुल और वैचित्र्यपूर्ण हो गया है उसका सही प्रस्तुतीकरण करने के लिए पत्रकारिता एक अमोघ अस्त्र तो है ही इसके साथ एक जीवंत माध्यम भी। वास्तव में विश्व जीवन से संयुक्त होने और जुड़ने का भी यही एक सहज माध्यम भी है। आर्थिक, राजनैतिक एवं सामाजिक व्यस्तता प्रधान इस युग में समाचार-पत्र हमारे जीवन के लिए हवा व पानी की तरह अनिवार्य बन गए हैं। जिस तरह जीवन के लिए आहार, परिधान एवं अन्य मूलभूत आवश्यकताएँ अपेक्षित हैं उसी तरह सूचनात्मक ज्ञान की जिज्ञासा के शमन के लिए पत्र-पत्रिकाएँ अनिवार्य बन चले हैं। पत्रकारिता से लोकतंत्रात्मक शासन-प्रणाली फल-फूल रही है और इससे संसार सुखी एवं आनंदमय बन गया है।

पत्रकारिता के संबंध में बहुत कुछ जान लेने के बाद भी कुछ जिज्ञासाएँ शेष रह जाती हैं। जहाँ पत्रकारिता ने मुनष्य को शक्ति दी है, विचारबल की संभावनाओं को उजागर किया है, वहाँ हम यह भी विश्वस्त भाव से मानने लगे हैं कि कलम देश की ही नहीं अपितु विश्व की सबसे बड़ी शक्ति है जिसका शासन व्यक्ति के दिल और दिमाग पर है, इसीलिए शब्द की शक्ति, आज अस्त्र-शस्त्रों के प्रभाव को गौण करने में समर्थ हुई है। कलम शक्ति के द्वारा ही आज महाशक्तियों का सामना किया जाने लगा है। पत्रकारिता ने समाज, राष्ट्र तथा मानवता के चेहरे में निखार ला दिया है। इसके साथ पत्रकारिता पर अनेक तरह के आरोप भी लगने लगे हैं। पत्रकारिता सनसनीखेज हो गई है, कल जो पीत पत्रकारिता थी, आज वह ही पत्रकारिता रह गई है। कल के पत्रकार त्यागी पीढ़ी से संबद्ध थे, आज का पत्रकार सुविधाभोगी है। क्या पत्रकारिता कल भी और आज भी संघर्ष का ही रास्ता है ? ऐसे अनेक प्रश्न हैं, जिनका उत्तर खोजने के लिए 'पत्रकारिता एवं जनसंचार' बेहतर विषय बन सकता है, और लगने लगा है कि इस सम्मोहक क्षेत्र में शोध की अतुल संभावनाएँ भी हैं जिन्हें उजागर किया जाना समय की माँग रही है।

—डॉ. ठाकुरदत्त शर्मा 'आलोक'

अनुक्रमणिका

प्रथम अध्याय

स्वतंत्रता से पूर्व हिंदी पत्रकारिता

स्वतंत्रता से पूर्व पत्रकारिता के विषय में जानकारी प्राप्त करने हेतु उन सभी तथ्यों को जान लेना आवश्यक होगा जिन तथ्यों के कारण पत्रकारिता का क्षेत्र सम्मानित और गौरवान्वित हुआ है। जन-कल्याण को मुख्य मानते हुए सामाजिक, राजनैतिक एवं आर्थिक गतिविधियों का निरीक्षण, उनकी समीक्षा और उसके स्वरूप का निर्देशन करना पत्रकारिता का कार्य रहा है। पत्रकारिता का इतिहास राष्ट्र के उत्तरोत्तर विकास के साथ निर्मित हुआ है। पत्रकारिता ने राष्ट्र-प्रेम के प्रति जो जनमत तैयार किया, उसी से पत्रकारिता को भी बल मिला। विकास की प्रक्रिया उभयतः विकसित होती रही। इसी प्रक्रिया के परिप्रेक्ष्य में, देश के तद्‌युगीन परिवेश, सांस्कृतिक, सामाजिक और राजनैतिक गतिविधियों का दिग्दर्शन करना आवश्यक है।

पत्रकारिता का आरंभ

भारतवर्ष में पत्रकारिता का आरंभ अंग्रेजों द्वारा ही हुआ। अंग्रेजों ने अंग्रेजी भाषा में अपने हित के लिए समाचार-पत्रों का प्रकाशन प्रारंभ किया था। भारतीय पत्रकारिता के इतिहास में पहला पत्र निकालने का श्रेय जेम्स अगस्त हिकी को जाता है जिसने 'हिकीज बंगाल गजट' नामक अंग्रेजी साप्ताहिक पत्र निकाला। यही पत्र 'कलकत्ता जनरल एडवरटाइजर' के नाम से भी जाना जाता है। दो पृष्ठों का यह समाचार-पत्र सशक्त पत्रकारिता-भवन की नींव माना जाता है। इस पत्र के माध्यम से हिकी ने ईस्ट इंडिया कंपनी के प्रशासन और तत्कालीन अंग्रेज अधिकारियों के भ्रष्टाचारों का जमकर पर्दाफाश किया। इस पत्र के माध्यम से हिकी ने गवर्नर जनरल वारेन हेस्टिंग्स तक को क्षमा नहीं किया, अतः सरकार ने अवसर मिलते ही इस पत्र का गला घोंट दिया। इस प्रकार भारतवर्ष में पत्रकारिता के सूर्योदय के साथ दो तत्त्व मुख्य रूप से जुड़ गए। पहला सरकार एवं भ्रष्टाचार की आलोचना दूसरा सरकार की ओर से समाचार-पत्रों का दमन। 1857 ई. के स्वतंत्रता संग्राम में हुए व्यापक विद्रोह के फलस्वरूप बाद में अंग्रेजी के पत्रों का स्वर भी बदल गया और उनका स्वर सरकार समर्थक हो गया। इसी मानसिकता की प्रतिक्रिया स्वरूप हिंदी पत्रकारिता के सूर्य का उदय हुआ। भारतीय भाषा के

पत्रों ने देश के स्वतंत्रता संग्राम के लिए कालांतर में जनमत तैयार करने में महत्त्वपूर्ण भूमिका का निर्वाह किया। हिंदी पत्रकारिता ने अपनी संवेदनशीलता एवं समाज के घटनापूर्ण यथार्थ के अवलोकन में अपने विकास की संभावनाओं को उद्‌घाटित किया। इस प्रकार स्वतंत्रता से पूर्व हिंदी की प्रारंभिक पत्रकारिता ने अपने समय के भारतीय समाज के अनेक सामाजिक व्यवहारों, भावनात्मक एवं चिंतनात्मक स्थितियों का बड़ा साक्षीभूत चित्र प्रस्तुत किया।

राष्ट्रीय चेतना के विकास के परिप्रेक्ष्य में ज्ञातव्य है कि अंग्रेजों ने अपनी शक्ति और कूटनीति से 1857 ई. का राष्ट्रव्यापी स्वतंत्रता आंदोलन कुचल दिया। जिसके कारण भारतीय जनमानस में स्वतंत्रता प्राप्ति की आशा और आकांक्षा का उत्साह मंद होता दीख पड़ा। भारतीय मानस एक विशेष अवसाद तथा उदासी की पर्त के नीचे दबने-सा लगा। कुछ राष्ट्र-विरोधी तत्त्वों ने भी इस आंदोलन के समय, अंग्रेजों का साथ दिया। अंग्रेजों ने भारतीयों द्वारा ही स्वतंत्रता के आंदोलन का दमन, बड़ी निर्दयतापूर्वक कर दिया। बहुत कुछ इस असफलता के पीछे हमारा दोषपूर्ण संगठन भी रहा।

"भारत का शासन कंपनी के हाथों से ब्रिटिश पार्लियामेंट के हाथ चला गया और अशांत भारतीय प्रजा के परितोष के लिए महारानी विक्टोरिया ने एक घोषणा की जिसमें अनुकूल आश्वासन के शब्द थे। जिससे आश्वासबोध प्राप्त हुआ और विश्वास की एक नई भूमिका तैयार हुई। किंतु जो सरकार आंदोलन विफल करके भारतीयों को मात्र पराधीन ही बनाए रखना चाहती थी उस सरकार का विश्वास जनहित में कैसे संभव हो सकता था। इस विश्वास के पीछे तो मृगतृष्णा का माया जाल मात्र ही था। अतः यह स्पष्ट था कि ब्रिटिश सरकार की व्यावहारिक नीति में कोई परिवर्तन नहीं हो पाया। भारतीयों का पूर्ववत् शोषण, लूट-खसूट निरंतर जारी रही और परिणामस्वरूप राष्ट्र जीवन क्षत-विक्षत हो गया।"[1]

अंग्रेज सरकार ने 13 जून, 1857 को प्रेस संबंधी एक कानून बनाकर समाचार-पत्रों की स्वाधीनता कुंठित कर दी। श्रीमती एनीबेसेन्ट के शब्दों में "उन्नीसवीं शताब्दी के भारतीय लोग आस्तिकता और नास्तिकता के बीच झटके खा रहे थे। भौतिकता की बाढ़ के मारे राष्ट्र-जीवन विशृंखलित हो गया था। अंग्रेजी पढ़े-लिखे लोग हक्सले, मिल और स्पेन्सर के अनुयायी हो रहे थे। किंतु अपने साहित्य का उन्हें कोई ज्ञान नहीं था। वे अपने अतीत से घृणा करते थे। अतः भविष्य में उनका कोई विश्वास ही न रह गया था। वे अंधे होकर अंग्रेजों के तौर-तरीकों की नकल कर रहे थे एवं अपने कला-कौशल और शिल्प का विनाश करके, अंग्रेजी असवावों से अपना घर सजा रहे थे। राष्ट्रीय जोश का उनमें लेश भी नहीं था। राष्ट्रीय जीवन की गति बनानेवाली कोई भी क्रिया दिखाई नहीं पड़ती थी एवं यह

1. डॉ. कृष्णबिहारी मिश्र : हिंदी पत्रकारिता, पृष्ठ 57

संदिग्ध था कि भारतीय राष्ट्र के हृदय में कोई धड़कन भी शेष है या नहीं।"[1] स्पष्टतया जान पड़ता है कि देश की दशा पर्याप्त शोचनीय हो गई थी। स्वतंत्रता संग्राम के प्रयासों के परिणामस्वरूप संपूर्ण राष्ट्र जीवन जर्ज़र होकर रह गया था। भारत आनेवाले चालाक अंग्रेज भारत को लूटकर वापस इंगलैंड चले जाते थे इस राष्ट्र के विकास में उनकी रुचि कभी भी स्थायी नहीं हो सकती थी। न ही वे रुचि लेने के पक्ष में ही थे। उनका एकमात्र ध्येय भारत को जर्ज़र करना था। अंग्रेजों ने भारतीयों के देशप्रेम की भावना को समाप्त करने का हर संभव प्रयास किया और वे अपनी इस कूटनीति में काफी हद तक सफल भी हुए और भारतीयों को पराजय का मुख देखना पड़ा। सरकारी दमन-चक्र उग्र होता गया जिसका एकमात्र लक्ष्य राष्ट्रीयता की प्रबल भावना को समाप्त करना था।

ऐसे समय में भारतीय पत्रकारों के समक्ष एक बहुत बड़ा उत्तरदायित्व आ खड़ा हुआ। भारतीय पत्रकार के समक्ष दो ही कठिन मोर्चे थे, एक ओर देशवासियों की मानसिकता खिन्नता की स्थिति में थी, तो दूसरी ओर सरकारी दमन नीति एक शोषक चक्र की तरह गतिशील थी। इसी संक्रमण-काल में हिंदी पत्रकारिता उदित हुई थी। चेतना की दृष्टि से यह काल अद्भुत जागृति का काल था जिसने भारतीय मानस में नई शक्ति का विकास किया।

भारतीय पत्रकारों ने अपनी निष्काम और कर्मठ साधना द्वारा स्वतंत्र होने की महती-आकांक्षा को, फिर से प्रबल किया। पराधीन भारतीय मानस में प्रकाश की एक नई किरण का उदय हुआ, जो समय के साथ-साथ पराधीनता रूपी अंधकार के माध्यम से प्रबलतर होती गई। इस मानस प्रकाश में, पत्रकारों के मन में, पत्र-प्रकाशन का भाव प्रबल हो उठा। यद्यपि हिंदी पत्रकारिता की दिशा में अपेक्षित प्रयास इतना उत्साहजनक नहीं रहा, तथापि पत्रकारिता का योगदान महनीय रहा। "हिंदी पत्रकारिता ने जातीय-चेतना प्रवाह को विशेष कोटि की गत्वरता प्रदान की। अंग्रेजी शिक्षा और पाश्चात्य विचारों का आगमन भारत में बंबई, कलकत्ता और मद्रास में उत्तर भारत की अपेक्षा बहुत पहले हुआ क्योंकि वे समुद्र के किनारे थे। विशाल हिंदी क्षेत्र का संपर्क उन दिनों मद्रास एवं बंवई की अपेक्षा कलकत्ता में अधिक था और विहार जैसे बड़े हिंदी क्षेत्र को अंग्रेजों ने बंगाल का भाग बना रखा था अतएव वहाँ अंग्रेजी शिक्षित बंगाली बड़ी संख्या में जाने लगे थे और ज्यों-ज्यों अंग्रेजी राज पश्चिम की ओर बढ़ने लगा त्यों-त्यों अंग्रेजी शिक्षा और विचारों का प्रचार भी आगे बढ़ने लगा। अंग्रेजी शिक्षा और पाश्चात्य विचारों के कारण वंगाल में बड़ी वैचारिक क्रांति हुई थी। आर्थिक शोषण, अंग्रेजों के जुल्म, ईसाई मिशनरियों के प्रचार से धार्मिक विश्वासों को उथल-पुथल तथा पाश्चात्य राष्ट्रीय विचारों और वहाँ के स्वतंत्रता प्रेम के इतिहास ने भी बंगाल में इस महान् वैचारिक

1. डॉ. कृष्णबिहारी मिश्र : हिंदी पत्रकारिता, पृष्ठ 58

क्रांति को बल दिया।"[1]

कलकत्ता को हिंदी पत्रकारिता की जन्मभूमि होने का श्रेय प्राप्त है, क्योंकि हिंदी पत्रकारिता भवन-निर्माण का ऐतिहासिक कार्य कलकत्ता में ही हुआ। यह महत् प्रयास उस समय हुआ जब पत्रकारों को प्रारंभिक रूप से सरकारी दमन नीति से लड़ना पड़ रहा था। समाज में जो हिंदी के ज्ञाता माने जाते थे वे अपने ही संसार में विचरण कर रहे थे। हर प्रकार की बाधाओं को झेलते हुए पत्र-प्रकाशन संबंधी दायित्व का वहन करने के लिए पत्रकार संघर्षरत थे। पत्रकारों की निष्ठापूर्ण ललक ने उन्हें प्रतिकूल परिस्थितियों में भी कार्यशील रहने का अदम्य साहस प्रदान किया। इसी साहस ने भारतीय जनमानस की राजनैतिक चेतना को प्रखर किया। पत्र-प्रकाशन की मूलदृष्टि को अभिव्यक्त करते हुए राजा राममोहन राय ने लिखा था कि "मेरा उद्देश्य मात्र इतना ही है कि जनता के सामने ऐसे बौद्धिक निबंध प्रस्तुत करूँ जो उनके अनुभव को बढ़ाएँ और सामाजिक प्रगति में सहायक सिद्ध हों। मैं अपनी शक्ति-भर शासकों को उनकी प्रजा की परिस्थितियों का सही परिचय देना चाहता हूँ।"[2] ब्रिटिश सरकार की अनुदारता से भारतीय मानस निरंतर पीड़ित होता जा रहा था। इस प्रकार पराधीनता से त्राण पाने की आतुरता भारतीय जनमानस में बढ़ने लगी थी।

स्वतंत्रता से पूर्व कोई भी पत्रकार पत्रकारिता के क्षेत्र में इसीलिए नहीं आया कि वह धनवान और यशस्वी बन जाएगा अपितु पत्रकारों के मन में देश सेवा एवं देश प्यार की प्रबल भावना थी। व्यवसाय बुद्धि का इन पत्रकारों ने कदापि प्रयोग नहीं किया। उनके भीतर देश के प्रति निष्ठा की भावना भी प्रबल थी। वे दृढ़ इच्छा शक्ति से संचालित थे। वे पराधीन भारत को बेड़ियों से मुक्त कराने को कटिबद्ध थे। उन्होंने न केवल पत्रकारिता के प्रति लोकरुचि को परिष्कृत किया अपितु भाषा, साहित्य और संस्कृति को भी समृद्ध किया। अंततः भारतीय पत्रकारिता के कर्मठ पत्रकारों ने स्वतंत्रता प्राप्ति के लिए जनमत तैयार करने में महत्त्वपूर्ण दायित्व का वहन किया।

हिंदी का प्रथम पत्र : उदंत मार्तण्ड

हिंदी का अब तक सर्वज्ञात प्रथम पत्र 'उदंत मार्तण्ड' माना जाता है जिसका शाब्दिक अर्थ है समाचार-सूर्य। उसे कानपुरवासी पं. युगल किशोर शुक्ल ने भारतवासियों के हितार्थ 30 मई, 1826 को कलकत्ता से प्रकाशित करना आरंभ किया। इस पत्र की नीति भारतवासियों में राष्ट्र-प्रेम और सर्वांगीण विकास हेतु जागृति का भाव पैदा करना

1. महाराष्ट्र मानस : संपादकाचार्य बाबूराव विष्णु पराडकर विशेपांक लेख : श्रीनारायण चतुर्वेदी, पृष्ठ 13
2. डॉ. कृष्णबिहारी मिश्र, हिंदी पत्रकारिता, पृष्ठ 2

था। नवजागरण के आलोक में, हिंदी पत्रकारिता को गति देने के लिए उदंत मार्तण्ड का प्रकाशन, स्तुत्य प्रयास था। "उदंत मार्तण्ड का प्रकाशन ऐसे समय में शुरू हुआ जबकि भारतीय पत्रकार नई सभ्यता के संपर्क में आ चुके थे। भारतीय पत्रकारों के साधन यद्यपि सीमित थे तथापि उनका आदर्श बड़ा था। इस काल में भारतीय पत्रकार समाज के लोगों को नवीनता से संपृक्त करने के आकुल आकांक्षी थे। हिंदी में समाचार-पत्रों की स्वगत-भूमि तैयार नहीं हुई थी इसलिए हर कदम पर, प्रतिकूलता से जूझना पड़ता था। तथापि उनकी निष्ठा बड़ी बलवती थी और साधन की न्यूनता से उनकी निष्ठा सदैव अप्रभावित रही। हिंदुस्तानियों की भलाई के लिए तथा उन्हें परावलंबन से मुक्ति दिलाकर स्वतंत्र दृष्टि प्रदान करने के निमित्त प्रकाशित उदंत मार्तण्ड आर्थिक कठिनाइयों से अधिक दिनों तक न लड़ सका और 4 दिसंबर, 1827 को यह पत्र बंद कर देना पड़ा।"[1] उदंत मार्तण्ड के अवसान के पश्चात् भी इसकी लोकप्रियता धूमिल नहीं हुई। अपने भावों विचारों की अभिव्यक्ति के लिए समाचार-पत्रों की माँग लोगों के मन में पैदा हुई। इसी आवश्यकता ने अनेक स्थानों पर समाचार-पत्र के प्रकाशन की संभावनाओं को उजागर किया। उदंत मार्तण्ड के 4 दिसंबर के अंतिम अंक में संपादक ने लिखा था :

"आज दिवस लौं उग चुक्यों मार्तण्ड उदंत
अस्ताचल को जाता है दिनकर दिन अब अंत"

डॉ. कृष्णबिहारी मिश्र लिखते हैं कि "कहना न होगा कि पं. युगल किशोर शुक्ल ने ये पंक्तियाँ बड़ी व्यथा के साथ लिखी होंगी। यह भी कुछ विचित्र संयोग है कि हिंदी पत्रकारिता के उदय के साथ ही आर्थिक संकट का अशुभ ग्रह उसके साथ लग गया जिसकी कुदृष्टि हिंदी पत्रकारिता पर सदैव लगी रही।"[2] किंतु हमें भूलना नहीं चाहिए कि पत्रकारिता का मार्ग भी इसी पत्र द्वारा प्रशस्त हुआ। मार्तण्ड भले स्वयं अस्त हो गया किंतु अपने अवसान के बाद एक अन्य उज्ज्वल पत्रकारिता के सूर्य के लिए इस पत्र ने व्यापक संभावनाओं से भरी राह दिखा दी।

आर्थिक विपन्नता के कारण उदंत मार्तण्ड को बंद कर देना पड़ा। विदेशी सरकार से तो किसी प्रकार की वित्तीय सहायता की अपेक्षा रखना भारतीय बुद्धिजीवी पत्रकार की एक भूल ही प्रमाणित होती, क्योंकि विदेशी सरकार तो कभी प्रेस की स्वतंत्रता को स्वीकार ही नहीं सकती थी। उन्नीसवीं शताब्दी के तीसरे दशक में मद्रास के गवर्नर के इन कथनों में विदेशी शासक की कूटनीति की कुत्सित मानसिकता का बोध होता है। गवर्नर का कहना था कि "हमने भारत में अंग्रेजी

1. महाराष्ट्र मानस : संपादकाचार्य पंडित बाबूराव विष्णु पराडकर विशेषांक लेख : डॉ. रामचंद्र तिवारी, पृष्ठ 75
2. डॉ. कृष्णबिहारी मिश्र : हिंदी पत्रकारिता, पृष्ठ 31, 32

साम्राज्य की नींव इस नीति पर रखी है कि हमने अपनी प्रजा को न तो कभी प्रेस की आज़ादी दी है और न देंगे। यदि यहाँ की सभी जनता हमारी तरह अंग्रेज होती तो मैं प्रेस की स्वतंत्रता की माँग स्वीकार कर सकता था। लेकिन ये तो हमारे उपनिवेश के रहनेवाले यहाँ के नेटिव हैं। इनको प्रेस की आज़ादी देना हमारे लिए खतरनाक है। विदेशी शासन और समाचार-पत्रों की स्वतंत्रता दोनों एक साथ नहीं चल सकते। स्वतंत्र प्रेस का पहला कर्तव्य क्या होगा ? यही न कि देश को विदेशी चंगुल से स्वतंत्र कराया जाए। इसलिए अगर हिंदुस्तान को प्रेस की स्वतंत्रता दे दी गई तो इसका जो परिणाम होगा वह दिखाई दे रहा है।''[1] अंग्रेजों की इस कूटनीति से उदंत मार्तण्ड जैसे समाचार-पत्र का बंद होना कोई आश्चर्य की बात न थी।

यूँ भी स्वतंत्रता से पूर्व हिंदी पत्रकारिता का स्वरूप, एक ऐतिहासिक सत्य का प्रतीक रहा है। मनोवैज्ञानिक सत्य भी यह है कि मनुष्य की ज्ञान संवेदना से जुड़ा कोई भी इतिहास पराधीनता से स्वाधीनता की ओर अग्रसर होने का एक लंवा संघर्ष है। इस यात्रा के संघर्षपूर्ण पथ पर समाज की मूल प्रवृत्तियों, समाज द्वारा निर्मित परिवेश तथा समाज की ही विविध अवस्थाओं से हमें निरंतर संघर्ष करना पड़ा है। यही संघर्ष इतिहास का जनक रहा है। स्वतंत्रता से पूर्व पत्रकारिता का शक्तिदायी पक्ष यह था कि वह संपादक-मालिक का एक स्वर्णिम युग था। वड़े पूँजीपति पत्रकारिता के उद्योग में घुसे नहीं थे। आमतौर पर ध्येय-निष्ठा से प्रेरित होकर देश-भक्तिवाले लोग ही अखबार निकालते थे। उनके अपने विचारों की मर्यादा ही उनकी मर्यादा थी। शासन के पत्र-नियंत्रण कानून तो थे ही, युद्ध या बड़े आंदोलन के जमाने में उनका वहुत सख्त अमल भी होता था। लेकिन अन्य किसी शक्ति का अंकुश उस पर नहीं था। वह किसी के नौकर नहीं थे। हाँ अनुयायी जरूर थे। जब तक पत्रकारिता पूँजीपतियों से स्वतंत्र थी, सरकार से वह लड़ते थे। और तिलक, गांधी को आदर्श मानकर, अन्यायी कानून से भिड़कर जेल यात्रा भी करते थे। यही वजह है कि उनकी पत्रकारिता मोटे तौर पर स्वतंत्रता आंदोलन का माध्यम वन सकी और लोक शिक्षा का साधन भी। यही सिद्धि थी। यही उनका योगदान भी था। ''देशप्रेम की उपा उदय होने लगी थी। बंकिम बावू के 'आनंद मठ' में उसका आभास मिलने लगा था। उसने 'वन्दे मातरम' का प्रसिद्ध गीत दिया जो हमारी राष्ट्रीय स्वतंत्रता की चेतना का प्रेरक मंत्र हो गया किंतु हिंदी क्षेत्र में अंग्रेजी शिक्षा और अंग्रेजी विचार वहुत धीरे-धीरे फैले। हिंदी साहित्य में नवजागरण के अग्रदूत भारतेन्दु हरिश्चंद्र थे जिन्होंने हिंदी भापियों को अतीत का अभिमान अपने स्वरूप का ज्ञान तथा अपने देश और भाषा के प्रेम में दीक्षित किया। उनके कार्यारंभ के कुछ वर्ष बाद ही तथा उनके निर्वाण से कुछ वर्ष पहले स्वामी दयानंद

1. श्री राजेंद्र : 'संवाद और संवाददाता', पृष्ठ 9

ने धार्मिक और सामाजिक विचारों की क्रांति कर वहाँ के निवासियों में पुनर्जागरण उत्पन्न कर दिया। क्रांति के साथ प्रतिक्रांति भी होती है। अतएव जो स्वामी दयानंद के आर्य समाज में सम्मिलित नहीं हुए, उनमें भी क्रियाशीलता आई। क्रांति के साथ प्रतिक्रांति के इस युग में निश्चित रूप से अपने उत्थान करने की प्रबल आकांक्षा उत्पन्न हुई। यह पुनर्जागरण का काल था। समस्त हिंदू समाज में वैचारिक क्रांति का सूत्रपात हुआ था। क्रियाशीलता का दौर हर नसों में प्रवाहमान हुआ था। इसी समय समाज सुधार के दृष्टिगत उपजाति सभाएँ स्थापित हुईं तथा उपजाति पत्रिकाओं की बाढ़ सी भी आ गई थी।"[1] ऐसी कुछ पत्रिकाओं का विवरण श्री नारायण चतुर्वेदी ने अपने लेख 'कर्मठ पत्रकारों की परंपरा और पराडकर' नामक लेख में स्पष्ट शब्दों में किया है। उपजाति की इन पत्रिकाओं में कान्य कुब्ज पत्रिका, सरयू पत्रिका, पालीवाल पत्रिका, खत्री पत्रिका, अग्रवाल पत्रिका, क्षत्री पत्रिका, कर्मक्षत्री पत्रिका, जैन गजट आदि अनेक पत्रिकाएँ निकलीं। उन दिनों मैंने एक पत्रिका देखी थी जिसका नाम 'बिच्छु' था। बात बहुत पुरानी हो गई और मुझे याद नहीं कि उसमें क्या था। उसकी दो-चार प्रतियाँ मेरे संग्रह में अब भी पड़ी हैं। किंतु इस पत्रिका का नाम मेरे लिए सदैव कौतूहल बना रहा। सेवा-निवृत्त होने के बाद मुझे भारत सरकार के एक विभाग ने किसी निरीक्षण के लिए राज्यों में भेजा जिनमें राजस्थान भी था। वहाँ मुझे ठीक याद नहीं कि जोधपुर या बीकानेर की किसी बड़ी सड़क पर एक बड़ा साइनबोर्ड दिखा जिस पर बड़े अक्षरों में लिखा था 'बिच्छु ब्राह्मण सभा' तब मुझे मालूम हुआ कि वह बिच्छु पत्र जो मेरे लिए एक पहेली था, एक उपजाति के उत्थान के लिए निकाला गया था। अतएव उस युग में कितनी ही ऐसी पत्रिकाएँ हैं, जो न साहित्यिक थीं और न राजनैतिक किंतु विशुद्ध सामाजिक थीं, निकाली गईं। उस युग में हिंदी की इन पत्रिकाओं ने हिंदी प्रचार में ही सहायता नहीं दी प्रत्युत हिंदी पत्रकारिता की नींव डालने एवं उसे लोकप्रिय बनाने में भी सहायता दी।"[2]

हिंदी पत्रकारिता बहुत कुछ धार्मिक सुधार के कारण विकसित हुई। इसी सुधार की कोख में, एक दूसरी क्रांति पोषित हुई जिसने धार्मिक क्रांति को दफन कर हिंदी पत्रकारिता को आधुनिक स्वरूप प्रदान किया। राष्ट्रीय-भावना का उदय ही इस वैचारिक क्रांति के फलस्वरूप हुआ। हिंदी पत्रकारिता अपने आदर्श परक मूल्यों के कारण चर्मोत्कर्ष पर थी। उसमें धर्म, साहित्य, समाज सुधार, देश और जनता की दुर्दशा का चित्रण, देश-प्रेम, अंग्रेजी राज की आलोचना, साहित्य, कविता

---

1. महाराष्ट्र मानस : संपादकाचार्य विष्णु पराडकर विशेषांक, लेखक : दिनकर सांझीकर, पृष्ठ 90
2. महाराष्ट्र मानस : संपादकाचार्य पराडकर विशेषांक, लेखक : श्रीनारायण चतुर्वेदी, पृष्ठ 13

आदि सभी विषयों को लेकर लेखों का बाहुल्य दिखाई पड़ता है। जिसमें साहित्य के साथ राष्ट्रीयता का स्वर मुखर रहा है। साहित्य राष्ट्रीयता, हिंदी प्रचार तथा समाज सुधार का पक्षधर रहा।

"सन 1870 से 1910 तक हिंदी पत्रकारिता का संक्रांति युग था। धार्मिक और सामाजिक सुधार से आरंभ कर 1910 तक अपने राष्ट्रीयता, देश भक्ति का पूर्ण वरण कर लिया। उसकी राष्ट्रीयता का स्वर और स्वरूप 1910 से 1948 तक पूर्ण रूप से प्रखर रहा।"[1] इस युग के पत्रकारों ने आश्चर्यजनक निर्भीकता और दृढ़ता का परिचय दिया है। जहाँ इन्होंने सरकार के दमन चक्र को हँसते-हँसते स्वीकार किया वहाँ साधनों के अभाव में भी यह अपना श्रम-सीकर बहाते रहे। जंग लगी मशीनों, समाचार-पत्रों के पुराने तरीकों, दमघोंटू गर्मी, कंपायमान सर्दी का बराबर सामना करना पड़ा था। अभावों की गोद में इनका श्रम मुखर रहा। कठिनाइयों के बावजूद, ये पत्रकार झुके नहीं तथा सत्य को स्थापित करने के लिए उन्हें अनेक अत्याचारों का सामना भी करना पड़ा। वे कारावास जाने में भी कभी हिचकिचाए नहीं। हर परिस्थितियों में उन्होंने अपनी कार्यगत गरिमा को सदैव बनाए रखा। अपनी शैक्षणिक योग्यता के बलबूते पर ये पत्रकार समृद्ध वकील, डाक्टर अथवा मानी इंजीनियर भी बन सकते थे। जिस प्रकार की शक्ति इनकी कलम में थी, उसके बल पर ये बहुत से महत्त्वपूर्ण पदों पर भी आसीन हो सकते थे। किंतु इन्होंने राष्ट्रहित में सब प्रकार के सुखों को तिलांजलि दे दी। इस प्रकार पत्रकारिता के आलोक में पत्रकारिता का इतिहास जननायकों का इतिहास रहा है जो राष्ट्र सेवा में बहादुर रण-बांकुरों की तरह मृत्यु पीड़ा तले चलकर कर्तव्य-निष्ठा के क्षेत्र में सदैव अडिग रहे और किसी प्रकार की सुविधा भोग के प्रलोभन को उन्होंने कदापि स्वीकार नहीं किया। भारतीयों के अधिकारों के लिए यह बराबर लड़े मरे। इन्हें टूटना स्वीकार था, झुकना नहीं। इन पत्रकारों की आवाज को दबाने के लिए तथा इनकी कलम शक्ति को जर्ज़र करने के लिए प्रेस स्वतंत्रता का अनेकों बार गला घोंटा गया। किंतु इन पत्रकारों ने दुर्गम बाधाओं को पार करते हुए ऐसे पदचिह्न कायम किए जो आज भी अनुकरणीय हैं। उस युग के संपादक की कथनी और करनी में कोई अंतर नहीं था। वे जो कहते थे उसे जीवन में उतारते भी थे। उस समय की पत्रकारिता आज की तरह व्यवसाय न होकर, एक मिशन थी जिसका लक्ष्य आज की तरह मनोरंजन, सनसनी फैलानेवाले एवं दलगत राजनैतिक समाचार देना नहीं था। उस पत्रकारिता में गुण तेज, निर्भीकता, कष्ट-सहन और त्याग की अद्‌भुत क्षमता थी। आदर्श महनीय था तथापि साधन-शक्ति सीमित थी। वे नई सभ्यता की धड़कनों से भी भली भाँति परिचित थे। देश तथा समाज के

1. महाराष्ट्र मानस : संपादकाचार्य विष्णु पराडकर विशेषांक, लेखक : श्रीनारायण चतुर्वेदी, पृष्ठ 14

उत्थान के लिए उनमें प्रबल आकांक्षा थी। सरकारी संरक्षण की बात सोचना तो उनके लिए अर्थहीन ही था। उन्हें अन्य कोई प्रोत्साहन भी सुलभ नहीं था। हिंदी में पाठकों का भी अभाव था जिसके कारण हिंदी समाज का सहयोग भी नगण्य रहा। प्रचार-प्रसार के साधन तो सीमित थे ही। सच्चाई तो यह है कि उस पराधीन भारत में समाचार-पत्रों के स्वागत की भूमि उर्वर थी ही नहीं। पग-पग पर पत्रकारों को विघ्न-बाधाओं का सामना करना पड़ रहा था, इसके बावजूद इन पत्रकारों की कर्मनिष्ठा सर्वोपरि रही। इस प्रकार कहा जा सकता है कि स्वतंत्रता से पूर्व का पत्रकारिता इतिहास त्याग की अद्भुत क्षमता का परिचायक रहा है।

आधुनिक हिंदी पत्रकारिता के मापदंड स्वतंत्रता से पूर्व की पत्रकारिता की कार्यशैली के भीतर ही स्थिर हो गए थे। स्वतंत्रता से पूर्व पत्रकारों के कर्म में जनता की वाणी बोलती थी और राष्ट्र के नाम जनता की पुकार ही मुखर रही। स्वतंत्रता से पूर्व के पत्रकारिता के इतिहास के पन्नों का अध्ययन करके, हम सहज में ही जान सकते हैं कि पत्रकारिता का क्षेत्र कितना संतापदायी, पीड़ादायी तथा त्रासदायी काम रहा है।

स्वतंत्रता प्राप्ति एवं नवीन पत्रकारिता का उदय

स्वतंत्रता से पूर्व पत्रकारिता में राष्ट्र-भक्ति का भाव, सर्वोपरि था। गुलामी की जंजीरों को तोड़ डालने का संकल्प था, पत्रकार अखबार का मालिक एवं प्रबंधक था। सीमित साधनों के होते हुए भी पत्रकार का ध्येय स्वतंत्रता की मशाल को प्रज्वलित करना था। पत्रकारिता तब एक कौशल न होकर एक साधन थी। पत्रकारों ने अन्याय, अत्याचार और सामाजिक कुरीतियों पर भी अपनी लेखनी जमकर चलाई मगर शब्दों के माध्यम से व्यक्त आक्रोश, विदेशी शासकों के प्रति सर्वोपरि रहा और अंततः पत्रकारिता का लक्ष्य देश प्रेम ही था। स्वतंत्रता से पूर्व पत्रकारों की पीढ़ी, त्याग और समर्पण की भावना से देश में निमग्न रही।

स्वतंत्रता के पश्चात् पत्रकारिता का ध्येय राष्ट्र विकास की ओर केंद्रित होना स्वाभाविक था। लोकतांत्रिक व्यवस्थावाले इस देश में विकास की राहें प्रशस्त हों, इस ओर पत्रकार को अपना ध्यान केन्द्रित करना जरूरी हो गया। कठिनता से प्राप्त स्वतंत्रता को मजबूती का संबल मिले, यह कर्तव्य कर्म, पत्रकारिता ही निभा सकती थी। पत्रकारिता का विषय ऐसा नहीं रहा, जो एक साँचे में ढाला जा सके। पत्रकारिता-कर्म, ज्यादा चुनौतीपूर्ण हो गया।

राष्ट्र-भक्ति को राष्ट्रहित में, ज्यादा मुखर किए जाने की आवश्यकता स्वतः महत्त्वपूर्ण हो गई। पत्रकार के लेखन की विषय-वस्तु, कपोल कल्पना नहीं, अपितु

फक्कड़ स्वप्नों की सृष्टि हो गई। पत्रकार अन्यायों, अत्याचारों और मूल्यों के संबंध में दबकर नहीं, अपितु खुलकर लिखने के लिए बाध्य हो गया। स्वतंत्रता से पूर्व पत्रकार, जब ब्रिटिश सरकार की कारगुजारियों पर तीखे प्रहार करता था, तो सरकारी-तंत्र के लिए यह प्रहार असहनीय था और पत्रकारों को जेल की दीवारों के पीछे धकेल दिया जाता था। तब पत्रकार की लेखनी के वाण कभी कुंद नहीं हुए। पत्रकार तब ठोंक-पीटकर अपने व्यक्तित्व का निर्माण नहीं करता था, अपितु उसके भीतर पत्रकारिता के गुण जन्मजात थे। आज पत्रकारिता जबकि कौशल बन गई है, तथापि पत्रकार के लिए प्रशिक्षण भी अनिवार्य हो गया है।

देश में पत्रकारिता प्रशिक्षण-संस्थानों का दायित्व भी बढ़ गया है। कौशल की अनिवार्यता को स्वीकारते हुए माखनलाल चतुर्वेदी व पत्रकारिता विश्वविद्यालय के निदेशक एवं पूर्व संपादक दैनिक-ट्रिब्यून श्री राधेश्याम शर्मा का विचार है कि जैसे कोई व्यक्ति टाइपिंग सीखता है और टच मैथड द्वारा सीख भी जाता है लेकिन उसकी स्पीड एक सीमा से आगे बढ़ नहीं सकती। अगर वह साइंटिफिक हिसाब से टाइपिंग सीखेगा, तो उसकी गति बढ़ सकती है। घर के पास यदि नदी या ताल है तो आप उसमें तैरना तो सीख जाएँगे पर वास्तव में वह तैरना नहीं है। आप मात्र पानी के ऊपर तैरना सीख रहे हैं। साइंटिफिक तरीके से यदि आप तैरना सीखेंगे तो तेजी से तैरने के बावजूद भी आप थकेंगे नहीं। बिना प्रशिक्षण के तैरना सीखना संकट के समय उपयोगी नहीं साबित हो सकता। ठीक वैसे ही यदि पत्रकारिता को भी साइंटिफिक मैथड से सीखा जाए तो अधिक सक्षम और कुशल पत्रकार बना जा सकता है।

अमेरिका में, जहाँ 1910 में पत्रकारिता का प्रशिक्षण आरंभ हो चुका था और वहाँ भारत में यह धारणा रही कि पत्रकार पैदा होते हैं, बनाए नहीं जाते। ठीक है, स्वाभाविक प्रतिभा अलग-अलग व्यक्ति में भिन्न-भिन्न हो सकती है, लेकिन इस प्रतिभा को निखारना भी जरूरी है। अध्ययन और प्रशिक्षण के जरिए उसकी क्षमता, कौशल और दृष्टि की व्यापकता में वृद्धि होगी ही। हीरा भले ही महँगा हो, उसकी असली कीमत तो तराशने के बाद ही होती है। उसी प्रकार सोना सुनार के हाथों विविध आकृतियों में ढलता है, असाधारण कारीगर उसे अलग-अलग रूपों में गढ़ते हैं। इनमें से अधिकांश दूसरों से सीखकर अध्ययन द्वारा, प्रशिक्षण के जरिए, नई आकृतियाँ ईजाद करते हैं। पत्रकारिता के प्रशिक्षण से भी उसके तौर-तरीकों इतिहास विकास और नवीन तकनीकों की जानकारी मिलती रहती है। धीरे-धीरे इस पेशे का फैलाव हो रहा है। और प्रशिक्षणों की आवश्यकता महसूस की जाने लगी है।[1] स्वतंत्रता के बाद की पत्रकारिता के लिए प्रशिक्षण इसलिए भी अपरिहाय

1. साप्ताहिक हिंदुस्तान 22 सितंबर, 1991, पृष्ट 36, लेखक दिशा मिश्र, कॉलम युवा जगत् स्तंभ।

हो गया है क्योंकि कौशलता से की जा रही पत्रकारिता ने, कर्मयोग का स्थान ग्रहण कर लिया है। सही जानकारी और निष्पक्ष राय की अभिव्यक्ति के लिए यह जरूरी भी है। मिशन से कौशल के क्षेत्र में फल-फूल रही पत्रकारिता, एक स्वस्थ लोकतंत्र के लिए आवश्यक भी है। तभी पत्रकारिता अपनी बड़ी जिम्मेदारियों एवं चुनौतियों का डटकर मुकाबला कर सकती है। आज पत्रकारिता की अनुगूँज तभी बनी हुई है जब उसका विश्वास पाठकों में बना हुआ है। इसीलिए क्षिप्र गति से अखबार निकल रहे हैं। इसी विश्वास के साथ अखबार समाज में बनते एवं बिगड़ते हैं। जब तक पत्रकार पाठकों को सही और तथ्यपरक जानकारी उपलब्ध करवाता रहेगा और इस कार्य को पूरा करने के लिए निर्भीक बना रहेगा तभी पत्रकारिता का सेवा परक धर्म भी बना रहेगा और वह व्यावसायिक रूप ग्रहण करने से बची भी रहेगी। हुनर अथवा कौशल को व्यवसाय कहना भी बेमानी ही होगा।

आज पत्रकारिता ने उद्‌गम और साधना के क्षेत्र में अपने लिए एक स्थान बनाया है। यही कारण है कि हिंदी पत्रकारिता के चरण बढ़ रहे हैं। पत्रकार पत्रकारिता के क्षेत्र में आज जानकारी प्राप्त करने के लिए अत्यंत उत्सुक रहता है। पत्रकारिता आज देशवासियों के अधिकारों का सशक्त स्वर है। संसद व विधानसभा के सत्रों का अवसान तो निश्चित अवधि के भीतर हो जाता है पर पत्रकारिता की संसद का अवसान कभी नहीं होता। उसका स्वर भोर होते ही अखबार के मुख से, मुखर हो जाता है। अखबार एक सच्चे सेवक की तरह अपना कार्य कर रहे हैं। वह झकझोरकर किसी को जगाता नहीं है। उसके आ जाने पर पाठकों के लिए वह स्वतः उपयोगी सिद्ध होता है। जिस तरह सूरज की धूप से चुपचाप जगत् आलोकित हो उठता है। सेवक अपने कर्म को निष्काम भाव से संपन्न करता है; उसे किसी का भय भी नहीं होता, उसी प्रकार अखबार का कार्य भी अभय तथा निर्भीक हो गया है। "आज जिस तरह से शिक्षा का प्रसार हुआ है। संचार के क्षेत्र में क्रांति आ गई है। प्रिंट तकनीक पूर्णतः विकसित हो चुकी है। लोगों में जानने की जिज्ञासा और भूख बढ़ी है, तब जाहिर है कि उनको जानकारी देनेवाला तबका जागरूक, बुद्धिमान, विवेकशील होना चाहिए। उसका काम संतुलित होना चाहिए और प्रस्तुति सशक्त होनी चाहिए। यह क्षेत्र बड़ा व्यापक है। इसमें ऐसे कुशल पत्रकारों की खपत की गुंजाइश है जो विकास के साथ-साथ निराशा के माहौल को भाँप सके। आज समाज में परस्पर अविश्वास की स्थिति है। हिंसा और घृणा का बोलबाला है। इसके पीछे बहुतेरे कारण हो सकते हैं, एक मुख्य कारण राजनैतिक है। हमने अपने संविधान में विषमताओं को दूर करने की घोषणा की, समाजवाद का नारा लगाया, लेकिन उसके बाद भी विषमता भारी पैमाने पर बढ़ी है। सुलभ और सस्ते न्याय की जो हमने बात की थी वह भी कोरी बेतुकी साबित हो रही है। जाति व संप्रदाय के आधार पर भेदभाव और अन्याय, साफ

दिखाई दे रहा है। इससे देश और समाज का हित उपेक्षित रह जाता है।"[1] पत्रकारिता सदैव देश हित से जुड़ी रहती है। राष्ट्र चिंतन की पावन कोख से ही हिंदी पत्रकारिता का जन्म हुआ है।

पत्रकार को जब सामाजिक ढाँचे, आर्थिक, साहित्य, कानून, विज्ञान, संस्कृति, राजनीति और अंतर्राष्ट्रीय राजनीति की पूरी जानकारी होगी, तभी वह राष्ट्रहित में अपने देशवासियों को बेवाक राय दे पाने में सक्षम हो सकता है। पत्रकार अपने भीतर एक दिव्य दृष्टि की ज्योति को आलोकित कर सकता है। खोजपूर्ण कार्य कर पाने में दक्षता हासिल कर सकता है और यही कुछ आज स्वतंत्र भारत की पत्रकारिता के परिप्रेक्ष्य में पत्रकार कर रहा है।

स्वतंत्रता प्राप्ति के पश्चात् हमारे निजी स्वार्थों ने हमें सत्ता और पैसे का दास बना दिया है। पत्रकार की दृष्टि ऐसे लोगों पर टिकनी चाहिए, जो ये धारणा बना बैठे हैं कि सत्ता और पैसा हथियाने से ही सब कुछ संभव हो सकता है। स्वतंत्रता प्राप्ति के बाद तथाकथित राजनीतिज्ञों के इस भ्रम पर, पत्रकारिता ने चोट की है कि वे समाज को अपनी जेब में कैद कर सकते हैं। ऐसी सोच को निरर्थक सिद्ध करके, पत्रकारिता के पृष्ठों में खेलकूद, विज्ञान, साहित्य तथा कला आदि विषयों पर भी प्रचुर मात्रा में सामग्री पाठकों को उपलब्ध करवाई जा रही है। एक साफ-सुथरा माहौल बनाने के लिए पत्रकार कृतसंकल्प है और पत्रकारिता के पृष्ठ ऐसी सामग्री से भरने लगे हैं, जिन विचारों से देश के पाठकों में एक स्वस्थ मानसिकता विकसित की जा सके। इस तरह आज पत्रकारिता देशवासियों के साथ एक सार्थक संवाद स्थापित करने में सफल हुई है।

पत्रकारिता के समक्ष अहम कार्य यह है कि वह कैसे जनता को शिक्षित करे, सही सूचना दे और शिक्षाप्रद मनोरंजन भी उपलब्ध कर सके और इसके साथ-साथ प्रेस स्वतंत्रता की भी रक्षा करनी है। पत्रकारिता ने कौशल के साथ व्यावसायिकता की वृति को भी बढ़ावा दिया है। "रंगीन और अश्लील चित्रों को समाचार-पत्रों में प्रमुखता दी जाने लगी है, जिससे पाठक की अधम मनोवृत्ति जग रही है और समाचार-पत्र, पाठक की इस कुरुचि को व्यापार के लाभ हेतु ही उत्तेजित कर रहे हैं। पत्र मालिक आर्थिक लाभ पर अधिक वल देते हैं जबकि पत्रकारिता को मूल्यपरक बनाने की ओर कम ध्यान दिया जाता है। आज पत्रकार देश-चिंता से तो बेखबर ही दिखाई पड़ते हैं औद्योगिक विकास के साथ ही मुद्रण कला में अपेक्षित विकास हुआ है, जिससे पत्रों का संघटन पक्ष पुप्ट हुआ है और रूप-विन्यास में सुरुचि दिखाई पड़ने लगी है। विविधता आई है, किंतु पत्रकार की निष्ठा और मनोबल में ह्रास हुआ है। रूपसज्जा सँवरी है और दृष्टि मंद पड़ी है, क्योंकि

---

1. 22 दिसंबर 1991, साप्ताहिक हिंदुस्तान, पृष्ठ 37। दिशा मिश्र से माखनलाल चतुर्वेदी पत्रकारिता विश्वविद्यालय के निदेशक श्री राधेश्याम शर्मा की बातचीत का अंश।

साम्प्रतिक पत्रकारिता व्यावसायिकता के चंगुल में फँस गई है और सरकारी पुरस्कार-अलंकार पाने की ललक तथा सरकारी खर्चे पर विदेश-यात्रा की हमारी रंगीन भूख हमें मजबूर करती है गलत वातों का समर्थन करने के लिए।''[1] आज हम पत्रकारों की उस त्यागी पीढ़ी से वहुत दूर चले आए हैं जो श्रम-साधनापूर्वक देश के उद्धार के लिए कटिबद्ध थे। पत्रकार, त्याग के साथ औचित्य के पक्ष-प्रदर्शन एवं सत्य की प्रतिष्ठा में, त्यागी पीढ़ी के पत्रकारों द्वारा स्थापित पूज्य मूल्यों को स्थापित करने में असमर्थ हो रहा है। और परिस्थितियोंवश यदि यह असमर्थता बनी रही, तो इससे देश का हित असंभव हो जाएगा।

सच्चाई तो यह है कि इस देश में किसी भी भाषा की पत्रकारिता मिशन नहीं रह गई है, जबकि देश के सामने स्वाधीनता का मर-मिटनेवाला लक्ष्य था, उस समय पराधीन भारत में पत्रकारिता निःसंदेह मिशन थी और दुर्भाग्य से स्वाधीन भारत में अब वह मिशन दिखाई नहीं पड़ता जो स्वाधीनता के लिए मर-मिटनेवाला लक्ष्य था। स्वतंत्रता से पूर्व पत्रकारों में त्याग और निर्भीकता थी। कष्ट सहन और त्याग के मैं केवल दो उदाहरण दूँगा। संपादकाचार्य रुद्रदत्त शर्मा चालीस वर्ष तक विविध पत्रों में संपादक रहे और उनके अनुभव और योग्यता के कारण लोग उन्हें संपादकाचार्य कहते थे। वे निःसंतान थे। जब वे बहुत शिथिल हो गए तो उनके कंपोजीटर ने उन्हें आश्रय दिया।

एक बार कंपोजीटर को अपने गाँव जाना पड़ा। उनके भोजन के सामान का दो-चार दिन का प्रबंध कर गया था, पर उसे 10-12 दिन लग गए थे। लौटकर देखा कि पति-पत्नी चारपाइयों पर पड़े हैं। उन्हें कई दिनों से कुछ भोजन न मिला था। कंपोजीटर के पूछने पर शर्माजी ने बड़े क्षीण स्वर में कहा कि मैं कई दिन के उपवास से कमजोर हूँ। पर उस बेचारी को पहले देखो जो कई दिन से ज्वर में पड़ी है। उसके कुछ दिन बाद रुद्रदत्त की मृत्यु हो गई। दूसरा उदाहरण पं. अमृतलाल चक्रवर्ती का है। वे उन दिनों के बी.ए. थे। रेलवे की अच्छी नौकरी में थे। मातृभाषा बंगाली थी, पर उनमें राष्ट्र-भाषा का प्रेम और उसकी सेवा की भावना इतनी उद्दाम थी कि नौकरी से त्याग पत्र देकर वे हिंदी की सेवा में लग गए। बंगवासी, श्री वेंकटेश्वर समाचार आदि अनेक पत्रों में कई दशकों तक संपादक रहे। सारा जीवन हिंदी और हिंदी पत्रकारिता की सेवा में विता दिया। हिंदी संसार में उनका इतना सम्मान था कि वे हिंदी साहित्य सम्मेलन के वृंदावन अधिवेशन के सभापति चुने गए। किंतु जब वृद्ध हुए तव उन्हें जो कष्ट भोगना पड़ा, उसका वर्णन करना कठिन है, उस युग के संपादकों में कुछ ऐसे भी तेजस्वी और स्वाभिमानी संपादक हुए जिनका स्मरण करके मैं अपने को धन्य समझता हूँ। गर्देजी इतने

1. हिंदी पत्रकारिता, लेखक : डॉ. कृष्णबिहारी मिश्र, भारतीय ज्ञानपीठ प्रकाशन, पृष्ठ 443

स्वाभिमानी थे कि जब वे वृद्ध हो गए और उनकी आर्थिक अवस्था शोचनीय हो गई तब डॉक्टर संपूर्णानंद ने उनके लिए राज्य-सरकार से साहित्य सेवा के लिए पेंशन स्वीकार करवा दी। किंतु गर्देजी ने हिंदी पत्रकारिता की निष्काम सेवा के लिए उसे लेना अपने स्वाभिमान के विरुद्ध समझा और उसे अस्वीकार कर दिया। वे संपादक जो अनुभव करते और कहते, उसे जीवन में उतारते भी थे। श्री गणेश शंकर विद्यार्थी का बलिदान उसका ज्वंलत उदाहरण है। और यदि उनमें से किसी संपादक से कोई चूक हो जाती तो वे उसका प्रायश्चित्त भी करते थे। उसका भी एक उदाहरण है। पं. माधव राव सप्रे ने हिंदी केसरी निकाला, दस महीने के भीतर उससे दो-तीन बार जमानतें माँगी गईं। वे उन्होंने दे दीं। पत्र तब भी बंद न हुआ तो सरकार ने उन पर एक लेख के लिए मुकदमा चलाया। उन्हें शायद दो वर्ष की सपरिश्रम कारावास की सजा हुई। सरकार उन्हें माफी माँग लेने पर छोड़ देने को तैयार थी। वे माफी माँग लेने को तैयार न थे। और जेल में चले गए। किंतु उनके कुछ मित्रों और परिवारवालों ने उन पर जोर डाला कि उनके दबाव और मोह में आकर उन्होंने माफी माँग ली। वाहर आकर उन्हें अपने इस कार्य पर बड़ी ग्लानि हुई और अंत में प्रायश्चित्त के रूप में एक वर्ष मधुकरी वृत्ति धारण की, मधुकरी वृत्ति में व्यक्ति को ब्रह्मचर्य जीवन रखना होता है। जमीन पर सोना और नंगे पैर चलना पड़ता है। यही नहीं, केवल एक बार किसी गृहस्थ के यहाँ से मधुकरी अर्थात् रोटी माँगकर, जो मिल जाए उसे एक बार खाकर रहना पड़ता है। पुण्य श्लोक सप्रेजी ने अपनी कमजोरी के लिए एक वर्ष यह मधुकरी वृत्ति प्रायश्चित्त के रूप में निष्ठा से पूर्ण की।[1] स्वतंत्रता से पूर्व संपादक ऐसी मिट्टी से बने थे, जिस मिट्टी से जन्म होते ही उनके भीतर आदर्श संस्कारों के बीजांकुर फूट पड़े थे। उनके कुछ स्पष्ट सिद्धांत थे, और उनकी कथनी और करनी में कोई अंतर नहीं था। पत्रकारिता को उन्होंने अपने उच्च आदर्शों से गरिमा प्रदान की थी। इसके लिए उन्होंने कठिन कार्य किए थे। पत्रकारिता के संबंध में 1925 में वृंदावन में हिंदी साहित्य सम्मेलन के अवसर पर जो पृथक् हिंदी संपादक सम्मेलन हुआ था, उसकी अध्यक्षता करते हुए पराडकरजी ने कहा था—"हम हिंदी संपादकों का कार्य बहुत कठिन है। गोंददानी और कैंची हमारी सहायता नहीं कर सकती, करती भी है तो बहुत कम। हमारा संबंध केवल उन लोगों से नहीं है जिन्होंने पाश्चात्य शिक्षा पाकर भारतीय समाज से, एक प्रकार से, संबंध त्याग कर दिया है। उनके कृत्रिम जीवन की आवश्यकताएँ इन कृत्रिम इंडो-इंग्लिश-पत्रों से पूरी हो जाती हैं। हमारा संबंध प्रत्यक्ष समाज से है और उसका चित्र हम कहीं से चुराकर नहीं ला सकते। वह हमें स्वयं खींचना पड़ेगा। इसमें हम कितनी कुशलता दिखा सकेंगे, जितनी

1. महाराष्ट्र मानस : नवंबर, 1983, संपादकाचार्य पंडित विष्णु पराडकर : विशेषांक : लेख कर्मठ पत्रकारों की परंपरा और पराडकर : लेखक श्रीनारायण चतुर्वेदी, पृष्ट 15

अधिक गहराई में जाएँगे उतनी ही अधिक सफलता प्राप्त होगी। अंग्रेजी पत्रों की सहायता से सनसनी पैदा करनेवाले समाचारों, चित्र-विचित्र आविष्कारों से, बड़े-बड़े रोंगटे खड़े कर देनेवाले शीर्षकों से कुछ सफलता की आशा नहीं की जा सकती। राजनैतिक, धार्मिक और सामाजिक आंदोलनों से भी हम लाभ उठा चुके हैं, उठा रहे हैं और उठाते रहेंगे पर इन आंदोलनों से संबंध रखनेवालों की संख्या अधिक नहीं है। हम जब तक साधारण समाज को न अपनाएँगे और अपने पत्रों को उसके प्रतिनिधि न बना सकेंगे, तब तक न हमारी उन्नति होगी और न हम सेवा ही कर सकेंगे।"[1] स्वतंत्रता प्राप्ति के बाद समाचार-पत्रों का स्वामित्व पूँजीपतियों के हाथ चला गया और पत्रकारिता साधन के विपरीत व्यवसाय बनकर रह गई। पूँजी कैसे अर्जित की जाए, यह पत्रकारिता का उद्देश्य हो गई और इस प्रकार पत्रकारिता समाज-सेवा के मूल धर्म से वंचित होकर रह गई। देश में शायद ही कोई ऐसा पत्र अथवा पत्रिका होगी जो लाभ की दृष्टि से न निकाली जाती हो। समाचार-पत्र का संचालक ही, अपने को संपादक कहता है। और उसे संपादक माना भी जाने लगा है भले ही वह चार पंक्तियाँ भी न लिखता हो। इस प्रकार समाचार-पत्र-जगत् में संपादक के अर्थ ही बदल गए हैं, वह संपादन कर्म से भले ही दूर हो फिर भी वह संपादक कहला सकता है यह पत्रकारिता की विडंबना है।

समाचार-पत्रों में राष्ट्रीय समस्याएँ सूचना के रूप में प्रकाशित होती हैं किंतु पत्रकार स्वयं राष्ट्रीय समस्याओं से जूझते नहीं हैं। नैतिकता की ढेर सारी बातें समाचार-पत्रों के मुखपृष्ठ पर छपती हैं। किंतु पत्रकार के व्यक्तित्व में नैतिकता की झलक नहीं मिलती। भले ही निष्पक्ष और निर्भीक पत्रकारिता की जा रही हो पर यह पत्रकारिता के मूल्य नहीं हैं। पत्रकार के श्रेष्ठ एवं पूज्य गुण हैं, राष्ट्रहित और जनहित। सत्य महान् होता है, पर सत्य के अर्थ उस समय बदल जाते हैं जब सत्य, राष्ट्र के लिए घातक सिद्ध होता है। लोकहित की अवहेलना करके मात्र नग्न सत्य को उद्घाटित करने से पत्रकारिता का कर्तव्य बुरे व्यक्ति की बुराई को प्रकट करना है और इसके साथ-साथ सार्वजनिक अधिकारों की रक्षा करना भी। पत्रकारिता श्रेष्ठ वही हो सकती है जिसमें सत्य, निर्भीकता तथा राष्ट्रीयता का भाव सर्वोपरि हो। भाषा, व्याकरण, वर्तनी, सामाजिक और नैतिक मूल्यों पर आधारित पत्रकारिता ही पाठक समाज में सदैव उपादेय रही है और रहेगी। इसके लिए पत्रकार का जीवन सौजन्यपूर्ण, सादगी, सरलता से ओत-प्रोत होना ही चाहिए। पत्रकार को लेखन कर्म के माध्यम से नए मानक भी तैयार करने होंगे और नई भाषा भी बनानी होगी। मनोरंजन और सनसनीखेज तथा दलगत राजनीतिक समाचार से पत्रकारिता

1. पराडकर अंक उत्तर प्रदेश, अप्रैल 1985, सूचना एवं जन संपर्क विभाग उत्तर प्रदेश का प्रकाशन : लेख राष्ट्रीय नव जागरण और पराडकरजी : लेखक : जगदीश प्रसाद चतुर्वेदी, पृष्ठ 6

जगत् का हित कदापि नहीं हो सकता। आज पत्रों में छपाइ, और रंगीन चित्र भले ही शोभा के विधायक तत्त्व बनने लगे हैं। किंतु पत्रकारिता के इस युग से तेज, निर्भीकता, कष्ट-सहन और त्याग के गुण तो तिरोहित हो गए हैं। वह लोक कल्याणकारी तभी बन सकती है जब पत्रकारों में अद्‌भुत आत्मबल होगा तथा बुद्धि निर्मल होगी। ऐसे पत्रकार जिनका लोक-कल्याण के सिवा कोई स्वार्थ न होगा, वे ही ऐसी आचार-संहिता का निर्माण कर सकते हैं जिसका उल्लंघन करना शासक के लिए भी दूभर हो जाएगा। रोटी, कपड़ा और सामाजिक सुरक्षा, मूल्य वृद्धि-भ्रष्टाचार का अंत कैसे हो ? सांप्रदायिक सद्‌भाव कैसे बने ? आतंकवाद की समाप्ति कैसे हो ? शासक कैसे सेवक की भूमिका वहन करे ? कितने ही ऐसे ज्वंलत प्रश्न हैं जिन पर पत्रकार की कलम चलनी चाहिए। "हिंदी पत्रकारिता में स्वतंत्र, अच्छे लेखकों की उतनी कमी नहीं है। जितनी कि अच्छे जानकार संपादकों की। हिंदी पत्रकारिता को अब कुछ ऐसे साधन-संपन्न संपादकों की जरूरत है जो लेखकों का जुगाड़ ही नहीं निर्माण भी करते हों। सिर्फ उन्हें ढूँढ़ निकालकर, चमकाते ही नहीं रहते, हिंदी पत्रकार प्रायः टीम स्पिरिट से काम नहीं कर पाते। उनका अहम् हर वक्त आड़े आता रहता है। छान-बीन और खूब ज्यादा पूछताछ तथा खवरों और तथ्यों का पुनः परीक्षण करने की जहमत से वे अक्सर कतराते हैं। नतीजा यह होता है कि वे अपनी रचनाएँ उतनी जानदार नहीं बना पाते, जितनी कि अन्य भाषाओं के कुशल पत्रकार बना देते हैं। अच्छी सामग्री और अच्छी तरह पेश करने की कला, पत्रकारिता में क्या कुछ दिखाती है—इसकी मिसाल हिंदी डायजेस्ट 'सर्वोत्तम' है।"[1] पत्रकार के समक्ष ढेर सारे प्रश्नों का एक अंबार लगा है। उन्हें समझने के लिए ढेर सारे पाठक लालायित हैं ऐसी स्थिति में पत्रकार का कर्तव्य और भी बढ़ जाता है। हमारा देश हिंसा की आग में झुलस रहा है, कहीं जातिगत दंगे हो रहे हैं, कहीं हिंदू-सिख आपस में तनावपूर्ण स्थिति में रह रहे हैं, कश्मीर और असम में राजनैतिक विकृतियों ने जनता के साथ भारी खिलवाड़ किया है। हर तरह से देश का मानस हिंसक हो गया है। हिंदू मारे जाते हैं तो सिख का दिल दहलता नहीं, सिख मारा जाता है तो हिंदू दुःखी नहीं होता। असंवेदनशीलता के इस दौर में जब हर तरह से गलत ही गलत हो रहा हो ऐसे समय में पत्रकार को अतिरिक्त श्रम करना पड़ेगा, ताकि वह देश को सही दिशा दे सके। पर देखने में आ रहा है कि पत्रकारिता का यह धर्म मात्र सूचना परक ज्ञान तक ही सीमित रह गया है।

आततायियों, आतंकवादियों के मनों को बदलने के लिए पत्रकार को कलम उठानी होगी, तभी देश का भला हो सकता है। पत्र-पत्रिकाओं के पृष्ठों में ऐसे

---

1. महाराष्ट्र मानस : नवंबर, '83 संपादकाचार्य पंडित विष्णु पराडकर विशेपांक, लेख स्वातंत्र्योत्तर हिंदी पत्रकारिता, लेखक : डॉ. पृथ्वी नाथ शास्त्री, पृष्ठ 80

समाचारों तथा लेखों को छापा जाना चाहिए जो पाठकों के दिल और दिमाग की बंद खिड़कियों को खोल सकते हों। पत्रकारों को कमजोर समाज में एक विश्वास पैदा करने की प्रेरणा देनी होगी तभी पत्रकारिता का भवन सुदृढ़ हो पाएगा। अन्यथा भविष्य में इस भवन के खंडहर ही देखने-भर को रह जाएँगे।

पत्रकारिता जगत् के साथ खतरे भी ज्यादा जुड़ गए हैं। स्वतंत्रता से पूर्व पत्रकारों ने अपने नैतिक आदर्शों के कारण भले ही ढेर सारी यातनाएँ सहीं, पर अब पत्रकार जीवन के खतरों को झेल रहे हैं। पंजाब, असम, काश्मीर में पत्रकार भयंकर स्थिति में जीते रहे हैं। उनके एक हाथ में सुरक्षा के लिए बंदूक भी जरूरी हो गई तो दूसरे हाथ में कलम तो एक अनिवार्य शर्त है ही। पत्रकारों के जीवन के साथ जितने खतरे जुड़ गए हैं शायद पहले कभी इतने खतरों से पत्रकार का सामना नहीं था। पंजाब के आतंकवाद से एक अखबार समूह की टक्कर की एक दशक लंबी कहानी पत्रकारिता में अपने तरह की अकेली मिसाल है। यह टक्कर '81 में प्रारंभ हुई थी, जब आतंकवादियों ने उसके वयोवृद्ध संपादक लाला जगत नारायण की हत्या कर दी थी। चार साल बाद उनके पुत्र रमेश चंद्र की हत्या कर दी थी। अपने पिता के बाद वह संपादक थे। तब से अब तक समाचार संपादक, संवाददाता, पत्रकार, अखबार के हाकर एजेंट, अखबार ले जानेवाले ड्राइवर आदि किस्म के लोग भी आतंकवादियों के निशाने बनते रहे हैं। इस समूह के मारे गए गैर-पत्रकारों की संख्या 62 में से 48 है। एजेंटों और हाकरों को मारने से 141 एजेंटों ने अखबार लेना बंद कर दिया।[1] अखबार के प्रकाशन पर जिस तरह का आतंकवाद व्याप्त हो गया है उससे उसका पूरा का पूरा प्रबंधकीय ढाँचा भी चरमरा जाता है। पत्रकारिता भवन की नींव भी कमजोर पड़ जाती है और यही कुछ देश में पत्रकारों के साथ हो रहा है। स्वातंत्र्योत्तर पत्रकारिता के समक्ष जो सवसे बड़ी चुनौती है वह यह है कि इस क्षेत्र में कार्यरत पत्रकारों को, लोकहित के परिप्रेक्ष्य में, जनता की पीड़ा और उनका स्वर बनने के लिए नैतिक मूल्यों के पतन को रोकने के लिए तथा देश की जनता को अपने दायित्वों के प्रति जागरूक रहने के लिए सतत लेखन कार्य करना होगा। ताकि उनके लेखों के एक-एक शब्द व विचार हिंदी पत्रकारिता के अमूल्य दस्तावेज बन सकें।

अन्याय के विरुद्ध देश की जनता जागरूक हो और आजादी की रक्षार्थ तथा देश को विकास की राह पर ले चलने के लिए पत्रकारों के समक्ष वड़े कठिन कार्य हैं। आजादी के बाद विकास के स्वर मुखर हुए। हमने पर्याप्त प्रगति भी की, किंतु मूल्यों की बातें पिछड़ गईं। बटोरते रहने का भाव जन-जन में घर कर गया। देश हित बाद में स्वार्थ पूर्ति का भाव सर्वोपरि हो गया। पत्रकारिता को देश भक्ति का उत्स जन-जन में पैदा करना है, यही स्वातंत्र्योत्तर पत्रकारिता की सवसे बड़ी

1. कनाट तीरे स्तंभ : पृष्ठ 6, साप्ताहिक हिंदुस्तान, 3 नवंबर, 1991

चुनौती है। पत्रकार समाज के चेहरे को खूबसूरत बनाकर ही, अपने कर्तव्य कर्म से संतुष्ट हो सकता है। बाबूराव विष्णु पराडकर ने भविष्य वक्ता के रूप में कहा था कि "भारत में स्वाधीनता आने पर पत्रों की पाठक संख्या बढ़ेगी, उनकी छपाई-सफाई सुधरेगी, वे अधिक चमक-दमक से निकलेंगे। परंतु उनके विचार पराधीन हो जाएँगे। पत्रकार बड़े-बड़े व्यावसायिक प्रतिष्ठानों के क्रीतदास या विशिष्ट राजनैतिक मतवाद के भोंपू मात्र बन जाएँगे।"[1]

यह भी सत्य है कि स्वतंत्रता के बाद हिंदी पत्रकारिता का स्वरूप निखरा है। यह समस्त कठिनाइयों को लाँघती हुए आज ऐसी स्थिति में पहुँच गई है जहाँ विश्वास के साथ कहा जा सकता है कि इसका मार्ग अवरुद्ध नहीं होगा। हिंदी पत्र-पत्रिकाओं का प्रकाशन केवल हिंदी भाषी क्षेत्रों में ही सीमित नहीं रहा। काश्मीर से कन्याकुमारी तथा असम से पंजाब तक सभी राज्यों से पत्र-पत्रिकाओं का प्रकाशन हो रहा है। जिलों और छोटे-छोटे कस्बों से भी पत्र निकल रहे हैं और क्षेत्रीय समस्याओं को उजागर कर रहे हैं। दूर-दराज के क्षेत्रों में भी पत्र-पत्रिकाओं की प्रसार संख्या में बढ़ोतरी हो रही है। अंग्रेजी समाचार-पत्रों की अपेक्षा हिंदी के समाचार-पत्र, देश के कोने-कोने में पहुँच रहे हैं। इन पत्रों में विकास-समाचारों को भी प्रमुखता के साथ छापा जाता है। हिंदी पत्रों की पहुँच प्रशंसनीय है और अंग्रेजी पत्रों के प्रति पाठक का मोह टूट रहा है। इस तरह हिंदी पत्रकारिता का भविष्य उज्ज्वल जान पड़ता है। किंतु देखना यह है कि स्वातंत्र्योत्तर पत्रकारिता पाठकों के लिए उपयोगिता, प्रभावोत्पादकता, विश्वसनीयता, सम्मान, मानव-अधिकारों को दिलाने, रोचकता तथा पठनीयता की दृष्टि से किस तरह वरदान सिद्ध हो सकती है तथा सामाजिक प्रतिबद्धता में विवेक, क्षमता, समाज सेवा, त्याग, निष्पक्षता, राष्ट्रीयता, लक्ष्यपूर्णता, उत्तरदायित्व, आत्मबल, बलिदान और रचनात्मकता के उदात्त मूल्यों को कैसे उजागर करती है।

---

1. संस्मरण : लेखक प्रभाकर माचवे, आकाशवाणी पत्रिका, 16 जुलाई 1983, पृष्ट 3

द्वितीय अध्याय

जनसंचार के विविध रूप

जनसंचार का उद्देश्य है विचारों एवं भावों की अभिव्यक्ति को मनुष्य समाज में, साँझा करना और फिर उन भावों एवं विचारों से लाभान्वित होना। संचार का अर्थ ही है फैलाव यानी विस्तार। जन-जन में जब भावों और विचारों को अर्थपूर्ण अभिव्यक्ति मिलती है तो जनसंचार की बात सहज में ही समझ आ जाती है। अन्य जीव-जगत् में मनुष्य ही एक ऐसा बौद्धिक प्राणी है, जिसे विधाता ने अद्भुत मस्तिष्क प्रदान किया है। इसीलिए विधाता की इस सृष्टि में मनुष्य ही एक श्रेष्ठ प्राणी है। मनुष्य केवल आहार निद्रा तक सीमित नहीं है, वह साहित्य, कला, संगीत में भी अद्भुत रुचि रखता है। वह सृष्टि के तमाम रहस्यों को उघाड़ना चाहता है। मनुष्य अपने को तमाम दैवी विभूतियों से संपन्न करना चाहता है। उसकी ज्येष्ठता एवं श्रेष्ठता इसी में है कि वह मनुष्य-रूप में, संसार के सकल पदार्थों का अधिकारी बन सकता है।

विकास की सभी उपलब्धियों की प्राप्ति की ओर मनुष्य अग्रसर है। आज मनुष्य संचार के युग में रह रहा है और संचार का यह सिलसिला मनुष्य के अस्तित्व काल से चला आ रहा है प्रश्न उठता है कि मानव ने पहला संदेश कब प्राप्त किया और जिसके फलस्वरूप जनसंचार का सूत्रपात संभव हो पाया।

मानव सभ्यता के इतिहास में ऐसा समय भी अवश्य रहा होगा जब अभिव्यक्ति के लिए कोई लिखित एवं मौखिक साधन उपलब्ध ही नहीं थे, उस समय संभवतया मनुष्य ने संकेतों का सहारा लिया होगा धीरे-धीरे वह विकास की सीढ़ियाँ चढ़ता गया, मनुष्य ने मौखिक और लिखित माध्यम के रूप में भापा तथा बोलियों की खोज की और अपने भावों एवं विचारों की अभिव्यक्ति के लिए भाषा को एक कारगर हथियार बना डाला। आज जनसंचार के विविध रूप मनुष्य के समक्ष उपलब्ध हैं और मनुष्य जहाँ संचार क्रांति के युग में रह रहा है वहाँ मनुष्य विकास की अद्भुत ऊँचाइयों को भी स्पर्श कर पाने में सक्षम हुआ है।

आज वह राष्ट्र की महिमा को समझता है। इसी शब्द शक्ति ने ज्ञान और जानकारी को बेहद विस्तार दिया है। आज जनसंचार हमारे जीवन में महत्त्वपूर्ण स्थान रखता है। इसके अभाव में व्यक्ति का व्यक्ति से संपर्क संभव ही नहीं है।

मानव सभ्यता के अध्याय में हमारे देश में लोकतांत्रिक व्यवस्था है। इस लोकतांत्रिक व्यवस्था में जनप्रतिनिधियों को चुनकर एक राजसत्ता का अस्तित्व कायम किया जाता है। इसी राजसत्ता के रूप में हमारे देश में लोकतांत्रिक व्यवस्था है जहाँ लोगों द्वारा अपने हित में स्वयं जनप्रतिनिधि चुनकर सरकार का गठन किया जाता है। जनता और सरकार के बीच में जो संपर्क बनता है वह जनसंचार के माध्यमों द्वारा ही संभव हो पाता है।

समाज सेवा, साहित्य, संगीत के विभिन्न क्षेत्रों में जनसंचार द्वारा काम लिया जाता है। सरकारों का कार्यक्षेत्र भी मात्र राजनैतिक जीवन नहीं होता, राष्ट्र के निर्माण तथा राष्ट्र में आर्थिक गतिविधियों में भी सरकार का दायित्व होता है। राष्ट्र-निर्माण के लिए, राष्ट्रीय सुरक्षा के लिए तथा राष्ट्र-कल्याण के लिए सरकार को जनसमुदाय के सहयोग की जरूरत होती है। इसी जरूरत से ही जनसंचार की उपयोगिता का भी महत्त्व ज्ञात होता है। और हम जान पाते हैं कि जनसंचार जहाँ एक ओर विश्वास की सृष्टि करता है वहाँ यह शासन प्रणाली का अभिन्न अंग भी है।

जनसंचार से लोगों को न केवल अपने देश में घट रही घटनाओं की जानकारी मिलती है अपितु विश्व मंच पर क्या कुछ घट रहा है इस वात की जानकारी भी जनसंचार से ही प्राप्त होती है। जनसंचार माध्यमों द्वारा जो जानकारी लोगों को प्राप्त होती है वह सत्य पर आधारित होनी चाहिए। ताकि जनता जनार्दन घटित घटनाओं के बारे में ठीक से जान सके। जनता को जो सूचना गलत या भ्रामक तथ्यों के आधार पर दी जाती है उससे जनसंचार की भूमिका अर्थहीन हो जाती है। जनसंचार जिसका कि मानव समाज के लिए महत्त्वपूर्ण योगदान होता है, जिससे राष्ट्र का स्वरूप बनता है या बिगड़ता है, इस सत्य के आधार पर जब जनसंचार अपना विश्वास कायम करता है और इसी विश्वास से ही जनमत भी बन पाता है। इसके लिए जनसंचार माध्यमों को ईमानदारी, सत्यता तथा दक्षता के अवलंबन पर जन सेवा को प्राथमिकता देकर अपना विश्वास अर्जित करना चाहिए। जनसंचार माध्यमों की अभिव्यक्ति का सर्वोतम और सशक्त संबल है सत्य। जो संदेश अभिव्यक्त किया जाए वह सत्य हो, प्रिय हो और सत्य यदि अप्रिय है तो भी उसे अभिव्यक्त नहीं किया जाना चाहिए। कड़वे सत्य को भी मिठास की चासनी में डुवो देना उपयुक्त होता है। 'कथा सरित्सागर' में कहा गया है—को परः प्रियवादिनाम्। मधुर-भाषियों के लिए पराया कोई नहीं रहता—जनसंचार के संदर्भ में इसका मतलब यह हुआ कि यदि आपका किसी से मतभेद है तो अपने विचार व्यक्त करते समय शालीनता और शिष्टाचार का पूरा पालन करें क्योंकि अंत में निष्पक्ष रूप से दोनों की सहानुभूति उसी के साथ होगी जिसकी भापा में विनम्रता और मधुरता होगी।

कभी आपने सोचा, किसी नेत्रहीन व्यक्ति को अंधा न कहकर सूरदास ही पुकारा जाता है। नाई को 'राजा' क्यों कहा जाता है और सफाई कर्मचारी को 'भंगी' कहना शराफत के विरुद्ध माना जाता है। इसी तरह प्रिय ब्रूयात्‌वाली बात चरितार्थ होती है।

चाणक्य ने कहा है--बुद्धिमान मनुष्य को चाहिए किसी की भी उपेक्षा न करे। सबके मत को सुने। बालक की भी अच्छी बात को सुनकर उसका उपयोग करे।

जनसंचार सफल तभी होता है जब आप अपनी बात कहने के साथ ही दूसरों की बात सुनें।[1] इससे यह सिद्ध होता है कि जनसंचार में शिष्टता, विनम्रता एवं शालीनता का क्या महत्त्व है। इसी से जनसंचार की शृंखला अपना एक स्वरूप निर्धारित करती है। जनसंचार के विविध रूप क्या रहे हैं, इनकी संक्षिप्त जानकारी प्राप्त करना अत्यंत आवश्यक है।

"प्राचीन काल में भारतवर्ष में जबकि लिखने-पढ़ने व मुद्रण आदि के इतने साधन उपलब्ध नहीं थे, जनसंचार का सबसे बड़ा माध्यम गुरु अथवा पूर्वज के मुख से बात सुनकर उस संदेश को आनेवाली पीढ़ी तक पहुँचाना होता था। इसी प्रकार की किंवदंतियों के सहारे पीढ़ी-दर-पीढ़ी सूचना के एकत्रीकरण और संचार का कार्य वहन होता रहता था। कालांतर में लेखन का प्रचलन होने पर भोजपत्रों आदि पर लिखकर संदेश पहुँचाए जाने लगे। यह प्रथा हमारे देश में बड़ी कारगर सिद्ध हुई। इसी की बदौलत हमारे वेद-पुराण आदि हम तक पहुँच सके हैं। बाद में गुप्तकाल में तो शिलालेखों आदि की सहायता से कुछ ऐसी धार्मिक, राजनीतिक सूचनाएँ भी धातुओं व पत्थरों पर उकेरी जाती रहीं जिनके कारण आज भी वे बहुत सारे स्मारक हमें उपलब्ध हैं। जहाँ इन सब प्रयासों से इतिहास और पुरातत्त्व संबंधी मानवीय ज्ञान की वृद्धि हुई वहाँ ये सभी माध्यम तत्कालीन जनसंचार की शैलियों के परिचायक भी बने हैं।"[2] प्रायः जनसंचार में हम जनसंचार के तीन माध्यम स्वीकार करते हैं, पहला व्यक्तिगत, दूसरा नियंत्रित माध्यम तथा तीसरा सामाजिक माध्यम द्वारा संपर्क। जनसंपर्क व्यक्तिगत संपर्क का सशक्त आधार माना जाता है। व्यक्ति को घर-परिवार के सदस्यों के साथ जनसंपर्क स्थापित करना होता है। जनसंपर्क सूचना प्रेपित करने तथा व्यवहार को सार्थक बनाने का एक संगठित प्रयास है। जनसंपर्क माध्यम द्वारा यदा-कदा प्रोपोगेंडा को आधार बनाया जाता है और इससे छवि निर्माण का कार्य साधने का लक्ष्य सर्वोपरि रहता है किंतु यह एक गलत धारणा है कि सत्य और तथ्य का जिसमें अभाव है वह सशक्त संचार का माध्यम हो ही नहीं सकता। "प्रचार कार्य में दृश्य-श्रव्य साधनों रेडियो, चलचित्र, दूरदर्शन और वीडियो के जरिये जो व्यापकता, प्रभावकारिता और लोकप्रियता मिली है उसने पूरे प्रचारतंत्र को नए आयाम दिए हैं। इससे समय

1. जनसंचार : संपादक राधेश्याम शर्मा, पृष्ठ 22

और स्थान की दूरी जितनी कम हो गई है, वह अब कल्पना या अनुमान की बात नहीं रह गई है बल्कि प्रत्यक्ष और सामान्य अनुभव की बात है। इस समूचे तंत्र में कम्प्यूटर एक और क्रांति पैदा करने की क्षमता रखता है। कम्प्यूटर ने हर क्षेत्र में क्रांति की असीम संभावनाएँ पैदा कर दी हैं।"[1] और यह क्रांति संचार साधनों के ही तो विविध रूप हैं जिनसे यह क्रांति आज मानव के लिए उपयोगी सिद्ध हो पाई है। आज संचार मानवीय समझ के परिप्रेक्ष्य में दर्शन, समाज-शास्त्र, आर्थिक-विज्ञान, भाषा, मनोविज्ञान, समस्त ज्ञान प्रणाली एवं भाषा का सम्मिलित दर्शन बन गया है।

संचार के विविध रूपों के द्वारा चाहे हम बोलते हों, ढोल पीटते हों, कबूतर के माध्यम से संदेश भेजते हों, लिखते हों या पत्र-पत्रिकाओं को प्रकाशित करते हों, डाक प्रणाली का लाभ उठाते हों, उद्देश्य सबका एक ही रहा है।

एक समय सूचना के साधन आज की तरह क्षिप्र और तेज नहीं थे। आज इस दिशा में परिवर्तन से ज्ञान के भंडार खुले हैं। इस युग में सूचनाओं का विस्फोट हुआ है। आज सूचनाएँ अधिक तेजी से प्राप्त हैं और अधिक त्वरित गति से प्रचारित हो रही हैं। इसके लिए नए और पुराने दोनों साधनों का उपयोग बरकरार है।

उपग्रह सूचना लेकर दूसरे स्थानों को भेज सकते हैं। वे अंतरिक्ष से पृथ्वी के चित्र ले सकते हैं और पृथ्वी के समस्त भेद, अब भेद नहीं रह गए हैं। उपग्रह के माध्यम से कुशलतापूर्वक सूचनाएँ दूर तक भेजी जा सकती हैं, इस दिशा में संभावनाएँ और भी उज्ज्वल हैं। परंपरागत माध्यमों में लोकगीत, लोकनृत्य, सामूहिक ज्ञान रास कीर्तन, नाटक, नौटंकी, रामलीला तथा कठपुतली का नाच श्रव्य एवं दृश्य संचार के ही सशक्त माध्यम रहे हैं। इसके साथ मेले, तमाशे, उत्सव, स्वाँग आदि लोकानुरंजन के माध्यम भी संचार के विविध रूपों के ही पर्याय हैं। भावों-विचारों व सुख-दुःख की अभिव्यक्ति व सूचनाओं के विनिमय को कवि फ़ैज़ ने शायद तभी यह स्वर दिया है कि :

मेरे दर्द को जुबाँ मिले।
मुझे मेरा नामो निशाँ मिले।

संचार माध्यमों में, लोक संचार के साधनों को ज्यादा महत्त्वपूर्ण माना गया है क्योंकि इसका सीधा संबंध ग्राम्य समाज से है जहाँ हमारे देश का अधिकांश जन रहता है। लोक संचार के साधन लोगों की अभिरुचि के अनुकूल पाए गए हैं क्योंकि यह उनके दिल और दिमाग के लिए उपयुक्त है और इन्हीं के माध्यम से ग्राम्य-लोगों को ठोस जानकारी, उनकी अपनी भाषा में मिलती है। जिस भापा को वे ठीक से समझ सकते हैं और उनके लिए वह सहज ग्राह्य होती है। संचार

1. जनसंचार : संपादक राधेश्याम शर्मा, लेख : महाराज कृष्ण काव, पृष्ठ 94

साधन के अन्य रूप समाचार–पत्र-पत्रिकाएँ, रेडियो, ग्रामोफोन, टेपरिकार्डर, टेलीविजन और कम्प्यूटर का महत्त्व सर्वविदित ही है।

शिक्षा ने विज्ञान की सृष्टि की, विज्ञान के कारण जनसंचार के आधुनिक साधनों की खोज संभव हो पाई है। अब जनसंचार के साधन शिक्षा और विज्ञान दोनों के लिए अत्यंत लाभकर सिद्ध हुए हैं और संचार साधनों की उल्लेखनीय भूमिका निर्विवाद है।

जनसंचार के क्षेत्र में तकनीकी क्रांति

विज्ञान और प्रौद्योगिकी ने जीवन-व्यवहार के सभी क्षेत्रों में क्रांतिकारी परिवर्तन के युग का सूत्रपात किया है। विज्ञान और प्रौद्योगिकी के कारण हो रहे आश्चर्यजनक परिवर्तनों को हम देख-सुन रहे हैं। इन परिवर्तनों में सर्वाधिक योगदान कम्प्यूटर का है। मशीनीकरण में तो कम्प्यूटर के कारण एक अनोखी क्रांति आई है। आज यही परिवर्तन, संचार के साधनों में भी कम्प्यूटर के कारण संभव हो पाया है। इस कम्प्यूटर क्रांति ने जहाँ संचार के सभी साधनों में बदलाव एवं क्रांति की हलचल शुरू की है वहाँ कम्प्यूटर के कारण समाचार-पत्र की साज-सज्जा एवं प्रकाशन भी अद्‌भुत ढंग से हो रहा है।

यूँ भी आज सारा विश्व, सूचना एवं क्रांति के दौर से गुजर रहा है। हमारे संचार के साधन जैसे पत्र-पत्रिकाएँ, समाचार-पत्र, रेडियो, टेलीफोन और दूरदर्शन इत्यादि संचार साधनों की संख्या, गुण और भूमिका में तो असाधारण परिवर्तन हो रहे हैं जिनसे मानव जगत् को ढेर सारी सुविधाएँ तो उपलब्ध हुई ही हैं पर मानव इस असाधारण प्रगति पर हतप्रभ भी है। बदलते सूचना संचार माध्यम किस गति से विकसित हो रहे हैं और किस कदर हमारा जीवन प्रभावित कर रहे हैं वह इन दिलचस्प तथ्यों से स्पप्ट हो जाता है। सन् 1890 में सारे विश्व में टेलीफोनों की कुल संख्या 4,80,000 थी, 1920 में यह आंकड़ा बढ़कर 2 करोड़ 8 लाख हो गया, 1950 में 7 करोड़ 53 लाख और 1985 में कुल 62 करोड़ 50 लाख टेलीफोन प्रयुक्त हो रहे थे। आज के अति द्रुतगति के युग में ये आंकड़े भी पुराने पड़ चुके हैं।

एक दिलचस्प आंकड़ा लें। प्रथम 10 करोड़ टेलीफोन लगाने में 80 वर्प (1876 से 1956) लग गए, और अगले दस करोड़ केवल दस वर्षों में (1956-1966) लगाए गए। तीसरा हिस्सा 6 वर्पों में लगाया गया, चौथा 4-1/2 में, पाँचवाँ, 4 वर्पों में और छठा केवल तीन वर्पों में। आज प्रति घंटों में एक लाख फोन लगते हैं।

यह आमतौर पर इस्तेमाल किए जानेवाले सामान्य और पुराने संचार माध्यम का केवल एक उदाहरण है। पिछले तीन दशकों में उपग्रह संचार माध्यम के विकास के फलस्वरूप समूची धरती सूचना तरंगों की पर्तों से घिर गई है। फलस्वरूप धरती पर सूचना के किसी भी हिस्से में हो रही घटना से हम उसी वक्त संपर्क स्थापित कर सकते हैं। उपग्रह संचार माध्यम के कारण अखबारों, टी.वी चैनलों, टेलीफोन, फैक्स तथा अन्य कई प्रकार के संचार सूचना साधनों के विकास में असाधारण तेजी आई है। साथ ही ये साधन एक-दूसरे से जुड़कर सूचना के उत्पादन एवं वितरण के स्वरूप में असाधारण परिवर्तन ला रहे हैं। यह उपग्रह संचार माध्यम की ही देन है कि आज भारत के पिछड़े क्षेत्रों से भी भारी संख्या में नई पत्रिकाएँ एवं दैनिक पत्र निकलने लगे हैं। उत्तरप्रदेश, बिहार, मध्यप्रदेश, राजस्थान जैसे राज्यों से दैनिक अखबारों की संख्या में वृद्धि हुई है।

वर्ष 1992 में भारत में सूचना एवं तकनीक एवं सूचना संचार व्यापार में विशेष वृद्धि हुई है। कम्प्यूटर उद्योग पहली बार एक अरब डालर पार कर गया, जो 1991 के मुकाबले 24.4 प्रतिशत की वृद्धि थी।[1] भारतीय संचार व्यवस्था ने जो मंजिल तय कर ली है उसका अभी कोई अंत दिखता हुआ नजर नहीं आता, भविष्य में इस संचार क्रांति के फलस्वरूप कई चमत्कार देखने को मिलेंगे। देश में ग्राम पंचायतों में टेलीफोन आंकड़े आश्चर्यजनक हैं। नई संचार तकनीक का भारत के ग्रामीण क्षेत्रों में गहरा प्रभाव दिखाई पड़ रहा है और इससे महत्त्वपूर्ण सामाजिक एवं आर्थिक परिवर्तन सुनिश्चित होंगे। भविष्य में कम्प्यूटरों एवं टेली संचार का जाल, एक आवश्यक तकनीक बन जाएगा, इसमें संदेह की कोई गुंजाइश ही नहीं है। तकनीकी दृष्टि से संचार माध्यमों का विकास मानवीय दृष्टि से हमारे लिए अत्यंत उपयोगी सिद्ध हो सकेगा। आज हमारे देश में आतंकवाद, अलगाववाद, संप्रदायवाद, भाषा और क्षेत्रवाद की जो समस्याएँ हैं, इन समस्याओं की रोकथाम के कारण भी उचित ढंग से ही तलाशने होंगे। टूटते, बिखरते देश को एकता के सूत्र में पिरोने में संचार माध्यमों की भूमिका ही अर्थप्रद सिद्ध होगी।

जनसंचार क्षेत्र में तकनीकी क्रांति के कारण से लगता है वह दिन दूर नहीं जब विज्ञापन भी समाचार-पत्रों के कार्यालय में उपग्रह के ही माध्यम से पहुँचने लगेंगे। पाठकों की इच्छा के अनुसार समाचार-पत्रों के विशेष परिशिष्ट छप सकेंगे।

कम्प्यूटर के फलस्वरूप समाचार-पत्रों का प्रकाशन कार्य बेहद सस्ता और आकर्षक ढंग से संभव होने लगा है। कंपोजिंग रूम अब कम्प्यूटर के कारण अर्थहीन होने लगे हैं। कम्प्यूटर की क्षमता से कम खर्च पर समाचार-पत्रों के

---

1. सूचना क्रांति तथा संचार माध्यमों के बदलते आयाम : अनिल राजिमवाले द्वारा लिखित लेख, 8 फरवरी, 1993 को नवभारत टाइम्स में प्रकाशित।

कई संस्करण निकाले जा रहे हैं। समाचार-पत्रों की साज-सज्जा में नाटकीय सुधार संभव हो पाया है। समाचार-पत्रों के पृष्ठों पर बढ़िया और जीवंत चित्र प्रकाशित होने लगे हैं। ये सब संचार के क्षेत्र में तकनीकी क्रांति का ही सुखद परिणाम है। "अखबारों के दफ्तरों तक खबरें पहुँचाने, संपादकीय विभाग के प्रेस तक खबर की कापी पहुँचाने, उसकी कंपोजिंग आदि सारे काम आज कम्प्यूटर से पलक मारते होते हैं। बड़े-बड़े होटलों में कमरों की संख्या, खाली या भरे कमरों, ग्राहकों का हिसाब आदि सारी बातें कम्प्यूटरों से होती हैं। ग्राहक अपने कमरे के फोन से कहीं भी फोन मिला सकता है और उसका बिल अपने आप रिकार्ड हो जाता है। रेलवे या विमान में रिजर्वेशन आदि काम पलक मारते संचार साधनों-उपकरणों से हो जाता है।"[1] निःसंदेह जनसंचार के साधनों में अद्भुत क्रांति का श्रीगणेश हुआ है और संचार साधनों से ही उपग्रह, सेटेलाइट, चंद्रमा व अन्य ग्रहों से जानकारी प्राप्त हो रही है। संचार माध्यमों से मनुष्य की मानसिकता और स्वभाव में भी परिवर्तन संभव हो सकेगा और इसकी पर्याप्त संभावनाएँ हैं। लेकिन यह संचार माध्यमों के सही उपयोग पर बहुत कुछ आश्रित होगा। संचार माध्यम का उपयोग कैसे सही कार्य के लिए हो सकता है इसके लिए आवश्यक है कि संचार माध्यमों के उपयोगकर्ता को यह जानकारी होनी चाहिए कि संचार माध्यमों के उपयोग का सही समय कौन-सा है ? इसके साथ ही उपयोगकर्ता को संचार साधन के लक्ष्य का भी सही ज्ञान होना चाहिए। लक्ष्य की जानकारी के बाद ही सही समय का चयन भी संभव हो सकेगा, तभी संदेश ग्राहक, संदेश को सुनने और समझने को तत्पर होगा और उस संदेश को अंततः हार्दिक रूप से स्वीकार भी करेगा। तभी संचार माध्यमों का मानव चरित्र पर गहरा प्रभाव भी पड़ेगा और इन माध्यमों से नए अनुभव भी मनुष्य जगत् को सुलभ हो सकेंगे। इनके परिणाम भी अत्यंत आश्चर्यजनक होंगे।

यह सर्वमान्य सत्य है कि जनसंचार की क्षमताओं तथा सीमाओं के कारण सामाजिक तथा मनोवैज्ञानिक रूप से महत्त्वपूर्ण परिणाम सामने आ रहे हैं। संचार साधन मानव जगत् के लिए सही लक्ष्य के साथ जब तक प्रयुक्त किए जाएँगे तो इससे बड़े ही लाभकारी परिणाम सामने आएँगे इनका दुरुपयोग मानव जाति के लिए घातक भी सिद्ध होगा। संचार क्रांति का महत्त्व भी इस बात में है कि इसका प्रयोग अंततः मनुष्य की स्थिति में सुधार के लिए ही होना चाहिए। प्रौद्योगिकी से तकनीक का विकास होता है अब यह उन लोगों पर निर्भर होता है जो जन-संचार को नियोजित करते हैं कि वे इन संचार साधनों को मनुष्य मात्र की सेवा के लिए किस कद्र प्रयोग में लाते हैं यह उनकी प्रतिभा और सूझ-बूझ पर ही बहुत कुछ निर्भर करता है। आधुनिक युग में जनसंचार में जो क्रांति आई है उससे

---

1. जनसंचार : राधेश्याम शर्मा, पृष्ठ 120

परंपरागत माध्यम प्रभावित हुए हैं। उनका अस्तित्व आज भी बना हुआ है। आज भी जनसाधारण उन परंपरागत संचार साधनों से प्रभावित है और आवश्यकता अनुकूल उनका दोहन करते हैं।

परंपरागत संचार माध्यमों व आधुनिक संचार माध्यमों में एक संतुलन बनाने की अति आवश्यकता है ताकि संतुलित दृष्टिकोण अपनाने के माध्यम से यह माध्यम अपने सामाजिक महत्त्व के दृष्टिगत सामाजिक प्रगति में अपनी-अपनी सही भूमिका का वहन करने में समर्थ हो सकें। वे व्यक्ति जो संचार साधनों का दोहन करते हैं, उनके लिए जहाँ तकनीकी-प्रतिभा का पूर्ण ज्ञान अपेक्षित है वहाँ उनके लिए यह भी जरूरी है कि वे राष्ट्र के सर्वांगीण विकास तथा मानव मूल्यों के परिप्रेक्ष्य में सामाजिक परिवर्तन के लिए भी संचार साधनों के सही उपयोग को सुनिश्चित करें तभी संचार साधनों में हो रही तकनीकी क्रांति मानव मात्र के लिए वरदान सिद्ध हो सकती है।

जनसंचार : तकनीक तथा शैलियाँ

जनसंचार के बिना मनुष्य का जीवन दूभर है। मनुष्य के जीवन में संचार-विहीन कोई क्षण है ही नहीं। शायद ही ऐसा कोई क्षण हो, जब मनुष्य संचार से न जुड़ा हो। संचार शून्य होना मनुष्य के लिए बड़ा कठिन है। नींद में भी मनुष्य संचार से जुड़ा रहता है भले ही तब मन किसी स्वप्न संसार में ही क्यों न डूबा हो। शरीर की लाखों कोशिकाएँ भी एक-दूसरे से संचार करने के लिए निमग्न रहती हैं ऐसा मस्तिष्क वैज्ञानिकों की धारणा है। जिस क्षण शरीर के भीतर संचार प्रक्रिया वंद हो जाएगी उस दिन जीवन का ही अंत हो जाएगा। इस तरह संचार एक जीवंत प्रक्रिया है। हम अपनी जाग्रत अवस्था का अपना सारा समय सुनने, बोलने, लिखने-पढ़ने, चिंतन-मनन की प्रक्रिया में व्यतीत करते हैं।

संचार प्रक्रिया के अंतर्गत हम अपने विचारों और अनुभवों को साझा करते हैं। कभी-कभी मनुष्य "आप, आपसे कहता है और आप आपकी सुनता है।" संचार का मुख्य उद्देश्य ही, वैचारिक सहभागिता एवं साझेदारी होता है। "संचार की सफलता तीनों घटकों की क्षमता और तालमेल पर निर्भर करती है। संदेश भेजनेवाले व्यक्ति के पास पर्याप्त सूचना होनी चाहिए। सूचना भेजनेवाले व्यक्ति में यह योग्यता होनी चाहिए कि वह सूचना ऐसे संकेतों अथवा कूटों में प्रेषित करें जिन्हें प्राप्त कर्ता समझ सकें। संचारक आमतौर पर सूचना अपने ज्ञान और अनुभव के आधार पर तैयार करता है और सूचना प्राप्तकर्ता इसका अर्थ अपने अनुभव और ज्ञान के आधार पर लगाता है। अतः स्पष्ट है कि यदि दोनों के बीच कोई साझा अनुभव

नहीं है तो संचार लगभग असंभव हो जाता है।"[1] तात्पर्य यही है कि संदेश एक तो अर्थकर हो दूसरे संदेश का माध्यम ऐसा हो जिससे संदेश प्राप्तकर्ता को संदेश प्राप्त करने में कठिनाई न हो। संदेश तभी सार्थक होता है जब संदेश प्रेषक और प्राप्तकर्ता का अनुभव, साझा होता है।

संचार में संदेश से तात्पर्य है अंतर्वस्तु। इसी अंतर्वस्तु में ही संचार का महत्त्व होता है। किंतु अंतर्वस्तु का महत्त्व भी संदेश प्रेपक, माध्यक तक ग्रहणकर्ता पर निर्भर करता है। वाक्पटुता भी संचार का महत्त्वपूर्ण अंग है। वाक्पटु व्यक्ति इसीलिए श्रोताओं की चिंतनधारा को बदल देता है। वाक्शूरों ने अपनी वाणी से समय-समय पर कई चमत्कार दिखाये हैं। एक भापणकर्ता अपने ओजस्वी भाषण से जन समूह की सोच को बदल देता है। जूलियस सीजर नाटक के ऐंटनी ने जनसमूह की धारा को ऐसे बदल दिया था कि जनता ने ब्रूटस की फिर एक न सुनी। हिटलर के प्रचार सचिव गोयेवेल्ज के विषय में कहा जाता है कि वह अपनी वाक्पटुता से एक झूठ को बार-बार दोहरा कर, सच्चाई में बदल देता था। नाजी तानाशाह, अपनी वाक्पटुता से बड़ी नाटकीय मुद्राओं में जनता की भावनाओं से खिलवाड़ कर, पागलपन की सीमाओं तक पहुँचाकर अपनी बात कहता था। इस तरह भाषणकर्ता स्वयं ही संदेश प्रेपक वनकर, अपनी वाक्पटुता से संदेश को ग्रहणकर्ता तक पहुँचाता है। संचार में महत्ता विचारों की होती है और महत्ता होती है व्यक्ति की, जो विचारों की उद्भावना करता है। आज हम राजनेताओं के चमत्कारपूर्ण भाषणों और व्यक्तित्व से बरावर प्रभावित होते हैं। यह संचार ही है और जब यह जन समूह के साथ होता है तव इसे जन-संचार कहते हैं।

आधुनिक प्रौद्योगिकी तथा परंपरागत माध्यमों ने जनसंचार को प्रभावकारी बना डाला है। पत्र-पत्रिकाओं के प्रचार और प्रसार ने भी जनसंचार को सार्थकता प्रदान की है। जनसंचार का प्रभाव, जनसंचार की तकनीक तथा शैली पर भी निर्भर है और आज के युग में इस सत्य को हम नकार नहीं सकते कि तकनीक तथा शैली जितनी कारगर होगी जनसंचार उतना ही फलप्रद एवं लाभकारी होगा।

पारंपरिक तथा आधुनिक माध्यमों का एक साथ प्रयोग भी जनसंचार का एक प्रभावकारी प्रयोग है। राज्य सरकारों के जन संपर्क विभाग तथा भारत सरकार के प्रचार निदेशालय लोकनृत्यों, लोकनाटकों, स्वाँग तथा दूसरे अन्य फिल्में आदि कार्यक्रमों को दिखाकर मिश्रित संचार माध्यम का सफल प्रयोग करते हैं। परंपरागत माध्यमों में जनभापा का प्रयोग किया जाता है ताकि लोग प्रसारित किए जानेवाले संदेश को आसानी से समझ सकें। आधुनिक माध्यमों द्वारा राजभापा का प्रयोग

1. जनसंचार : सं. राधेश्याम शर्मा, पृष्ठ 98
पाठ जनसंचार : तकनीक एवं शैलियाँ लेखक सोहन लाल शर्मा।

किया जाता है ताकि संप्रेषणीयता का उद्देश्य पूरा हो सके। आधुनिक तथा पुरानी तकनीक को एक साथ प्रयोग में लाना भी एक शैली है।

जनसंचार के लिए जिन तकनीक एवं शैलियों का प्रयोग किया जाता है उनमें मुद्रित शब्द का अपना महत्त्व है।

मुद्रित शब्द : मुद्रित शब्द, जनसंचार का एक महत्त्वपूर्ण माध्यम है। समाचार-पत्र एवं पत्रिकाएँ इस मुद्रित शब्द के सुंदर चेहरे हैं। शब्द ही समाचार-पत्रों के चेहरे को सँवारता है और इस मुद्रित माध्यम को जीवंत भी बनाता है। इसीलिए हम शब्द को सरस्वती का पर्याय मानते हैं। हमारी मनीषा ने शब्द को ब्रह्म की संज्ञा दी है। शब्द की प्राणवत्ता से ही अज्ञान की जड़ता भी टूटती है। शब्द अर्थ देने में समर्थ होता है। स्वतंत्रता संग्राम के दिनों में शब्द 'करो और मरो' का संदेशवाहक बना। यह शब्द ही था जिसके संबल से नेताजी सुभाष चंद्र बोस ने कहा था 'जय हिंद' तथा कहा देशवासियों से और प्रेरक शब्दों में, कि 'तुम मुझे खून दो, मैं तुम्हें आजादी दूँगा'। सत्य और अहिंसा का संदेशवाहक भी शब्द ही था। अपने मुद्रित रूप में शब्द पत्र-पत्रिका की घाटी पर साकार हो उठा। शब्द को नई तकनीकी एवं शैली के सहारे समाचार-पत्रों तथा पत्र-पत्रिकाओं में स्थान दिया गया और उसका जनसंचार के उद्देश्य के लिए सम्यक् ज्ञान के साथ प्रयोग होने लगा। "प्रौद्योगिकी के विकास के साथ-साथ भारतीय समाचार-पत्रों और पत्रिकाओं में नई-नई तकनीकों का प्रचलन हुआ है। समाचार-पत्र की छवि को नया रूप देने के लिए साज-सज्जा के क्षेत्र में अभूतपूर्व प्रगति हुई। नई-नई मशीनों और विभिन्न प्रकार की मुद्रण की प्रक्रियाओं द्वारा पत्रिकाओं को द्रुतगति से छापने की व्यवस्था के साथ-साथ उनकी विषय-वस्तु में भी पर्याप्त सुधार हुआ है। आज का समाचार-पत्र महज एक खबरनामा ही नहीं है वह ज्ञान की विभिन्न विधाओं पर सामयिक लेख प्रकाशित कर पाठक को शिक्षित करता है। लगभग सभी अखबार रविवारीय परिशिष्ट छापकर विभिन्न अभिरुचियों की सामग्री जुटाते हैं। अब विज्ञान, कृषि, खेल, साहित्य, कानून, चिकित्सा तथा अन्य विधाओं के लिए अलग संवाददाता होते हैं जो कि अपने विषय में विशिष्ट ज्ञान रखते हैं। आधुनिक यांत्रिकी द्वारा अखबारों के प्रकाशन तकनीक में क्रांति आ गई है। कम्प्यूटर द्वारा टाइप सैट करके बहुरंगी चित्रों के साथ छपाई द्वारा अखबारों का रंग-रूप बदला है। अब उपग्रह के माध्यम से एक पत्र के कई संस्करण विभिन्न नगरों से एक ही साथ प्रकाशित किए जा सकते हैं। इलैक्ट्रानिक विधियों द्वारा विज्युल डिस्पले टर्मीनल पर संपादन, प्रूफवाचन और पृष्ठ-निर्माण का कार्य एक ही व्यक्ति द्वारा संपन्न किया जा सकता है।"[1] इस तरह मुद्रित शब्द, जनसंचार का महत्त्वपूर्ण हथियार बन गया है तथा जन सेवा का भी।

---

1. जनसंचार : सं. राधेश्याम शर्मा, पृष्ठ 103

विज्ञापन : पत्र-पत्रिकाओं के पश्चात् जनसंचार का महत्त्वपूर्ण माध्यम है विज्ञापन। विज्ञापन का जादू आज चतुर्दिक व्याप्त है। विज्ञापन केवल बिक्री के लिए ही नहीं होता इससे छवि-निर्माण का कार्य लिया जाता है। समाचार-पत्र यानी पत्रिकाओं से लेकर राजमार्ग, रेलवे स्टेशन, बसस्टैंड, सिनेमाघर, चौराहा, यातायातवाले सभी क्षेत्र विज्ञापन के केंद्र विंदु हैं। विज्ञापनों के माध्यमों से संदेश, अत्यंत कलात्मक ढंग से प्रस्तुत किया जाता है।

जनसंचार की तकनीक एवं शैलियों के अंतर्गत जिन बाह्य प्रचार माध्यमों का प्रयोग किया जाता है उसका विवरण इस प्रकार है।

होर्डिंग : यह एक तरह का बड़े आकार का प्रदर्शन बोर्ड होता है। जिसे ऐसे स्थानों पर लगाया जाता है जहाँ जन-जन का ध्यान सहज में आकृष्ट किया जा सके। इस बोर्ड में विज्ञापन का संदेश आकर्षक चित्र बनाकर व्यक्त किया जाता है।

आजकल बसों, रेलों, रेलवे स्टेशनों, रेलवे क्रासिंग पर भी होर्डिंग लगाए जाते हैं।

धातु के मुद्रित इश्तहार : ये इश्तहार रंगदार होते हैं और इन्हें टीन या एल्यूमिनियम की चादरों पर चित्रित किया जाता है। इन संदेशवाहक इश्तहारों को डाकघरों, बैंकों और सरकारी कार्यालयों में प्रदर्शित किया जाता है।

न्यून साइन : यह भी एक प्रकार की होर्डिंग ही होती है। जिसमें बिजली का उपयोग करके विज्ञापन का प्रदर्शन दिन-रात किया जाता है। अब कहीं-कहीं न्यून साइन द्वारा ताजा समाचार भी यदा-कदा ऐसे स्थानों पर दिखाए जाते हैं जहाँ लोगों की आवाजाही बनी रहती है। शिमला नगर में हिमाचल टाइम्स के संपादक श्री देव पांदी ने हिमाचल की राजधानी शिमला और शिमला नगर के सर्वाधिक भीड़-भाड़वाली मालरोड पर, यह तकनीक अपनाकर 'विंडो जर्नलिज्म' का सफल प्रयोग किया है।

सिनेमा स्लाइड तथा विज्ञापन फिल्में : सिनेमाघरों में स्लाइड को कुछ क्षणों तक पर्दे पर प्रदर्शित किया जाता है। जिसमें संक्षिप्त संदेश ही प्रचारित किया जाता है। इसी तरह संदेश तथा प्रचार कार्य की दृष्टि से विज्ञापन फिल्में दिखाई जाती हैं।

प्रदर्शनी द्वारा संचार : संचार कार्य के लिए प्रदर्शनी को काफी समय से मान्यता प्राप्त है। बड़े-बड़े आविष्कारों और नई-नई प्रगति को प्रदर्शनियों द्वारा प्रदर्शित किया जाता है। आजकल मेलों और उत्सवों में प्रदर्शनियाँ लगाई जाती हैं। वड़े राष्ट्रीय तथा अंतर्राष्ट्रीय मेले आधुनिक संचार साधनों की देन हैं। विश्वसनीयता तथा सहयोग की भावना को प्रेपित करने के लिए प्रदर्शनियाँ एक कारगर साधन हैं। पंचवर्षीय योजना की उपलब्धियों को भी प्रदर्शनियों के माध्यम से दर्शाया जाने

लगा है। इन सभी बाह्य प्रकार की प्रभावशाली तकनीकों का महत्त्व इस बात पर होता है कि इनके माध्यम से संदेश को किस कारगर ढंग से प्रदर्शित किया गया है।

रेडियो : रेडियो को संचार का, नेत्ररहित अथवा अंधामाध्यम भी कहा जाने लगा है क्योंकि इसमें संचार और सूचना प्राप्तकर्ता एक-दूसरे को देख नहीं सकता है। यह ध्वनि के द्वारा श्रोताओं के कानों को स्पर्श करता है। इसीलिए इसे नितांत श्रव्य माध्यम कहा जाता है। रेडियो की संभावनाएँ बहुत अधिक हैं बशर्ते कि कार्यक्रम रुचिकर हों। परिश्रम, लगन और नए अनुसंधान की नई तकनीकों को अपनाकर, रेडियो कार्यक्रमों को प्रभावी बनाया जा सकता है।

दूरदर्शन : दूरदर्शन का मानव व्यक्तित्व पर प्रत्यक्ष प्रभाव पड़ता है। यह एक दृश्य एवं श्रव्य माध्यम है। आज यह एक लोकप्रिय माध्यम बन गया है। जनसंचार का एक सशक्त माध्यम तो दूरदर्शन बन ही गया है और भविष्य में भी इस माध्यम से अपार संभावनाएँ उजागर होंगी।

फिल्में, वीडियो कैसेट रिकार्डर : जनसंचार के फिल्में व वीडियो कैसेट रिकार्डर भी सशक्त माध्यम बन गए हैं। यह अब व्यक्ति विशेष पर निर्भर करता है कि वह इन माध्यमों का किस प्रकार सफल व लाभकारी प्रयोग करता है। फिल्मों से जन मानस पर गहरा प्रभाव पड़ता है जरूरत है ऐसी फिल्में बनाने की जो शिक्षाप्रद एवं प्रेरक हों।

जनसंचार की तकनीक एवं शैलियाँ अंततः मानव के हितार्थ ही हैं और इनका प्रयोग सार्थक ढंग से किया जाना अपेक्षित है।

जनसंचार एवं जनशिक्षा

शिक्षा केवल पुस्तकों से सीखना तथा तथ्यों को कण्ठस्थ करना मात्र नहीं है। शिक्षा को विस्तृत अर्थों में समझा जाना चाहिए। इसीलिए हमारे शास्त्रों ने शायद तभी हमारा ध्यान आकृष्ट करते हुए विद्या को अज्ञान से मुक्ति का हेतू माना है। शिक्षा से हम संस्कारशील होकर सही मनुष्य बनते हैं। जब भी हम किसी समाज या देश की कल्पना करते हैं तो एक प्रश्न हमारे मन-मस्तिष्क में सहज ही उत्पन्न हो जाता है। और वह प्रश्न है कि हम आखिर कैसा देश व समाज चाहते हैं। इसका उत्तर भी यही है कि हम जागरूक और पढ़े-लिखे लोगों का समाज चाहते हैं। ताकि ऐसे समाज के लोगों को भले और बुरे का सही बोध हो सके।

एक समय हमारे देश में निश्चित रूप से ऐसा भी रहा होगा जब लोग ज्यादा साक्षर नहीं थे, किंतु तब भी उनमें भले-बुरे का ज्ञान था। यह ज्ञान उन लोगों को

उनकी भाषा ने दिया था। जो ऐसी भाषा थी कि जिसके ज्ञान के लिए वर्णमाला के ज्ञान की जरूरत नहीं थी। इस भाषा के विस्तार के फलस्वरूप वर्णमाला के ज्ञान की जरूरत नहीं थी। इस भाषा के चिंतक और कवि लिखित साहित्य तो समाज को दे नहीं सके, पर उनके चिंतन और दार्शनिक पक्ष को जब हम आज समझने की कोशिश करते हैं तो हतप्रभ रह जाते हैं। कबीर ने तो मसि-कागद छुआ नहीं पर उनके चिंतन को हृदयंगम करने के लिए आज के पढ़े-लिखे समाज ने न जाने कितनी पोथियाँ रच डाली हैं।

सांस्कृतिक ज्ञान से संपन्न, किंतु निरक्षर इन बुद्धिजीवियों ने तब भी जन-शिक्षा का काम किया था और बड़ी दक्षता से किया था। जनशिक्षा के माध्यम थे जनसंचार के परपंरागत माध्यम लोकगीत, मौखिक कथा-कहानियाँ। इन्हीं परंपरागत गीतों के माध्यम से कबीर ने समाज को ईश्वरीय महिमा का ज्ञान इस प्रकार कराया था कि :

'सात समंद की मसि करों
लेखनी सब बनराई
धरती सब कागद करों
हरि गुण लिखा न जाई।'

मानो कबीर समाज को यही बतलाना चाहते हों कि ईश्वर को जानने के लिए, उसकी महिमा को समझने के लिए पढ़ने की आवश्यकता ही नहीं है और यदि कोई पढ़ भी लेगा तो वह सागर की स्याही तथा वन की तमाम वनस्पतियों को कलम तथा धरती को कागज मान भी लें, किंतु हरि के गुणों का बखान तब भी नहीं किया जा सकता। किंतु लोक साहित्य ने जन-जन को सांस्कृतिक ज्ञान से समृद्ध अवश्य किया। लोक साहित्य उस आदिम समाज का विद्यालय था जिसके माध्यम से उस समाज का मनुष्य यह सीखा था कि सत्य का क्या अर्थ है अथवा झूठ बोलने से कितना अनर्थ होता है। कर्म की क्या महिमा है ? आत्मा और परमात्मा क्या है ? समाज में जीवन-यापन की सभी मर्यादाएँ, जनसंचार के परंपरागत माध्यमों से आदिम समाज को मिली थीं।

एक लामण में लोक कवि कितने रहस्य की बात कहता है, द्रष्टव्य है :

"सास नाओ सर्गे
मासा दी फुकुंई आगा
हाडै लागै रूडकु
माटियै खुलै भागा।"

भाव यह है कि जल, पृथ्वी, अग्नि, वायु और आकाश इन पाँच तत्त्वों से यह शरीर

बना है और प्राणांत होने पर शरीर इन्हीं तत्त्वों में जा मिलता है। इस मर्म का बोध समाज को लोक कवि ने लामण गीत के माध्यम से जतलाया है। अंदाज लगा सकते हैं कि परंपरागत संचार माध्यमों ने किस प्रकार जन समाज को शिक्षा दी थी। यह आदिम समाज की एक झलक मात्र है। आज हम एक लोकतांत्रिक व्यवस्थावाले समाज में रह रहे हैं। लोकतांत्रिक मूल्य सबल एवं सशक्त बने, इस दिशा में शिक्षा की भूमिका महत्त्वपूर्ण है।

जनशिक्षा क्या है ? इसका उत्तर यही है कि जनशिक्षा का अर्थ मात्र पुस्तकीय ज्ञान ही नहीं है। अपितु लोग यह जान सकें कि नागरिक अधिकार क्या हैं ? लोकतंत्र की मूल आवश्यकताएँ क्या हैं ? समाज तथा देश की सर्वांगीण उन्नति कैसे संभव है ? संविधान के परिपालन के प्रति हमारे क्या दायित्व हैं ? सरकार और हमारी जिम्मेदारी कहाँ कितनी है ? ये सब जनशिक्षा के द्वारा जाना जाता है। और हम अंतर्मन से फिर यह निर्णय कर पाने में सक्षम होते हैं कि केवल प्रबुद्ध नागरिक ही लोकतंत्र के विकास में सहायक हो सकते हैं ?

जनशिक्षा ने हमें आदि समय से यह बोध कराया है कि भौतिक वस्तुओं को बहुत अधिक महत्त्व नहीं दिया जाना चाहिए। भौतिक वस्तुएँ साधन भले हों पर साधना नहीं है। इसीलिए लोभ-मोह और अहंकार से हमारा कभी कोई सरोकार नहीं रहा है। काम-क्रोध मनुष्य में स्वाभाविक रूप से विद्यमान है, किंतु इनके वशीभूत होकर अपनी समस्त क्रियाएँ संचालित करना, निकृष्ट आचरण का परिचायक है। हमने जहाँ भौतिकवाद को भले ही महत्त्व नहीं दिया पर समाज से भटके हुए मानव को एक राह अवश्य दिखाई है। भटके हुए व्यक्ति का मार्ग प्रशस्त करना हमारे संस्कार का प्रथम परिचय रहा है। आज जनसंचार माध्यमों द्वारा इस महत् संस्कार का परिचय कराया जा रहा है ताकि आम नागरिक अपने कर्तव्य की सही पहचान कर सके। देश-विदेश में घट रहे विविध घटनाक्रमों की सचित्र और त्वरित जानकारी पत्र-पत्रिकाओं के माध्यम से सुलभ हो रही है। पत्र-पत्रिकाएँ भाषा के विकास में भी सहायक सिद्ध हुई हैं और इनके माध्यम से राजनीति, सामाजिक, सांस्कृतिक एवं आर्थिक गतिविधियों की ज्ञानपरक जानकारी भी पाठकों को बराबर मिल रही है। इसीलिए पत्र-पत्रिकाओं को ज्ञान का मुख्य स्रोत माना जाने लगा है। पत्र-पत्रिकाओं के अतिरिक्त रेडियो, दूरदर्शन भी जनसंचार के मुख्य साधन हैं और इनसे भी व्यक्ति गहरे रूप से प्रभावित हुआ है। ''शिक्षा ने विज्ञान को जन्म दिया और विज्ञान ने जनसंचार के साधनों को। अब जनसंचार के ये साधन शिक्षा और विज्ञान दोनों के प्रचार और प्रसार के लिए उल्लेखनीय भूमिका निभा रहे हैं कि देश की सर्वांगीण प्रगति की कहानी वास्तव में वहाँ की शिक्षा और विज्ञान की प्रगति की कहानी है। दूसरे शब्दों में हम कह सकते हैं कि शैक्षिक एवं वैज्ञानिक प्रगति आर्थिक और सामाजिक प्रगति की संपूरक है। एक के अभाव में दूसरे के

अस्तित्व की कल्पना नहीं की जा सकती और दोनों की कमी में जनसंचार के साधनों की उपलब्धि का तो प्रश्न ही उत्पन्न नहीं होता।"[1] जनसंचार के साधनों की उपलब्धि का आधार है शिक्षा। और शिक्षा का व्यावहारिक पक्ष है जन-जन को शिक्षित करने के लिए उनके भीतर से अंधकार रूपी अज्ञान को समाप्त करना। संचार के सभी साधनों की भूमिका एक शिक्षक जैसी होनी ही चाहिए। शिक्षक अपने ज्ञान के दीप को प्रज्वलित करके जगत् के अज्ञान रूपी तिमिर से टक्कर लेता है और इसी टक्कर के बल पर प्रकाश की एक किरण समस्त संसार के गहन अंधकार के समक्ष प्रबल दिखाई देती है। संचार माध्यमों को जन-जन को शिक्षित करने के लिए प्रकाश की एक प्रबल किरन बनना है।

संचार, जब समूह के लिए होता है तो तभी वह जनसंचार कहलाता है इसी तरह शिक्षा जब जन-जन के लिए होती है तो उसे जनशिक्षा का नाम दिया जाता है। व्यक्ति जब अकेले शिक्षा प्राप्त करता है तो वह पहले अपना उद्धार करता है किंतु व्यक्ति जब सामूहिक रूप में शिक्षा प्राप्त करता है तो पूरे समाज में एक संस्कार की सृष्टि करता है। मानव समाज की संस्कृति गौरवपूर्ण हो, इसके लिए जन-जन का शिक्षित होना भी आवश्यक है।

जनसंचार माध्यम जन-जन को कैसे सुशिक्षित करते हैं ये हमारे जनसंचार माध्यमों की भूमिका पर बहुत कुछ निर्भर करता है। टेलीविजन, रेडियो, समाचार-पत्र जनसंचार के प्रमुख साधन हैं जिनसे आज हर व्यक्ति विशेष का जीवन प्रभावित हुआ है। शिक्षित होकर व्यक्ति के मस्तिष्क ने विज्ञान की दुनिया में अद्‌भुत करिश्मे दिखाए हैं। विज्ञान ने जनसंचार के साधनों में भी विस्तार किया है। जनसंचार के माध्यमों ने फिर शिक्षा और विज्ञान के प्रचार और प्रसार में उल्लेखनीय भूमिका का वहन किया है। "आज ज्ञान का विस्फोट हो रहा है। कम्प्यूटर युग का श्रीगणेश हो चुका है। मनुष्य को तो उँगली से संकेत-भर करना है, मस्तिष्क से यंत्र की रचना तथा क्रिया समझनी है, माथे से पसीने की बूँदें पोंछने का युग लद चुका है। भुजाओं और टाँगों की मांसपेशियों में खिंचाव पैदा करने का काल बीत चुका है। यदि देश के संसाधनों का विकास करना है, औद्योगीकरण की दौड़ में आगे निकलना है, समृद्धि की बुलंदियों को छूना है तो वैज्ञानिक शिक्षा का अधिक प्रसार करना होगा। निरक्षरता पर सभी ओर से आक्रमण करना है। व्यवसायीकरण को शिक्षा का अनिवार्य अंग बनाना है। ये सब संभव होगा औपचारिक एवं अनौपचारिक शिक्षा के प्रसार के लिए अन्य प्रचलित तरीकों के साथ-साथ संचार माध्यमों की अधिक से अधिक सहायता लेकर।"[2] संचार माध्यमों की सशक्त भूमिका के कारण जन-सोच और काम करने के तरीकों में भारी बदलाव आया है। राजनैतिक एवं

1. जनसंचार : संपादक राधेश्याम शर्मा, पृष्ठ 79
2. वही

आर्थिक ढाँचे में भारी परिवर्तन हुआ है। विभिन्नता में रहते हुए भी राष्ट्रीय एकता की भावना बलवती हुई है। इस विचारधारा को ठीक से विकसित करने में संचार माध्यमों ने अपना योगदान दिया है और इसके फलस्वरूप देश में समानता, एकता, सामाजिक सद्भाव एवं राजनैतिक परिपक्वता की सोच मुखर हुई है। बिना संचार साधनों से आर्थिक एवं सामाजिक विकास की गति को बढ़ावा नहीं दिया जा सकता, यह बात मन में बिठा लेने के पश्चात् ही प्रेस, रेडियो, फिल्म तथा दूरदर्शन जैसे संचार साधनों को पर्याप्त साधन संपन्न बनाया गया है। इन संचार साधनों की साधन-संपन्नता की सार्थकता भी इसी में है कि ये सही शिक्षा देने के उद्देश्य से एक उच्च एवं विचारवान शिक्षक की भाँति अपना कार्य करें।

आज संचार के माध्यम देश में आतंक, लूटपाट, आगजनी और सांप्रदायिक दंगों की खबरों से भरे होते हैं। विडंबना तो यह है कि ये सब उस देश में घट रहा है जिस देश में अहिंसा, प्रेम व प्यार के उपदेशों की एक लंबी परंपरा है। आज भी जिस देश को अंतर्राष्ट्रीय जगत् में शांति के अग्रदूत के रूप में जाना जाता है, वही महान् देश आज आपसी कलह और सांप्रदायिक विद्वेष की अग्नि में क्यों कर झुलस रहा है ? इन प्रश्नों के उत्तर संचार माध्यमों को खोजने होंगे और देशवासियों को सही ढंग से शिक्षित करना होगा ताकि हर नागरिक राष्ट्र-निर्माण में अपना योगदान दे सके।

बूढ़ी हो रही पीढ़ी हमें बताती है कि बहुत दिन नहीं हुए हैं जब हमारी हर सुबह भजनों, मंदिर के घंटों, गुरुद्वारों के शब्द और मस्जिदों की अजान से शुरू होती थी। पंछियों की चहचहाहट और ठंडी-ठंडी हवा का समय, हमारे मन को शांति और निर्मलता प्रदान करनेवाला होता था पर आज हमारे जीवन में आनेवाली हर सुबह ऐसी नहीं है। इसका कारण है हमारी वर्तमान व्यवस्था।

वर्तमान व्यवस्था में सही शिक्षा के अभाव में असंख्य दोष उत्पन्न हो गए हैं। प्रत्येक दुष्ट मनुष्य को दुष्टता करने की अनुमति-सी मिल गई है। जनसंचार माध्यम यदि देश की जनता को शिक्षित करने का दायित्व सँभाल लेंगे तो संचार के ये माध्यम अपने दृश्य एवं श्रव्य माध्यम की तकनीक से समाज में व्याप्त अपराध को मिटा सकते हैं और हमारा समाज पुनः अहिंसा का सही पुजारी बन सकता है। समाज में कुरीतियों एवं अनाचारों का जो संघर्ष चल रहा है वह मात्र हमारे अज्ञान के कारण ही तो है। अज्ञान के कारण ही हम अधीर हो गए हैं।

संचार माध्यम लाभ कमाने, मंत्रियों तक संदेश पहुँचाने या सत्ता के स्रोत से अधिक महत्त्व नहीं रखते। संचार माध्यम व्यवसाय का ऐसा हिस्सा बन गए हैं कि अब इनका सरोकार भी पूँजीपतियों से ही हो गया है। ऐसी स्थिति में संचार माध्यम किस तरह कर्तव्यनिष्ठा के आदर्श से जुड़ सकते हैं। ये माध्यम अपने पाठकों एवं दर्शकों को किसी भी प्रकार की विवेक दृष्टि उपलब्ध करवा ही नहीं

सकते। जबकि संचार माध्यमों को अपना दायित्व, विवेक दृष्टि उपलव्ध करवाने की दिशा में निभाना आना चाहिए। तभी आम नागरिक विश्व को ठीक से देख-सुन सकता है। इसीलिए संचार माध्यमों को समाज के आँख और कान की संज्ञा दी गई है।

संचार माध्यम इस युग में विज्ञान के प्रमुख चमत्कारों का एक अभिन्न अंग भी हैं। इनके कारण मानव के दृष्टिकोण में एक क्रांतिकारी परिवर्तन भी आ पाया है और संचार माध्यम मानवता के वफादार सेवक सिद्ध हो रहे हैं। इन माध्यमों का कार्य, जब शिक्षा तथा नैतिक सोच पर आधृत होगा तो मानवता का बहुत बड़ा हित संभव हो सकेगा। तभी संचार माध्यमों की शैक्षणिक कीमत का सही बोध संभव हो सकता है। संचार माध्यमों से जो ज्ञान सामग्री हम दृश्य या श्रव्य आधार पर ग्रहण करते हैं, वह प्रभावकारी परिवर्तन की आधारभूमि बन सकती है। आज हम समाचार-पत्रों में प्रायः पढ़ते हैं कि अमुक फिल्म को देखकर ही अमुक व्यक्ति ने चोरी करने की प्रवृत्ति पाली थी, और उसने अमुक व्यक्ति के घर पर चोरी करने की साजिश रची थी। यह संचार माध्यम की असफलता का एक उदाहरण है क्योंकि जिस फिल्म को देखकर चोर बनने की सीख मिल गई वही फिल्म यदि चोरी न करने के उपदेश पर यदि बल देती तो शायद संचार का सशक्त माध्यम फिल्में, समाज का कितना बड़ा हित कर पातीं। यदि एक सत्यवादी हरिश्चंद्र नाटक को देखकर एक मोहनदास कर्मचंद गांधी एक महात्मा गांधी बन सकता है और उसके मन में सत्य-अहिंसा के प्रति अगाध श्रद्धा उमड़ सकती है तो ऐसी प्रेरणा, इस देश के असंख्य बालक भी तो संचार माध्यमों से प्राप्त कर सकते हैं। इसके लिए संचार माध्यमों की भूमिका को कारगर तो बनाना ही पड़ेगा। संचार माध्यम का लक्ष्य, आदर्शोन्मुख होना चाहिए तभी ये माध्यम इसी देश में कई गांधी, कई जवाहर व कई सुभाषचंद्र तथा कई विवेकानंद पैदा कर सकते हैं।

इतिहास, भूगोल, कृषि, विज्ञान व अन्य ज्ञान-विज्ञान की कोई विधा तभी सार्थक रूप से जानी जा सकती है जब हम उस विधा के सारतत्त्व को ठीक से ग्रहण करते हैं। यह सारतत्त्व हमें सहज सुलभ हो, इस दिशा में संचार माध्यम की भूमिका को नजरअंदाज नहीं कर सकते। देश के नागरिक को यदि हम देश भक्त बनाना चाहते हैं; उसको रचनात्मक चिंतन के प्रति उत्तरदायी बनाना चाहते हैं, ताकि हर नागरिक को यह बोध हो कि उसके समाज, राष्ट्र तथा मानवता के प्रति भी कुछ कर्तव्य हैं, तो संचार माध्यमों को शिक्षित करने, सूचना देने तथा मनोरंजन उपलब्ध करवाने के महत् कर्तव्य के परिप्रेक्ष्य में गंभीर दायित्व का वहन करना ही होगा।

जनसंचार की भूमिका राष्ट्रीय हित में

राष्ट्रीय हित का न तो कोई आदि है न अंत। जब देश स्वतंत्र नहीं था, तब राष्ट्रीय हित इसमें था कि हमने देश की स्वतंत्रता के लिए संघर्ष किया। कई राष्ट्र भक्त, देश की स्वतंत्रता के लिए हँसते-हँसते कुर्बान हो गए, फाँसी के फंदे पर झूल गए। इस कुर्बानी के दौर में पत्रकारों ने भी स्वतंत्रता सेनानियों की भाँति कार्य किया। उन्होंने माना कि कलम में तलवार से ज्यादा ताकत है। इसीलिए स्वतंत्रता से पूर्व, पत्रकारिता के उपादान यानी समस्त संचार माध्यम, राष्ट्र विरोधी शक्तियों से टकराने-जूझनेवाले सशक्त हथियार बन गए थे। पत्रकारों ने तब अंग्रेज शासक को मानवीय व्यवहार के प्रति उत्तरदायी बनाया था। एक बार गणेश शंकर विद्यार्थी जो एक महान् पत्रकार होने के साथ बहुत बड़े राष्ट्र भक्त थे ने अपने अखबार में एक क्रांतिकारी के एक गुप्त संदेश को प्रकाशित कर दिया था। जब कानुपर के अंग्रेज कलेक्टर ने इसके बारे में उनसे जवाब-तलब किया तो गणेश शंकर ने सिंह गर्जना में कहा "महाशय सर्वप्रथम आपको मनुष्य बनना चाहिए, उसके बाद अंग्रेज या कुछ और। अगर आपके इंगलैंड पर जर्मन या फ्रांस का कब्जा होता और आप किसी अखबार के संपादक होते तो आप क्या करते ?"[1] स्वतंत्रता प्राप्ति के इतिहास में राष्ट्र-प्रेम के ऐसे उदाहरण खोजे जा सकते हैं। स्वतंत्रता से पूर्व हमारे देश में कई रियासतें थीं और पूरा देश इन रियासतों के अधीन चल रहा था। तब राष्ट्रीयता की कोई स्पष्ट परिकल्पना नहीं थी। राष्ट्रीयता की कल्पना तभी साकार हुई, जब अंग्रेजों को देश से बाहर निकालने का संकल्प देशवासियों के मन में दृढ़ हुआ। देशवासियों के समक्ष एक ही लक्ष्य था कि देश किस तरह से अंग्रेजों की दासता से मुक्त हो और अंततः हम स्वतंत्र हुए और स्वतंत्रता प्राप्ति के बाद हमारी यह प्राथमिक कोशिश थी कि किस तरह देश प्रगति के पथ पर अग्रसर हो। राष्ट्रहित में देश में व्याप्त सभी कुरीतियों से कैसे लोहा लिया जाए ? राष्ट्रहित में यह सोचना अत्यंत आवश्यक हो गया।

देश में सांप्रदायिक सद्भाव बना रह सके। सभी मत-मतांतरों के माननेवाले प्रेम-पूर्वक रह सकें यह राष्ट्रीय हित में अनिवार्य हो गया। हमारे देश में जहाँ लोग भिन्न-भिन्न प्रकार की भापा बोलते हैं रहन-सहन नितांत भिन्न है। इस भिन्नता में एकता बनी रह सके, यह लक्ष्य प्राप्त करना हमारी कर्तव्य-निष्ठा का महत्त्वपूर्ण हिस्सा हो गया। ऐसे ही लक्ष्य को प्राप्त करने में, राष्ट्रीय हित में जन संपर्क माध्यम स्वस्थ एवं सार्थक भूमिका निभा सकते हैं। राष्ट्रीय हित प्रारंभ में देश को आजादी दिलाने के महत् कार्य पर आधृत था, जबकि आज राष्ट्रीय हित, जर्ज़र देश को

1. नवभारत टाइम्स 24 मार्च, 1993 को अमर सिंह वधान का छपा लेख। पत्रकारिता के शिखर पुरुष गणेश शंकर विद्यार्थी से उद्धृत।

सशक्त स्वरूप प्रदान करने में है। "आज के युग के परिप्रेक्ष्य में, जहाँ तक भारत देश का संबंध है, जनसंचार दो प्रकार की भूमिका निभाए तो इससे अच्छी और कोई बात राष्ट्रीय हित में नहीं हो सकती। एक तो जनसंचार माध्यमों से राष्ट्रीय एकता और सांप्रदायिक सद्‌भाव का ऐसा सुनहरा वातावरण तैयार किया जाए जिससे कि राष्ट्र की प्रतिभा और अधिक विभाजित एवं खंडित होने से बच सके। दूसरे ऐसे मूल्यों और गुणों का प्रचार एवं प्रसार संभव हो, जिनसे हमारा राष्ट्र अपनी दुर्बलताओं और कमियों के प्रति केवल सचेत ही न हो, बल्कि उन पर सफलतापूर्वक विजय प्राप्त करने में समर्थ भी हो सके।"[1] अंग्रेजों ने इस देश में विभाजन का ऐसा बीज बोया है जिसके दुष्परिणाम हम आज भी झेल रहे हैं। पहले हिंदू-मुस्लिम इसी देश में मिल-जुलकर रहा करते थे पर अंग्रेजों के विभाजित करने की नीति ने दो भाइयों को अलग-अलग कर दिया। एक देश के दो टुकड़े तो हुए ही, मनों में भी विभाजन की एक अमिट दरार पड़ गई। आज जबकि हम स्वतंत्र हैं फिर भी विभाजन की मानसिकता इस देश में बनी हुई है। कहीं अलग राज्य की माँग, कहीं स्वायत्तता की माँग, कहीं कुछ और प्रकार की समस्याएँ मुँह बाये खड़ी हैं। इन समस्याओं का मुकाबला जनसंचार के माध्यमों द्वारा ही संभव हो सकता है। भौगोलिक, आर्थिक, सांस्कृतिक और राजनैतिक विकास की दृष्टि से भी अनेक व्यवधानों के बावजूद हम एकता के सूत्र में बँधे हैं।

संचार माध्यमों द्वारा जन-जन को शिक्षित करने की आवश्यकता है। और जन-जन के मनों में यह भावना बिठाने की अत्यंत आवश्यकता है कि राष्ट्रीय एकता भारतीय इतिहास, परस्पर संस्कृति और जीवन की मूल प्रवृत्ति है। यह भी स्मरणीय होगा कि एकता एक ऐसी चादर है जिसे अनेक धागों के सहयोग से वुना गया है। इसलिए संकीर्ण सोच से मुक्ति पाना अत्यंत आवश्यक है। सामाजिक स्तर के सभी अंतरों को, भुला देने में ही हमारी भलाई है। मनुष्यता के महनीय भाव को पोपित किया जाना सर्वप्रथम कर्तव्य है और इस दिशा में संचार माध्यम की भूमिका फलप्रद हो सकती है।

नवभारत टाइम्स के प्रधान संपादक विद्यानिवास मिश्र ने 3 जनवरी, 1993 के नवभारत टाइम्स के अंक के पृष्ठ 6 पर 'भारतीय संस्कृति और समन्वय' नामक लेख में स्पष्ट किया है कि "यह परायापन नहीं देखती, न मनुष्य की किसी अन्य प्रजाति में, न जीव जगत् में। अतः आक्रामक से आक्रामक, हिंसक मनुष्य या पशु को भी आत्मीय भाव से देखती है। यह अपने भव को आरोपित नहीं करती न दूसरों से आरोपित होना चाहती है। हाँ यह न अपने को अद्वितीय मानती है, न दूसरे की अद्वितीयता के दावे को स्वीकार करती है। इसीलिए यह कोई एक केंद्र नहीं, न कोई स्थान, न देवता, न मनुष्य, न मनुष्य का कोई विशेप वर्ण या आश्रम,

1. जनसंचार : संपादक राधेश्याम शर्मा, पृष्ठ 26

सब अपने-अपने ढंग अलग-अलग अवसरों पर अलग-अलग संदर्भों में केंद्र होते रहते हैं।" यही विशेषता इस देश की राष्ट्रीयता के महत् गौरव को बनाए रखे हुए है। तभी यहाँ हम यह तहेदिल से स्वीकारते हैं कि मजहब हमें आपस में बैर रखने की सीख नहीं देता। राष्ट्रीयता के पावन सिद्धांत के परिप्रेक्ष्य में संचार माध्यमों को चाहिए कि देश में भ्रष्टाचार के निराकरण के विरुद्ध जनमत पैदा करे। इसी प्रकार दहेज प्रथा, बाल-विवाह तथा रूढ़ियों के विरुद्ध चलाए जा रहे जन-अभियानों को संचार माध्यमों द्वारा प्रचारित किया जाना समय की माँग है। जनसंचार माध्यम को ऐसे उपदेशों को, अपने लेखों एवं समाचारों में समाहित करना चाहिए जिससे कर्तव्य परायणता, सत्यनिष्ठा, कर्मठता और देश-प्रेम की भावना जन-मन के गले का हार बन जाए। तभी कलम शक्ति और शब्द शक्ति, तोप और तलवार के आतंक को सदा-सदा के लिए मिटा सकती है।

संचार माध्यम चाहे परंपरागत माध्यम हो, लोक साहित्य हो, लोक गीत हो, लोक नाट्य हो, दूरदर्शन, रेडियो, फिल्म, समाचार-पत्र ही क्यों न हों वे अपनी सामर्थ्य के अनुसार मुट्ठी-भर शरारती तत्त्वों की घृणित गतिविधियों के प्रति सरकारी तंत्र को सजग कर सकते हैं। संचार माध्यम, किसी भी प्रकार के विद्वेष को रोकने के लिए देश के जन-जन में सही समझ विकसित कर सकते हैं। ताकि कोई विघटनकारी अथवा राष्ट्र विरोधी शक्ति इस देश के भव्य भवन को जर्ज़र न कर सके। संचार माध्यम जन-जन के मनों में जब यह भाव पुष्ट कर देंगे कि दूसरों के साथ फलने-फूलने की अनिवार्य शर्त यह है कि हम किसी के अधिकारों का हनन न करें तथा सबसे बड़ी बात यह है कि हम जो कुछ खाएँ या कमाएँ वह ईमानदारी से अर्जित हो, उसमें हराम की कमाई का कोई अंश न हो।

संचार माध्यमों का यह महनीय कर्तव्य है कि वह नई पीढ़ी को यह सीख दे कि जो कुछ कठिन तपस्या और त्याग के बाद हम अर्जित करते हैं वह थोड़ी-सी नासमझी के कारण हम गँवा भी देते हैं। जबकि अर्जित किए हुए गौरव को बनाए रखने के लिए तप और त्याग की निरंतर आवश्यकता होती है। हमारी सांस्कृतिक विरासत संचार माध्यमों के द्वारा प्रचारित होनी चाहिए ताकि नई पीढ़ी अपने अतीत से जुड़ी रहकर एक सुखद भविष्य की ओर बढ़ सके। देश से लेना ही नहीं होता, देश को देना भी होता है तभी राष्ट्रीयता का अस्तित्व बनता है, राष्ट्रीयता की तस्वीर उभरती है और हमारा भी अस्तित्व बनता है। जनसंचार माध्यमों का यह भी दायित्व है कि उन कारणों को खोजने में मददगार सिद्ध हों, जिनके कारण राष्ट्रीय अस्मिता खतरे में पड़ती है। कौन-सी ऐसी बातें हैं, जो हमें प्रेम व सद्भाव में रहने के विलोम कलह की ओर ले जाती हैं। जनसंचार माध्यम, देश में ऐसा वातावरण पैदा कर सकते हैं जो शांति के साथ जीने के लिए हमारे हित में एक वरदान सिद्ध हो सकता है।

भारत के संविधान में, हमारे देश का जो धर्मनिरपेक्ष स्वरूप गढ़ा गया है जिसमें सभी धर्मों को फलने-फूलने की स्वतंत्रता प्रदान की गई है। संविधान हर वर्ग के लिए न्याय उपलब्ध करवाता है वहाँ हर नागरिक के अधिकार एवं स्वतंत्रता की भी संविधान में पूर्ण गारंटी है। इस गारंटी के कारण ही सद्भाव एवं समता के मूल्य पोषित हो सकते हैं और संचार माध्यम इन मूल्यों की आभा और कांति की शोभा को चार चाँद लगा सकते हैं। संचार माध्यम अन्याय, शोषण व अत्याचार के विरुद्ध एक धर्मयुद्ध छेड़ सकते हैं ताकि एक उज्ज्वल राष्ट्र का सुंदर भविष्य बन सके। सामाजिक और राजनैतिक चेतना तो जन-संचार माध्यम पैदा कर ही सकते हैं इसके साथ ही जन चेतना के जागरण में भी संचार माध्यमों की भूमिका बड़ी अर्थप्रद सिद्ध हुई है। क्योंकि संचार माध्यमा द्वारा ही चेतन एवं अवचेतन मन में राष्ट्रीयता के गौरव के मूल्यों की स्थापना की जा सकती है।

तृतीय अध्याय

समाचार और उसका संपादन

सामाजिक प्राणी होने के कारण मनुष्य समाज के परिवेश के संदर्भ में, निरंतर कुछ जानते रहने की भावना रखता है। इसी भावना ने ही मनुष्य की ज्ञान प्राप्ति के प्रति भूख को जाग्रत किया हैं। जानने की यह भूख ही मनुष्य के भीतर इसीलिए पैदा हुई है कि वह एक सामाजिक प्राणी है। जानकारी प्राप्त करने से ही मनुष्य अपने अहम् से मुक्त होकर अपने को समाज से जोड़ पाता है। दूसरे अर्थों में जानकारी का नाम ही समाचार है।

जे.जे. सिंडलर ने समाचार की परिभाषा इस प्रकार की है कि "कोई भी ऐसी घटना जिसमें मनुष्य की दिलचस्पी हो, समाचार है।" "पाठक जिसे जानना चाहता है वह समाचार है, शर्त यह है कि वह सुरुचि तथा प्रतिष्ठा के नियमों का उल्लंघन न करे।"[1] समाचार संपादन पुस्तक में ही समाचार के संदर्भ में अन्य विद्वानों द्वारा समाचार की परिभाषा को सही ढंग से परिभाषित करने का प्रयास किया गया है जो इस प्रकार है। प्रो. विलयम जी. ब्लेयर ने "अनेक व्यक्तियों की अभिरुचि जिस सामयिक बात में हो वह समाचार है। सर्वश्रेष्ठ समाचार वह है जिसमें बहुसंख्यकों की अधिकतम रुचि हो।" जेराल्ड डब्ल्यू जॉनसन मानते हैं कि "समाचार वह है जिसे प्रस्तुत करने में किसी बुद्धिमान व्यक्ति को सबसे अधिक संतोष हो, और जो ऐसा है, जिसे प्रस्तुत करते समय कर्ता को कोई आर्थिक लाभ न होता हो, परंतु जिसके संपादन से ही उसकी व्यावसायिक कुशलता का पूरा-पूरा पता चलता हो। संपादक की इस क्षमता की सबसे बड़ी कसौटी अस्पष्टताओं और दुरूहताओं की ओट में छिपे महत्त्वपूर्ण तथ्यों को इस ढंग से प्रस्तुत करना है कि उन तथ्यों को इस दुनिया के वे लोग भी समझ जाएँ, जिनमें अज्ञानता, लापरवाही और मूर्खता ही भरी है तथा विचारों के संघर्प के प्रति रुचि का अभाव है। श्रेष्ठ समाचार की परिभाषा यद्यपि यही है तथापि साधारण व्यवहार में समाचार वे हैं जो अखबार में छपते हों, और अखबार वे हैं, जिन्हें समाचार-पत्र में काम करनेवाले तैयार करते हैं। यह कथन यद्यपि वेदना मूलक है तथापि कटु व्यंग्य होते हुए भी है यह सत्य।"

1. समाचार संपादन : लेखक प्रेमनाथ चुतर्वेदी एकैडेमिक बुक्स बंबई, नई दिल्ली, पृष्ठ 16, 17

शिकागो के दो पत्रकार हार्पर और जान सी. कैरोल ने अपनी पुस्तक का आरंभ निम्न वाक्यों से किया था कि 'समाचार' अति गतिशील साहित्य है। समाचार-पत्र समय के करघे पर इतिहास के बहुरंगे बेलबूटेदार कपड़े को बुननेवाले तकुए हैं। समाचार संपादन पुस्तक में ही समाचार को इस तरह भी परिभाषित किया है कि "जिसे अच्छा संपादक प्रकाशित करना चाहे वही समाचार है। समाचार घटना का विवरण है। घटना स्वयं में समाचार नहीं।" इसी तरह 'समाचार' शब्द की कई अर्थों में व्याख्या की जा सकती है किंतु सच्चाई यह है कि साहित्य, दर्शन, भक्ति, राजनीति, युद्ध, अर्थशास्त्र, समाजशास्त्र, खेलकूद, व्यापार, खेतीबाड़ी, विज्ञान, कानून, प्रशासन, अपराध आदि जितने भी विषय हैं इन सभी विषयों से ही समाचार की सृष्टि होती है और तभी समाचार ज्ञान के आधार-स्तंभ बनते हैं। समाचारों के कारण ही पत्रकारिता की शक्ति का निरंतर विकास होता गया है।

पत्रकारिता समाचारों के कारण ही जनमानस की सही अभिव्यक्ति का आधार स्तंभ बनी है। इसी अनुभव को स्वर देते हुए किपलिंग ने कहा था कि "बड़े-बड़े राजसिंहासन और शक्तिशाली वर्ग यह जानते हैं और अनुभव करते हैं कि दंभ और अभिमान के और दर्प के जितने बच्चे हैं, उन सबका शासक और प्रभु एकमात्र प्रेस है। आज उसे दंभियों की बुद्धि ठिकाने करने को और प्रमादियों को होश प्रदान करने को जीवित रहना है। निर्बलों की रक्षा करने के लिए और अंधविश्वासियों की आँखें खोलने के लिए और निर्भय होकर सत्य का समर्थन तथा अन्याय का प्रतिरोध करने के लिए, कायरों को बल और अज्ञानियों को जीवन के हर पहलू में नवज्योति प्रदान करने के लिए समाचार-पत्रों को जीवित रहना है।"[1] समाचार ही इस दृष्टि से समाचार-पत्रों की प्राणवायु हैं। वास्तव में समाचार-पत्रों की पहचान ही समाचारों के कारण संभव होती है। समाचार-पत्रों में समाचारों के अतिरिक्त जो सामग्री प्रकाशित होती है उसमें समाचार प्रच्छन्न रूप में छिपे रहते हैं। पर उन समाचारों को विचारों के ताने-बाने में ढक दिया जाता है। समाचारों को आकर्षक एवं पठनीय बनाया जाना चाहिए। समाचार अंततः पाठकों के मन और मस्तिष्क को प्रभावित करते हैं।

धैर्य और आत्मविश्वास ऐसे गुण हैं जिनके संबल से हर कार्य में सफलता अर्जित की जा सकती है। समाचारों के चयन तथा संपादन के लिए भी धैर्य और आत्मविश्वास के गुण वरदान सिद्ध हो सकते हैं। समाचारों के सही चयन एवं संपादन हेतु नीर-क्षीर के विवेक की आवश्यकता तो रहती ही है। "समाचार-पत्रों के कार्यालयों में विभिन्न क्षेत्रों के विभिन्न स्रोतों से आनेवाले समाचारों का अंबार लगता जाता है। पत्र में स्थान कम होता है और समाचारों की बहुलता होती है, इसलिए

---

1. बृहद् हिंदी पत्रकारिता कोश : संपादक डॉ. प्रताप नारायण टंडन, पृष्ठ 680, साहित्य शिल्पी प्रकाशन, लखनऊ।

यह कार्य और भी कठिन हो जाता है। जिस गति से समाचार आते हैं, यदि उसी गति से उनका चयन न किया जाए तो समाचारों का इतना सारा ढेर लग जाता है कि उससे पार पाना मुश्किल हो जाता है।"[1] इसलिए समाचारों की छानबीन विवेकपूर्वक की जानी चाहिए। कौन-सा समाचार महत्त्वपूर्ण है तथा कौन-सा समाचार विना महत्त्व के है, इस दृष्टि से समाचारत्व को पहचान लेना आवश्यक होता है। अनावश्यक समाचार को तुरंत अलग कर देना चाहिए ताकि एकाग्रता भंग न हो। सारतत्त्व को ग्रहण करने के लिए अनावश्यक को यूँ भी त्यागना ही होता है। हाँ कुछ समाचारों के संदर्भ में वरिष्ठ या योग्य सहयोगियों से विचार-विमर्श कर लेना चाहिए। मूलतः समाचारों के संपादन तथा चयन के लिए 'समाचार सूँघने' की अद्‌भुत क्षमता होनी चाहिए।

वे समाचार, जिनमें मानवीय पक्ष अथवा मानवीय मूल्यों का समावेश हो, उन्हें प्राथमिकता अवश्य दी जानी चाहिए। महिला, बाल, श्रमिक, ग्राम, कृषि, पशु-पक्षी, मनोरंजन के सभी पक्षों के साथ साहित्य, संस्कृति, संगीत, नाटक तथा फिल्म आदि के समाचारों को भी अवश्य प्रकाशित किया जाना चाहिए इससे इन क्षेत्रों से संवद्ध रुचि रखनेवाले व्यक्ति की रुचि का पोषण संभव हो पाता है। अधिकतम लोगों के हित से संवद्ध समाचारों को प्राथमिकता के साथ प्रकाशित किया जाना चाहिए। स्थानीय, प्रांतीय, राष्ट्रीय तथा अंतर्राष्ट्रीय समाचारों को विभिन्न स्रोतों से प्राप्त कर प्रकाशित किया जाना चाहिए इससे पत्र की उपयोगिता, प्रभावोत्पादकता, विश्वसनीयता तथा सम्मान की दर में बढ़ोतरी होती है। "भयंकर दुर्घटना, बलात्कार, अपहरण, राहजनी डकैती और लूटमार आदि के समाचार देकर जीवन में निराशा पैदा करना ही समाचार-पत्रों का काम नहीं है। जिन समाचारों से जीवन में आनंद और उल्लास का संचार हो, वैसे समाचार देना भी समाचार-पत्रों का काम है। समाचार-पत्रों को जीवन का केवल बुरा पहलू ही नहीं अच्छा पहलू भी देना चाहिए।"[2] कभी-कभी बुरी घटना के समाचार को अच्छे समाचार की संज्ञा दी जाती है यह एक दृष्टिकोण है। सच्चाई तो यह है कि समाचार की पठनीयता, विश्वसनीयता, सत्य और तथ्य के दृष्टिगत ही, कोई समाचार श्रेष्ठ समाचार कहला सकता है।

समाचार वह भी श्रेष्ट माना जाता है जो जिज्ञासा पैदा करे। बुरी घटना या सनसनी फैलानेवाले समाचार में जिज्ञासा तो रहती ही है और जिज्ञासा जब जग जाती है तो उसका शमन तो फिर हर कोई चाहता ही है। यह भी जरूरी है कि बुरी घटना की सही-सही जानकारी भी पाठक को विस्तार में मिलनी ही चाहिए।

समाचार संपादन कार्य में छः ककारों, यानी 'क्या, कब, कहाँ, क्यों, कौन

---

1. समाचार संपादन और पृष्ठ संपादन : ले. डॉ. रमेश कुमार जैन, पृष्ट 7, दी यूनिवर्सल बुक डिपो जयपुर।
2. समाचार संपादन और पृष्ट सज्जा : लेखक डॉ. रमेश कुमार जैन, पृष्ठ 9

और कैसे' के प्रश्नों के उत्तर अवश्य मिलने चाहिए। "किसी भी समाचार का संपादन करते समय तीन बातों का ध्यान रखना आवश्यक है। महत्त्व, स्थान, समय और दूरगामी परिणाम। यदि समाचार महत्त्वपूर्ण है उसके लिए स्थान और समय की कमी नहीं है, तो उसको यथासंभव विस्तार से और मोटे शीर्षक से देना चाहिए। यदि समय और स्थान कम हो तो महत्त्व के समाचार को संक्षेप में देना ही ठीक रहता है। समाचार देना है तो विस्तार से ही देना है, संक्षेप करने कौन बैठे यह प्रवृत्ति ठीक नहीं है। विस्तार के लोभ में समाचार उसी दिन जाने से रह गया तो अगले दिन बासी होकर बेकार हो जाएगा। विस्तृत समाचार को सारांश में इस प्रकार लिखना कि सभी महत्त्वपूर्ण बातें उसमें आ जाएँ, अपने आप में एक कला है। आजकल समाचार-पत्र के प्रथम पृष्ठ पर अधिक समाचार लेने की परंपरा है, इसलिए समाचार का संक्षिप्तीकरण करना भी संपादन कला का आवश्यक अंग है।"[1] समाचार में अनावश्यक बातों के साथ जब बिना प्रयोजन के विस्तार दिया जाता है तो उससे समाचार के पृष्ठ तो भर जाते हैं किंतु पाठक ऐसे समाचारों को पढ़ते हुए ऊब जाता है और समाचार-पत्र के प्रति उसके मन में सम्मान का भाव पैदा नहीं हो पाता। अतः अर्थपूर्ण दृष्टिकोण अपनाकर तथा उपयोगी शीर्षक जो पढ़ने मात्र से पाठक को रोमांचित कर दे, के साथ समाचार को प्रकाशित किया जाना चाहिए। समाचार में संक्षिप्तता तो होनी ही चाहिए इससे पाठक कम समय में अधिक बात जान लेता है।

प्रेरक एवं ख्याति प्राप्त व्यक्तित्व, रोटी-रोजी, स्वास्थ्य यानी मानवोपयोगी समाचारों को भी प्राथमिकता के साथ समाचार-पत्रों में प्रकाशित किया जाना चाहिए। समाचार संपादन में, एकात्मकता, घनिष्टता, उत्तेजना, रुचि तथा जिज्ञासापरक दृष्टिकोण अपनाया जाना चाहिए ताकि पाठकों की रुचि को पोषित किया जा सके। समाचार में नवीनता, नयापन हमेशा विद्यमान रहना चाहिए क्योंकि नयापन ही समाचार का आकर्षण होता है और नयेपन से समाचार के प्रति आकर्षण भी बढ़ता है। हिंसात्मक वृत्ति से मानव एक दिन ऊब ही जाता है। वे लोग जो हिंसक होते हैं उनके जीवन में भी ऐसा समय आता है जब वे शांति की चाह के प्रति भरसक कोशिश करते हैं। आज जहाँ हिंसा है, दुराचार की बातें हैं वहाँ मनुष्य के भीतर की इंसानियत अभी भी जिंदा है। सहयोग, शांति, अहिंसा के पक्षधर लोगों की कमी अभी भी नहीं है। अतः समाचार संपादन का चयन करते समय सद्वृत्ति के विकास को प्रोत्साहित किया जाना चाहिए ताकि एक प्रेम और शांतिमय समाज की स्थापना में समाचार-पत्र अपना योग दे सके। समाज उपयोगी तथा महत्त्वपूर्ण बात को सूझ-बूझ के साथ उठाना समाचार का सही संपादन कहला सकता है। संपादन कार्य जितना कठिन है उतना ही यह दायित्वपूर्ण भी है।

---

1. समाचार संपादन और पृष्ठ सज्जा : लेखक डॉ. रमेश कुमार जैन, पृष्ठ 12

समाचार-पत्र में कार्य करते हुए अनुभव से श्रेष्ठ संपादन संभव हो पाता है। पुस्तकीय ज्ञान भी व्यावहारिक कार्य से अर्थकर सिद्ध होता है। समाज राष्ट्र तथा मानवता कैसी होनी चाहिए इस महनीय भाव के परिप्रेक्ष्य में ही समाचार की सुर्खियाँ पाठकों को समाचार-पत्रों में पढ़ने को मिलनी चाहिए। इस प्रकार के उद्देश्य परक दृष्टिकोण अपनाने से ही सही संपादन संभव हो सकता है। पत्रकारिता के बदलते स्वरूप के प्रति विभिन्न विचारों की पृष्ठभूमि में अनेक तर्क दिए जा सकते हैं और यह तो कहा ही जा सकता है कि आज की पत्रकारिता की तुलना में प्रारंभिक हिंदी पत्रकारिता के पोषकों ने उसे साधना, गरिमा, नैतिकता और कर्तव्य परायणता का सहज गौरव प्रदान किया। निर्भीकता, निष्पक्षता, निःस्वार्थ भावना, आदि गुण उस युग की अतिरिक्त विशेषता रही है।

वर्तमान समय में समाचार जानने की उत्कंठा में तेजी आई है। पत्रकारिता अपने आप में एक व्यापक परिधि बन गई है। शिक्षित वर्ग की निर्भरता भी समाचार-पत्रों पर अधिक बढ़ गई है। शिक्षित समाज की दिनचर्या का एक माध्यम तो समाचार-पत्र प्रतीत होता ही है इसके साथ समाचार-पत्र शिक्षित वर्ग के लिए हवा-पानी की तरह अपरिहार्य भी बन गए हैं।

शीर्षक एवं उप-शीर्षक का निर्माण

शीर्षक चाहे लेख का हो या किसी समाचार का, उद्देश्य मूलक एवं संदेश वाहक होना चाहिए। इसीलिए शीर्षकों का गठन, उनका स्वरूप तथ्यात्मकता एवं भाषा पर विशेष महत्त्व दिया जाता है। शीर्षक अपने आप में एक 'सूत्र वाक्य' होता है। शीर्षक को पाठक जब मन और मस्तिष्क से ग्रहण करता है, तो उसके भीतर मंत्र शक्ति-सा प्रभाव पड़ता है। मानव शरीर में शीश को जो महत्त्व प्राप्त है, उससे कोई भी अनभिज्ञ नहीं हो सकता। इसके साथ ही हमारे शास्त्रों में शीश को ज्ञान-कोश भी माना गया है। उसी तरह समाचार का शीर्षक भी शीश रूप में, किसी समाचार-पत्र का एक ज्ञान-कोश होता है। शीर्षक से किसी भी समाचार-पत्र के दर्शन का सहज में बोध होता है।

पाठक समझ जाता है कि समाचार-पत्र में काम करनेवाले संपादकीय विभाग के कर्मचारी किस व्यक्तित्व के स्वामी हैं। समाचार-पत्र के प्रकाशन का मन्तव्य शीर्षकों से ही स्पष्ट हो जाता है। एक तो शीर्षक किसी भी लेख तथा समाचार के लिए प्राण तत्त्व की भाँति होता है, क्योंकि बिना शीर्षक के कोई भी लेख तथा समाचार छपता ही नहीं, दूसरे शीर्षक निहित भावों एवं उद्देश्य का परिचायक भी होता है। इसलिए वे ही समाचार-पत्र अधिक लोकप्रिय होते हैं जिनके शीर्षक

सारगर्भित, जीवंत एवं सौजन्यपूर्ण होते हैं। अत्यंत लोकप्रिय समाचार-पत्र भी नीरस शीर्षक के कारण अपना महत्त्व खो बैठते हैं।

शीर्षक लेखन अपने आप में एक कला है और सतत अभ्यास से ही इस कला में संपादकीय विभाग के कर्मी पारंगत होते हैं। शीर्षक, भ्रामक तो होने ही नहीं चाहिए, जो शीर्षक भ्रामक होंगे उनसे समाचार-पत्र की विश्वसनीयता पर प्रश्न चिह्न लग जाएगा और समाचार अल्प आयु में ही पाठक समाज के दिल दिमाग से ओझल हो जाएगा। आकर्षक शीर्षकों के निर्माण के लिए समाचार-पत्रों को निरंतर पढ़ते रहना चाहिए और इस पठन-प्रक्रिया से ही अनुभव परिपक्व होगा तभी शीर्षक, आकर्षक बनाए जा सकेंगे। शीर्षक के वाक्य, आवश्यकता के अनुकूल ही बनाए जाने चाहिए। इसके लिए निःसंदेह अद्‌भुत कौशल एवं ठोस प्रतिभा की आवश्यकता होती है। भाषा-सौष्ठव द्वारा भी आकर्षक शीर्षक बन पाते हैं। शब्द-चयन शीर्षक निर्माण की अपरिहार्य आवश्यकता होती है ताकि शब्द की अर्थवत्ता पाठक के मन-मस्तिष्क में त्वरित गति से कौंध सके।

शब्द-चयन में दक्षता प्राप्त कर लेने तथा यह जान लेने कि शब्दों की माला में मुहावरे तथा लोकोक्तियों को जिस ढंग से पिरोया जाना चाहिए, इसके पश्चात् शीर्षक निर्माण, सहज और आसान कार्य हो जाता है। इस कार्य के लिए एकाग्रता, लगन तथा प्रगाढ़ निष्ठा की भी अत्यंत आवश्यकता होती है। सहयोगियों के मध्य में गहन एवं सहयोगपरक विचार-विमर्श करके भी बढ़िया शीर्षक तैयार किए जा सकते हैं। पत्र-पत्रिकाओं के सतत अध्ययन एवं सार्थक अनुकरण के माध्यम से शीर्षक निर्माण-कार्य में कौशल हासिल किया जा सकता है।

शीर्षक प्रभावकारी एवं आकर्षक बन सकें, इसके लिए 14, 18, 24, 36, 48, 72 पाइंट में बढ़िया शीर्षक दिए जा सकते हैं। इस तकनीक में, कालम तथा पंक्तियों को देखकर ही शीर्षकों का निर्माण करना, श्रेयस्कर होता है।

शीर्षक पठनीय और प्रभावकारी रूप में ही समाचार-पत्र की लोकप्रियता के निर्माण में महत्त्वपूर्ण भूमिका निभाता है। पाठक, शीर्षक पढ़ते ही जान जाता है कि समाचार अथवा लेख की मूल विषय वस्तु किस घटना से संबद्ध है। लेख में लेखन कर्म का मन्तव्य, शीर्षक से स्पष्ट हो जाता है। अच्छे शीर्षक से समाचार-पत्रों के माध्यम से एक स्वस्थ प्रतिस्पर्धा भी पैदा होती है।

शीर्षक के निर्माण में, किसी व्यक्ति विशेष की प्रतिष्ठा को ठेस न लगे, इस ओर विशेष ध्यान दिए जाने की आवश्यकता होती है। शीर्षक के सही निर्माण से समाचार-पत्र की साज-सज्जा में भी भव्यता आती है। सूचनाप्रद एवं अर्थप्रद शीर्षक से ही पाठक की रुचि समाचार-पत्र के पठन के प्रति बढ़ती है। विषय-वस्तु के विस्तार को ध्यान में रखते हुए ही शीर्षक का निर्माण किया जाना चाहिए। छाया-चित्र एवं समाचार की विषयवस्तु के अनुकूल जब शीर्षक दिए जाएँगे, तो

वे आकर्षक का केंद्र बन सकते हैं।

शीर्षकों का निर्माण बढ़िया हो, यह इसलिए भी महत्त्वपूर्ण हो गया है, क्योंकि शीर्पक लोकमत के निर्माण में भी सहायक सिद्ध हुआ है। शीर्षक देखकर ही पाठक निर्णय करता है कि समाचार पढ़ा जाए अथवा नहीं। इस तरह शीर्षक द्वारा ही पाठक के मन-मस्तिष्क पर सत्ता स्थापित की जाती है। आकर्षक, सुबोध चटपटे एवं विश्वसनीय शीर्पक से पाठक की रुचि में अद्भुत परिष्कार होता है।

शीर्षक, स्थायी, घटना प्रधान एवं भाव प्रधान होते हैं। इन्हीं विशेषताओं के कारण शीर्पक समाचार का दर्पण बन पाता है। "शीर्षक में समाचार का महत्त्वपूर्ण अंश पढ़कर ही पाठक यह निर्णय कर लेता है कि समाचार पूरा पढ़ना आवश्यक है या नहीं। अनेक पाठक, पत्रों के शीर्षक पढ़कर अपनी जिज्ञासा शांत कर लेते हैं। समाचार पाठक की रुचि के अनुकूल हो यह महत्त्वपूर्ण अंश शीर्षक में अवश्य vktkokpkfg,A**[1] वास्तव में शीर्षक वह है जो समाचार के स्वरूप को उजागर कर सके। प्राणवान शीर्पक ही समाचार में प्राणों का स्पंदन कर देता है। इसीलिए श्रेप्ठ शीर्पक का निर्माण कार्य निःसंदेह उस महान् शिल्पी की भाँति है, जो प्रस्तर में भी प्राणों का स्पंदन कर देता है। एक संपादक भी अच्छे शीर्षक के निर्माण के संबल से, समाचार की प्रतिमा को जीवंत बना देता है।

उपशीर्षक बनाना भी एक कला है जो समाचार के महत्त्वपूर्ण अंशों को उभारने के लिए प्रयोग में लाए जाते हैं। उपशीर्षक से समाचार संतुलित हो पाते हैं। उप-शीर्पक समाचार को बेढंगा होने से बचाता है। उपशीर्षकों के निर्माण में यह ध्यान रखा जाना चाहिए कि वे बोझिल न हों। उप-शीर्षकों को देते हुए थोड़ा खाली स्थान छोड़ना होता है।

शीर्षक समाचार की आत्मा होता है, इसलिए समाचार में विषय-वस्तु के अनुकूल ही शीर्पक दिया जाता है। शीर्षक सुबोध, सरल, हृदयग्राही, ज्ञानवर्द्धक एवं सार्थक होना चाहिए ताकि पाठक समाचार पढ़ने के लिए लालायित हो उठे। श्रेप्ठ शीर्पक अंततः वही होता है जिसके संबल से समाचार-पत्रों के विक्रेता जिन्हें हाकर कहा जाता है, समाचार-पत्रों के शीर्षक को पंचम स्वर में पढ़कर, पाठकों को समाचार खरीदने के प्रति प्रेरित करते हैं। सशक्त शीर्पक ही पंचम स्वर में पढ़ा जा सकता है यदि शीर्पक को मुहावरेदार बना दिया जाए, तो वह और भी हृदयग्राही एवं प्रभावकारी बन जाता है। शीर्पकों के निर्माण में भारीपन एवं पेचीदगी से वचना चाहिए अन्यथा शीर्पक नीरस वन जाते हैं।

उपर्युक्त शीर्षक के निर्माण के लिए अनथक परिश्रम करना पड़ता है। विना सोचे-समझे कभी भी शीर्पक प्रभावकारी एवं पठनीय नहीं बनता। समाचारों में शीर्पक संरचना कई प्रकार से की जाती है। जिसका संक्षिप्त विवरण द्रष्टव्य है।

---

1. समाचार संपादन और पृष्ठ सज्जा : लेखक डॉ. रमेश कुमार जैन, पृष्ठ 80

क. क. एक पंक्ति का लघु शीर्षक : **शिक्षक प्रदर्शन करेंगे**

ख. सीढ़ीनुमा शीर्षक : **अनियमित विद्युत आपूर्ति**
उपभोक्ता परेशान
अधिकारीगण निश्चिंत

एक कालमी शीर्षक : **उपराष्ट्रपति बंबई में**

ख. बाईं ओर से शुरू होनेवाली पहली पंक्ति का शीर्षक, दूसरी पंक्ति का क्रम अनिश्चित होता है।

मुख्यमंत्री की
शिक्षकों को सख्त चेतावनी

ग. विलोम स्तूपी शीर्षक में, पहली पंक्ति पूरे कालम में, दूसरी, तीसरी पंक्तियों में दोनों तरफ स्थान छोड़ा जाता है।

नकली शराब फैक्ट्री में
पुलिस का छापा
पाँच गिरफ्तार

पहली पंक्ति पूरे कालम में दूसरी, तीसरी पंक्ति में बाईं ओर स्थान छोड़ा जाता है के प्रकार का शीर्षक :

शरद् ऋतु में अकेले
एवरेस्ट विजय
का कीर्तिमान

पूरे कालम में तीन-चार पंक्तियोंवाला शीर्षक :

एक ही अदालत में
27 फर्जी जमानत
दाखिल करनेवाला
अपराधी पकड़ा गया

कटि शीर्षक : इसमें मध्य पंक्ति छोटी पहली और तीसरी पंक्ति बराबर

कर्मचारियों को दिए गए
आश्वासनों
से प्रशासन दुविधा में

समाचार-पत्र के नाम पट के ऊपर सर्वाधिक मोटे टाइप में लिखा शीर्षक, जो विशेष परिस्थिति में दिया जाता है।

श्री राजीव गांधी की नृशंस हत्या

शीर्षक के नीचे रेखा खींचकर, मुख्य शीर्षक के ऊपर मोटे टाइप में दिया जानेवाला शीर्षक :

अयोध्या में शीघ्र राम-मंदिर बनेगा

प्रदेश सरकार शीघ्र अध्यादेश जारी करेगी।

पताका शीर्षक, नाम पटी के नीचे चौड़ाई में पूरे कालम में मोटे टाइप में दिया जानेवाला शीर्षक :

ऐतिहासिक विश्वनाथ मंदिर में 16 लाख की चोरी

विलोम सोपानी शीर्षक, जो बाईं ओर से आरंभ होकर नीचे की ओर छोटी होती है।

हिमाचल के राज्यपाल श्री वीरेंद्र वर्मा का
पद से हटाया जाना
प्रायः सुनिश्चित

शीर्षक के संदर्भ में, कमलापति त्रिपाठी जी ने स्पष्ट किया है कि उपयुक्त, सफल और पूर्णांक शीर्षक समाचार के सारे भाव, उसकी महत्ता को इस प्रकार झलका देता है, जिस तरह आकाश में सहसा चमक कर, चपला विलुप्त हो जाती है। इस दृष्टि से शीर्षक, समाचार के मूलभाव, रोचकता, समाचार तत्त्व के बोध को अभिव्यक्त करनेवाला होना चाहिए। इसलिए किसी भी शीर्षक को देखने मात्र से ही पाठक यह निर्णय कर लेता है कि समाचार की पठन की दृष्टि से कितनी उपयोगिता है। अतः निःसंदेह श्रेष्ठ शीर्षक एवं उप-शीर्षक का निर्माण करना एक कला है, जिस कला में अनुभव से ही दक्षता प्राप्त की जा सकती है।

समाचार की भाषा

समाचार मात्र सूचना ही नहीं ज्ञान एवं प्रेरणा का भी आधार है। समाचार को पढ़ते ही सृजन एवं विध्वंस की समस्त संभावनाएँ मूर्तिमान हो उठती हैं। पराधीन भारत में समाचार तूफानी झंझावातों के मध्य में फँसा रहा और देशवासियों के मार्गदर्शन

में भी समाचार ने अहम भूमिका निभाई। आदर्श पत्रकारिता के निर्माण की पृष्ठभूमि समाचार ने ही तैयार की। समाचार ने क्रूर और कठोर शासन की तनातनी की अवहेलना की और समय आने पर राष्ट्रीय आवेश में गलत राह पकड़नेवालों की भी समाचार ने परवाह नहीं की। समाचार ने अत्याचार का भी खुलकर विरोध किया। इस तरह समाचार की भूमिका महत्त्वपूर्ण रही है और रहेगी। पर समाचार का महत्त्वपूर्ण हथियार है भाषा। भाषा ही समाचार के अस्तित्व का मूल कारण है। अतः यह अपरिहार्य सत्य है कि समाचार की भाषा कैसी हो ?

सुविचारित युक्तियों द्वारा तथा प्रेरणादायी शैली में जो समाचार संयत भाषा में लिखा जाता है वही समाचार सूचक, शिक्षक एवं मनोरंजक तो होगा ही साथ में अन्याय और दमन का भी डटकर विरोध करने में सक्षम हो सकता है। ऐसा समाचार उद्देश्यपरक होगा और रचनात्मक भी। अंततः आदर्श पत्रकारिता की नींव भी ऐसा ही समाचार बनेगा। "जिस समाज में 'लाभ' और 'पद' सबसे बड़े मूल्य बन गए हों, जिस समाज में बेईमानी, रिश्वतखोरी, भाई-भतीजावाद, सिफारशों, गुंडागर्दी आदि को सम्मान मिलने लगा हो, उसमें यदि समाचार-रचनाकार में निषेधात्मक दृष्टिकोण उत्पन्न नहीं होता, तो यह आश्चर्य की बात होगी।"[1] यह निषेधात्मक दृष्टिकोण शब्दों की माला पिरोनेवाली भाषा से ही संभव है। भाषा में वह शक्ति है जिससे दिल और दिमाग में हलचल हो सकती है। भाषा विचारों का जीवंत दस्तावेज होती है। सशक्त भाषा से दिल और दिमाग की भाषा बदल जाती है। भावों एवं विचारों की सार्थक अभिव्यक्ति होती है भाषा। भाषा के एक-एक शब्द में इच्छापूर्ति की शक्ति भी होती है। शब्द शक्ति में ही निर्माण एवं विध्वंस का इतिहास छिपा है। हिंदी भाषा में लिखे जानेवाले समाचारों की भाषा कैसी हो, इससे पूर्व हिंदी भाषा के स्वरूप को जान लेना भी अति आवश्यक है। "हिंदी भाषा आसमान से एकाएक टपक नहीं पड़ी है। वह उर्दू की तरह विदेशी शब्दों और भावों को लेकर यहाँ जबरदस्ती बनाई नहीं गई है। हिंदी का मूल हमारी संस्कृति की तरह उस विस्तृत अतीत में है जिसमें वेद पहले-पहल गाए गए थे। वेद, गाथा, ब्राह्मण, प्राकृत मध्ययुगीन संस्कृति इन सबसे हिंदी का संबंध है। हिंदी में इन सबके प्रभाव लक्षित होते हैं और वह इनके द्वारा प्रभावित हुई है। विद्वानों का कहना है कि भाषा का एक-एक शब्द अपना निराला इतिहास रखता है।

हिंदी भाषा के शब्द इस विशेषता से वंचित नहीं हैं। उसका अपना इतिहास है और वही इतिहास हमारी संस्कृति का भी इतिहास है। "उन शब्दों में अर्थ की अपेक्षा उनकी ध्वनि में हमारी आत्मा प्रस्फुटित होती है। यही कारण है कि भिन्न-भिन्न प्रांतों में एक ही शब्द उच्चारण, भिन्न-भिन्न प्रकार से होता है और कहीं-कहीं इनके प्रयोगों में भी भेद दिखाई देता है। इन भेदों में प्रांतीय विशेषता

1. भाषा : जगदीश चतुर्वेदी, मार्च-जून 1985 संयुक्तांक रजत जयंती विशेषांक, पृष्ठ 15

है। और यह विशेपता बहुत प्राचीन काल से धीरे-धीरे, हमारे जातीय जीवन के साथ-साथ विकसित हुई है। हमारी जातीय आत्मा और हमारी भाषा, हमारी संस्कृति और हमारी बोली, हमारी मानसिक विशेषता और हमारे उच्चारण ये सब एक-दूसरे से संवद्ध हैं, एक-दूसरे के आश्रित हैं और एक-दूसरे के बिना जी नहीं सकते।''[1] भापा की इस समन्वयवादी प्रक्रिया ने जहाँ राष्ट्रीय मानस की एकता एवं अखंडता को सुनिश्चित किया है वहाँ यही भापा समाचार के निर्माण में भी सहायक रही है। अतः समाचार की भापा कैसी हो ? यह अत्यंत महत्त्वपूर्ण बात है। भाषा जब साहित्यिक रुचि के दृष्टिगत लिखी जाती है तव उनका स्वरूप निश्चित रूप से भिन्न होता है उसमें क्लिष्टता आती है जबकि समाचार की भाषा सरल ही होनी चाहिए। आम जनता में समाचार-पत्रों के पाठक भापा के ज्ञाता व विद्वान् भी होते हैं और कुछ की भापा के संदर्भ में सामान्य जानकारी होती है वे तो चाहेंगे ही कि भापा अत्यंत सरल हो। तथापि समाचारों की भाषा में प्रसाद गुण तो होना ही चाहिए। ''एक समय था जब दैनिक पत्रों में काम करनेवाले व्यक्ति लंबे-लंबे वाक्य और समास युक्त बड़े-वड़े शब्दों का प्रयोग करना गौरव की वात समझते थे। उस समय बाणभट्ट के आदर्श का अनुसरण किया जाता था बाण कवि ने गद्य की विशेपता का वर्णन इस प्रकार किया है। ओज समास भूयस्त्येतद गद्यस्य जीवितम् ओज और समास बाहुल्य यही गद्य का प्राण है।''[2] पर इस तरह के वाक्य में जो लंवाई आ जाती है, उससे समाचार की भाषा में भारीपन आ जाता है और वाक्य हास्यास्पद लगते हैं। इस दृष्टि से समाचारों की भाषा बोधगम्य, छोटे-छोटे वाक्यों से युक्त होनी चाहिए। ताकि समाचार की भापा पाठक सहजता में समझने में समर्थ हो सके। समाचार में, शब्दों का ऊटपटाँग प्रयोग भाषा और भाव की हत्या कर देता है। साधारण पाठक का भाषा ज्ञान भी विकृत हो जाता है। किंतु समाचार की भापा लिखते समय भापा में सौंदर्य और स्वाभाविकता का अनुपात अवश्य विद्यमान रहना चाहिए। भापा में अनुवाद की गंध तक नहीं आनी चाहिए तथा शब्दों का प्रयोग करते हुए अत्यंत सावधानी रखना अति आवश्यक है।

शब्द-संपदा में बढ़ोतरी करने के लिए विदेशी शब्दों को लिए जाने में आपत्ति नहीं होने चाहिए। पर उन शब्दों के उच्चारण हिंदी भाषा की प्रकृति के अनुकूल ही होना चाहिए उससे समाचार और पठनीय एवं ग्राह्य बन सकेगा। ''पत्रकारिता को 'लिटरेचर इन हेस्ट, शीघ्र साहित्य' माना जाता है। इस शीघ्र साहित्य से हमारी भापाएँ विकसित और संपन्न हुई हैं। तिलकजी ने ब्यूरोक्रेसी के लिए नौकरशाही शब्द चला दिया। वावूराव विष्णु पराडकर ने ऐसे कितने ही सरल शब्दों से हिंदी को संपन्न

1. आकाशवाणी पत्रिका : हिंदी का स्वरूप : पराडकरजी के विचार, पत्रिका अंक, 16 जुलाई, 1983, संपादक ओमप्रकाश केजरीवाल, पृष्ट 2
2. समाचार संपादन : लेख : प्रेमनाथ चुतर्वेदी, पृष्ट 91

बनाया। नेशन के लिए राष्ट्र तथा इंफलेशन के लिए मुद्रास्फीति जैसे शब्द प्रचलित हो गए।"[1] भाषा जो समाचार के निर्माण में प्रयुक्त होती है वह जनता से जुड़ाव पैदा करनेवाली होनी चाहिए। उसमें राष्ट्रीयता की झलक मिलनी चाहिए। समाचार की भाषा ऐसी हो जो शाश्वत बन सके तभी उस भाषा के पढ़नेवाले भी रहेंगे। भाषा चाहे साहित्य की हो या समाचार की उसका एक संस्कार होता है, एक संस्कृति होती है, जो निःसंदेह पाठक के हृदय में आनंद का संचार करती है।

समाचार-पत्रों में भाषा एक लेखनी का परिणाम नहीं होती। क्योंकि समाचार-पत्रों में काम करनेवाले पत्रकारों की अध्ययनगत पृष्ठभूमि भी भिन्न ही होती है। "एक ओर जहाँ अंग्रेजी पत्रों की तुलना में हिंदी पत्रों की कुछ सीमाएँ हैं वहीं दूसरी ओर पत्रों के कुछ विशेषाधिकार भी हैं। हिंदी के समाचार-पत्र लोकप्रिय भी होते हैं तथा समाज के सभी वर्गों द्वारा पढ़े जाते हैं। वे जीवन के राजनैतिक, सामाजिक, सांस्कृतिक, व्यावसायिक, खेलकूद एवं चलचित्र आदि सभी पक्षों को प्रस्तुत करते हैं तथा औसत भारतीय परिवार के सभी सदस्यों, अर्द्धशिक्षित और शिक्षित तथा बच्चों, महिलाओं और वयस्कों तक के लिए पठनीय सामग्री प्रस्तुत करते हैं। अतः हिंदी पत्रकार विविध स्तंभों की भाषा की स्वरूप-रचना के समय सभी वर्गों की ओर दृष्टि रखता है। वर्तमान जीवन की नव्यतम स्थितियों को सबसे पहले लिखित रूप से पाठकों तक पहुँचाने का उत्तरदायित्व दैनिक समाचार-पत्रों का है। किसी घटना या स्थिति विशेष के लिए शब्द भाषा या अभिव्यंजना पद्धति की गठन की समस्या का सामना सर्वप्रथम समाचार-पत्र ही करते हैं। इसके लिए उन्हें अनेक बार प्रचलित पद्धति से हटना पड़ता है।"[2] तभी समाचार-पत्र सर्वसाधारण के उपयोग की वस्तु बनते हैं। समाचार-पत्र सर्वजन सुबोध हों, भाषा में व्यापकता आए इसके लिए समाचार-पत्रों में कार्यरत कर्मियों को अनेक प्रयोग करने पड़ते हैं। इस दिशा में प्रयोग की संभावनाएँ भी पर्याप्त हैं। समाचार-पत्रों का नाता अपने पाठकों से होता है। अतः समाचार-पत्रों की भाषा पाठकों की रुचि के ही अनुकूल होनी चाहिए ताकि पाठक समाचार-पत्रों की भाषा को सहज में समझ सके। अंततः समाचार-पत्रों की भाषा पाठक सापेक्ष ही होनी चाहिए। नीरस बोझिल भाषा को कोई भी समाचार-पत्र नहीं अपनाएगा। ज्यों-ज्यों हमारे देश से निरक्षरता का अँधेरा मिट रहा है और साक्षरता का सूरज प्रकाश की लालिमा से जनमानस को प्रकाशित कर रहा है त्यों-त्यों समाचार-पत्रों की भाषा में, साहित्यिक गरिमा और गठन का गुण स्वतः ही आने लगा है। यद्यपि साहित्य की भाषा गूढ़ एवं अनेकार्थक होती है तथापि समाचार-पत्रों में भाषा अधिकाधिक स्पष्ट होनी चाहिए क्योंकि

1. महाराष्ट्र मानस, 25 नवंबर 1983, पृष्ट 44
2. हिंदी पत्रकारिता विविध आयाम ; संपादक वेद प्रताप वैदिक, नेशनल पब्लिशिंग हाउस, दिल्ली, पृष्ट 498

समाचार-पत्र का पाठक जीवन संग्राम से जूझनेवाला व्यस्त व्यक्ति होता है उसके पास गहन साहित्य को पढ़ने के लिए समय ही कहाँ होता है।

पाठक समाज ने समाचार-पत्रों पर एक विश्वास कायम किया होता है। समाचार-पत्रों के पृष्ठों पर जो कुछ छपता है वह बिना खोजबीन किए उसे स्वीकार लेता है। पाठक और समाचार-पत्र के बीच जो नाता बनता है उसका मूल भाषा ही है अतः समाचार-पत्रों की भाषा अस्पष्ट, अपूर्ण, तथा अटपटी नहीं होनी चाहिए ताकि पाठक सत्य के साक्षात्कार से वंचित न हो।

साप्ताहिक, पाक्षिक, मासिक एवं त्रैमासिक पत्रों की संरचनात्मकता

समाचार-पत्रों के प्रकाशन में अद्‌भुत क्रांति आई है। आज समाचार-पत्रों का स्वरूप पर्याप्त मात्रा में बदल गया है। समाचार-पत्रों की तकनीक और बनावट में श्रेष्ठ सुधार हुआ है। पत्र राष्ट्र की सुरक्षा, विकास, एकता, लोकतंत्र, समाजवाद तथा धर्मनिरपेक्षता को प्रोत्साहित कर रहे हैं। साप्ताहिक, पाक्षिक, मासिक एवं त्रैमासिक पत्र एक चुनौती के रूप में जन्म लेते हैं और इस चुनौती से समाज में परिवर्तन का वातावरण तैयार होता है। इन पत्रों के पृष्ठों पर यह प्रश्न उत्तर की अपेक्षा रखता है कि देश में आज भी सवर्ण-अवर्ण, प्रांतीयता का मोह, गरीब-अमीर की खाई क्योंकर यथावत् बनी हुई है। लघु पत्रकारिता के इन पत्र-पत्रिकाओं में मात्र कहानी, कविताएँ प्रकाशित कर ही संतोष नहीं किया जाता, अपितु वह तमाम सामग्री छापी जाती है जिसे पढ़कर देश का सही चित्र दिल और दिमाग में स्पष्ट रूप से उभर सके।

हमारे देश में विगत वर्षों में साप्ताहिक, पाक्षिक, मासिक एवं त्रैमासिक पत्रों के प्रकाशन में पर्याप्त वृद्धि हुई है। इन पत्रों ने पाठकों की राजनैतिक और सार्वजनिक चेतना को जाग्रत किया है। इन पत्रों के पत्रकार, जनता की जिज्ञासा के शमन के लिए आँख और कान के प्रकृति प्रदत्त गुणों का दायित्व निभा रहे हैं। इन पत्रों के पत्रकारों का दृष्टिकोण इतना व्यापक एवं विस्तृत होता है जो कि घटित घटनाओं को कई क्षेत्रों और दायरे में अनुमोदित कर देते हैं। दैनिक पत्रों की अपेक्षा साप्ताहिक, पाक्षिक, मासिक एवं त्रैमासिक पत्रों की संरचनात्मकता मानवीय रुचि पर आधारित रहती है।

इन पत्रों को पढ़ते-पढ़ते पाठक शीघ्र ऊबता नहीं है। पाठक चाहता है कि उसे अधिक से अधिक जानकारी प्राप्त हो। जिस जानकारी में जीवन की बहुरंगी झलकियाँ दिखाई दें। साप्ताहिक, पाक्षिक, मासिक व त्रैमासिक पत्रों की समाचारपूर्ण सामग्री को पाठक बड़े चाव से पढ़ते हैं। क्योंकि इन पत्रों में पत्रकार शब्द-शिल्पी

वनकर, मानव सुरुचि के समाचारों का संकलन करता है। इसीलिए व्यस्तताओं एवं उलझनों के बावजूद पाठक की रुचि इन पत्रों के पठन में बराबर बनी रहती है। इसका प्रमुख कारण है कि इन पत्र-पत्रिकाओं में तथ्यों और तर्क के प्रति जागरूकता दिखाई गई होती है और पाठक की रुचि को वनाए रखने के प्रति विशेष ध्यान दिया जाता है। इन पत्रों में जो लेखक अपना रचनात्मक योगदान देते हैं उन्हें लेखक के रूप में "अपने से प्रश्न पूछना चाहिए कि वह किसके लिए लिख रहा है ? इस बात को हर समय ध्यान में रखना चाहिए कि लेखक जो भी लिख रहे हैं वह एक सामान्य पाठक के लिए लिख रहे हैं। जिनमें गृहणियाँ, डाक्टर, वकील, वैज्ञानिक, नौकरीपेशा लोग, छात्र तथा अन्य वे लोग शामिल हैं जो किसी पत्रिका से विचार सामग्री या अभिमत की अपेक्षा रखते हैं। आमतौर पर जन सामान्य का एक बड़ा वर्ग ऐसा है जिसकी अपनी विचारधारा स्पष्ट नहीं होती, अतः वह इन पत्र-पत्रिकाओं में पढ़ी हुई सामग्री के आधार पर अपनी विचारधारा बनाता है।"[1] पत्रों को समझने और उन्हें पढ़कर ज्ञान अर्जित करने की क्षमता पाठकों में होती है इसीलिए वे इन पत्रों को खरीदकर पढ़ते हैं।

डॉ. यश गुलाटी ने धर्मयुग और साप्ताहिक हिंदुस्तान के संदर्भ में लिखा है कि "ये पत्रिकाएँ किसी विशिष्ट वर्ग की आत्मिक क्षुधा की तृप्ति के वजाए हर आयु, वर्ग, धर्म, जाति के लोगों की विविध रुचियों को तुष्ट करने का प्रयत्न करती हैं। धर्मयुग के किसी अंक में सामान्यता एकाध सामयिक समाचार पर लेख, कुछ राजनैतिक-सामाजिक मुद्दों पर टिप्पणियाँ, जनरुचि को सामने रखते हुए एक-दो लेख, एक-दो कहानियाँ, एक लंवी कहानी या उपन्यास अंश और व्यंग्य लेख रहते हैं। इसके अतिरिक्त सिने जगत् के वारे में रोचक सामग्री, बच्चों के लिए कुछ कविताएँ, कहानियाँ, कढ़ाई-बुनाई, पाक-विद्या, सांस्कृतिक समाचार, हास्य, उत्तेजक संस्मरण, कुछ चुटकुले, साप्ताहिक भविष्य, क्रमिक कामिक्स का एक अंश तथा महत्त्वपूर्ण घटनाओं के वारे में छायाचित्र भी होते हैं। कभी-कभार एकाध साहित्यिक लेख इसमें समाविष्ट होता है। गंभीर से गंभीर विषय को पठनीय और रोचक ढंग से प्रस्तुत करने की कोशिश इसकी हर रचना में मौजूद रहती है।"

इसी तरह साप्ताहिक हिंदुस्तान के संदर्भ में डॉ. गुलाटी आगे लिखते हैं कि "धर्मयुग की अपेक्षा इसमें गणित, विज्ञान, खगोल, भूगोल विपयक लेख प्रकाशित होते हैं। वे कई वार उच्चतर मानसिक और बौद्धिक धरातल की अपेक्षा रखते हैं। समूचे उपन्यासों, वीसियों ज्योतिपियों और तांत्रिकों की भविष्यवाणी के एक साथ प्रकाशन आदि द्वारा यह अपनी अलग पहचान देती है।"[2] इस तरह इन लोकप्रिय

1. कैसे लिखें : आज्ञाराम प्रेम : पुस्तक पत्रकार, पृष्ठ 53
2. हिंदी पत्रिकाएँ : डॉ. यश गुलाटी : लेखक पत्रकार निर्देशिका, तारिका प्रकाशन, अंवाला छावनी, पृष्ट 59

पत्र-पत्रिकाओं में बौद्धिक एवं शैक्षणिक स्तर के पाठकों की रुचि के प्रति विशेष ध्यान दिया जाता है। इन पत्रों की मूल संरचना, बौद्धिक पाठकों को समक्ष रखकर ही की जाती है। इस तरह साप्ताहिक पत्रिका, मासिक व त्रैमासिक पत्रिकाओं ने हिंदी की सर्वाधिक सेवा का कीर्तिमान स्थापित किया है।

हिंदी में कुछ पत्रिकाएँ जिनमें सरिता और भू भारती का उल्लेख किया जा सकता है। रूढ़िग्रस्त समाज से दकियानूसी विचार को उखाड़ फेंकने में इन पत्रिकाओं का संघर्ष बराबर गतिमान है। रूढ़िग्रस्त समाज को ठीक दिशा देने में इन पत्रिकाओं के योगदान को नकारा नहीं जा सकता।

ठोस और स्थायी महत्त्व की पाठकीय अपेक्षा की प्रतिपूर्ति में कादम्बिनी व नवनीत जैसी मासिक पत्रिकाओं का भी महनीय योगदान रहा है।

भारतीय भाषा एवं साहित्य की त्रैमासिक पत्रिकाओं में भाषा, अक्षरा व समकालीन भारतीय साहित्य का विशेष उल्लेख किया जा सकता है। इन पत्रिकाओं ने सिद्ध करके दिखाया है कि पत्रकारिता सत्य को ही नहीं अपितु मूल्य का भी निर्माण करने में सक्षम है।

पत्र-पत्रिकाएँ जीवन की पाठशालाएँ होती हैं। इन पत्रिकाओं के संपादन कार्य में यथार्थ का गहरा संबंध होता है। इनमें किसी अस्पष्ट सामग्री के प्रकाशन के लिए कोई स्थान नहीं होता है। इन पत्र-पत्रिकाओं में समकालीन मानव के आंतरिक जीवन को, संक्षिप्त रूपरेखा में तीक्ष्ण बुद्धि के साथ प्रकट करना होता है। इन पत्रिकाओं की संरचना को तय करने के लिए पत्रकार को, पेशेवर पत्रकारिता की कठिन पाठशाला से होकर गुजरना पड़ता है। इन पत्रिकाओं की संरचना को समक्ष रखते हुए इस बात से भी काम नहीं चलता कि मात्र मासिक या त्रैमासिक के लिए ही श्रेष्ठ सामग्री जुटाई जाए। चिंतन और विचारों की समृद्धि को यदि उत्कृष्ट ढंग से अभिव्यक्ति देनी है तो उसके लिए सर्वाधिक आवश्यकता है कौशल की। कौशल मात्र सत्य को ही व्यक्त नहीं करता, अपितु पत्र-पत्रिकाओं की संरचना की पृष्ठभूमि भी तैयार करता है। कौशल से न विचार तत्त्व पर किसी प्रकार का पर्दा पड़ता है बल्कि उससे साज-सज्जा की छवि भी उभरती है।

पत्र-पत्रिकाओं की संरचना का कौशल किसी भी पत्रकार के लिए यातना जैसा कभी नहीं रहा। इस श्रम में संलग्न एवं तल्लीन रहते हुए पत्रकार को अलग तरह का आनंद एवं सच्चा सुख मिलता है।

पत्र-पत्रिकाओं में भाषा के सहारे केवल साहित्यिक शैली का ही संदर्भ नहीं होता, इसका पता उस कौशल से चलता है, जो पत्र-पत्रिकाओं की संरचना का परिचायक होता है। भाषा जीवंत बोलचाल की भी परिचायक होती है। भाषा के परिप्रेक्ष्य में शब्दों का अपना एक विज्ञान होता है। भाषा के जीवंत होने एवं उसकी प्रबल भाव तरंगों का बोध होना पत्रकार के लिए आवश्यक होता है।

पत्र-पत्रिकाओं के संपादन से यह सत्य ठीक से उजागर हो जाना चाहिए कि पत्रकार का कार्य निकृष्ट कार्य के प्रति उदासीनता के विरुद्ध संघर्ष करना है। इस संघर्ष में पत्रकार का सबसे कारगर अस्त्र पत्रकार की स्वयं अपने कार्य के प्रति दायित्व की भावना होती है। पत्रकार जिस बात का उपदेश देता है, उसका ठीक से अनुसरण भी करना चाहिए। "हिंदी पत्रकारिता युगबोध का सर्वाधिक सबल माध्यम है। विश्व की गतिविधि, स्वराष्ट्र के उत्थान-पतन तथा क्षेत्र-विशेष की ज्वलंत समस्याएँ पत्र-पत्रिकाओं से ही सुस्पष्ट होती हैं। पत्रकारिता का उद्भव एवं विकास भारतीय जन-जीवन के उत्कर्ष और अपकर्ष का इतिहास है। धर्म, राजनीति, समाज और साहित्य में जिस प्रकार के परिवर्तन होते हैं, उन्हें विविध-कालिक पत्र दिग्दर्शित करते हैं।"[1] पत्र-पत्रिकाओं के संपादन कार्य को पूरा करनेवाला संपादक, बिखरी भावनाओं और विचारों को संयोजित करनेवाला आचार्य कहलाता है। वह विख्यात लेखकों की रचना के गुण की सूक्ष्मता से परख करता है और उसे पत्र-पत्रिकाओं में प्रकाशन योग्य बनाता है।

आज के व्यस्त जीवन में पत्र-पत्रिकाएँ अवकाश के समय की महत्त्वपूर्ण संगिनी मानी जाती हैं। इसीलिए साप्ताहिक, पाक्षिक, मासिक और त्रैमासिक पत्र-पत्रिकाओं का और भी महत्त्व है।

साप्ताहिक, पाक्षिक, मासिक एवं त्रैमासिक पत्र-पत्रिकाओं की सामग्री शिष्ट एवं सरल अवश्य होनी चाहिए। इनमें विषय का क्रमबद्ध निरूपण और सामग्री की प्रांजलता अत्यंत आवश्यक होती है। लेखन मूल्य इन पत्र-पत्रिकाओं में स्थायित्व के साथ बनते हैं। दैनिक समाचार-पत्रों में कोई समाचार मात्र सूचना भर ही होती है जबकि पाक्षिक, साप्ताहिक, मासिक एवं त्रैमासिक पत्रों में यह सूचना भावों एवं विचारों के सम्पुट से बौद्धिकता की कसौटी पर कसी जाती है। इस दृष्टि से इन पत्र-पत्रिकाओं के संपादन में विशेष सतर्कता अपनानी पड़ती है।

पाठकों को "अवकाश के क्षणों में मानसिक भोजन, कथा-कहानी और अन्य मनोरंजन सामग्री पत्र-पत्रिकाओं में मिलती है। सैकड़ों पत्रिकाएँ सांस्कृतिक, राजनीतिक, आर्थिक, सामाजिक, महिलापयोगी, बालोपयोगी तथा अन्य सामाजिक चेतना को उत्थान की ओर प्रेरित करने के लिए प्रकाशित होती हैं। योग्य संपादक संबंधित विषयों के विशेषज्ञ लेखकों की रचनाओं को सर्वग्राह्य शैली में संपादित करता है। स्वरूप सामग्री के आधार पर वह अपने संपादन-चातुर्य से पाठकों को अधिकाधिक ज्ञान देने का प्रयत्न करता है। अपनी संपादकीय टिप्पणियों को वह यथासंभव सुस्पष्ट तथा निष्पक्ष रखने की नीति अपनाता है। क्योंकि पाठक के मन पर इसका स्थायी प्रभाव पड़ता है। किसी प्रकार के पूर्वाग्रह पर आधारित संपादकीय मंतव्य में मौलिकता और चिंतन का अभाव रहता है। कर्तव्यनिष्ठ

1. स्वतंत्रता आंदोलन और हिंदी पत्रकारिता : डॉ. अर्जुन तिवारी, पृष्ठ 1, विषय प्रवेश।

संपादक सर्वसाधारण की भावनाओं को अपनी तलस्पर्शिनी दृष्टि से ग्रहण करता है, अपनी पैनी प्रतिभा के योग से उसकी सम्यक् मीमांसा और यथोचित विवेचना करता है।"[1] हिंदी पत्र-पत्रिकाओं के प्रकाशन का अपना एक महत्त्वपूर्ण स्थान रहा है। ये पत्र-पत्रिकाएँ किसी व्यावसायिक दैनिक पत्र से प्रतिस्पर्धा तो स्थापित कर सकती हैं, पर इनकी पठन-उपयोगिता का अपना एक अलग महत्त्व है। यह पत्र-पत्रिकाएँ समय सीमा की दृष्टि से अधिक रोचक, मनोरंजक, ज्ञानवर्द्धक एवं पठनीय होती हैं। इनमें सामाजिक परिवर्तन की भूमिका वहन करने की भी क्षमता होती है। ज्यों-ज्यों विज्ञान प्रगति कर रहा है त्यों-त्यों साज-सज्जा के तरीके और साधन भी परिष्कृत होते जा रहे हैं। इन सबके सफल प्रयोग से साप्ताहिक, पाक्षिक, मासिक एवं त्रैमासिक पत्रों का उद्देश्य पाठकों को प्रभावशाली ढंग से सामग्री जुटाना है।

पत्रकारिता एवं वैचारिक स्वतंत्रता

स्वतंत्रता पत्रकारों के लिए अपरिहार्य एवं अनिवार्य है। जब पत्रकार स्वतंत्रता से लिखेंगे तो पत्रकारिता जगत् की स्वतंत्रता सुनिश्चित हो जाएगी। स्वतंत्रता के लिए जब सीमा रेखा खींच दी जाती है, तो वह फिर स्वतंत्रता नहीं रह जाती। प्राकृतिक सीमा रेखा ही स्वतंत्रता के लिए पर्याप्त है। जिस तरह एक नदी प्राकृतिक रूप से दो किनारों के बीच प्रवहमान रहती है तो उस नियत प्राकृतिक स्थिति में उसका स्वरूप भी लुभावना लगता है, किंतु जब नदी अपने किनारों की सीमा रेखा का अतिक्रमण करती है, तो वह विनाश का कारण बनती है। नदी को अपनी गहराई में रहना चाहिए, उस गहरेपन में वह किनारों का अतिक्रमण नहीं करती। गहरे बहाव में उसका शांत स्वरूप भला लगता है। पत्रकारिता भी एक नदी की तरह है। जिसे अपने स्थापित आदर्शों एवं सिद्धांतों की सीमा रेखा का अतिक्रमण नहीं करना चाहिए।

पत्रकारिता का सूचना प्रवाह जब तक देश की धरती को उर्वर रखता है, उस समय तक पत्रकारिता की सूचनात्मक अखबारी-सुर्खियाँ शिक्षाप्रद एवं मनोरंजक हो सकती हैं। किंतु जब सूचना का प्रवाह देशहित को नकार दे और अखबारी सुर्खियाँ राष्ट्रद्रोह का पर्याय बन जाएँ, देश की एकता और अखंडता के लिए अखबार, खतरा सिद्ध होने लगे तो पत्रकारिता के लिए स्वतंत्रता-निर्धारण की बात स्वतः अनिवार्य लगती है और अंततः पत्रकारिता के आदर्श एवं सिद्धांत ही पत्रकारिता की स्वतंत्रता को सुनिश्चित करते हैं।

---

1. हिंदी पत्रकारिता : विविध आयाम, सं. वेद प्रताप वैदिक, पृष्ठ 574

प्रजातंत्र के विकास में यह एक बड़ा अवरोध है कि पत्रों का संचालन बड़े-बड़े उद्योगपति कर रहे हैं। उद्योगपतियों की आर्थिक शक्ति, अनेक स्वतंत्र पत्रों का गला घोंट देती है। उनके पत्र देश सेवा के लिए नहीं बल्कि स्वार्थ साधन के लिए हैं और चूँकि इनके पत्रों के संपादक वेतनभोगी नौकर हैं, इसलिए चाह कर भी वे सत्य का समर्थन और अनौचित्य का विरोध नहीं कर सकते। यह उनकी लाचारी है और यह वर्तमान पत्रकारिता का एक बहुत बड़ा दुःखद पक्ष भी है।[1] पत्रकारिता की स्वतंत्रता के प्रति, यह एक बहुत बड़ी चुनौती है। क्योंकि पत्रकार उद्योगपति मालिक के भय से स्वतंत्रतापूर्वक लिखने में असमर्थ रहता है। स्वतंत्रतापूर्वक लिखने का तात्पर्य यह भी नहीं होना चाहिए कि समाचार-पत्रों में उत्तेजक एवं आतंकपूर्ण समाचार प्रकाशित किए जाएँ। समाज के सही चित्र को चित्रित करने तथा देश का सही मार्गदर्शन करने के लिए पत्रकारों को वैचारिक स्वतंत्रता मिलनी ही चाहिए। पराडकरजी ने इसलिए कहा था कि "समाचार-पत्र के दो मुख्य धर्म हैं। एक तो समाज का चित्र खींचना और दूसरा उसे सदुपदेश देना। पत्रकारिता लोक-शिक्षण का सच्चा धर्म है। इसी के द्वारा ही पत्रकार इस देश की और जनता की सच्ची सेवा कर सकते हैं। यदि हममें योग्यता हो और सचमुच हम कुछ देश सेवा करना चाहते हों तो हमें अपने पत्रों में सदा सब प्रकार से उच्च आदर्श को स्थान देना चाहिए।"[2] वैचारिक स्वतंत्रता का अस्तित्व उच्च आदर्श के कारण ही संभव है। उच्च आदर्शों को पत्रकारिता के माध्यम से ठीक से पोषित करने से ही अख़बारों के पृष्ठ, विचारयुक्त लेखों से भर सकते हैं। राष्ट्रीय सम्मान और राष्ट्रीय मर्यादा के लिए ही पत्रकारिता ने पूर्व में अनथक संघर्ष किया है। इसी संघर्ष की धरती पर, पत्रकारिता की वैचारिक पृष्ठभूमि के बीजांकुर पौध बन सके हैं, जिन्हें फलते-फूलते हुए हम सभी देख ही रहे हैं। वैचारिक स्वतंत्रता का अस्तित्व शैक्षणिक रूप से संपन्न होने से भी संभव हो सकता है। शैक्षणिक रूप से प्रबुद्ध होने से तात्पर्य, तथाकथित डिग्रियाँ प्राप्त करना नहीं, अपितु संस्कारोन्मुख चिंतन हैं। एक संस्कारशील पत्रकार कभी भी विचार पंगु नहीं हो सकता। ऐसा पत्रकार जन-कल्याण को ध्यान में रखते हुए सूचनाओं का प्रसार करेगा। फिर वैचारिक स्वतंत्रता का प्रश्न पत्रकारिता के समक्ष क्योंकर उपस्थित हुआ है ? सरकार के गलत कार्यों की आलोचना करना, राष्ट्र के नाजुक हितों के प्रति सतर्कता के साथ जागरूक रहना, राष्ट्रहित के कार्य हैं, और इस दिशा में वैचारिक संपन्नता, पत्रकार की योग्यता है। अभिव्यक्ति की स्वतंत्रता पर प्रतिरोध लगाने का अधिकार "यदि सरकार को दे दिया जाए तो सरकार अपनी मामूली-सी आलोचना का मुँह भी बंद कर सकती

1. हिंदी पत्रकारिता : लेखक डॉ. कृष्णबिहारी मिश्र, पृष्ठ 417, भारतीय ज्ञानपीठ प्रकाशन।
2. आकाशवाणी पत्रिका, वर्ष 48, अंक 14, 16 जुलाई, 1983 में भगवती प्रसाद शुक्ल का प्रकाशित लेख।

है। इससे जनतंत्र और उत्तरदायी शासन का सिद्धांत नष्ट हो जाएगा तथा देश में अधिनायकवाद का संकट पैदा हो सकता है। इसके विपरीत अगर राज्य में किसी भी प्रकार का बन्धन लगाने की शक्ति नहीं होगी तो स्वतंत्रता का ऐसा स्वच्छंदतापूर्ण उपयोग हो सकता है जिससे राज्य के नष्ट हो जाने का खतरा पैदा हो जाए, राष्ट्र की सुरक्षा और सार्वजनिक व्यवस्था भंग हो जाए, अनैतिकता, अराजकता, अशांति आदि फैल जाए। जहाँ अभिव्यक्ति की स्वतंत्रता आवश्यक है वहाँ यह देखना भी जरूरी है कि समाज और राष्ट्र के नाजुक हितों को अनावश्यक आघात न पहुँचे।"[1] इस स्पष्ट दृष्टिकोण से यह बात स्पष्ट हो जाती है कि पत्रकार को राष्ट्रहित में ही आलोचना को अधिमान देना चाहिए ताकि न तो सरकार निरंकुश हो तथा न ही पत्रकारिता के पथ पर कोई अवरोध खड़ा हों। तथ्यों का विवरण जब सत्य के संबल से होगा तो पत्रकारिता निःसंदेह राष्ट्रहित में उत्तरदायी होगी। पत्रकार नैतिकता और चरित्रबल के द्वारा राष्ट्र का बड़ा हित कर सकता है। जो पत्रकार, मात्र अपने संकीर्ण एवं निहित स्वार्थों के लिए कार्य करते हैं, वे वैचारिक दृष्टि से स्वतंत्र हो ही नहीं सकते। पत्रकारों को अपने व्यवसाय की गरिमा को बनाए रखने के लिए उन खतरों का सामना तो करना ही पड़ेगा जो प्रेस का गला घोंटने के मूल हेतु हैं। इन खतरों को पैदा करनेवाली वे शक्तियाँ हैं जो एक ओर तो देश के संविधान की खुल्लमखुल्ला अवहेलना कर रही हैं तथा दूसरे वे लोग हैं जो जन भावनाओं से खेलकर, अपना हित साधने में लगे हैं। इन शक्तियों पर अंकुश रहे, देश की अस्मिता को कोई खतरा न हो इस दिशा में पत्रकारिता एक सही मार्गदर्शक का कार्य कर सकती है।

निष्पक्ष और निर्भीक पत्रकारिता के उच्च मानदंडों को सुनिश्चित करने के लिए भारतीय संविधान के 19 वें अनुच्छेद में वाक् स्वतंत्रता और अभिव्यक्ति स्वतंत्रता का स्पष्ट उल्लेख है। अभिव्यक्ति की यह स्वतंत्रता, लोकतांत्रिक व्यवस्थावाले हमारे देश के लिए वरदान भी सिद्ध हो सकती है। अभिव्यक्ति की यह स्वतंत्रता बोलकर, लिखकर या चित्रकारी तथा अभिनय जैसे माध्यमों के द्वारा अभिव्यक्ति पा सकती है।

लोकतंत्र में हर नागरिक को "अपने विचारों से दूसरों को प्रभावित करने और दूसरों के विचार जानने का अधिकार होता है ताकि समस्त बातों को जान और समझकर, वह अपने प्रतिनिधियों का निर्वाचन करे तथा निर्वाचित प्रतिनिधियों व शासन की कमियों, कुनीतियों, कदाचार आदि के विरुद्ध अपनी आवाज उठा सके।"[2] अभिव्यक्ति की यह स्वतंत्रता, जहाँ व्यक्ति के लिए आवश्यक है, वहाँ यह स्वतंत्रता उस व्यवस्था के लिए भी है जो व्यक्ति पर शासन करती है। शासन

---

1. प्रेस विधि : लेखक डॉ. नंदकिशोर त्रिखा, विश्वविद्यालय प्रकाशन वाराणसी, पृष्ठ 5
2. वही, पृष्ठ 9

करनेवाली यह शक्ति चाहे वह लोकतांत्रिक प्रक्रिया से चुना गया शासक ही है, अंततः उन नागरिकों के हितों के प्रति उत्तरदायी है, जिन पर वह शासन करता है। शासक और शासित जनता अपने-अपने कर्तव्य के प्रति उत्तरदायी बनें, ईमानदारीपूर्वक एवं सत्यनिष्ठा के साथ कर्तव्यपरायण बन, राष्ट्र के विकास में योगदान दें; तो पत्रकारिता की दिशा और दशा ही बदल जाएगी। पत्रकारिता की कलम सकारात्मक दृष्टिकोण अपनाने के लिए विवश हो सकेगी।

पत्रकारों पर यह आरोप लगाया जाता है कि वे निरंतर आलोचनात्मक रवैया अपनाते हैं दोष देखना ही उनका धर्म होता है। इस बात में पर्याप्त सच्चाई भी है कि आलोचना करना, दोष निकालना सबसे आसान कार्य है। जबकि गुणों को देखना, सकारात्मक दृष्टिकोण अपनाना कठिन ही होता है। आलोचना के लिए चिंतन की उर्वर धरती की आवश्यकता नहीं होती जबकि सकारात्मक कथन के लिए चिंतन की उर्वर धरती की आवश्यकता होती है। तभी प्रशंसा के बीजांकुर प्रस्फुटित हो पाते हैं। पत्रकार अभिव्यक्ति के इस संदर्भ में स्वतंत्र है क्योंकि स्वतंत्रता उसके भीतर के भावों के साथ है, पर पत्रकार को दोषदर्शी बनने के बजाए दोषज्ञ बनना चाहिए, तभी वह स्वंतत्र होकर कार्य कर सकता है।

पत्रकार इस स्वतंत्रता को किसी से माँगता नहीं। यह उसके भीतर के भावों पर आधृत रहती है। पत्रकार के लिए बाह्यतौर पर अभिव्यक्ति के माध्यम भले ही बंद हो जाएँ, किंतु उसके अंतर्मन की स्वतंत्रता को कोई क्षति नहीं पहुँचा सकता। वह हाव-भाव में भी व्यक्त होती है तथा कलम की नोक पर भी अभिव्यक्ति पाती है।

पत्रकार की यह अभिव्यक्ति पाठक के मन और मस्तिष्क को प्रभावित करती है, इसलिए सत्ताधीश को अपने लिए खतरे की घंटी सुनाई पड़ने लगती है। यही मुख्य कारण है कि पत्रकार की स्वतंत्रता के समक्ष रुकावटें खड़ी की जाती हैं और समझा जाता है कि ऐसा करने से सत्ताधीश सुरक्षित हो जाएगा। पत्रकार की कलम का प्रभाव पाठक के मन पर स्थायी रहता है। तलवार का घाव भर जाता है किंतु कलम शक्ति से किए गए प्रहार बड़े तीखे और कभी न भरनेवाले होते हैं। पत्रकार क्योंकि पाठक के मन के भीतर उतरता है इसलिए वह पाठक की मानसिक प्रवृत्तियों के लिए प्रेरणा का स्रोत बनता है।

तलवार का घाव क्योंकि बाह्य प्रभाव का ही प्रतीक होता है अतः इस बाहरी प्रभाव को खत्म करने के लिए तरीके भी बाहरी ही होते हैं। इसीलिए 144 की धारा का प्रयोग भीड़ को तितर-बितर करने के लिए प्रयुक्त किया जाता है। जलसे-जुलूस न निकाले जा सकें, इसके दृष्टिगत लाठीचार्ज किया जाता है पर भीतर प्रभाव इन तरीकों से सर्वथा अछूता रहता है। कहे गए शब्द तत्काल प्रभाव तो डालते हैं, पर ये शब्द भी शीघ्र विस्मृति के भँवर में डूब जाते हैं। किंतु लिखित

शब्दों का प्रभाव कालजयी होता है। अतः शासक को पत्रकारिता के इस कालजयी प्रभाव पर सोचने को विवश होना पड़ता है। वह हर समय इस कोशिश में रहता कि प्रचार-प्रसार के समस्त साधन उसकी प्रशस्ति के उपादान बन जाएँ।

सत्ताधीश को इसका पूर्ण बोध है कि तलवार की सत्ता अब अर्थहीन हो गई है। कलम की नोक पर उभरनेवाले शब्दों की शक्ति में निरंतर वृद्धि हो रही है। इसीलिए वैचारिक स्वतंत्रता के धरातल पर, पत्रकारिता संसार के समक्ष नई शक्ति के साथ अपना अस्तित्व बना पाई है। पत्रकारिता का मूल्य आज घटनाओं और समाचारों के विवरण देने से कहीं अधिक बढ़ गया है। इसीलिए पत्रकारिता ने समाज को प्रबुद्ध करने में महत्त्वपूर्ण भूमिका का वहन किया है।

सत्तासीन लोग चाहते हैं कि पत्रकारिता उनके लिए असुविधाजनक न बने, इसीलिए वे वैचारिक स्वतंत्रता को कुंद करने के लिए प्रेस पर प्रहार करते ही रहते हैं। हिकी के बंगाल गजट से ही वैचारिक स्वतंत्रता का प्रश्न पत्रकारिता के साथ जुड़ गया था। हिकी ने बंगाल गजट का प्रकाशन ही इसीलिए किया था कि वह मन और आत्मा की स्वतंत्रता को सुनिश्चित कर सके। तत्कालीन गवर्नर जनरल वारेन हेस्टिंग्ज की कटु आलोचना करने के कारण हिकी को कारावास तक की सजा भुगतनी पड़ी थी। तथापि हिकी ने प्रेस की वैचारिक स्वतंत्रता को क्षति पहुँचने नहीं दी। वैचारिक स्वतंत्रता को समाप्त करने के लिए अंग्रेजी सरकार ने सेंसर कानून से लेकर कई कानून लागू किए किंतु प्रेस की स्वतंत्रता फिर भी बनी रही है।

सेंसर की चोट तो अब भी यदा-कदा प्रेस पर पड़ती ही रहती है। इस दृष्टि से यद्यपि प्रेस परिषद् की स्थापना का उद्देश्य, पत्रों की स्वतंत्रता बनाए रखने के लिए ही था, तथापि आज भी प्रेस की वैचारिक स्वतंत्रता के समक्ष कई खतरे हैं। निर्भीक पत्रकारिता का आदर्श तथा वैचारिक स्वतंत्रता की उच्च गरिमा, हिंदी पत्रकारिता के उद्‍भव काल से ही जुड़ी रही है। आर्थिक शोषण, अत्याचार, पक्षपातपूर्ण प्रशासन नीति का पत्रकारों ने मुक्तभाव से विरोध किया है। "तथ्य यह है कि प्रेस की स्वतंत्रता जन मानस की अभिव्यक्ति का ही एक रूप है। विशेष रूप से गणतंत्र शासन से ही, प्रेस की स्वतंत्रता अपरिहार्य है। इसका एक कारण यह भी है कि सत्ता संपन्न राजनैतिक दल पर अंकुश रखने के लिए सर्वाधिक सशक्त माध्यम प्रेस ही है।"[1] विज्ञान के विस्तार से प्रेस के साधन बढ़े हैं। प्रेस संस्था का अंतर्राष्ट्रीय स्तर पर विस्तार हुआ है। प्रेस की शक्ति असीम हुई है। प्रेस ने विश्व जनमत की शक्ति को संगठित किया है और परिणामस्वरूप शस्त्र-शक्ति के समक्ष कलम-शक्ति का वर्चस्व बढ़ा है।

पत्रकार की पत्रकारिता कालजयी हो रही है; साहित्य और विश्व के बीच

1. वृहद् हिंदी पत्रकारिता : संपादक प्रताप नारायण टंडन, पृष्ठ 608

अपने मिश्रित गुणों में, जो सत्ता सर्वाधिक रूप से प्रदीप्त है, वह पत्रकारिता ही है और वैचारिक स्वतंत्रता की पोशाक में इसका लुभावना रूप सबको आकृष्ट कर रहा है। अतः यह "आवश्यक हो गया है कि वह अपनी आचार-संहिता का निष्ठापूर्वक पालन करे। केवल जनरुचि को परितृप्त करने के उद्देश्य से पत्रकारिता का स्तर नहीं गिरना चाहिए। यद्यपि इस संदर्भ में कानूनी प्रतिबंध भी हैं जिनका आचार संहिता की दृष्टि से अपेक्षाकृत अधिक महत्त्व है। बहुधा किसी विवादास्पद स्थिति के उत्पन्न होने पर पत्रकार का दायित्व अधिक बढ़ जाता है। ऐसी अवस्था में भी पत्रकार को अपने क्रियाकलाप की नैतिक सीमाओं में बँधकर अपना कार्य करना चाहिए।"[1] इस मर्यादा में ही वैचारिक स्वतंत्रता का अस्तित्व बना रह सकता है और पत्रकारिता ज्यादा प्रभावशील एवं विश्वास की पात्र भी बन सकती है।

प्रेस की वैचारिक स्वतंत्रता के मूल में जनसेवा व राष्ट्र के सही निर्माण का भाव रहना चाहिए। इस मूल उद्देश्य के रहते प्रेस, निश्चित रूप से ऐसे असामाजिक तत्त्वों को भयभीत कर सकती है, जो देश के लिए खतरा बने हुए हैं। प्रेस अपने आप में एक शक्तिशाली माध्यम है, अतः इसका उपयोग राष्ट्रहित में ही होना चाहिए। मर्यादा में रहते हुए प्रेस, राष्ट्र-सेवा का भी महत् कार्य कर सकती है अन्यथा प्रेस नदी का वह जल बन जाता है जो किनारों से बाहर होने पर बाढ़ और तबाही का पर्याय बन जाता है। अतः जरूरी है कि वैचारिक स्वतंत्रता का यह पानी जीवन के लिए वरदान ही सिद्ध हो न कि घातक। प्रेस की भूमिका क्या होगी अथवा क्या है, प्रेस के मूलभूत अधिकार क्या हैं, क्या होने चाहिए, प्रेस के दायित्व क्या हैं ? और क्या होने चाहिए इसी परिप्रेक्ष्य में, प्रेस की वैचारिक स्वतंत्रता की पृष्ठभूमि को भी सुनिश्चित किया जा सकता है। विश्व में जिस किसी माध्यम द्वारा शांति स्थापित करने की दिशा में गंभीर प्रयास किए जा रहे हों और उन प्रयासों को गति देनेवाला एक भी विचार, कभी पराधीन नहीं हो सकता। अतः किसी भी सत् एवं उच्च लक्ष्य के लिए वैचारिक स्वतंत्रता स्वतः सिद्ध होती है।

हमारे दर्शन-शास्त्रों में इस बात के प्रति बार-बार निवेदन किया गया है कि अच्छे विचार निरंतर हमारे सहचर बनें। ऋग्वेद का भी यही मूल संदेश है कि सद् विचारों से हमारा नाता बना ही रहे। सद् विचारों का आह्वान ही भारतीय वैचारिक स्वतंत्रता की आधारशिला है इसी महत् उद्देश्य ने स्वस्थ लोकतंत्र के लिए वैचारिक स्वतंत्रता को प्राणवायु माना है। वैचारिक स्वतंत्रता के बल पर ही बड़े पैमाने पर जनहित संभव हो सकता है और इसी से सामाजिक सद्भाव भी बना रह सकता है। देश की एकता एवं अखंडता भी वनी रह सकती है।

---

1. वृहद् हिंदी पत्रकारिता कोश : पाठ : पत्रकारों की नैतिकता और आचार संहिता, पृष्ठ 638

वैचारिक स्वतंत्रता के मूल स्वर, न्याय और सत्य की छलनी से छनकर मुखर होने चाहिए तथा वैचारिक स्वतंत्रता के बल पर ही पत्रकारिता लोकतंत्र के लिए वरदान सिद्ध होगी।

ऋग्वेद में कहा गया है कि सत्य मात्र एक है, किंतु गुणीजन उस सत्य को विभिन्न प्रकार से अभिव्यक्ति करते हैं। पत्रकार पर भी यह बहुत कुछ निर्भर करता है कि वह विषय-वस्तु को ध्यान में रखते हुए सत्य को कैसे प्रकट करे और सत्य की कैसे रक्षा हो। सत्य जब असत्य में बदल जाता है उसकी परिणति ठीक वैसी होती है, जैसे किसी निर्मल जल में कोई विष डाल देता है। अतः सत्य के जल से समाज जीवित रहता है जबकि असत्य का विषाक्त जल प्राणहंता बन जाता है। वैचारिक स्वतंत्रता भी राष्ट्र तथा व्यक्ति के निर्माण में सहायक होनी चाहिए इसी से पत्रकारिता की गरिमा भी बनी रहेगी।

पत्रकारिता का इंसान और इंसानियत से क्या रिश्ता है ? अखबार इस दृष्टि से किसी तरह की विचारधारा को अंगीकार कर रहे हैं ? यह आम पाठक जानना चाहता है। यौन, हिंसा और भय के व्यापार में डूबे समाचार-पत्र संस्थान वैसे ही पैसे कमाते हैं, जैसे कोठे पर बैठी एक वेश्या पैसा कमाती है। अतः आम पाठक उस अखबार पर कैसे विश्वास कर सकता है जो प्रथम पृष्ठ पर तो विकृत यौन का प्रचार करता है और बाद में आदर्शों की बड़ी-बड़ी बातें करता है। खबर केवल चौंकाने का काम नहीं करती, खबर का काम विश्वास की सृष्टि करना भी होता है।

पत्रकारिता की स्वतंत्रता की यह भी माँग है कि वे लोग जिनके कारण समाचार बनता है, वह समाचार उन तक भी अवश्य ही पहुँचना चाहिए, न केवल वे ही उस समाचार को पढ़ते रहें, जिन्होंने मात्र सुंदर भाषा और मुहावरे का कलेवर उस समाचार को पहनाया होता है।

पत्रकारिता के इतिहास में वैचारिक स्वतंत्रता के आलोक में खोजी पत्रकारिता के भी अनेक उदाहरण कायम किए जा सके हैं। प्रेस के साहस पर प्रबुद्ध पाठक ने दाँतों तले उँगली दबाई है। फिर भी पत्रकारिता के लिए वैचारिक स्वतंत्रता का प्रश्न मुँहबाये क्यों खड़ा है ? कहीं ऐसा तो नहीं कि स्वतंत्र भारत में हमें स्वतंत्र, स्वायत्त एवं मनस्वी होने में ही विश्वास न हो। यदि हम पत्रकारिता के लिए वैचारिक स्वतंत्रता को मानते हैं तो हमें पत्रकारिता को हजारों किस्म के षड्यंत्रों, दबःवों, दाँवपेंचों और प्रभावशाली टेलीफोन के परिणामों से, अखबारी सुर्खियों को मुक्त करना होगा। वैचारिक स्वतंत्रता के लिए जिन महनीय आदर्शों को अनिवार्य माना जाता है, तो उन आदर्शों का गहरा एहसास भी अनिवार्य है, इसके प्रति सतत संघर्षशील रहने का भी उतना ही महत्त्व है। हमें इस बात का भी परम संतोष है कि हमारे समाचार-पत्र यदि उनकी बात संपूर्णता के संदर्भ में की जाए तो हमारे

देश में पार्टी समर्थक समाचार-पत्र प्रायः प्रकाशित किए जाते हैं जो एक-दूसरे दलों के नेताओं की खुलकर आलोचना भी करते हैं। इस तरह वैचारिक स्वतंत्रता पर कोई अंकुश भी नहीं है। तथापि समाचार-पत्रों को जन कल्याण के महत्त्वपूर्ण प्रश्नों पर, खुलकर लिखना चाहिए, ताकि राष्ट्र तथा मानवता के सर्वांगीण विकास के प्रश्नों का समाधान खोजा जा सके। क्योंकि देश में जहाँ अपने समाचार-पत्र शुरू करने की आजादी है, उस पर कोई प्रतिबंध नहीं है, तो स्वतंत्र दृष्टिकोण पर कैसे प्रतिबंध लग सकते हैं।

चतुर्थ अध्याय

संपादक के दायित्व

प्रेस रजिस्ट्रेशन एक्ट 1867 के अनुसार किसी भी समाचार-पत्र में जो कुछ छपता है उसका निश्चय करनेवाला संपादक होता है। इसीलिए समाचार-पत्र अथवा पत्रिका में योग्यतापूर्वक जो क्रिया संपन्न होती है संपादन-कार्य कहलाती है। उस क्रिया को शुद्ध एवं बुध करनेवाला संपादक होता है। वह एक ऐसा बुद्धिजीवी, विचारशील और कलम का धनी होता है जिसके कारण उसे पत्र अथवा पत्रिका की आत्मा कहा जाता है वह वैचारिक तरंगों के बीच समाज-नौका को खेनेवाला कुशल नाविक होता है। अपने वैचारिक कर्म से वह जन समुदाय की अनुभूतियों को वाणी देता है। सत्यनिष्ठा, प्रेस-स्वतंत्रता, विश्वसनीयता, संपर्क, व्यवहार, नेतृत्व और उत्तरदायित्व की भावना को पोषित करना संपादक का सर्वोपरि गुण होता है। इसीलिए जहाँ संपादक समाचार-पत्रों एवं पत्रिकाओं के माध्यम से एक सच्चे सम्राट एवं धर्मोपदेशक की भूमिका निभाता है, वहाँ उसमें नीर-क्षीर के विवेक की सच्चरित्रता, न्यायप्रियता, सहानुभूति तथा दायित्व-बोध की अद्‌भुत गुण-क्षमता होती है।

पैनी-दृष्टि, मुद्रण-लेखन, आशुलेखन, एवं टंकण कला का ज्ञान, सत्यनिष्ठा, निर्भीकता, मातृभाषा के अतिरिक्त अन्य भाषाओं पर पूर्ण अधिकार, विविध समस्याओं को समझने की शक्ति, समाचार सूँघने की दक्षता, गहरी उत्सुकता एवं अति जिज्ञासा-वृत्ति उसकी अतिरिक्त विशेषताएँ होती हैं। संपादक जब अपनी कलम को कागज पन्नों पर उतारता है तो सृजन एवं विध्वंस की सारी संभावनाएँ वहाँ मूर्त हो जाती हैं। इसलिए संपादक को जन-चेतना, जन-आकांक्षा और जनहित का संरक्षक कहा जाता है। ऐतिहासिक विश्लेषण की दृष्टि से विद्वानों ने संपादक को देवर्षि नारद-सा भ्रमणशील, संजय-सा दूर-दृष्टि संपन्न, विदुर-सा नीतिवान, अर्जुन-सा लक्ष्यनिष्ठ, एकलव्य-सा अध्यदसायी, अभिमन्यु-सा साहसी, दधीची-सा त्यागी, धर्मराज-सा सत्यव्रती, भीम-सा अडिग, गणेश-सा प्रतिभाशाली, कृष्ण-सा ज्ञानी एवं योगी राम-सा मर्यादावादी, व्यास-सा प्रगतिशील और शिव-सा लोकमंगल के लिए विषपायी माना है। संपादक एक व्यवसायी न होकर, व्यवसाय से ऊँची चीज का संरक्षक भी होता है। वह मूलतः एक विशिष्ट जीवन का स्वामी होता है, जो अपने आप में बहुत ही मूल्यवान है।

संपादक यह भली भाँति जानता है कि संपादन कार्य यथार्थता, समाज सेवा, मनोरंजन, मानव-अधिकारों और विश्वसनीयता आदि विषयों से संबद्ध एक पवित्र कर्म है। तभी वह पाठकों को अपने समाचार-पत्र एवं पत्रिका के माध्यम से, निरंतर सूचना पहुँचाने, जनता-जनार्दन की सेवा करने, उपयोगी, सम्मानजनक, मनोरंजक, समाज सेवा की प्रेरणा से युक्त तथा विश्वसनीयता से ओत-प्रोत सामग्री उपलब्ध करवाता है।

संपादक अपने दायित्व के कारण, अब विरोधी तत्त्वों के डर, प्रपीड़न, शारीरिक हिंसा और जीवन के भयंकर खतरों से घिरकर रह गया है, इसीलिए संपादक के लिए संपादन कर्म, एक चुनौती भरा कार्य बनता जा रहा है।

मानव जाति के हित-चिंतन के लिए संपादक को भिन्न-भिन्न दिशाओं में श्रेष्ठ प्रयत्न करने पड़ते हैं। अपने बहुमुखी जीवन के साथ संपादक को अनेक दिशाओं का राही बनना पड़ता है, तभी वह समाज से भ्रांति, जड़ता और अकर्मण्यता को नष्ट कर पाता है। संपादक के लिए नैतिक मार्ग का राही बनना जरूरी भी है, तभी पूरा पाठक समाज उसका अनुगामी बनता है और अंततः संपादक, नैतिक आदर्शों से ओत-प्रोत समाज की स्थापना करने का श्रेय प्राप्त कर सकता है। अपने उच्च विचारों से संपादक अपनी बुद्धि को उत्तेजित करता है तभी वह पाठक समाज के लिए एक केंद्र बिंदु बन सकता है। संपादक को इस बात का पूर्ण एहसास रहता है कि जीवन का सबसे सुंदर काल उसके लिए वही है जिन क्षणों में वह कार्यरत रहता है। इसीलिए संपादक शारीरिक सुख को ज्यादा महत्त्व न देकर, मानसिक संतोष को अधिक महत्त्व देता है। इन्हीं गुणों के कारण वह प्रबल व्यक्तित्व का स्वामी बनता है। किसी भी प्रकार की कमजोरी के रहते संपादक अपनी प्रतिभा को प्रदीप्त नहीं कर सकता।

संपादक के व्यक्तित्व का जो श्रेष्ठ गुण होना चाहिए वह है अहंकार से अति दूर रहना क्योंकि अहंकारी का जीवन क्षेत्र संकुचित होता है। संकीर्ण क्षेत्र से आगे उसकी आँखें देख ही नहीं पातीं फिर वह मानवता का क्या हित कर पाएगा। संपादक के व्यक्तित्व-परिष्कार के लिए यह बोध जरूरी है कि विद्या, बुद्धि, धन या पद का अहंकार अंततः पतन का द्वार है। अहंकारी को वास्तविक स्थिति का बोध बहुत कम रहता है, इस प्रकार की स्थिति में उसका पतन फिर पत्थर की लकीर बन जाता है। इसलिए आत्म-विस्मृति में डूबकर अपने से ही विश्वासघात करने की प्रवृत्ति पालना किसी के लिए भी हितकर नहीं है।

संपादक को आत्म-उन्नति की दिशा में प्रयत्न करने चाहिए तभी वह समाज में व्याप्त अनाचारों से टक्कर ले सकता है। संपादक को अपने कार्य को साधन नहीं अपितु साधना मानकर कर्म क्षेत्र में कूदना होता है। "आजकल अधिकतर जीविका के लिए शिक्षित होते हैं वे ऐसे ही गुणों का संग्रह करना चाहते हैं जिनका

बाजार में मूल्य मिल सके। इसका परिणाम है कूप-मंडूकता। वे जीवन को खंडित रूप में ग्रहण करते हैं। अथवा जीवन के विषय में उनका दृष्टिकोण संकुचित हो जाता है। वकील वकालत को ही अपना जीवन समझ लेता है। उसकी दुनिया कचहरी से बड़ी नहीं होती। इसी तरह दफ्तर का नौकर, जीवन और दफ्तर को अपनी दुनिया मानता है। दारोगा अपने सरकारी काम को ही जीवन का लक्ष्य और अपने थाने को ही विश्व समझता है, यही आत्म-विस्मृति है। इससे मनुष्य का व्यक्तित्व छोटा हो जाता है, उसकी आत्मा और बुद्धि उसके पेट से दब जाती है। मनुष्य भला आदमी न बनकर बाजारू आदमी या एक काम चलाऊ चीज बन जाता है।"[1] संपादक के जीवन से भी एक बृहद् समाज को प्रेरणा का प्रकाश मिलता है। इसलिए संपादक का जीवन अपने में एक प्रकाश पुंज जैसा होना ही चाहिए। कुशलता उसके व्यक्तित्व का अभिन्न अंग होनी चाहिए।

समाज में हिंसा और आतंक अपनी बाँहें फैलाए हुए हैं। जनता समझने लगी है कि अब वे दिन लद गए, जब कलम को तलवार से ज्यादा शक्तिशाली समझा जाता था आज तो कलम की सुरक्षा के लिए भी हथियार बंद जवान अखबारों के दफ्तरों के आगे मोर्चे लगाए बैठे हैं। संपादक को भी अंगरक्षकों के साए में काम करना पड़ रहा है। यह स्थिति भले ही सब जगह नहीं है, पर ऐसा डर हर अखबार के साथ जुड़ गया है। इस भयावह स्थिति से उबरने के लिए संपादकों को आत्मनिष्ठ होना होगा। संपादक के लिए हृदय की दृढ़ता और विशालता भी अपरिहार्य हो गई। उसे हर पल यह ध्यान रखना होगा कि आत्मबल कहीं क्षीण न हो। आत्मतेज भी मंद न हो। संपादक के लिए यह अति आवश्यक हो गया है कि वह किसी भी पल अपनी आत्मा को पतित या विचलित न होने दे।

संपादक को अपनी लेखनी के माध्यम से ऐसे विचारों को समाचार-पत्रों या पत्रिकाओं की सुर्खी बनाना होगा जिसे पढ़कर पाठक के दिल और दिमाग बदल जाएँ। हिंसक समाज को बदलना संपादक के लिए जरूरी हो गया है। कोई चाहे कितना क्रूर या नीच क्यों न हो, उसके भीतर मनुष्यता का अंश विद्यमान रहता है। अतः संपादक को अपनी कलम में एक विचार शक्ति पैदा करके, हृदयहीन व्यक्ति को मनुष्यता की पंक्ति में खड़ा करना होगा। तभी कलम की जीत स्थायी रह सकती है। कलम की नोक से उपजे एक-एक शब्द, दैवी-प्रकाश बन, दुष्ट-हृदय की मलिनता दूर कर सकने में समर्थ होंगे। जरूरत शब्द-शक्ति में श्रद्धा और विश्वास को जाग्रत करने की है। संपादक की कलम जब शुभ प्रयत्नों की लीक पर चलेगी, तो शुभ प्रयत्नों का परिणाम भी निश्चित रूप से शुभ होगा और समाज से हिंसा और आतंक का दौर समाप्त हो जाएगा।

---

1. मनुष्य का विराट रूप : लेखक आनंद कुमार, पृष्ठ संख्या 89

संपादक तो एक ज्ञानशील व्यक्तित्व होता है। ज्ञान भय की महौषध है। ज्ञानी को संसार का भय नहीं होता। जो भयभीत रहते हैं उन्हें तो सियारों की बोली भी मौत का संदेश जान पड़ती है। भय से पीड़ित लोग बिल्ली को भी शेर समझ बैठते हैं। संपादक को आज अपनी कलम से ऐसे संपादकीय लिखने होंगे जो जीवनदायक बन सकें। तभी मनुष्यता स्वस्थ, सचेत, सबल और सक्रिय हो सकती है। इसी पथ पर आगे बढ़ने में संपादक का दायित्व भी प्रकाश में आ सकता है।

संपादक को एक सफल राजनेता, उपदेशक, कुशल प्रशासक, शिक्षक, दार्शनिक, महान-विचारक, संत और आम आदमी की भूमिकाओं का निर्वहन अपने व्यावहारिक जीवन में कदम-कदम पर करना है। "संपादक को उच्च मानदंड स्थापित करने, समय की पगडंडी पर अपने निश्चित चरण चिह्न छोड़ने के लिए अपने ज्ञान क्षितिज के विस्तार के साथ अनुभूति में भी घनीभूत गहनता लानी होगी। वह जिस विषय पर कलम उठाए, उसके सभी पक्षों का विवेचन प्रामाणिकता के साथ निर्भीक होकर करे। उसके सामने किसी भाषा या पूर्व रचित-ग्रंथों की जूठन परोसने का काम न हो। उसकी प्रखरता इतनी तेजोदीप्त हो कि वह जहाँ भी पहुँचे, जगमगा उठे, हर विषय-वस्तु नए आयाम ग्रहण करे। जो पढ़े, उसे लगे कि उसको विचारों की हीरक कणिकाएँ मिल रही हैं। जिन्हें सँजोकर रखना अनिवार्य है। इसके लिए संपादक को गहन अध्ययन, सतत-चिंतन-मनन तथा विचारों का आदान-प्रदान, हर नए से परिचय तथा उसका राष्ट्रीय परिवेश एवं राष्ट्र-हित की वृहत्तर पृष्ठभूमि का विश्लेषण करते ही रहना चाहिए। एकाकीपन से बचकर समग्रता का बोध, प्रखरता और निर्भीकता उसके सहचर होने चाहिए। तभी संपादन कला में निखार आएगा, संपादन सार्थक होगा। जन-साधारण उसका ऋणी होगा तथा बौद्धिक वर्ग उसके आगे नतमस्तक होगा, उसे अपना नेता समझेगा। तभी वह राष्ट्र की गंगा को नई दिशा दे सकेगा। बड़े से बड़ा राजनेता भावी दिशाबोध के लिए उसके पत्र की ओर देखेगा। युग-द्रष्टा तथा भविष्य-द्रष्टा होने में ही उसकी मेधा की प्रखरता का प्रतिफलन है। यही उसकी नियति और चरम परिणति है।"[1] श्रेष्ठ संपादक के व्यक्तित्व में एक कुशल नेता एवं न्यायाधीश दोनों के गुण और कर्तव्य छिपे रहते हैं जिन गुणों को वह अपने पत्र अथवा पत्रिका के माध्यम से अभिव्यक्ति देता है।

समाज में जो प्रश्न उभरते हैं उनके समाधान की दृष्टि संपादक ही देता है। निष्पक्षता और निर्भीकता पत्रकारिता के उदात्त मूल्य हैं, और एक श्रेष्ठ संपादक के ये श्रेष्ठ गुण हैं। स्थापित पत्रकारिता का कर्तव्य है जनहितों की रक्षा। सत्य का प्रयोग अप्रियता के साथ भी नहीं होना चाहिए। क्योंकि सत्य कहीं विस्फोटक

1. पत्रिका संपादन कला : लेखक डॉ. रामचंद्र तिवारी, पृष्ठ 63

स्थिति भी पैदा कर सकता है। ऐसी स्थिति में संपादक को अति विवेक से काम लेना पड़ता है। तभी संपादक जन सेवा, राष्ट्र सेवा के महान् कार्य को सफलतापूर्वक कर सकता है। संपादक किसी बड़े संपादक का संस्करण भी नहीं होता। हर संपादक का अपना एक आकर्षक व्यक्तित्व होता है। अपने कर्मठ व्यक्तित्व के बल पर ही संपादक इतिहास में अपनी जगह बना लेता है।

संपादकीय पृष्ठ

संपादकीय पृष्ठ संपादक के दृष्टिकोण एवं पत्र अथवा पत्रिका-नीति का परिचायक होता है। हर पत्र अथवा पत्रिका में एक संपादकीय अवश्य लिखा जाता है। स्वतंत्रता प्राप्ति से पूर्व अधिकांश संपादकीय भावना प्रधान एवं देश भक्ति की भावना से ओत-प्रोत रहते थे। अब ऐसा किसी मार्मिक घटना को लेकर यदा-कदा ही संभव हो पाता है। अन्यथा अधिकांश संपादकीय तथ्य पूर्ण एवं सारगर्भित ही होते हैं। आकार में भी लघुता ही रहती है। यदा-कदा विषय को समेटने के लिए छोटे-छोटे संपादकीय भी लिख दिए जाते हैं। अब तो कुछ पत्रिकाओं में संपादकीय कभी-कभी रहता ही नहीं। फिर भी संपादकीय पृष्ठ संपादक की विचार-दृष्टि का द्योतक होता है।

संपादक, संपादकीय पृष्ठों में सशक्तता, प्रखरता, आक्रोश एवं चुटीलेपन को अभिव्यक्ति देते हैं। विषय का विश्लेषण संपादक, संपादकीय पृष्ठों में बखूबी करता है। संपादकीय पढ़कर पाठक भी अपना मत स्थिर करने में सफल होते हैं। कभी-कभी संपादक के विचार जनरुचि को बढ़ाते हैं, तो कभी जनरुचि के प्रतिकूल भी रहते हैं तथापि विषय पर गंभीरतापूर्वक चिंतन करके ही संपादक, संपादकीय लिखता है, विचारों की गहराई में जाने के लिए लिखे जा रहे संपादकीय पर संपादक अपने सहयोगियों से भी विचार-विमर्श करता है और फिर उसे अंतिम रूप देता है।

संपादकीय पृष्ठ में प्रेरक बातें तो सदा ही रहती हैं, किंतु संकट की घड़ी में संपादकीय पृष्ठ, विशेष प्रेरणा का आधार बनते हैं। संपादकीय पृष्ठों में जनता-जनार्दन की नब्ज को पकड़ने की अद्‌भुत क्षमता होती है। संपादकीय पढ़कर जनता कुछ भी करने को तैयार हो जाती है। उसके भीतर एक क्रांति का सूत्रपात होता है, पाठक के भीतर एक बौद्धिक चेतना जाग्रत होती है। और कुछ भी कर गुजरने की क्षमता पाठक समाज में पैदा होती है। आपातस्थिति के दौरान लगभग सभी समाचार-पत्रों पर सेंसर लगा दिया गया था पर जालंधर से प्रकाशित वीरप्रताप ने न जाने किस तरह पूरे ही संपादकीय पृष्ठ पर संपादकीय संदेश के रूप में, एक काव्यांश अंकित कर डाला कि :

न तड़पने की इजाजत, न फरियाद की इजाजत
घुट-घुट के मर जाऊँ यह मर्जी मेरे सयाद की है।

इस संपादकीय प्रतीक काव्यांश ने, कितने पाठकों के मनों को बदल डाला था और आपातस्थिति के प्रति उनके मनों में एक जबरदस्त आक्रोश की भावना भर दी थी।

वास्तव में संपादकीय पृष्ठ भी वही महत्त्वपूर्ण होते हैं, जिन्हें पढ़ने के पश्चात् हमारे मनों में कुछ हलचल होती हो, यह होनी भी चाहिए। हलचल अंततः श्रेष्ठ क्रांति की ओर ही हमारी प्रेरणा बनेगी। संपादकीय वे ही श्रेष्ठ हो सकते हैं, जिनसे हमारे जीवन की दिशा बदलती हो। जिससे हमारे जीवन में महान् क्रांति का सूत्रपात होता हो। जिससे हमारे जीवन में नया मोड़ आता हो, हमारा मन किन्हीं नई दिशाओं की ओर हिलोरें मारता हो। कभी-कभी संपादकीय लेख में मात्र तथ्यात्मक जानकारी रहती है। जब घटना विशेष के प्रति पत्र की नीति स्पष्ट न हो या विषय ही अस्पष्ट हो अथवा विषय व्याख्या सापेक्ष न होकर तथ्यालेखन के ही अनुकूल हो, या संपादकों को विषय विशेष पर गंभीर चिंतन करने का अवसर न मिला हो, तब उसके संपादकीय प्रायः तथ्यात्मक जानकारी युक्त होते हैं। कभी-कभी संपादकीय में संपादक व्याख्या करता है। स्वयं अपने विशेष ज्ञान तथा विशेषज्ञों की सलाह प्राप्त करके संपादक घटना या स्थिति विशेष का महत्त्व और उसकी अंतर्भूत महत्ता को प्रकट करता है।

कभी-कभी संपादक विविध बिखरी महत्त्वहीन घटनाओं के सूत्र जोड़कर उनका सामयिक महत्त्व एवं भावी उपादेयता बताता है और उनकी वास्तविक सार्थकता समझाता है।

कभी-कभी संपादक अपने विवेक द्वारा बताता है कि भविष्य में किस प्रकार के घटना क्रम की आशा की जा सकती है। उस अवस्था में वह सतर्क भविष्य वक्ता होकर, समाज को जाग्रत करने के लिए प्रेरणा देता है। संपादक द्वारा लिखे गए ऐसे संपादकीय विशेष रूप से भाषा एवं तर्क शैली की दृष्टि से सशक्त हुआ करते हैं।[1] संपादकीय पृष्ठ को संपादक कभी विषय विशेष के लिए भी चुनता है। ऐसा विषय जो समाज के लिए अत्यंत उपयोगी हो।

संपादकीय लेखन की कोई विशिष्ट शैली एवं आकार भी नहीं होता। संपादक विश्लेषण, व्याख्या एवं मूल्यांकन अथवा अन्य बौद्धिक तर्क शैली अपनाकर, विषय को रोचक एवं प्रभावशाली बनाता है। इसके साथ वह किसी महत्त्वपूर्ण विचार पर भी अपनी लेखनी को केंद्रित करके, आदेश, उपदेश या उत्प्रेरणा प्रदान करता है। "विषय चाहे कितना भी कठिन क्यों न हो, जब संपादक उस पर अपनी लेखनी

---

1. पत्रिका संपादन कला : लेखक डॉ. रामचंद्र तिवारी, पृष्ठ 66

उठाता है, तो उसे जनता के सामने पानी में तैरती नौका बना देता है। संपादकीय लेखन की दृष्टि से, वही संपादक सर्वाधिक सफल रहता है जो स्पष्ट, सशक्त, प्रत्यक्ष और सरल सुबोध शैली अपनाता है। जब वह वाग्जाल एवं कठिन अलंकरण में उलझे बिना सीधी बात कहता है, किसी भी तथ्य को तोड़-मरोड़ कर नहीं कहता या गलत बात कहे बिना तर्क संगत विचार को प्रस्तुत करता है, तब वह ऐसे शब्द चुनता है जो उसके मंतव्य को स्पष्ट रूप से उद्घाटित कर सकें।[1] संपादकीय लेखन में अद्भुत कौशल की तकनीक अपनाने के बाद निखार आता है। सफल संपादकीय ही सीधे प्रभाव डालनेवाले होते हैं। ऐसे संपादकीयों को पढ़कर पाठक एकदम सतर्क हो जाता है और वह मनोयोग से संपादकीय पूरा पढ़ डालता है और फिर उससे प्रभावित हुए बिना रहना उसके लिए दुष्कर हो जाता है। श्रेष्ठ संपादकीय की यह विशेषता भी है, क्योंकि वह आद्यंत पठनीय होता है।

पाठक समाज में संपादकीय पृष्ठ के प्रति एक अलग किस्म की धारणा भी बन गई है। अधिकांश पाठक वर्ग यह महसूस करता है कि समाचार-पत्र विपक्ष का काम करते हैं ताकि वे परिवर्तन लाने में सहायक हो सकें, और इसी उद्देश्य से वे अपने संपादकीय पृष्ठ को अधिकाधिक आलोचनात्मक बनाते हैं। इस तरह समाचार-पत्रों में लिखे जा रहे संपादकीय भ्रम उत्पन्न कर रहे हैं। पर संपादकीय पृष्ठ के प्रति इस प्रकार की सोच रखनेवालों को यह भी ज्ञात होना चाहिए कि समाचार-पत्र विश्व को बदल नहीं सकते। हाँ, इन समाचार-पत्रों की गतिविधि एवं क्रियाकलाप, ज्वार-भाटे की तरह अवश्य सिद्ध होते हैं जो समुद्र में यदा-कदा उठता ही रहता है। इस धारणा के बावजूद संपादकीय पृष्ठों की गुणवत्ता बढ़ी है।

संपादकीय पृष्ठ के बिना समाचार-पत्र की कोई श्रेष्ठता भी नहीं रह जाती। संपादकीय के बिना पूरा समाचार-पत्र निर्जीव एवं निस्तेज-सा दिखाई पड़ता है। यूँ भी समाचार-पत्र बेहतर कलेवर, रूप-सज्जा, छपाई एवं मुद्रण चमत्कार का ही परिचायक नहीं होता, न ही समाचार-पत्र की आत्मा ईंट-गारे से बनी इमारत के भीतर से पैदा होती है और उसकी पूरी चेतना एवं प्राणवायु तो संपादक है और उसका संपादकीय भी निःसंदेह प्रबल, स्पष्ट एवं तत्त्वनिष्ठ ही होता है।

संपादकीय पृष्ठ को पढ़कर संपादक के व्यक्तित्व की गुरु-गरिमा का भी पता चलता है और वह समाचार-पत्र के विचारों और नीति का भी संवाहक होता है। अन्यथा नीरस संपादकीय पढ़ना, तो मन और मस्तिष्क को सज़ा देने जैसा है। श्रेष्ठ संपादकीय पृष्ठ लोक-शिक्षण, जन-सेवा का माध्यम होता है। पूरे समाचार-पत्र अथवा पत्रिका की रीति-नीति, पूरा चरित्र, संपादकीय पृष्ठ से ही स्पष्ट होता है। पाठक समाज के लिए तो यही पृष्ठ भावी घटनाओं के प्रति एक अंतर्दृष्टि प्रदान करता है।

बेहतर संपादकीय वास्तव में वही कहलाता है, जो आलोचना भी करे, व्याख्या

भी करे और अंततः जिसे पढ़कर पाठक निश्चित रूप से प्रेरित हो जाए। यह भी सही है कि संपादकीय पृष्ठ मात्र आलोचनापरक ही नहीं होता, वह प्रशंसा के भावों से भी मुखर रहता है। इस तरह वह पाठकों के लिए उत्साहवर्द्धक, कर्तव्य बोधक, सुझावात्मक, आंदोलनात्मक, समसामयिक एवं पथ प्रदर्शक सिद्ध होता है।

समाचार की भाँति ही संपादकीय पृष्ठ तथ्यपूर्ण होना चाहिए। उसमें अर्द्ध सत्य, 'किंतु-परंतु' वाली बात नहीं होनी चाहिए। संपादक को चाहिए कि वह संपादकीय प्रभावों को कसौटी पर कस करके ही लिखे और पाठक के लिए ऐसा सार तत्त्व प्रस्तुत कर दे, जो बहुत ही उपयोगी एवं अर्थकर हो।

संपादकीय लिखते समय संपादक के लिए निरपेक्ष होना बहुत जरूरी है, किसी प्रकार का भी पक्षपात पाप है। संपादकीय कार्यालय में आए ढेर सारे पत्रों के माध्यम से प्राप्त सुझावों व शिकायतों को संपादकीय पृष्ठ में स्वर दिया जा सकता है। संपादकीय पृष्ठ के निष्कर्ष, पुष्ट-प्रमाणों पर ही होने चाहिए। अंतरात्मा के प्रतिकूल कोई भी संपादकीय राय हितकर नहीं होती।

संपादकीय राजनीति, संस्कृति, शिक्षा और अपराध पर भी लिखे जा सकते हैं। पर इन विषयों पर लिखते समय संपादक को चाहिए कि वह संपादकीय लेखन के लिए ऐसी विचार सरणि का राही बने, जिससे न तो लोक ही रुष्ट हो, न शासन-तंत्र आगबबूला हो। वे ही संपादकीय पृष्ठ इतिहास में सुरक्षित रह पाएँगे, जो अपने समय की पहचान के परिचायक होने के साथ-साथ सत्य और तथ्य पर आधारित होंगे। "किसी भी अखबार में जो संपादकीय लिखे जाते हैं, वे सामूहिक निर्णय से होते हैं और प्रायः संपादकीय अग्रलेख में किसी का नाम नहीं जाता वे अखबार की सामूहिक राय ही होते हैं।"[1] संपादकीय पृष्ठ में जिन समस्याओं को उठाया जाता है, वे समस्याएँ कभी-कभी समाज में यथावत् बनी ही रहती हैं। इसलिए संपादकीय पृष्ठ अल्पजीवी न होकर दीर्घजीवी होता है और अंततः संपादकीय पृष्ठ भावी पीढ़ी के लिए यदा-कदा कालजयी कृति का कार्य करता है।

संपादन कैसे करें

पत्रकारिता का प्रभाव विश्वव्यापी बन गया है। जनमत को प्रभावित करने, स्फूर्ति पैदा करने में पत्रकारिता ने एक महत्त्वपूर्ण भूमिका अदा की है। पत्रकारिता क्षेत्र के क्रियाकलाप, जनता की हर धड़कन से वावस्ता रहते हैं। और पत्रकारिता के

---

1. हिंदी पत्रकारिता स्तंभ के अंतर्गत 'आज पत्रकारिता की सबसे बड़ी चुनौती है विश्वसनीयता' नामक लेख में सुरेंद्र प्रताप सिंह कार्यकारी संपादक नवभारत टाइम्स के विचार। साप्ताहिक हिंदुस्तान, 15 सितंबर, 1991

क्षेत्र में प्रायः वे ही लोग सफल रहते हैं जो प्रतिभाशाली, उत्साही, खतरों से खेलने के प्रति सजग, जिज्ञासु तथा कर्मठ होते हैं। पत्रकारिता के क्षेत्र में सफलता का रहस्य है अनुशासन का सही अनुपालन। इसके साथ शुद्ध आचरण और सक्रिय अभ्यास भी इस व्यवसाय का मुख्य कार्य है।

समाचार-पत्र में प्रकाशित सामग्री को पाठक जिस रूप में प्राप्त करता है वह संपादन करनेवाले अज्ञात व्यक्तियों की कार्यक्षमता और संपादन निपुणता का ही परिणाम होता है। संपादन कर्म से जुड़ा व्यक्ति समाचार सर्जन और अज्ञात योद्धा होता है। समाचार-पत्र का मेरुदंड वास्तव में कौन होता है ? इसके लिए संपादकीय विभाग का संक्षिप्त परिचय आवश्यक जान पड़ता है।

1. **संपादक :** समाचार-पत्र के संपादकीय कार्य का निर्देशन एवं निरीक्षण का महत् दायित्व संपादक के कंधों पर होता है। संपादकीय नीति की दूरी होता है संपादक।

2. **सह-संपादक :** संपादकीय अग्रलेख लिखने तथा संपादक के अन्य कार्यों में सहयोगी के रूप में हाथ बँटानेवाला कर्मी होता है सह-संपादक।

3. **समाचार संपादक :** समाचार विभाग के कार्य का संपूर्ण समीकरण व निरीक्षण करना समाचार संपादक का काम होता है।

4. **मुख्य उपसंपादक :** उपसंपादकों को नियमित रूप से कार्य सौंपने का काम मुख्य उपसंपादक के जिम्मे होता है। समाचारों के आकार और प्रकार के प्रति भी वह उत्तरदायी होता है।

5. **उपसंपादक :** संपादकीय विभाग का मेरुदंड होता है उपसंपादक, जो आवश्यकता अनुसार समाचार का चुनाव, संपादन, अनुवाद व उपयुक्त शीर्षक देकर समाचार को प्रकाशन योग्य बनाता है।

6. **प्रति संशोधक :** कंपोज किए हुए प्रूफ को मूल प्रति के साथ मिलान करके, तथ्यात्मक गलतियों, वर्तनी और व्याकरण आदि की भूलों का सुधार करना संशोधक का काम होता है।

समाचार-पत्र में कार्यरत ये कर्मी कितने ही विद्वान्, पंडित, लेखक और कवि हों, किंतु इनकी कार्य-परीक्षा योग्य-संपादन कर्म पर आधारित होती है और संपादन कर्म का सर्वाधिक कार्यभार उपसंपादक के कंधों पर निर्भर करता है। योग्य से योग्य उपसंपादक को न तो जनता ही जानती है और न ही पाठक। जबकि समाचार पत्र में प्रकाशित होनेवाली समस्त सामग्री का संपादन उपसंपादकों की टोली करती है। उपसंपादकों की इस टोली का काम, समाचार-पत्र की गरिमा को बढ़ाना ही होता है, अतः उपसंपादक का गुणवान् होना अत्यंत जरूरी है।

बहुश्रुत होना, एकाग्रता, गुण ग्राहकता, समाचार में रुचि तथा मिलकर काम करने की भावना ही उपसंपादक की सबसे बड़ी विशेषता है।

संपादन कार्य का शाब्दिक अर्थ काम को पूरा तथा ठीक तरह से करना होता है। संपादन कला समाज के बड़े वर्ग की अदम्य ज्ञान-पिपासा का शमन करने की दिशा में एक प्रभावकारी कर्म है। जिज्ञासा ही ज्ञान के अन्वेषण की जननी है। जो कुछ ज्ञात हो पाया है उसकी अभिव्यक्ति करना व्यक्ति की सहज प्रवृत्ति है। पत्रकार जगत् का कर्म भी कुछ ऐसा ही है जो कुछ देखा-सुना वे सीधे-सीधे शब्दों में उसका वर्णन कर देते हैं। इस वर्णन के पीछे चिंतन, मनन, अभिव्यक्ति की दक्षता, जन-मंगल के प्रति आस्था होती है। इसी आस्था ने विशाल जन मानस के लिए पत्रकारिता की पहुँच को सुलभ कराया है।

व्यापक प्रसार के कारण पत्रकारिता ने जन मानस को बेहद प्रभावित किया है। मुँह से कही बात प्रायः सत्य नहीं मानी जाती है। मुद्रण हो जाने पर उसमें गुरुता आ जाती है। इसीलिए पत्र-पत्रिकाओं में क्या छपे ? यह बात अनिवाय हो जाती है। राष्ट्रहित और मानवता के हित की दृष्टि से कुछ उच्च आदर्श पत्रकारिता के समक्ष सदैव रहे हैं। संपादन कला इन्हीं आदर्शों से पोषित होती है।

लेखक जो सामग्री समाचार-पत्र में प्रकाशनार्थ भेजता है उसकी काट-छाँट करने पर वह संपादक के प्रति सदैव शंकालु रहता है। उसे यह कतई अच्छा नहीं लगता कि उसके लेख को काट-छाँटकर प्रकाशित किया जाए। किंतु यह काट-छाँट इस प्रकार से की जानी चाहिए जिससे लेखक को पता ही न चले कि उसके लेख में क्या कुछ काट दिया गया है। लेख का सहज प्रवाह यथावत् बना रहना चाहिए। बहुत बार देखा गया है कि लेखक द्वारा लिखित सामग्री में अशुद्धियों का अंबार रहता है, विचारों का तारतम्य उलझाव भरा होता है ऐसी स्थिति में संपादन दायित्व और भी बढ़ जाता है और तभी उपसंपादक का कर्म पाठक-समाज के लिए वरदान सिद्ध होता है।

संपादन कर्म पाठक समाज के लिए वरदान ही सिद्ध हो, इसके लिए यह बहुत जरूरी है कि उपसंपादक ठीक से शिक्षित, अनुभवी, सृजनशील व सूचनापरक ज्ञान से संपन्न होना चाहिए। मनोविज्ञान, समाज, आर्थिक, राजनैतिक तथा एक समाजशास्त्री की तरह उपसंपादक को बहुज्ञ बनना जरूरी है। संपादन कर्म के मुख्य आदर्श इस प्रकार हैं जिन पर खरा उतरने के लिए उपसंपादक को अपनी कार्य क्षमता का निर्वाह करते रहना चाहिए।

संपादन कार्य को लोकहित की भावना को समक्ष रखकर ही पूरा करना चाहिए। जो संपादन कर्म स्वार्थ भाव, संकीर्ण भाव अथवा किसी निहित स्वार्थ को समक्ष रखकर किया जाता है उससे विश्वसनीयता का भाव घट जाता है और ऐसा समाचार-पत्र अथवा पत्रिका जन-विश्वास खो बैठती है। संपादकीय कर्म को किसी भी दबाव के अधीन नहीं किया जाना चाहिए। विषय का बेहिचक विवेचन संपादकीय कर्म की अनिवार्य शर्त होती है। दबावों और प्रलोभनों के मोह से मुक्त होकर संपादन

कर्म करना, आत्मसंतोष का हेतु बनता है। संपादन कार्य सदैव अभय होकर किया जाना चाहिए। संशय के विहग को मन से तुरंत उड़ा देना चाहिए। पक्षपात को बढ़ावा देना तथा लोकहित को नजरअंदाज करना किसी तरह भी स्वीकार्य नहीं होना चाहिए। पत्रकारिता साहित्य की प्रतिष्ठामयी विधा है। लेख, कहानी, उपन्यास, निबंध, समालोचना, हास्य-व्यंग्य, कविता, संस्मरण, रिपोर्ताज, यात्रा-फीचर सभी कुछ पत्रकारिता के अंग हैं। इन प्रकाशित की जानेवाली विधाओं को प्रकाश में लाना बौद्धिक क्षेत्र का एक वीरोचित कर्म है अतः इस कर्म को निर्भीकता के साथ किया जाना चाहिए। पाठकों के प्रति ईमानदारी व सत्य का व्यक्तिकरण करना पहली जिम्मेदारी होती है, चाहे इसके लिए कितना ही बलिदान क्यों न करना पड़े। ऐसी सामग्री या ऐसा कोई अंश जो व्यक्तिगत चरित्र पर आक्षेप लगाता हो, या संबंधित व्यक्ति को उस आक्षेप का उत्तर देने का अवसर सुलभ न होता हो, उसके प्रकाशन में बड़ी नैतिकता का परिचय देना अति आवश्यक है। लोकहित के उत्थान व पतन का ध्यान किए बिना कोई सामग्री नहीं दी जानी चाहिए। उच्च-आदर्शों की अवमानना का दोष, संपादन का हिस्सा नहीं होना चाहिए। संपादन कार्य के अंतर्गत संत, लेखक, अध्यापक, वकील, उपदेशक, कलाकार, आलोचक इन सभी व्यक्तित्वों के गुणों को केंद्रीभूत किया जाना चाहिए। पाठ्य सामग्री को सत्य और न्याय के आधार पर अच्छा और आकर्षक बनाना ही प्रधान कर्तव्य होना चाहिए।

संपादकीय कार्य में आदर्श और यथार्थ का समन्वय होना चाहिए। वस्तुतः संपादन कर्म सत्यम्, शिवम, सुंदरम की भावना से ओतप्रोत होना चाहिए। आलस्य, अकर्मण्यता, अरुचि, बगार काटना व दीर्घसूत्रीपन, दृढ़ इच्छा शक्ति के पथ पर बाधक हैं। इच्छा शक्ति की दृढ़ता से मनोबल बढ़ता है और मनोयोग से किया गया कार्य-संपादन सर्वथा उचित होता है। प्रकाशित सामग्री में जो सार तत्त्व है उसे प्राथमिकता देनी चाहिए जो उपयुक्त नहीं उसे काट देना चाहिए। जिस वाक्यांश की प्रामाणिकता पर संदेह हो उस वाक्य को काट देना चाहिए तथा शंका का निराकरण तुरंत कर देना चाहिए। सत्य का व्यक्तिकरण संक्षिप्त रूप से होना चाहिए जब बढ़ा-चढ़ाकर सत्य व्यक्त किया जाता है तो वह संशय का हेतु बन जाता है। सदैव स्मरण रखना चाहिए कवि की इन पंक्तियों को, कि 'सार, सार को गहि रहे थोथा देय उड़ाय'।

संपादन का मूल उद्देश्य सामग्री की साज-सज्जा एवं उसको सँवारने से है। अतः संपादन कार्य के लिए प्रवृत्ति सदैव संशयवादी, निरपेक्ष तथा स्वभाव शांत होना अत्यावश्यक है। संपादन कार्य की दक्षता सद्प्रवृत्ति पर बहुत कुछ निर्भर करती है। इस सद्प्रवृत्ति से एक दैवी उत्साह मिलता है और काम की सफलता के आसार प्रखर होते हैं। कई बार समाचारों में आंकड़ों का ब्यौरा दिया गया होता है, अंकों का शुद्धिकरण बहुत जरूरी हो जाता है जिसका तात्पर्य कतई नहीं कि आंकड़े दिए

न जाएँ पर आँकड़े देते समय भारी सतर्कता की जरूरत रहती है। अंकों का प्रयोग ठीक किया जाता है उसकी जाँच-पड़ताल बहुत जरूरी होनी चाहिए। कई बार समाचार तोड़-मरोड़कर प्रस्तुत किए जाते हैं, लेख में कई बार मिथ्या वर्णन देखने को मिलता है जिससे समाचार की सत्यता तथा तथ्यात्मकता और लेख की पठनीयता प्रभावित होती है ऐसी स्थिति में संपादन कार्य में और भी सतर्कता अपनाने की जरूरत रहती है। ऐसे शब्द जो बहुत अलंकारिक, भ्रामक तथा अफवाह के कारण बन सकते हैं, उन्हें तुरंत हटा देना चाहिए।

शब्द की शक्ति अणु के सदृश विस्फोटक होती है। अतः ऐसे शब्दों के प्रयोग को सर्वथा प्राथमिकता दी जानी चाहिए जो सार्वजनिक हित के संवाहक हों। अर्थ का अनर्थ करनेवाले शब्दों को तुरंत हटा देना चाहिए।

संपादन ऐसा होना चाहिए जिससे विषय-वस्तु का कथ्य स्वतः स्पष्ट हो जाए। भावों और विचारों की अभिव्यक्ति सदैव अर्थप्रद लगनी चाहिए। इससे पाठकों को स्पष्ट और सत्य सामग्री मिलती है और लेखक के व्यक्तित्व का भी शनैः-शनैः परिष्कार होता है।

अपने सारतत्त्व में संपादन कार्य के गुण समस्त विश्व पत्रकारिता में एक समान ही हैं। हर जगह ऐसे ही मूल्य, पत्रकारिता के आधार स्तंभ रहे हैं जिनके बल पर अंधविश्वासों, पूर्व संस्कारों तथा पूर्वाग्रहों से मनुष्य को मुक्ति दिलाना है। मुक्ति दिलाने की इस चाह ने ही पत्रकारिता के भाव को विकसित किया है। हमारे देश में पहले स्वतंत्रता प्राप्ति का स्वर संपादित होता रहा, आज पत्रकारिता का संपादन-नीति-कर्म अंधविश्वासों और पूर्वाग्रहों से मुक्ति दिलाना होना चाहिए, तभी प्रेरक और ओजस्वी पत्रकारिता का परिदृश्य देश के समक्ष आ सकता है। इसके लिए लेखकों, पत्रकारों, दोनों वर्ग में, कल्पना शक्ति और अंतर्दृष्टि होना अत्यावश्यक है वस्तुतः लेखक और पत्रकार दोनों का कर्म एक समान ही है उसमें कहीं भी भिन्नता नहीं है।

संपादन-कार्य एक अलग तरह के श्रम की अपेक्षा रखता है। समाचारों का संपादन करते समय, मानहानि, अपमान और आपत्तिजनक टिप्पणी संबंधित कानूनों को दृष्टि विगत नहीं किया जाना चाहिए। अन्यथा समाचार संपादन कार्य कठिनाइयों में पड़ सकता है। घृणा, उपहास, विद्वेष, सांप्रदायिक भावना को भड़कानेवाले, समाचार का प्रकाशन त्याज्य माना गया है। हाँ विधि-विधान के अंतर्गत निष्पक्ष टिप्पणी का प्रकाशन परित्याज्य नहीं। किंतु निष्पक्ष टिप्पणी को भी लोक हित को ध्यान में रखकर किया जाना चाहिए। इन सब बातों के प्रति ध्यान रख करके ही संपादन कार्य सफल हो सकता है। अश्व, शस्त्र, शास्त्र, नर, नारी, वीणा और वाणी का जो सदुपयोग करता है वह इनके उपयोग द्वारा अपने अभीष्ट की प्राप्ति सहज में कर लेता है। शस्त्र का प्रयोग जब ठीक से नहीं होगा तो वह मानवता के लिए

घातक होता है। शास्त्र का मनन-अनुशीलन भी ठीक ढंग से होना चाहिए, शास्त्र केवल रटन या कोरे ज्ञान के लिए नहीं होते उनके अनुशीलन से जीवन में एक क्रांति आती है जीवन बदल जाता है। नर और नारी भी उपयुक्त पुरुष या गुरु के निर्देशन में महत्ता को प्राप्त होते हैं बिना गुरु के ज्ञान, बिना नर-नारी के जीवन की दिशा तय नहीं हो पाती। वीणा को भी जब अनजान हाथों में दे दिया जाएगा तो वह राग पैदा करने के विपरीत स्वयं तार-तार हो जाएगी। वाणी से तात्पर्य शब्दों के ठीक से प्रयोग होने में है। कबीर ने वाणी के संदर्भ में ठीक ही कहा है कि :

"ऐसी वाणी बोलिए मन का आपा खोय।
औरन को शीतल करे आपहु शीतल होय।"

संपादन कार्य में वाणी से तात्पर्य है शब्दों का ठीक-ठीक चयन। शब्द संशय, शंका, घृणा, द्वेष व ईर्ष्या भी पैदा करते हैं और शब्दों से सहानुभूति प्रेम, दया, सद्भावना और श्रद्धा के भाव भी उत्पन्न होते हैं। संपादन कर्म करते हुए शब्दों के जादू को समझ लेना अत्यावश्यक है। क्योंकि शब्दों का अपना एक जादू है, उनका अपना एक चुंबकीयपन है। और प्रत्येक शब्द अपनी शृंखला निर्मित करता है। वे अपनी तरह से जीने लगते हैं और आगे चलने लगते हैं। टाल्स्टाय ने कहीं पर कहा है—मैं प्रारंभ तो करता हूँ, परंतु मैं कभी समाप्त नहीं करता। कई बार मेरे चरित्र ऐसी बातें कहते हैं, जो मैंने कभी नहीं चाहा कि वे कहें। वे अपना एक अलग जीवन लेना प्रारंभ करते हैं और वे अपने रास्ते चले जाते हैं। वे स्वतंत्र हो जाते हैं लेखक से, उपन्यासकार से, कवि से। वे ऐसे ही स्वतंत्र हो जाते हैं जैसे कि बच्चे अपने माता-पिता से हो जाते हैं। उनकी अपनी एक जिंदगी होती है। इसलिए शब्दों का अपना तर्क होता है एक शब्द का उपयोग करें और आप एक रास्ते पर होंगे और शब्द बहुत-सी बातें पैदा करेगा। शब्द स्वयं बहुत-सी बातें उत्पन्न करेगा और कोई भी उनमें खो सकता है।[1] अतः संपादन करते हुए ध्यान रखना पड़ेगा कि शब्दों का प्रयोग भ्रम तो उत्पन्न नहीं कर रहा है। शब्द मूल कथ्य के संपूर्ण दर्शन को तो नहीं बिगाड़ रहे हैं। शब्द गहरे मौन में पाए जाते हैं। बहुधा कुछ न कहने की स्थिति में बहुत कुछ कह दिया जाता है किंतु यदि वास्तव में कुछ कहना अनिवार्य है तो उसके लिए हमेशा कम शब्दों का ही प्रयोग होता है यानी जितना अधिक कहना है, उतने ही कम शब्दों का प्रयोग करना होता है। यूँ भी संपादक शब्द-शिल्पी होता है और शब्दों की यंत्रणा से जूझना उसका प्रतिदिन का काम होता है और इस यंत्रणा में भी एक अद्भुत सुख होता है। यही यंत्रणा भाषा का सृजन भी करती है। भाषा, मानव विशेषतया संपादक के लिए सर्वोच्च सांस्कृतिक उपलब्धि भी है। इसी से जीवन की संवेदनाओं को स्वर दिया जा सकता

1. आत्मपूजा उपनिषद् भाग-1, भगवान श्री रजनीश, रजनीश फाउंडेशन पूना, पृष्ठ 15

है। कभी-कभी संवेदनाओं की उड़ान भी ऊँची होती है तब संवेदना के परों को भी कुतरना पड़ता है ताकि हम स्वयं को वश में रख सकें। संपादन कर्म में भी स्वयं को कभी-कभी खपा देना होता है। जीवन उत्सर्ग करने का साहस भी संपादन कर्म के बल पर ही मिलता है। तब संपादन कर्म का उत्पादन स्याही नहीं, रक्त की बूँदें होती हैं। यही संपादन कर्म आज अत्यंत जोखिम भरा हो गया है। किंतु पहले यह जितना दुष्कर लगता है बाद में उतना ही सहज और मन को लुभानेवाला होता है।

संवेदनाओं, संस्मरणों, विचारों और अनुभवों को समेटने के लिए जरूरी नहीं कि साहित्यिक प्रयास ही को गति दी जाए और वह बुरा भी नहीं है किंतु जब ये सब यथार्थ रोजमर्रा के सत्य हों तो इन्हें संपादक की कलम की ही जरूरत पड़ती है।

उप-संपादक के कार्य एवं दायित्व

संपादन क्षेत्र में अज्ञात योद्धा कहलाने का जिसे गौरव है, पत्रकारिता की भाषा में उसे उप-संपादक के नाम से जाना जाता है। आज उप-संपादक के कर्म क्षेत्र की परिस्थितियाँ तनिक भी अनुकूल नहीं हैं। इतिहास के पन्नों को पलटा जाए तो उप-संपादक की स्थितियाँ कभी भी अनुकूल नहीं रहीं, समाज के दुराचारों से भिड़ने के प्रति उप-संपादक को सदैव संघर्षशील रहना पड़ा है। कभी भी विषम परिस्थितियों से वह अलग नहीं रहा है। उप-संपादक के जीवन के साथ अनेक खतरे जुड़ गए हैं। इसके बावजूद उप-संपादक आत्मबल और विपरीत परिस्थितियों में भी साहस के साथ कार्य करने की ललक को अपनाए हुए हैं।

उप-संपादक की इसी कार्य ललक के बल पर सामाजिक परिवेश में जीवन-मूल्य बनते हैं। उप-संपादक की कर्तव्य निष्ठा से ही आज समाचार-पत्र, संसार की बड़ी शक्ति बन पाए हैं। पं. माखनलाल चतुर्वेदी ने ठीक ही कहा था "पर्वत की जो चोटियाँ हिम-सी चमकती हैं और राष्ट्रीय एकता की दीवारें बनती हैं उन्हें ऊँची होना पड़ता है। जगत् में समाचार-पत्र के बड़प्पन का मूल्य ही क्या है ? वह बड़प्पन तो मिट्टी के मोल हो जाता है जो अपनी जिम्मेदारी को नहीं सँभाल सकता।"[1] पं माखनलाल चतुर्वेदी के इन कथनों से उप-संपादक का दायित्व भली भाँति उजागर हो जाता है।

उप-संपादक समय के साथ अपने डग भरता है। वह यह बात भली भाँति जानता है कि समय को व्यर्थ खोना जीवन की अपूरणीय क्षति है। समय को नष्ट

1. साप्ताहिक लखपति, 6 जुलाई 1989, पृष्ठ 5 से उद्धृत।

करना मूर्खता की निशानी है। उप-संपादक समय को गतिशील घोड़ा समझता है और उसका वाहन के रूप में प्रयोग करता है। संपादन कार्य यूँ भी इच्छा शक्ति के द्वारा संभव हो पाता है। समय की प्रतिकूलता से भी उप-संपादक घबराता नहीं है और नए युग की नई चुनौतियों को स्वीकारने में भी सदा तत्पर रहता है। ऋतुओं के डर से भी उप-संपादक अपना काम क्षीण नहीं होने देता और न ही वह अनुकूल ऋतु की प्रतीक्षा में रहता है। सर्दी हो, गर्मी हो, हर ऋतु में उसकी निष्ठा बनी रहती है। शब्दों के समर में उप-संपादक को बखूबी अपने दायित्वों का वहन करना पड़ता है। इसीलिए उप-संपादक समाचार-पत्र अथवा पत्रिका की रीढ़ होता है। वह समाचार सर्जन भी होता है और उसका संपादकीय कर्म, अज्ञात ही रहता है, इसीलिए उसे अज्ञात योद्धा कहना तर्कसंगत जान पड़ता है।

समाचारों के जंगल में विचरण करते हुए उसे समाचारों की झाड़-झंखाड़ को काटना होता है तथा समाचार को मनोहर रूप प्रदान करना होता है। वह निद्रालीन संसार के लिए रात-भर जागकर, परिश्रमपूर्वक समाचार-पत्र के प्रकाशन कार्य में तन्मय भाव से जुटा रहता है। समाचार-पत्र में काम करनेवाला उप-संपादक ऐसा महत्त्वपूर्ण व्यक्तित्व होता है, जिसमें संपादन कार्य को पूरा करने की, अद्भुत क्षमता होती है। उसे कोई भी समाचार या लेख संपादन के लिए जब दिया जाता है, तो वह तुरंत अपने कानून के बोध, पत्र की प्रतिष्ठा के मुताबिक, तथा समाचार की सत्यता को समक्ष रखकर, दक्षतापूर्वक उसका चयन कर लेता है और सही संपादन कर उसे प्रकाशन योग्य बना देता है। उप-संपादक को "भौगोलिक ज्ञान और नक्शों को देखने की योग्यता के साथ जिस नगर में समाचार-पत्र प्रकाशित होता है, उसके चप्पे-चप्पे की जानकारी होना बहुत जरूरी है। देश-विदेश के प्रशासनिक-गठन, राजनैतिक हलचल और विभिन्न प्रमुख पदों पर आसीन व्यक्तियों के नाम आदि का ज्ञान भी अति आवश्यक है। अपने देश की ऐतिहासिक, साहित्यिक, सामाजिक और सांस्कृतिक परंपराओं के ज्ञान के अलावा अन्य देशों के निवासियों के बारे में जितना अधिक ज्ञान हो, उतना अच्छा। उप-संपादक अपने नियमित काम से संतुष्ट न हो जाए। उसमें विभिन्न प्रकार के पत्रों को पढ़ने और उनसे लाभ प्राप्त करने की लालसा होनी चाहिए। इस गुण के अभाव में उप-संपादक प्रगति करने की क्षमता खो बैठता है। पुस्तकों और पत्रिकाओं का अध्ययन, पृष्ठभूमि तैयार करने में सहायक होता है।"[1] उप-संपादक के लिए जीवन में किसी तरह का कोई भी चयन अर्थहीन अथवा निरुद्देश्य नहीं होता क्योंकि वह एक बौद्धिक प्राणी है तथा उसके जीवन का लक्ष्य सदैव सार्थक ही होना चाहिए। जीवन में व्यक्ति महापापों से तभी छुटकारा पा सकता है जब वह उठ-उठकर प्रतिदिन यह सोचने के लिए विवश होता है कि आज मैंने कौन-सा अच्छा काम किया है। उपनिषद्

1. उप-संपादक, पुस्तक समाचार संपादन : लेखक प्रेमनाथ चुतर्वेदी, पृष्ठ 13

का ऋषि भी यही कहता है कि ''उत्थाय-उत्थाय बोध वयम किम अद्यः सुकृत्म् कृतम्''। प्रतिदिन मन से यह प्रश्न रह-रहकर पूछना चाहिए कि आज कौन-सा अच्छा काम किया है। मनोयोग भी इसी का नाम है। अर्थात् जीवन में उसी लक्ष्य का चयन करना चाहिए जिसमें मन का योग हो, मन रमता हो। पत्रकारिता के क्षेत्र में पदार्पण करते ही उप-संपादक की आत्मा की आवाज भी ऐसी ही होनी चाहिए और इसी अंतर्आवाज के अनुसरण के साथ ही अच्छा उप-संपादक बनने का संकल्प स्वीकार करना चाहिए।

गोर्की ने अपनी पुस्तक 'लेखन कला और रचना कौशल' में स्पष्ट किया है कि ''जीवन संग्राम में आत्मरक्षा के लिए मनुष्य की सहजवृत्ति ने उसमें दो प्रबल सृजनात्मक शक्तियों को जन्म दिया है—एक है संज्ञान और दूसरी है कल्पना। संज्ञान का अर्थ है निरीक्षण तथा तुलना करने की क्षमता। एक शब्द में संज्ञान का अर्थ है चिंतन। अपने सारतत्त्व में कल्पना भी विश्व के बारे में एक प्रकार का चिंतन है।'' गोर्की ने इसके साथ ही स्पष्ट किया है कि ''कल्पना का अर्थ है वस्तुओं तथा प्रकृति की शक्तियों पर मानवीय गुणों, भावनाओं, यहाँ तक कि इरादों को भी आरोपित करना। इरादों का आरोपन ही व्यक्ति को कल्पनाजीवी बनाता है और कल्पनाजीवी की भावना, कदापि अर्थहीन नहीं होती। इस भावना का अर्थ बड़ा उदात्त होता है। यह उदात्त अर्थ, संपूर्णता की खोज का पक्षधर होता है। यह पक्षधरता, विज्ञान के प्रश्न (क्यों) जिज्ञासा का पर्याय होता है। हाँ विज्ञान की जिज्ञासा, अज्ञेय बन जाए या ज्ञात के द्वार पर भले ही रुक जाए, किंतु संपूर्णता की खोज का पक्षधर तत्काल समाधान चाहता है और तत्काल समाधान चाहनेवाला मात्र उप-संपादक ही होता है। उप-संपादक को गर्व से कहना चाहिए कि उसके पास अनुभूतियों का इतना प्रचुर भंडार है कि उन्हें लिखना ही उसका जीवन-संग्राम है और लक्ष्य भी। वास्तव में अपने रचना कर्म को, बेहतर जीवन के मार्ग पर गति देकर बाधाओं का सामना करना ही उप-संपादक का दायित्व है, इससे वह अपने भीतर एक विश्वास पैदा कर सकता है और यही विश्वास, प्रबल रचनाशक्ति का भी जनक बनता है। रचना शक्ति ही वास्तव में, उप-संपादक के जीवन की ऊर्जा होती है।

लक्ष्य की चाहना के लिए जो कभी सोचता नहीं, ऐसे लोगों का वास्तव में कोई लक्ष्य भी नहीं होता और ऐसे लोग अन्य लोगों के मूल्य पर आसान जीवन जीना पसंद करते हैं, जबकि उप-संपादक समाज, देश तथा पूरी मानवता के दर्द को भीतर समेटकर, उनके उत्थान के लिए एक सीढ़ी का काम करता है ताकि संसार के लोग प्रगति के शिखर को चूम सकें।

अपने आस-पास के परिवेश में, उप-संपादक यदा-कदा बेहूदा पाशविकता और पारस्परिक वैमनस्य के क्रूर भावों को देखता है और वह उन्हें समझने की भरसक

कोशिश करता है और अपने को हैरान पाता है कि कुछ लोग कमर तोड़ मेहनत करते हैं और बदहाली का जीवन बसर करते हैं दूसरे कुछ लोग ऐसे भी हैं, जो मौज-मस्ती करते हैं जीवन के इस घिनौनेपन को यदि उप-संपादक कलमबद्ध कर सका तो यह कहना आसान हो जाएगा कि उप-संपादक के कार्य एवं दायित्व क्या हैं।

कुछ बनने का विश्वास भी व्यक्ति के जीवन की प्राणवायु होता है, इससे संकल्प को भी दृढ़ता मिलती है। अपनी चाहना को, पूर्ण होते देखने से भी आदमी का उत्साह बनता है। उसे अद्‌भुत स्फूर्ति और सहनशीलता मिलती है यही सत्य उप-संपादक की कार्य-पद्धति पर भी चरितार्थ होता है। उप-संपादक को कर्म में संलग्न एवं तल्लीन रहते हुए, विचारों के समर से जूझना पड़ता है। इसीलिए यह आवश्यक है कि उप-संपादक एक श्रेष्ठ विचारशील भी बने। बिना विचारवान बने, वह समाज का कैसे दिशा निर्देश कर सकता है। विचारवान बनने के लिए आवश्यक है कि उप-संपादक का जीवन संयम से युक्त हो। संयम से युक्त, वह तभी बन सकता है जब वह जीवन में आचारवान होने के प्रताप से अपने को लाभान्वित करने के प्रति कटिबद्ध हो।

आचारहीन व्यक्ति किसी भी कर्म क्षेत्र में सफल नहीं हो सकता। उप-संपादक भी अपने संपादन कर्म को तभी गरिमापूर्ण बना सकता है, जब उसे इस बात का बोध भली-भाँति हो जाए कि आचारवान होना जीवन के लिए कितना आवश्यक है। आचारवान बनने हेतु नियम पालन करने से, अधिकाधिक विद्या प्राप्ति का बड़ा ही अवसर मिलता है। विद्या क्या है ? शास्त्र क्या है ? यही सब महानुभावों के सच्चे तजुर्बे हैं। उन्हें देखकर, समझकर जाना जा सकता है कि इस अगम्य संसार की गति कैसी है। किस काम को किस प्रकार कर, हानि-लाभ होगा। ईश्वर, माता, पिता, पुत्र व स्त्री, पड़ोसी और देश का व्यवहार, अपना धर्म, कृत्य, जीवन कर्म इन सबको जानने के लिए नैतिकता की ईमानदारी अपेक्षित है। हमारे सामने जीवन का, सुख-दुःख का, लाभ-हानि का, साहस, वीरता, परोपकार का जो बृहत् भवन खड़ा हो सकता है, नैतिकता ही उसकी नींव है। यह जो हमारे सामने धर्म, अर्थ, काम और मोक्ष चतुर्वर्ग प्राप्ति का महान् वृक्ष है, आचारवान होना ही उसका मूल है। अगर हम चाहते हैं कि हमारा भवन दृढ़ बने, हम चाहते हैं कि हमारा उद्देश्य-वृक्ष बड़े-बड़े आँधी के झोंकों से भी न उखड़े, तो हमें चाहिए कि आचारवान् बनकर, नैतिकता के सभी नियमों का पालन करके ही धन्य हो जाएँ। मनुष्य जीवन का उद्देश्य बड़ा गहन है। संसार में आकर उसे न केवल अपना ही उद्धार करना होता है, वरन् समस्त प्राणियों का अधिपति बनकर जगत् पर शासन करना होता है—महान् शक्ति प्राप्ति किए बिना शासन नहीं हो सकता ? शक्ति-संपादन का एक ही उपाय आचारवान होना है। संपादन कर्म करनेवाला बुद्धिजीवी उप-संपादक तभी विचारशूर होने की सामर्थ्य जुटा

सकता है जब वह नैतिक जीवन व्यतीत करने का आदी हो।

एक शक्तिहीन व्यक्ति, संसार में कुछ भी नहीं कर सकता जबकि एक वीर्यवान व्यक्ति के लिए संसार में कुछ भी असंभव नहीं होता। उप-संपादक द्वारा संपादित समाचार-पत्र या पत्रिका आज हर व्यक्ति के पास उपलब्ध है। पीर, पादरी, ग्रंथी और पुजारी सभी की रुचि आज समाचार-पत्रों अथवा पत्रिकाओं के गठन में है। इसीलिए संपादन कर्म केवल सूचना प्रदान करने तक ही सीमित नहीं है। संपादन कर्म को संस्कारोन्मुख तथा उद्देश्यप्रद बनाना होगा। क्योंकि उप-संपादक का कार्य साधु-संन्यासी की तपश्चर्या से कम भी नहीं है। आचार-व्यवहार से जुड़ा उप-संपादक निःसंदेह तत्त्ववेत्ता जैसा जीवन जीता है, क्योंकि कर्म और तेज जैसे गुणों से उसकी प्रीति होती है और अंततः उसका व्यक्तित्व प्रखर बन पाता है।

संपादन कर्म से जुड़े, पत्रकार कभी सोचते हैं कि समाज का परिष्कार, उनका कार्य नहीं है, जबकि उनके संपादन-कर्म से समाज का बड़ा हित अथवा अहित दोनों ही संभव हैं। भारत जैसे धर्मनिरपेक्ष स्वरूपवाले देश में तो संपादन कर्म में छोटी-सी भूल-चूक हो जाने से व्यक्ति-विशेष का जीवन दाँव पर लग सकता है। संपादन-कार्य ऐसे सार तत्त्व को ग्रहण करने का काम है जो सार तत्त्व छानने की पूरी प्रक्रिया के पश्चात् प्राप्त किया जाता है। तभी कबीर ने ठीक ही कहा है कि सार-सार को गहि रहे, थोथा दे उड़ाय। कुछ भी अहित कर, बात संपादित हो जाने के बाद जो शब्द प्रकाशित हो जाते हैं, उन्हें मिटाना भी असंभव है और इस तरह की गई भूल से, लिखित शब्द की विश्वसनीयता पर भी प्रश्न चिह्न लगना स्वाभाविक होता है। उप-संपादक को तथ्यों को तोड़-मरोड़कर भी प्रस्तुत नहीं करना चाहिए। ऐसी सूचना, जिसके बारे में उसे पता है कि वह सत्य नहीं है, उसे तो प्रकाशित ही नहीं किया जाना चाहिए। अपने व्यवसाय की गरिमा को बनाए रखने के लिए उप-संपादक को किसी प्रकार के पूर्वाग्रह एवं पक्षपातपूर्ण रवैया अपनाने के मोह से भी बचना चाहिए, क्योंकि उसके द्वारा संपादित पृष्ठ, उसके निजी जीवन की डायरी नहीं, अपितु पूरे समाज के लेखे-जोखे की डायरी होती है।

उप-संपादक के गुण

उप-संपादक के गुणों से तात्पर्य है उसकी योग्यता; उप-संपादक की प्रतिभा और उसके द्वारा अर्जित अनुभव का कौशल। उप-संपादक की योग्यता उसके विचारों की गुरुता में निहित है। जीवन में विचारों का जितना विस्तार होगा उतना ही उसके व्यक्तित्व का विस्तार व आकार भी बन पाएगा। सत्यनिष्ठ होना उप-संपादक का पहला गुण होना चाहिए। तभी वह पत्रकारिता के लिए उपयोगी सिद्ध हो सकता

है। "इमर्सन ने इसी बात को बहुत अच्छी तरह कहा है कि दूसरे लोगों पर भरोसा करो और वे आपके प्रति सच्चे होंगे, भले ही वे व्यापार के नियमों का व्याघात करते हुए आपके प्रति दुर्व्यवहार ही क्यों न करते हों। सत्यनिष्ठ व्यक्ति अपनी उपस्थिति से ही अपने चारों ओर के लोगों में नैतिकता का वातावरण तैयार करता है और अपने प्रभाव से उन्हें श्रेष्ठतर बनाता है। लोगों का एक-दूसरे पर जबर्दस्त प्रभाव पड़ता है। क्योंकि अच्छाई बुराई से हमेशा ही बलवती होती है, इसीलिए अच्छा आदमी अपने संपर्क से दुर्बल और बुरे आदमियों को लज्जित करता है और साथ ही उन्हें ऊँचा उठाने में सहायक होता है।

सत्यनिष्ठ व्यक्ति के चारों तरफ एक गरिमा होती है, जो दूसरे लोगों में भय का संचार करती है और साथ ही उन्हें अच्छाई की ओर प्रेरित भी करती है। ऊँचे-से-ऊँचा बौद्धिक गुण भी नैतिक गरिमा की तुलना में नहीं रखा जा सकता। बड़े-से-बड़े प्रतिष्ठा-संपन्न व्यक्ति की अपेक्षा भी सत्यनिष्ठ व्यक्तित्व को दुनिया में अधिक ऊँचा पद दिया जाता है।"[1] उप-संपादक को भी जीवन में जननायक बनने की दिशा में कार्य करना चाहिए। वह अपनी मनोभूमि में विचारों के बीज आरोपित करके, उन्हें फिर कागज-पन्नों पर गुंफित करता है। ताकि मानस लोकों में उन विचारों का चयन हो सके। इस तरह उप-संपादक एक विचार-कृषक बन सकता है। विचार-कृषक बनकर ही उप-संपादक मानस लोक में श्रेष्ठ विचार पैदा कर सकता है। उप-संपादक को चाहिए कि विचारशील बन कर, अपने कर्तव्य कर्म को सोद्देश्यता के साथ सत्यनिष्ठा का संबल दे। "सत्यनिष्ठ व्यक्ति अपने लक्ष्य में स्पष्ट होता है। वह अनुमान के सहारे नहीं चलता और न अंधकार में कार्य करता है। उसकी समस्त योजनाओं में वही नैतिक सूत्र परिलक्षित होता है, जिससे उसके चरित्र का निर्माण हुआ है। आदमी के कार्यों से उसके व्यक्तित्व का आभास मिल जाता है। गंभीर-सत्यनिष्ठावाला व्यक्ति ही गंभीर योजनाएँ बना सकता है। प्रत्येक उद्देश्य को सामने रखते हुए वह उसका सम्यक् उपयोग करता है और उस पर विचार करता है।"[2] इसीलिए उप-संपादक कभी यंत्रवत कार्य नहीं कर सकता। उसे विचार की भूमि पर रोज कुआँ खोदना पड़ता है और वह अपनी प्यास का शमन करने के लिए वांछित मनोरथ का जल बटोरने में सफल होता है।

उप-संपादक को शिक्षित ही नहीं अपितु सुशिक्षित भी होना पड़ता है। तभी उसकी योग्यता में निखार आ सकता है। सत्यनिष्ठापूर्वक काम करते हुए एक निश्चित लक्ष्य के प्रति अग्रसर होकर ही वह श्रेष्ठ कार्य कर सकता है।

अपने व्यवसाय से जुड़ा उप-संपादक आम आदमी से भिन्न नहीं हो सकता

---

1. सफलता के आठ साधन : लेखक जेम्ज एलन, हिंद पॉकेट बुक्स प्राइवेट लिमिटेड, दिल्ली, पृष्ठ 52
2. वही, पृष्ठ 56

है। लेकिन अपने कार्य में निरंतर सक्रियता, संघर्ष और संवेदनशीलता, उप-संपादक को मानवीयता के हितों के प्रति सजग रखती है। पत्रकारिता के धरातल पर उप-संपादक को अनेक मुखौटे भी पहनने पड़ सकते हैं क्योंकि पत्रकारिता एक अधः-व्यवसाय है, विशुद्ध व्यवसाय नहीं है।

जीवन मूल्यों से निरंतर कटती मानव जिंदगी आज उद्देश्यपरक नहीं रही है, ऐसी अवस्था में अनेक उद्योग-धंधों की तरह पत्रकारिता भी एक व्यवसाय का ही पर्याय बनती जा रही है किंतु उप-संपादक को ज्ञात रहना चाहिए कि विशुद्ध पत्रकारिता विशुद्ध व्यावसायिकता भी तो नहीं हो सकती। विशुद्ध व्यावसायिकता चाहे वह किसी भी क्षेत्र में हो झूठी भी होती है और सच भी होती है। इस तरह उसका अँधेरा पक्ष भी होगा तथा प्रकाशमय पक्ष भी होगा। इस दृष्टि से इस पेशे के कुरुक्षेत्र में कृष्ण जैसा उप-संपादक अपने बहुपक्षीय व्यक्तित्व के साथ सफल हो सकता है। उप-संपादक को समाज के साथ जीना तथा मरना पड़ता है। नीति, चतुरता और रणकौशल के साथ उसे समाज के रणक्षेत्र में, अपना मार्ग प्रशस्त करना पड़ता है।

उप-संपादक का मुख्य काम, समाज को स्वच्छ एवं स्वस्थ खुराक देना है। उप-संपादक को अपने संपादन कार्य के माध्यम से घटना का विवरण इस प्रकार से प्रस्तुत करना होता है कि उस पर आँच भी न आए। क्योंकि कोई भी सच तभी तक लाभकर लगता है, जब तक कि किसी को हानि न पहुँचाए। स्थायी हानि पहुँचानेवाले सत्य से सामयिक लाभ देनेवाला झूठ कहीं अच्छा होता है। इस तरह उप-संपादक को दोहरी भूमिका निभानी पड़ती है। डॉक्टर की भी तथा एक सुधारक की भी। उप-संपादक को समाचारों के सघन वन में प्रवेश करते ही, अवांछित विचारों, घटनाओं तथा तथ्यों के झाड़-झंखाड़ को काटना पड़ता है, तभी वह अपने पाठकों की रुचियों और हितों का संरक्षक बन सकता है। यह अलग बात है कि हर रोज हर पाठक को खुश करना उसके वश की बात है भी कि नहीं। उप-संपादक जिन पठनीय पृष्ठों को संपादन के बाद पाठकों को उपलब्ध करवाता है, उन पृष्ठों की साज-सज्जा एवं आकर्षण, उन पृष्ठों के निर्माता उप-संपादक की विचारधारा का द्योतक होता है। हालाँकि उन पृष्ठों में लेखक, प्रकाशक, मुद्रक, साज-सज्जावाले सभी कर्मियों का योगदान रहता है, तथापि उन पृष्ठों के निर्माण में सतत अनुभव एवं नए प्रयोग का कर्ता उप-संपादक ही होता है। हर पृष्ठ पाठक समाज के लिए उपयोगी सिद्ध हो, इसको सुनिश्चित करना, प्रतिभाशाली उप-संपादक का अहम दायित्व है।

उप-संपादक को समाचार चयन, उसके संपादन, शीर्षक देने, पृष्ठ सज्जा, चित्र-चयन संपादन, कानून और आचार संहिता, भाषा तथा साहित्य का पर्याप्त ज्ञान होना चाहिए तभी वह संपादन कर्म में सफलता प्राप्त कर सकता है। इन्हीं गुणों के रहते उप-संपादक पत्र-पत्रिका को अधिक अच्छा बना सकता है। इन सभी गुणों

के कारण उप-संपादक एक व्यक्ति होते हुए भी एक संस्था के समान है। गहन अध्ययन तो उसके लिए अनिवार्य शर्त है ही। उप-संपादक को आर्थिक, राजनीतिक एवं सांस्कृतिक विषयों में पारंगत होना ही चाहिए। "कुशाग्रबुद्धि ऐसा हो कि हर घटना के दूरगामी परिणामों को समझने और समझाने की उसमें क्षमता हो। उसे निरंतर अध्ययनशील होना चाहिए ताकि वह नवीनतम घटनाक्रम से स्वयं को परिचित रख सके। वह समाज के प्रति अपने कर्तव्य से पूर्णतः जागरूक रहे और उनके पालन के लिए सन्नद्ध रहे। न्याय के पक्ष में उसकी वाणी सबसे पहले सुनाई दे और अन्याय के प्रतिकार में उसका स्वर प्रखर रहे। इसमें किसी प्रकार के भय या आतंक से ग्रस्त होना उसके स्वभाव में न हो।"[1] बड़े से बड़ा राजनेता भी दिशा-बोध के लिए उसके पत्र की ओर देखता है। युग-द्रष्टा तथा भविष्य-द्रष्टा होने में ही उप-संपादक की मनीषा की सफलता का प्रतिफलन है। संपादक के उच्च मानदंड तो उप-संपादक को स्थापित करने ही होंगे, तभी समय की सड़क पर उनके पग-चिह्न अमिट रह सकते हैं। संपादन का भी एक व्याकरण होता है, जिसकी संपूर्ण जानकारी उप-संपादक को अवश्य होनी चाहिए। आज हम देखते हैं कि पाश्चात्य देशों में सूचना देने की एक गौरवशाली परंपरा है। भारत जैसे विकासशील देशों की विशेष बात यह है कि हम सूचना को छिपाने में गौरव महसूस करते हैं। फाइल को क्लीयर करने के बजाय उसे दबाए रखने में अपनी हेठी समझते हैं। बात-बात पर अपने गौरवशाली इतिहास, अनूठी सांस्कृतिक विरासत एवं पवित्र परंपराओं का बखान करने से हम कभी थकते नहीं, झूठी शान का गुणगान करते रहते हैं। इस छद्‌म दृष्टिकोण में परिवर्तन लाए बिना देश का हित तथा व्यक्ति विशेष का हित संभव नहीं है।

उप-संपादक को इस दिशा में विचारोत्तेजक लेख को संपादित कर, पाठक समाज के लिए सुलभ कराना होगा तभी वह समाज, राष्ट्र तथा मानवता के हित में अपनी अहम भूमिका निभा सकता है। वह लोकतंत्र को चंचल होने से भी बचा सकता है। आज समाचार-पत्र, लाभ कमाने, मंत्रियों तक या सत्ता के स्रोत तक, पहुँचने के अतिरिक्त अधिक महत्त्व के नहीं रहे हैं। जिसके पास पैसा है, वह अखबार या पत्रिका निकाल देता है। इनकी चमक-दमक ज्यादा देर तक स्थिर नहीं रहती।

हिंदी पत्रकारिता का इतिहास हमें बताता है कि पत्रकारिता के क्षेत्र में धन नहीं, व्यक्ति की कर्तव्य-निष्ठा का ही सर्वोपरि महत्त्व है और यही रहस्य उप-संपादक के लिए उसके व्यवसाय में वरदान सिद्ध हो सकता है कि कर्तव्यनिष्ठा ही उसकी सर्वोपरि पहचान है। उप-संपादक को उन व्यक्तियों और उदाहरण योग्य तथ्यों, घटनाओं को उजागर करना चाहिए, जो मानव समाज के लिए अत्यंत कल्याणकारी हैं। "मनुष्य का कल्याण करनेवाले कौन लोग हैं ? वे चुपचाप अपने काम में संलग्न

1. पत्रिका संपादन कला : डॉ. रामचंद्र तिवारी, आलेख प्रकाशन, दिल्ली, पृष्ठ 61

हैं। उनकी आँखें जिंदगी के अँधेरे कोनों में काम कर रही हैं। वे मर जाएँगे आपके लिए, आपको पता भी नहीं चलेगा कि कौन वैज्ञानिक आपके लिए जहर खाकर मर गया, इसलिए कि वह जहर किसी की जिंदगी न ले ले। आपको पता भी नहीं चलेगा कि कौन वैज्ञानिक बीमारियों के कीटाणु की परीक्षा करते-करते बीमार होकर मर गया, कि वह कीटाणु किसी दूसरे को बीमार न कर सके।"[1] उप-संपादक को यह बोध रहना चाहिए कि उपयुक्त ईंधन जुटाए बिना जीवन के क्षेत्र व्यवहार में कोई सिद्धि नहीं मिलती। जीवन जो श्रेष्ठ है, उसके लिए ताबीज से काम बना लेने की कल्पना निराधार है। उप-संपादक के कर्म क्षेत्र का परिणाम बहुत बड़ा होता है।

उप-संपादक की शब्दांकित अभिव्यक्ति वह है, जो उसकी स्थिति को गति देती है। वह जानता है कि योग मनुष्य की दृष्टि को बोध देता है। अपने सुख के लिए भोग की लालसा, दूसरों के दुःख तक जाने ही नहीं देती। मई, 1971 के 8-14 के दिनमान अंक में 'चरचे और चरखे' स्तंभ के अंतर्गत एक उपदेशात्मक लेख प्रकाशित किया था जिसका शीर्षक था 'नीयत साफ है तो बचो और बचाओ'। इसी लेख के प्रारंभ में लिखा था कि केवल भय के कारण ही सत्य कहना कठिन नहीं होता, उस समय भी कठिन हो जाता है जब एक पूरा राष्ट्रीय चरित्र एक ऐसी प्रतिमा गढ़ रहा हो जिसके पीछे कोई सोच न हो। दिनमान में प्रकाशित यह लेख का अंश, उप-संपादक के गुण को महिमामंडित कर, उसे दायित्व की अद्‌भुत सीख प्रदान कर सकता है। उप-संपादक के गुण को उजागर करने के लिए बोनापार्ट नेपोलियन ने कहा था कि विश्व में दो ही शक्तियाँ हैं तलवार और कलम। तलवार की शक्ति स्पष्ट है, पर अंत में वह कलम से हार जाती है। लेखनी की नोक तलवार की धार से कम तीखी नहीं होती।

संपादन कर्म को इतिहास का हिस्सा होना ही है। इस कार्य को हाथ में लेने से पहले उप-संपादक को पिछली पीढ़ियों के सारे अनुभव को ग्रहण करना होता है। जिन पृष्ठों को उप-संपादक संपादित करता है वे पृष्ठ जीवंत एवं अद्वितीय होने चाहिए। उप-संपादक का यह नैतिक कर्तव्य है कि वह संपादन कार्य के माध्यम से मानवीय गुणों को उभारे, ताकि मनुष्यता, सुख से जी सके। तभी संपादन कार्य राष्ट्र का अंतःकरण सिद्ध हो सकता है। संपादन-कार्य के क्षण बहुत नाजुक होते हैं, जिन क्षणों में अहम फैसले करने पड़ते हैं, इसके लिए संपादक को सदा चुस्त-दुरुस्त रहना चाहिए। सादगी भरा जीवन उप-संपादक के लिए अर्थप्रद सिद्ध हो सकता है और उसका आत्मबल सदा बना रह सकता है।

जीवन में कोई भी दिशा ऐसी नहीं है, जहाँ नैतिकता एक महत्त्वपूर्ण भाग

---

1. भरत के जलते प्रश्न : लेखक आचार्य रजनीश, लेख धर्म विरोधी तथाकथित समाज, पृष्ठ 155

अदा न करती हो। सत्यनिष्ठा जहाँ कहीं भी होगी सभी प्रकार के कार्य-व्यापार पर उसकी छाप स्पष्ट दिखाई देगी। इसका कारण यही है कि गुण में एक आश्चर्यजनक एकता, दृढ़ निश्चयात्मकता की भावना विद्यमान होती है, जो हमारे बल को अजेय बनाती है। सत्य-निष्ठ व्यक्ति सुनिश्चित सिद्धांतों के अनुरूप कार्य करता है। केवल उन्हीं आभारभूत सिद्धांतों के सहारे नहीं, जिन पर हमारा लोक जीवन टिका हुआ है, बल्कि उन सिद्धांतों के अनुरूप, जो इस समस्त ब्रह्मांड को एक सूत्र में पिरोए हुए हैं। फिर ऐसा कौन आदमी है, जो निर्दोष, सत्यनिष्ठ व्यक्ति को नजरअंदाज कर देता है ? सत्यनिष्ट व्यक्ति उस वृक्ष के समान होता है, जिसकी जड़ें दृढ़तापूर्वक भूमि में नीचे तक फैली हुई होती हैं। दुनिया का कोई बवण्डर या तूफान ऐसे वृक्ष की जड़ें नहीं उखाड़ सकता।[1] उप-संपादक को भी पूर्ण बलशाली होने के लिए अपने काम में पूर्ण सत्यनिष्ठ होना पड़ता है। तभी उप-संपादक जीवन में प्रगति कर सकता है।

सत्यनिष्ठा के साथ-साथ निर्भीक होना भी उप-संपादक के लिए अति आवश्यक है। निर्भीकता का गुण सत्यनिष्ठ होने से ही उत्पन्न होता है। निर्भीक व्यक्ति के कार्य में विश्वसनीयता का भाव होता है, जब उप-संपादक अपने दायित्व का वहन, कर्तव्यनिष्ठा के साथ करता है तो वह भय-रहित हो जाता है। भय-रहित होकर उसके कार्य की एक सुनिश्चित पहचान होती है और वह अपने कार्य में निमग्न रहता है इससे कार्य क्षमता बढ़ती है और अनुशासन के प्रति लगाव बढ़ता है। अनुशासन के अभाव में, मस्तिष्क अव्यवस्थित नहीं होता। अव्यवस्थित मस्तिष्क अप्रशिक्षित मस्तिष्क ही कहा जाता है। ऐसे मस्तिष्कवाले जन, अनुशासनप्रिय व्यक्तियों का मुकाबला नहीं कर सकते।

उप-संपादक को अनुशासित होकर सदैव तत्पर रहना चाहिए। तभी वह अपने नीर-क्षीर विवेक से सही कार्य कर सकता है। जागरूकता से ही प्रत्येक परिस्थिति में अधिकार प्राप्त किया जा सकता है। "जिन व्यक्तियों के हाथ, हृदय और मस्तिष्क सदैव सतर्क और तत्पर होते हैं और जिन्हें यह मालूम होता है कि वे क्या कर रहे हैं और उस कार्य को वे व्यवस्थापूर्वक और दक्षतापूर्वक करते हैं, उन्हें समृद्धि के बारे में उद्विग्न होने की आवश्यकता नहीं रहती। वे चाहें या न चाहें, समृद्धि उन्हें प्राप्त होती ही है। वह उनका दरवाज़ा खटखटाती है और अपने गुण से वे उसके वास्तविक अधिकारी बनते हैं।"[2]

उप-संपादक के लिए तत्परता तथा सुनिश्चित पहचान के साथ-साथ शुद्ध मन और स्पष्टता का गुण भी अपेक्षित है। यह एक सर्वमान्य नियम है कि जो काम करनेवाला व्यक्ति होता है, उससे अशुद्धियाँ तो होंगी ही किंतु अशुद्धियों को

1. सफलता के आठ साधन : लेखक जेम्ज ऐलन, हिंद पाकेट बुक्स, दिल्ली, पृष्ठ 48-49

2. वही, पृष्ठ 65

सुधारने में तत्परता न दिखाने से अनुशासन भंग की बात ही सामने आती है: अशुद्धियों से मूल आशय ही बदल जाता है। अशुद्धि का दुर्गुण विध्वंसात्मक होता है। इसीलिए इसे बुराई ही गिना जाना चाहिए। जो कुछ कहें स्पष्टता से कहें और यह भी मानें कि उनके द्वारा भूल होना भी संभव है। ऐसी स्थिति में अपने को ही सही मानने के कारण अनेक उलझनों और गलतफहमियों की सृष्टि होती है।[1] उप-संपादक को भी अपनी भूलों से शिक्षा ग्रहण करनी चाहिए, ताकि संपादनकर्म उपयोगी एवं अर्थप्रद बन सके। उपयोगिता हर कार्य में उत्पन्न होनी चाहिए। सूक्ष्म-दृष्टि तथा सामर्थ्य के द्वारा उप-संपादक का कार्य उपयोगी बन सकता है। इसके साथ स्वात्माभिमान, सहृदयता, सहिष्णुता ऐसे गुण हैं, जिन्हें आत्मसात कर, उप-संपादक अपने व्यक्तित्व को तेजस्वी बना सकता है। उसके तेजस्वी व्यक्तित्व का प्रभाव उसके कर्म में भी प्रकट होगा। निरंतर अभ्यास, अध्ययन तथा चिंतन-मनन भी उप-संपादक के लिए आवश्यक है, तभी वह अपने द्वारा संपादित पृष्ठों को जीवंत बना सकता है। संपादन-कार्य एक बहुत बड़ी कला है। इस कला के लिए संपादन के मापदंड तो अनिवार्य हैं ही, इसके साथ-साथ कष्ट-सहन, त्याग एवं समर्पण की भावना भी अनिवार्य है। दुनिया में असफल होना तो सहज है, किंतु सफलता प्राप्ति के लिए अथक परिश्रम की महती आवश्यकता होती है।

---

1. सफलता के आठ साधन : लेखक जेम्ज ऐलन, पृष्ठ 66

पंचम अध्याय

फोटो पत्रकारिता

सृजनशील लेखक के लिए सच्चाई को ठीक से स्वर देने के लिए चित्र, एक महत्त्वपूर्ण हथियार है। ऐसा चित्र जो शिक्षित कर सके, सूचना दे सके, और मनोरंजन भी कर सके और पत्रकारिता जगत् के लिए रूडियाल किपलिंग द्वारा दिये फार्मूले "क्यों, कब, कहाँ, क्या, कौन तथा कैसे" की गुत्थी को भी सुलझा सके। ऐसे चित्र की तुलना में निःसंदेह हजार शब्द भी उतना नहीं कह पाते। डॉ. जैन ने अपनी पुस्तक पृष्ठ-सज्जा में लिखा है कि पूर्वी बंगाल के लाखों शरणार्थी जब पाकिस्तानी अत्याचारों से पीड़ित होकर, भारत में चले आये तब गोद में अपने बच्चे को लिए एक शरणार्थी महिला के चित्र ने विश्व में शरणार्थियों के प्रति ऐसी भावना पैदा की जिसे सैकड़ों लेख या संपादकीय भी नहीं कर पाये। छाया चित्र आधुनिक जीवन अनुभूतियों के सहज अंग, सूचना और संचार के अपरिहार्य स्रोत हैं। विज्ञापन, विज्ञान, फैशन, कला और शिक्षा के क्षेत्र में छाया-चित्र, अद्‌भुत सहायक बन चुका है।

ग्रीक भाषा में फोटोज का अर्थ है प्रकाश और ग्राफी का अर्थ है चित्रित करना। प्रकाश के माध्यम से जो चित्रित किया जाए उसे फोटोग्राफी कहते हैं। आज फोटोग्राफी का विज्ञान, कला-उद्योग, चिकित्सा, शिक्षा, मनोरंजन, ज्योतिष, अंतरिक्ष-ज्ञान, अनुसंधान, जन-संपर्क, अपराध, मुद्रण आदि के साथ पत्रकारिता के क्षेत्र में महत्त्वपूर्ण योगदान दे रहा है।

फोटो पत्रकार के लिए कैमरा एक डायरी है, जो घटनाओं को रिकार्ड करता है। फोटो पत्रकारिता में केवल कैमरे का ही महत्त्व नहीं अपितु कैमरे के पीछे खड़े व्यक्ति का भी महत्त्व होता है। फोटो पत्रकार को यह मालूम होना चाहिए कि वह किस कोण, किस दृष्टि से, कैमरे की फिल्म का उपयोग करे। उसमें सही और निर्णयात्मक क्षण को पकड़ने की क्षमता होनी चाहिए। एक अच्छा फोटोग्राफर केवल बटन दबानेवाला नहीं होता, वह हजारों-लाखों पाठकों के लिए सूचना देनेवाला होता है अतः उसे दूर-दृष्टि, सूझ-बूझ और कुशल कलाकार की भाँति काम करना चाहिए।

वर्ष 1930 के लगभग डेली टेलीग्राफ, डेली मिरर और डेली न्यूज आदि पत्रों ने कुछ ज़ाली चित्र प्रकाशित किए। प्रकाशित किये गये ऐसे कंपोजिट फोटो थे,

जिनके कारण फोटो पत्रकारिता कलंकित हुई है। फोटो पत्रकार के जीवन में ऐसे अनेक क्षण आते हैं, जब उसे भीड़-भाड़ नियंत्रण आदि के कारण अनेक कठिनाइयों का सामना करना पड़ता है। कभी-कभी गोला-बारी, पत्थरबाजी या आँसू गैस का प्रयोग होता है, ऐसे समय में पत्रकार को आत्मबल व सूझ-बूझ से काम लेना पड़ता है। फोटो पत्रकार को आंदोलनकारियों, प्रदर्शनकारियों की स्वाभाविक मुद्रायें लेने में सदैव तत्पर रहना चाहिए इसके साथ फोटो पत्रकार के संपर्क, हर जगह जीवंत होने चाहिए।

कैमरे की प्रचलित किस्मों, अवयवों, शटर, एक्सपोजर, एपरचर और फोकस लेंस की कार्य-प्रणाली का ज्ञान भी आवश्यक होता है। फोटोग्राफी में सच्चाई को एक टुकड़े में बाँधने की अद्भुत क्षमता होती है। डोगरा टाइप विधि फोटो की अग्रदूतिका मानी जाती है जिसकी खोज 1839 में लुई डोगर ने की।

छाया चित्रण एक ऐसा तीर माना जाता है जो लगते ही, चेतना-प्रवाह को उद्वेलित कर देता है। कैमरा 'दृष्टि-भाषा' का प्रयोग करता है जिससे संचार संभव व सहज होता है। मानवीय भावनाओं के आदान-प्रदान तथा संचार के साधन के रूप में छाया-चित्रण की भाषा सशक्त होती है। कैमरे के अवयव किस प्रकार कार्य करते हैं उसका संक्षिप्त वर्णन :

1. **दृश्य बोधक** : चित्रों में क्या लिया जाए, इस बात में दृश्बोधक छाया-चित्रकार का सहायक होता है।
2. **फिल्म फिरकी एवं घुमावदार यंत्र** : घुमावदार यंत्र में दो फिरकियों की सहायता से अनेक दृश्यों का उद्भासन।
3. **फिल्म** : गुप्त-चित्र फिल्म में रिकार्ड हो जाता है। विकास के बाद यह दृश्य में परिवर्तित हो जाते हैं।
4. **शटर** : जब प्रकाश फिल्म में पहुँचता है तो शटर के द्वारा समय की दूरी पर नियंत्रण किया जाता है। साधारण कैमरे में शटर की गति 1/60 सेकिंड होती है। किंतु आधुनिक कैमरों में 1/1000 से 1/2000 सेकिंड तक होती है।
5. **छिद्र** : यह एक गोल छिद्र होता है जिसे एपरचर भी कहते हैं। इसके माध्यम से प्रकाश फिल्म में पहुँचता है। इसके माध्यम से ही प्रकाश की मात्रा पर नियंत्रण भी किया जाता है। बड़े एपरचर से चित्र ब्राइट होता है। शटर की सहायता से एपरचर को उद्भासन पर नियंत्रित किया जाता है।
6. **लेंस** : लेंस में वास्तविक चित्र को रिकार्ड करने की क्षमता होती है। एक लेंस से भी चित्र छायांकित किया जा सकता है। किंतु उसमें कई दोष होते हैं। जिन्हें कोमल लेंस की सहायता से दूर किया जा सकता

है। मुख्य लेंस तीन प्रकार के होते हैं वाइड एंगल लेंस, टेली, जूम टेली लेंस।

7. **केंद्रीकरण यंत्र :** लेंस का आगे-पीछे केंद्रीकरण कर, वस्तु को फिल्म में केंद्रित किया जा सकता है। फोटोग्राफी के कुछ सिद्धांत होते हैं यथा :
    1. जानकारी
    2. चुनाव की कला
    3. दृष्टिक्षेत्र और सृजन
    4. प्रकाश-रूप
    5. प्रकृति का स्थान।

छाया चित्रण के संदर्भ में दिनमान साप्ताहिक में स्व. किशोर पारेख के विचार अर्थपूर्ण जान पड़ते हैं : "फोटोग्राफी संवाद की अत्यंत प्रभावकारी भाषा है। फोटोग्राफर को अपने विषय की अच्छी जानकारी और अपने आस-पास के जीवन में गहरी रुचि होनी चाहिए। सामने जो दुनिया दिखती है उसे दिल और दिमाग तक महसूसा जाना चाहिए। सिकुड़ती दुनिया को फोटोग्राफी विस्तार दे सकती है। दुनिया को एक-दूसरे के नज़दीक लाने में फोटोग्राफी अहम भूमिका निभा सकती है। मनुष्य की आँख बहुत कुछ देखती है। उस प्रकाश का, छाया व रंग का अलग-अलग ढंग से अर्थ लगाती है। अतः आँख बढ़िया दृश्य पर टिकनी चाहिए।" विलियम हेनरी फाक्स ने 1839 में नेगेटिव से पाजिटिव बनाने की फोटो-प्रक्रिया का आविष्कार किया। सन् 1842 में सर्वप्रथम इलस्ट्रेड लंदन न्यूज ने फोटो के माध्यम से समाचार संप्रेषण का श्रीगणेश किया। कालांतर में अमेरिका से अनेक सचित्र समाचार-पत्र और पत्रिकाएँ प्रकाशित हुईं।

फोटो पत्रकारिता समाचार की प्रामाणिकता, विश्वसनीयता पर बल देती है। मात्र एक फोटो से अब्राहम लिंकन को 1860 में राष्ट्रपति चुनाव जीतने में अद्‌भुत सहयोग मिला। लिंकन एक गंवार जंगली और कुरूप व्यक्ति है, इसका प्रचार-प्रसार किया गया था किंतु मैथ्युब्राडी ने लिंकन का सुंदर फोटो खींच कर, लिंकन के विरुद्ध किये गये प्रचार का करारा जवाब दिया था। दुनिया में समस्त भाषाओं में फोटो समाचारों की भाषा सबसे सरल होती है। चित्र का मस्तिष्क पर सीधा प्रभाव पड़ता है। भाषा की राष्ट्रीयता उसकी गति में बाधक नहीं होती।

दिल्ली में एक विना बाँह की लड़की शांति रोजी-रोटी के लिए सड़क के किनारे अपने पैरों से भुट्टे भूना करती थी, समाचार-पत्र में शांति का चित्र व विवरण छपा। परिणाम यह हुआ कि रोटरी क्लब ने उस लड़की के रहने-सहने में सहायता की। लड़की सुंदर थी, बाँहें न होने पर भी कई युवकों ने उससे शादी का प्रस्ताव किया।

इसी तरह ऐसे कई उदाहरण हैं, जिन्हें जान कर जाना जा सकता है कि

किस तरह घटनाओं को कैमरे ने उजागर किया। फोटो पत्रकार को झूठे चित्र तैयार नहीं करने चाहिए। झूठे चित्रों से सामाजिक-राजनैतिक समस्याएँ पैदा होती हैं। समाज व राष्ट्र को हानि होने की संभावना रहती है। देश व मानवता के प्रति जिम्मेदारी का वहन करते हुए अनेक चित्रों का मोह छोड़ना पड़ता है। चित्रों द्वारा सामाजिक बुराइयों से लड़कर, समाज तथा मानवता की सहायता होती है। फोटो पत्रकार का दृष्टिकोण सदैव मानवीय होना चाहिए। फोटो पत्रकार को अश्लील चित्र नहीं लेने चाहिए। गोपनीय चित्र लेने में अत्यंत साहस से काम लेना चाहिए। स्पष्ट एवं तीक्ष्ण छायांकन के लिए कैमरे का लेंस स्वच्छ रखना होता है। लेंस के समक्ष कवर, कैमरा, केस या उँगली आदि नहीं आनी चाहिए। फोटो खिंचते समय कैमरा हिलना भी नहीं चाहिए।

फोटो पत्रकार को झूठे चित्र नहीं लेने चाहिए। झूठे चित्रों से सामाजिक और राजनैतिक समस्याएँ पैदा होने का भय सदा रहता है। समाज, राष्ट्र तथा मानवता को हानि होने की संभावना बराबर बनी रहती है। देश तथा मानवता के हित में दायित्व बोध से जुड़ कर अनेक चित्रों का मोह यदा-कदा छोड़ना पड़ता है। चित्रों द्वारा हम सामाजिक बुराई से लड़कर मानवता की सच्ची सेवा कर सकते हैं। फोटो पत्रकार की रुचि जन-साधारण में होनी चाहिए क्योंकि अकस्मात् कोई भी स्थिति कुछ भी कह सकती है और उसी पल, फोकस भी हो जाना चाहिए तभी हर चीज उससे संबद्ध हो जाती है। यह अनुभव एक तरह से सम्मोहन होता है। इससे संसार अधिकाधिक व्यापक दीख पड़ता है।

"चित्र अपनी विशेषता के लिए चुना जाना चाहिए। राष्ट्रपति डॉ. राजेन्द्र प्रसाद के साथ उनकी पत्नी श्रीमती राजवंशी देवी बहुत कम अवसरों पर किसी समारोह में सम्मिलित होती थीं। यदि किसी समारोह में वह उपस्थित हुई भी तो वह चित्र लेना, जिसमें आकर्षण बिंदु श्रीमती राजवंशी देवी होतीं, सराहनीय चुनाव होता। उदयपुर के महाराणा मुगल-काल से इस टेक को निभाए हुए थे, कि जब तक स्वतंत्रता प्राप्त न कर लेंगे तब तक दिल्ली में पैर नहीं रखेंगे। भारत के स्वतंत्र होने के पश्चात् 1956 की अगस्त को उदयपुर के महाराणा कई शताब्दियों के बाद दिल्ली के लालकिले पर मान्य अतिथियों के साथ बैठे। उनका उस अवसर का चित्र अपने आप में ही एक महत्त्वपूर्ण समाचार था। लालकिले की पृष्ठभूमि में महाराणा का चित्र विशेष आकर्षण रखनेवाला बन गया।"[1] ऐसे कई अवसर सुलभ हो सकते हैं जिनकी तलाश में फोटो पत्रकार को अपनी पूरी दक्षता का परिचय देना पड़ता है। पुराने चित्र, जो विशेष घटनाओं से संबद्ध होते हैं, उन्हें खोज कर, और उचित समय पर उनका प्रकाशन करने से घटना की आत्मीयता तो बढ़ती ही है, इसके साथ समाचार संवेदनशील एवं प्रभावकारी भी बन जाता है। चित्र

1. समाचार संपादन : लेख : चित्र और नक्शे : लेखक प्रेमनाथ चतुर्वेदी, पृष्ट 148

प्रकाशन के समय अपमान और अपयश का भी विशेष ध्यान रखना पड़ता है। इस बात की आशंका हर समय बनी रहती है कि किसी चित्र को छाप देने से किन्हीं व्यक्तियों के जीवन पर अप्रत्याशित ढंग से बुरा असर पड़ सकता है। सुंदर चित्र के मोह और तथाकथित सत्यवादिता के जोश में राष्ट्र की प्रतिष्ठा नीचे गिराने और जनता के मन पर ठेस पहुँचानेवाले चित्रों को प्रकाशित नहीं करना चाहिए। आज के प्रचार युग में फोटोग्राफी की मदद से बड़े गलत और सर्वथा असत्य तथ्यों को पूर्ण सत्य के रूप में प्रकट किया जा सकता है, इस सत्य को सदैव ध्यान में रखना चाहिए।[1] शोक और संकट की घड़ियों को मूर्त्त रूप देनेवाले चित्र विशेष महत्त्व के होते हैं अंतर्राष्ट्रीय समाचार फोटो प्रतियोगिताओं में ऐसे ही चित्रों को श्रेष्ठ पुरस्कार प्राप्त होते हैं। अंग्रेजी कवि शैली की कविता की एक पंक्ति का अर्थ है "अति मनोरम वही है जिसमें अतिशोक की अभिव्यक्ति हो। इसी प्रकार यदि कहा जाए कि अति कारुणिक दृश्य के चित्र अति आवश्यक होते हैं तो गलत न होगा।"[2] शोक और संकट की घड़ियों में व्यक्तिगत पहलुओं को भी उभारा जा सकता है। किंतु व्यक्तिगत गोपनीयता पर आंच नहीं आनी चाहिए।

फोटो पत्रकारिता का उज्ज्वल पक्ष इसी बात में है कि उत्साह, रुचि और जानकारी के साथ जो चित्र लिए एवं प्रकाशित किए जाते हैं वे ही पत्रकारिता जगत् के अमूल्य दस्तावेज सिद्ध होते हैं। ऐसे चित्र मन और मस्तिष्क पर सम्मोहक प्रभाव डालते हैं और इन चित्रों में भाषा एवं राष्ट्रीयता की खाई को पाट देने की क्षमता होती है। निःसंदेह चित्र नेत्र-सुखदायक, वास्तविकता और व्यापकता के कारण प्रभावकारी होते हैं।

फीचर

फीचर लिखना एक मनोहारी विषय है। फीचर लिखते समय अत्यंत सतर्क रहने की भी जरूरत है। क्योंकि फीचर लेखन में नीरसता, लंबाई व गहन-गंभीरता का पुट नहीं होना चाहिए। फीचर तो ऐसा होना चाहिए जिससे दिल और दिमाग में अद्भुत हलचल हो तथा मन व मस्तिष्क भी प्रसन्न हो जाए। प्रसन्नता की अनुभूति भी ऐसी होनी चाहिए जिससे दूसरों का दुःख व दर्द अपना लगे। फीचर में सारगर्भिता का अत्यंत महत्त्व है। सारगर्भिता के बल पर, फीचर, रोचकता व असर के साथ बात को व्यक्त करने में सक्षम होता है। फीचर हमें मनोरंजन के गहरे एहसास के साथ शिक्षित करता है। विनोद भाव व आनंद ही फीचर की आत्मा होती है। कभी-कभी वेदना और टीस में भी आनंद की अनुभूति होती है। पर

1,2. समाचार संपादन : लेख : चित्र और नक्शे : लेखक प्रेमनाथ चतुर्वेदी, पृष्ठ 15

यह आनंद केवल महसूसा जाता है। जब हम किसी अजनबी व्यक्ति की करुण गाथा सुनते हैं तो ऐसा लगता है जैसे उसकी गाथा कहीं न कहीं हमारी भी है और उससे हमारा गहरा तादात्म्य हो जाता है। "मिसाल के तौर पर अगर देश के फकीरों की समस्या पर लेख लिखना चाहें तो किताबें पढ़ कर, आंकड़े इकट्ठे कर सकते हैं और लिख सकते हैं। लेकिन यदि फीचर के माध्यम से गम और दर्द की कहानी सुनाना चाहते हैं तो उसके पास बैठना होगा, उसकी कहानी सुननी पड़ेगी और उसके दुःख का अनुभव करना पड़ेगा। फीचर का महत्त्व इसी में है कि वह किसी बात को थोड़े से शब्दों में रोचकता के साथ कहे।"[1] फीचर लेखक के समक्ष महत्त्वपूर्ण विषय होना चाहिए और होनी चाहिए प्रभावकारी शब्द-शक्ति। फीचर में बार-बार लिखने के लिए पुनर्लेखन प्रक्रिया को प्राथमिकता देनी चाहिए। ताकि विषय प्रभावकारी, ज्ञानवर्द्धक व सूचनाप्रद बन सके। फीचर में कहानी महत्त्वपूर्ण होती है और फीचर लिखते समय रोचकता पैदा करने के लिए जिन नीति-सूक्तियों का प्रयोग किया जाए, वे सभी स्पष्ट होनी चाहिए तभी फीचर दिशा-बोधक बन सकता है, जो कि फीचर का एक प्रशंसनीय गुण भी है। फीचर में गुणात्मकता होनी चाहिए और लिखे गये फीचर को धैर्य के साथ पढ़ा जाना चाहिए ताकि किसी भी प्रकार की त्रुटि से बचा जा सके और अर्थ का अनर्थ भी न हो। फीचर के माध्यम से पाठक का ध्यान सदैव केंद्रित रहना चाहिए। तभी फीचर प्रभावोत्पादक व सम्मानजनक बन सकता है। फीचर के माध्यम से उकेरी गई जिंदगी की झांकी, व प्रयुक्त संवाद भी प्रभावकारी होना चाहिए। "फीचर लिखनेवालों को किसी तरह का पथ-प्रदर्शन शायद ही कभी प्राप्त होता है। उन्हें अपनी ही आंतरिक प्रवृत्ति, ज्ञान और अनुभव का भरोसा करना चाहिए। उन्हें फीचर तैयार करने के संबंध में लेख लिखने की भी कला या प्रविधि कभी सिखाई नहीं जाती। फीचर लिखने की कोई पुरानी परंपरा या स्थायित्व मूल्य भी उनके सामने नहीं है। इस कला के कोई अच्छे, बढ़िया उदाहरण भी आसानी से उपलब्ध नहीं, जिनके आदर्शों पर वे अपना फीचर तैयार कर सकें या जिन्हें देख कर वे आंतरिक प्रेरणा प्राप्त कर सकें।[2] माली, धोबी, मजदूर, रसोइया, घरेलू नौकर, प्रभावशाली लोग, बढ़िया दर्जी, नाई, सुनार, विशिष्ट व्यापारी, यातायात की समस्या, अपराधों की रोकथाम, अस्पतालों की दुरवस्था, नगर की जल-समस्या, आवास का संकट; भारत में विदेशी छात्र, विदेशों में भारतीय छात्र जैसे विषय फीचर के विषय बन सकते हैं। फीचर में मानवीय अभिरुचि का इन्द्रधनुष, विचार के असीम आकाश पर छाया रहता है। इसी ने फीचर की लोकप्रियता को चार चाँद लगाये हैं। यद्यपि समाचारों की दुनिया में राजनीति का सम्मोहन हावी है, तथापि

1. वेद प्रताप वैदिक : संपादक : हिंदी पत्रकारिता विविध आयाम, पृष्ठ 537
2. वही, पृष्ठ 538

समाचार-पत्रों में बदलते आयामों को स्वीकार कर, उसे जीवन की समग्रता में देखने-समझने का प्रयास किया जाना चाहिए। त्योहार हमारी संस्कृति की अमूल्य धरोहर हैं। प्रतिवर्ष हम इन त्योहारों को मनाते हैं। इन त्योहारों में दशहरा, दीपावली, क्रिसमस, ईद, मुहर्रम उल्लेखनीय हैं, जिन पर सभी समाचार-पत्र समय-समय पर फीचर प्रकाशित करते हैं। फीचर लेखक शब्द-शिल्पी होते हैं। लेखनी में अद्भुत शक्ति होती है। फीचर लेखक किसी भी समाचार के महत्त्व को ठीक समझकर उसे फीचर का बाना पहना देते हैं। हमारे यहाँ व्यक्तित्व संबंधी फीचर ज्यादा लोकप्रिय हैं। पहले ये फीचर ज्यादातर राजनीतिज्ञों पर आधारित होते थे। किंतु अब जीवन के अन्य क्षेत्रों जैसे खेल, रणभूमि, विज्ञान, शिक्षा, कला-साहित्य, संगीत के क्षेत्र में ख्याति प्राप्त व्यक्तित्व भी फीचर के विषय बनने लगे हैं। "चित्रात्मक रूपक-लेखन का ढंग बदलता जा रहा है। पहले लेख को एक या दो चित्रों द्वारा स्पष्ट किया जाता था, चित्रों के नीचे एक या दो पंक्तियाँ लिख दी जाती थीं या कोई अन्य शीर्षक दे दिया जाता था। किंतु अब उसका पूरा ढंग बदल गया है। चित्रों का चयन इस प्रकार किया जाता है कि वे पूरी कहानी कह देते हैं। शीर्षक केवल एक चित्र को दूसरे चित्र से संबद्ध करने के लिए दिए जाते हैं। वास्तव में चित्र ही कहानी कहते हैं। लेख की कुछ पंक्तियों का उपयोग संपूर्ण सामग्री का सिलसिला कायम रखने के लिए किया जाता है। चित्रात्मक रूपक का प्रभाव बहुत अधिक होता है। किसी लेख के साथ एक या दो चित्र देने से ही उसकी शोभा बढ़ जाती है और पाठकों पर उसका अच्छा प्रभाव पड़ता है। जब चित्र बोलने लगते हैं तो उसका प्रभाव वर्णनातीत होता है। पाठकों के मन में लिखित शब्दों के स्थान पर चित्रों से जो बिम्ब उभरते हैं, वे अधिक स्थायी होते हैं।"[1]

अतिवृष्टि, भूकंप, अनावृष्टि, बाढ़, अकाल, दंगा-फसाद, अग्निकांड, आतंकवाद जैसे विषय भी फीचर के विषय बन सकते हैं। सफाई कर्मचारी, भिक्षुक, एक कलाकार, रिक्शाचालक अथवा कुली अपना जीवनयापन कैसे करते हैं वे भी एक लोकरुचि के विषय हैं, जिन पर बहुत अच्छे फीचर लिख सकते हैं। सांस्कृतिक कार्यक्रम, जल की कमी के कारण पानी भरनेवालों की लंबी कतार, किरायेदार, मकान-मालिक की पारंपरिक समस्याओं पर विश्लेषणात्मक फीचर लिखे जा सकते हैं।

"फीचर लिखने के लिए अपने आँख, कान, भावों, अनुभूतियों, मनोवेगों और अन्वेषण का सहारा लेना पड़ता है। लेख लंबा, अरुचिकर भारी हो सकता है लेकिन ये बातें यदि फीचर में आ जाएँ तो यह उसकी मौत है। फीचर को मजेदार, दिलचस्प और दिल पकड़ होना पड़ेगा। फीचर एक प्रकार का गद्यगीत है जो नीरस, लंबा

1. डॉ. अर्जुन कुमार तिवारी : आधुनिक पत्रकारिता, पृष्ठ 47

और गंभीर नहीं हो सकता। वह मनोरंजन और तड़पदार होना ही चाहिए जिससे लोगों के दिल हिलें, चित्त प्रसन्न हो तथा पढ़कर दिल में गम का दरिया बहे।"[1] व्यंग्यचित्र अथवा ऐसे चित्र, जिन्हें देखकर हँसे बिना न रहा जा सके या कोई वेदना का गहरा भाव मन में न उठ जाए, एक प्रकार के ऐसे फीचर हैं जिनकी लोकप्रियता दिन प्रतिदिन बढ़ ही रही है।

साक्षात्कार

जिज्ञासु व्यक्ति दूसरे व्यक्ति के संदर्भ में जब विशेष जानकारी प्राप्त करने के लिए लालायित रहता है, भेंट करने की उस आकुल आकांक्षा का नाम ही साक्षात्कार है। इस भेंट के दौरान जिज्ञासु व्यक्ति, विशिष्ट साहित्यिक, पत्रकार, नेता, खिलाड़ी, समाजसेवी, कलाकार अथवा किसी क्षेत्र में विशिष्टता प्राप्त व्यक्ति से; उसके व्यक्तित्व-कृतित्व, विचारों, खोज, परिवेश आदि के विषय में सीधे जानकारी प्राप्त करता है। आंग्ल भाषा में साक्षात्कार की इस विधि को इंटरव्यू कहा जाता है और हिंदी पत्रकारिता ने भी इसको यथावत् स्वीकार लिया है और साक्षात्कार के लिए इंटरव्यू शब्द प्रचलित होने लगा है।

साक्षात्कार के लिए इसके अतिरिक्त हिंदी में भेंटवार्ता, भेंट, बातचीत, मुलाकात, साहित्य-भेंट, साहित्यिक-वार्तालाप, साक्षात्-वार्ता, समक्ष-भेंट, समक्षकार, अंतर्वीक्षा, अंतर्व्यूह, विशेष परिचर्चा, संवाद, प्रत्यक्ष समीक्षण, साक्षात् वार्तालाप एवं संवार्ता जैसे पर्यायवाची शब्दों का प्रयोग होने लगा है। कुछ भी हो साक्षात्कार पत्रकारिता क्षेत्र की एक अद्भुत नूतन शैली है। जिसके अंतर्गत लेखक व्यक्ति-विशेष के साथ साक्षात्कार करने के बाद कुछ निश्चित प्रश्नों के आधार पर व्यक्तित्व एवं कृतित्व के संबंध में प्रामाणिक जानकारी प्राप्त करता है। स्वयं भी प्रभावित होता है और व्यक्ति विशेष पर भी अमिट छाप छोड़ जाता है। भेंट के मध्य जो जानकारी प्राप्त होती है उसे लिपिबद्ध कर दिया जाता है।

साक्षात्कार के लिए एक निश्चित प्रक्रिया अपनाई जाती है। सर्वप्रथम व्यक्ति विशेष का चयन किया जाता है। तत्पश्चात् विषय, फिर योजना को अंतिम रूप दिया जाता है। इस प्रकार प्रस्तुतीकरण संभव हो पाता है।

सर्वप्रथम साक्षात्कार के क्षणों में व्यक्ति विशेष से संबद्ध, मूल विषय पर वार्तालाप प्रारंभ किया जाता है इस तरह वार्तालाप चरमसीमा पर पहुँच जाता है और अंग-संग बैठे दोनों व्यक्तियों का अजनबीपन भी टूट जाता है और परिचय के सूत्र भी प्रगाढ़ हो जाते हैं। साक्षात्कार के क्षणों में व्यक्ति विशेष की

---

1. डॉ. अर्जुन कुमार तिवारी : आधुनिक पत्रकारिता, पृष्ठ 47

भाव-भंगिमाओं का अंकन, उसकी जीवन शैली, जीवन उद्देश्य, उद्देश्य की उपयोगिता, विचार की शृंखला तथा रोचकता आदि विषयों के बारे में ठोस जानकारी प्राप्त की जाती है जिससे साक्षात्कार ज्ञानमूलक एवं अर्थप्रद बन पाता है। अन्य व्यक्ति जब उस साक्षात्कार को पढ़ते हैं तो वे भी रोमांचित हो उठते हैं और व्यक्ति विशेष तथा साक्षात्कार करनेवाले व्यक्ति के प्रति उनके मन में तादात्म्य स्थापित हो जाता है।

साक्षात्कार यद्यपि एक स्वतंत्र विधा है और हिन्दी पत्रकारिता में आज यह एक प्रतिष्ठित विधा के रूप में जाना जाता है तथापि साक्षात्कार में, निबंध, संस्मरण, जीवनी, आलोचना आदि तत्त्वों का समावेश हो ही जाता है। अन्य विधाओं के तत्त्वों के समावेश से साक्षात्कार, रोचक, अलंकृत तथा विशुद्ध साहित्यिक बन जाता है।

साक्षात्कार लेने की सफलता इस बात पर निर्भर करती है कि साक्षात् करने वाले व्यक्ति ने, व्यक्ति विशेष से; अनुकूल वातावरण बना कर, मनोविज्ञान का ज्ञान, बात उघाड़ने की कला, सूक्ष्म निरीक्षण शक्ति, वाक्पटुता, मधुर भाषण तथा लेखन क्षमता के संबल से, कितनी कुछ जानकारी प्राप्त की है। विशद जानकारी तभी साक्षात्कार लेखक प्राप्त कर सकता है, जब वह मिलनसारिता, सुसभ्यता, शिष्टाचारपूर्वक सहयोगवृत्ति एवं अहम्शून्यता बनाए रखता है। इससे साक्षात्कार रोचक एवं उपयोगी भी बन जाता है।

हमारे देश में जिज्ञासा, विचाराभिव्यक्ति, शंका-समाधान की प्रवृत्ति आदिकाल से रही है यही कारण है कि साक्षात्कार विधा के तत्त्व प्राचीन साहित्य में भी मिल जाते हैं। ''प्राचीन संस्कृत ग्रंथों में अनेक संवाद मिलते हैं। जिनमें इंटरव्यू के कुछ तत्त्व पाये जाते हैं। नचिकेता संवाद, मरणासन्न रावण से लक्ष्मण के संवाद, युधिष्ठिर-भीष्म-संवाद, कृष्णार्जुन संवाद (गीता), भरत-आत्रेय संवाद, आदि अपने आप में एक प्रकार से इंटरव्यू के रूप में कहे जा सकते हैं।''[1] और इस बात में कोई संदेह नहीं है कि साक्षात्कार की परिपाटी प्राचीन साहित्य में भी रही है और अब साक्षात्कार-विधा को एक नया आयाम मिल रहा है। प्रारंभ में गण्यमान्य व्यक्तित्व को ही साक्षात्कार के लिए उपयुक्त पात्र समझा जाता था। जबकि अब सामान्य गृहस्थ, महिलाएँ, कबाड़ी-भिखारी, तांगेवाले आदि साधारण व्यक्ति भी साक्षात्कार के पात्र समझे जाने लगे हैं और इससे साक्षात्कार की विधा को एक नया मोड़ मिल पाया है।

समाचार संकलन की तो साक्षात्कार एक विशिष्ट विधा बन पाया है। इस दृष्टि से ''इसके दो भाग किये जा सकते हैं। एक, विशिष्ट व्यक्तियों से साक्षात्कार,

1. भाषा त्रैमासिक, रजत जयंती विशेषांक, संपादक जगदीश चतुर्वेदी, पृष्ठ 197, मार्च, जून 1985 (संयुक्तांक)

जो समाचार की दृष्टि से महत्त्वपूर्ण होते हैं तथा आमतौर पर प्रथम पृष्ठ की सामग्री बनते हैं, दूसरे, कम प्रसिद्ध व्यक्तियों या बिल्कुल अनजान व्यक्तियों से भेंटवार्ता सामग्री या किसी अनोखी घटना के कारण समाचार कालमों की शोभा बन जाते हैं। पहली श्रेणी में नेताओं और राजनीतिज्ञों के साक्षात्कार आ सकते हैं और दूसरे वर्ग में ऐसे लोगों की भेंटवार्ता सम्मिलित की जा सकती है, जो अपनी दीर्घ आयु (100 वर्ष या उससे अधिक) के कारण या अधिक बच्चोंवाली स्त्री होने के कारण, या ऐसी किसी अन्य परिस्थिति के कारण एक प्रकार की विशिष्टता प्राप्त कर लेते हैं।''[1] साक्षात्कार की ये विधा न तो सरल है न ही कठिन, किंतु श्रेष्ठ पत्रकार अपनी प्रतिभा कौशल के बल पर रोचक साक्षात्कार लेने में सफलता के भागीदार बनते हैं।

जिस व्यक्ति विशेष से साक्षात्कार किया जाता है उसका चित्र भी साक्षात्कार के साथ अवश्य प्रकाशित किया जाना चाहिए। 'व्यक्ति-विशेष तथा भेंटकर्ता' दोनों के चित्र छप जाने से साक्षात्कार और भी ग्राह्य एवं रोचक बन जाते हैं। साक्षात्कार में जीवंतता का भाव उजागर हो जाता है। रेडियो और दूरदर्शन पर लिए जानेवाले साक्षात्कार में भाषा का प्रयोग इस ढंग से किया जाना चाहिए जिससे दर्शक व श्रोता शब्द सम्मोहन से बराबर जुड़ा रहे। शब्दों के जादू से मन-मस्तिष्क अवश्य प्रभावित होना चाहिए। ''वास्तविक भेंटवार्ता के लिए जितनी तैयारी भेंट देनेवाले को करनी पड़ सकती है उससे कम तैयारी भेंटकर्ता को नहीं करनी होती। यदि आप किसी नेता से साक्षात्कार करने जा रहे हैं, तो पहले आपको उसके हाल के वक्तव्यों आदि पर गहरी दृष्टि डालनी होगी। जिन विषयों पर आपको साक्षात्कार करना है उनका ज्ञान आपको होना आवश्यक है। यदि राजनेता किसी घटना विशेष अथवा यात्रा-विशेष के बाद लौटा हो तो उसके बारे में भी तब तक की प्रकाशित जानकारी का होना बहुत जरूरी होता है। यह बातें समाचार-साक्षात्कार के लिए तो बहुत आवश्यक हैं ही, मानवीय दिलचस्पी के विषयों से संबद्ध अन्य भेंटवार्ता के लिए भी अत्यंत आवश्यक हैं।''[2] भेंटकर्ता को चाहिए कि वह जिस व्यक्ति से साक्षात्कार कर रहा है उससें ऐसे जीवंत प्रश्न करे, जिसे बहुत-सी जानकारी पाठकों को सुलभ हो सके। इससे साक्षात्कार निःसंदेह प्रभावकारी एवं सजीव बन सकता है।

भेंटवार्ता भेंट के दौरान अपनी सृजनधर्मी सोच के बल पर, उपदेशक, शिक्षक और विनम्र मित्र की भूमिका भी निभा सकता है। बातचीत करने की मनोरम शैली के बल पर भेंटकर्ता, व्यक्ति-विशेष की चिंतन शक्ति व विचारधारा को भी बदल सकते हैं। व्यक्ति-विशेष के यदि किसी विषय पर ऐसे विचार हैं जो समाज के

1. हिंदी पत्रकारिता एवं विविध आयाम : संपादक वेद प्रताप वैदिक, पृष्ठ 530
2. वही, पृष्ठ 531

लिए हितकर हो नहीं सकते, उस स्थिति में भेंटकर्ता अपनी विद्वत्ता से व्यक्ति विशेष को प्रभावित कर सकता है। उदाहरण के तौर पर कोई नामी डाकू है या कोई चर्चित आतंकवादी है इस तरह के व्यक्ति से साक्षात्कार करते हुए भेंटकर्ता यदि चतुराई से काम ले तो वह उसकी गलत राह की दिशा को सत्य की ओर मोड़ सकता है और इससे वह देश तथा मानवता का बड़ा भला कर सकता है। इस तरह के साक्षात्कार के क्षणों में आत्मीय वातावरण बनाया जाना अनिवार्य है अन्यथा निकटता के अभाव में भेंटकर्ता की बड़ी क्षति संभव हो सकती है। निकटता एवं आत्मीय संबंध स्थापित कर देने से भेंटकर्ता का कार्य बहुत ही सरल बन जाता है। भेंटकर्ता यह कैसे सुनिश्चित करे कि स्नेहभाव का वातावरण सुखद बना रहे, यह उसकी आसुत-प्रतिभा पर बहुत कुछ निर्भर करता है।

भेंटवार्ता के मध्य न तो कोई बात गलत छापी जानी चाहिए तथा न कोई गलत बात उच्चारित की जानी चाहिए। इसके लिए शब्दों का नपा-तुला प्रयोग अत्यंत आवश्यक है। भेंटकर्ता के लिए 'सत्य और तथ्य' इस दृष्टि से पुनीत संपत्ति है। सत्य और तथ्य यदि सही हैं तो भेंट के दौरान किसी भी तरह की टीका-टिप्पणी सहज में की जा सकती है। भेंटवार्ता के दौरान परिवेश को प्रसन्नदायी बनाया जाना चाहिए। ऐसा श्रद्धाभाव के निश्चय मात्र कराने से संभव हो सकता है। "श्रद्धा द्वारा हम अपने हृदय का परिचय मात्र देते हैं कि उसमें मार्मिकता या धर्माभाव है—सात्विक आचरण या प्रतिभा की कला से प्रसन्न होने की क्षमता है।"[1] भेंटकर्ता को विनम्रभाव तथा अहमूशून्य होकर व्यक्ति विशेष से बात करनी चाहिए। भेंट जिस व्यक्ति से की जा रही हो यदि वह विशिष्ट व्यक्ति है तो उसके प्रति श्रद्धाभाव प्रदर्शित करने के साथ-साथ भक्तिभाव भी दिखाया जाना फलप्रद होता है। पं. रामचंद्र शुक्ल ने चिंतामणि पुस्तक में श्रद्धाभक्ति पाठ के अंतर्गत लिखा है कि "भक्ति में किसी ऐसे सान्निध्य की प्रवृत्ति होती है जिसके द्वारा हमारे महत्त्व के अनुकूल गति का प्रसार और प्रतिकूल गति का संकोच होता है। इस प्रकार का सामीप्य लाभ करके हम अपना पहरा बिठा देते हैं—अपने को ऐसे स्वच्छ आदर्श के सामने कर देते हैं, जिसमें हमारे कर्मों का प्रतिबिम्ब ठीक-ठीक दिखाई पड़ता है। जिसे अपनी वास्तविक क्षुद्रता का परिज्ञान अरुचिकर होगा वह भय से ऐसे महत्त्वादर्श का सामीप्य कभी न चाहेगा, बल्कि दूर-दूर भागा फिरेगा। 'हमी हम' वाले 'तुम भी' नहीं सह सकते, 'तुम्हीं-तुम' की क्या बात है ? भक्ति के लिए दैत्य अर्थात् दूसरे के महत्त्व के साथ अपने लघुत्व की भावना पहली बात है।"[2] इस लघुता से विनम्रता का भाव पोषित होता है और विनम्रता एक ऐसा हथियार है जिससे साक्षात्कार के समर में जूझते हुए विजयश्री ही हासिल होती है।

1. चिंतामणि : पाठ श्रद्धाभक्ति : लेखक पं. रामचंद्र शुक्ल, पृष्ठ 24
2. वही।

साक्षात्कार करने के पश्चात् उसे पाठकों के लिए सुपाठ्य बनाया जाना तथा उसके ज्ञानवर्द्धक विवरण को पाठकों तक पहुँचाना श्रेष्ठ लेखन द्वारा ही संभव हो सकता है। "लिखना भी एक कला है, जिसका सही ढंग से अभ्यास करना ही चाहिए। इस लेखन का उद्देश्य यह होना चाहिए कि आपके पाठक रोचक ढंग से अधिक से अधिक जानकारी प्राप्त करें और साथ ही साथ उनका मनोरंजन भी हो।"[1] साक्षात्कार में स्वांतः सुखाय जैसी बात को प्राथमिकता देना भारी भूल है।

भेंटवार्ता एक सामाजिक संपत्ति है उसको बहुत से पाठक ध्यान से पढ़ते हैं। क्योंकि साक्षात्कार जिस व्यक्ति से लिया गया है, उस व्यक्ति से पाठक या तो प्रेरित होता है या उसके प्रति उनके मन में भी कहीं श्रद्धा या घृणा का भाव रहता है। श्रेष्ठ व्यक्ति के प्रति घृणा का भाव नहीं रहता। घृणा तो दुष्कर्म की प्रवृत्तिवाले व्यक्ति के प्रति ही होती है। ऐसे व्यक्ति के प्रति घृणा के भावों के रहते हुए भी पाठक उसके विचारों से जीवन-दर्शन से अवगत होना चाहता है।

साक्षात्कार में आत्मीयता का वातावरण बन जाने के बाद भेंटवार्ता करनेवाला ऐसी जानकारी बटोर लेता है जो रोचक भले ही हो किंतु समाज के लिए अहितकर होती है। उसे छापा जाना नहीं चाहिए। ऐसी बातों के लिए, व्यक्ति विशेष 'ऑफ द् रिकार्ड' बात का संबोधन अक्सर देता है। 'ऑफ द् रिकार्ड' बातों को छाप देने से विश्वास की क्षति होती है। भेंटकर्ता क्योंकि एक पत्रकार ही होता है और पत्रकार के लिए यह जरूरी है कि वह विश्वास की कदापि हत्या न होने दे। विश्वास को कायम रखने के लिए हर संभव प्रयास किए जाने चाहिए।

व्यक्ति का मन बड़ा दुर्बोध है। वह भीतर, भावों और विचारों की अभिव्यक्ति की अद्भुत छटपटाहट लिए रहता है। कुछ बातें पचा लेता है कुछ पचा नहीं सकता। पर पत्रकारों को बहुत-सी बातें राष्ट्रहित में पचा लेनी चाहिए। इसीलिए पत्रकारों का 'शब्द-पाचन' का हाजमा सदा दुरुस्त रहना चाहिए। इसके अतिरिक्त राजनीतिज्ञों आदि से समाचार-साक्षात्कार करने के अतिरिक्त जब अन्य व्यक्तियों से साक्षात्कार किया जाता है तो बोलचाल के तरीके शिष्टता से परिपूर्ण होने चाहिए।

साक्षात्कार के क्षणों में समय के महत्त्व को, विशेष अधिकार दिए जाने की आवश्यकता है। अति विशिष्ट व्यक्तियों के पास समय की सीमा रहती है। समय सीमा को ध्यान में रखते हुए साक्षात्कार को सारगर्भित, रोचक और अर्थप्रद बनाया जाना चाहिए ताकि समय का सदुपयोग सुनिश्चित किया जा सके। साक्षात्कार पठनीय, प्रभावपूर्ण एवं रोचक तभी बन सकता है जब भेंटकर्ता और वह व्यक्ति जिससे साक्षात्कार किया जा रहा है, दोनों अपने दायित्व का वहन गंभीरता के साथ कर रहे हों। साक्षात्कार की सफलवार्ता, अंततः भेंटकर्ता पर निर्भर करती है कि

1. हिंदी पत्रकारिता एवं विविध आयाम : सं. वेदप्रताप वैदिक, पृष्ठ **534**

वह किस तरह अपने प्रतिभा कौशल से साक्षात्कार को पठनीय एवं हृदयग्राही बनाता है तभी साक्षात्कार अधिक चमत्कारपूर्ण एवं सम्मोहक सिद्ध होता है।

विकासात्मक पत्रकारिता

किसी भी योजना की प्रक्रिया से विकास की राह बनती है। मानव, इस सृष्टि में विधाता की अद्भुत रचना है। जगत् में अन्य प्राणी मानव की भाँति सक्रिय नहीं है। मानव ही इस संसार में एक सामर्थ्यवान् प्राणी है, जिसने अपने आपको सभ्यता और शिक्षित परिवेश में लाने का भरसक प्रयत्न किया है। अज्ञान के अँधेरे से मनुष्य ने जबरदस्त टक्कर ली है। वह सृष्टि के रहस्यों को उघाड़ना चाहता है। वह आकाश की ऊँचाइयों को छूना चाहता है। सृष्टि में जो भी पदार्थ हैं उन्हें वह पाना चाहता है। पाने की इस लालसा ने ही मानव जगत् को प्रगतिशील बनाया है। कभी मनुष्य आदिम प्राणी था जो गुफाओं और कंदराओं में रहता था। आज उसके जीवन-यापन में भारी अंतर आ गया है। मनुष्य ने जो कुछ प्राप्त किया है वह उसके सतत परिश्रम से की गई साधना के फलस्वरूप हुआ है। परिश्रम की इस साधना से ही विकास की धाराएँ प्रवहमान हुई हैं।

पूरा विश्व, प्रगति की इन उपलब्धियों को अर्जित करने के लिए विविध देशों या राष्ट्रों का रूप धारण किये हुए है। राष्ट्र, व्यक्तियों का एक समूह है जिसे उसकी शासन-व्यवस्था नियंत्रित करती है। भारतदेश में लोकतंत्र की शासन-प्रणाली है और इस शासन-प्रणाली के तहत भारत का प्रत्येक व्यक्ति अपना जीवनयापन करता है। प्रत्येक व्यक्ति के अपने जीवन मूल्य हैं और इन मूल्यों के अधीन व्यक्ति राष्ट्र के उत्थान के प्रति प्रतिबद्ध है।

भारत में पंचवर्षीय योजनाओं के प्रारंभ का अर्थ है इस देश का पूर्ण सामाजिक, आर्थिक एवं सांस्कृतिक विकास। इन पंचवर्षीय योजनाओं के सफल कार्यान्वयन के दृष्टिगत सामाजिक, आर्थिक एवं सांस्कृतिक मोर्चों पर विकासात्मक गतिविधियों को बढ़ावा मिला है। और इन गतिविधियों का सूत्रधार है व्यक्ति, इस देश का नागरिक। जिसकी कार्य प्रणाली अपने रुचिगत दायित्वों से संचालित है। कोई अध्यापक है, कोई इंजीनियर, कोई डॉक्टर, कोई वैज्ञानिक तो कोई कृषक है या कोई साधारण कर्मचारी। जिस भी कर्म से जो व्यक्ति जुड़ा है, उस कर्म में संलग्न एवं तल्लीन रह कर ही उसका योगदान राष्ट्र के विकास का हेतु बनता है। कहीं हम कृषि में चमत्कार देख रहे हैं, कहीं हमारी सैन्यशक्ति की प्रभुता विकसित हुई है, कहीं प्रयोगशाला में नित नये प्रयोग हो रहे हैं जो कुछ अद्भुत सफलताएँ हम अर्जित कर रहे हैं, वे समस्त उपलब्धियाँ हमारे विकास की

परिचायक हैं।

अर्जित उपलब्धियों के सहारे हमने जाना कि जो कुछ प्रयास हमने किये हैं उन्हीं प्रयासों से हमारे भविष्य का अंकुर फूटता है। और फूटा हुआ यह अंकुर परिश्रम के अवलंबन पर ही पोषित होता है और भविष्य में सुखद परिणाम का हेतु बनता है।

वर्तमान, भविष्य और भूतकाल यह हमारे जीवन की गोचर शक्तियाँ हैं। जो कुछ बीत जाता है, वह भूतकाल का हिस्सा बन जाता है और जो कुछ हम वर्तमान समय में करते हैं, जिस भी कर्म को गति देते हैं वह हमारे वर्तमान जीवन को तो सुखद अथवा दुःखद बनाता ही है अपितु भविष्य की तस्वीर में भी यही वर्तमान रंग भरता है। विकास की प्रक्रिया इसी पर निर्भर करती है और जब कर्म हमारे लिए पूजा का पर्याय बन जाता है तब हमारा आध्यात्मिक, आत्मिक यहाँ तक कि भौतिक सभी तरह का उत्थान सुनिश्चित हो जाता है। जीवन के संस्कार अच्छे अथवा बुरे सभी कर्म से पोषित होते हैं। व्यक्ति की शक्ति और राष्ट्र की शक्ति कर्म से बनती है, यही सीख विकासात्मक पत्रकारिता का मूल कथ्य है।

वे पत्रकार जो विकासात्मक पत्रकारिता से जुड़ कर, अपनी जड़ लेखनी से, जड़ कागज पर शब्द-संपदा की जो पंक्तियाँ गूँथ रहे होते हैं वे पंक्तियाँ यही तो ध्वनित करती हैं कि हमारे वर्तमान प्रयासों से ही भविष्य का अंकुर फूटता है। तभी शायद तुलसीदास ने भी अपनी कवि कलम से यह लिख डाला कि :

सकल पदारथ है जग माहीं।
कर्महीन नर पावत नाहीं।।

व्यक्ति जो कुछ पाता है, अथवा गँवाता है, वह उसकी सफलता अथवा असफलता का हेतु बनती है। विकासात्मक पत्रकारिता सफलता की बहती नदी है, जो निरंतर बहती रहती है, जिसका कोई अंत नहीं, न जाने कब वह समय आयेगा जब वह अपने लक्ष्य के महासागर में विलीन हो जाएगी।

विकासात्मक पत्रकारिता का लक्ष्य प्राणी मात्र को समझाना है कि विकास दान की वस्तु नहीं है। दान अथवा दया से किसी की भी तात्कालिक इच्छा तो पूरी हो सकती है, किंतु उसका विकास नहीं हो पाता। अतः सार्वभौमिक उन्नति के लिए आवश्यक है कर्म से जुड़ना। कर्म जो परिश्रम का पर्याय है और उसी के बल पर विकास के परिणाम दृष्टिगोचर होने लगते हैं। इसीलिए हमें मानना होगा कि विकासात्मक पत्रकारिता व्यक्तिनिष्ठ कर्म है। समाज में हो रहे उतार-चढ़ावों के प्रति विकासात्मक पत्रकारिता की दृष्टि व ज्ञान संवेदना ही हमें शिक्षित करती है। तभी परिश्रम के बल पर इस अवधारणा को संबल मिलता है कि भविष्य हमारे हाथ में है। भविष्य की चिंता से ग्रसित प्राणी कई बार डगमगा जाता है। उसका जीवन-यापन

सहज नहीं रहता, भविष्य की देहरी पर कदम धरते हुए हमारी काया में जो परिवर्तन आता रहता है उससे हमारे भीतर एक कर्महीनता का कुसंस्कार पैदा होता है और हम भावी जीवन जीने की भयावह शंका के कुएँ में डूबते, उतरते रहते हैं। किंतु जब जीवन के क्रिया-कलाप शांत भाव से व संतुलित ढंग से चलते रहते हैं तो जीवन दूभर नहीं, सहज हो जाता है। कर्म की राह पर चलते हुए व्यक्ति को बालपन की किलकारी, यौवन की मस्ती व बुढ़ापे की निष्क्रियता के पड़ाव पर तो ठहरना ही है और इन क्रमगत पड़ाव के रंग-ढंग भी देखने ही हैं। सृष्टि के क्रम में भोर की चिलकोर किरणों के साये में व्यक्ति को चलना ही पड़ेगा और रात के अंधियारे आगोश में बेखबर भी रहना ही होगा। पर कर्म से नाता तो हमेशा जोड़ना ही होगा तभी व्यक्ति, समाज, राष्ट्र व मानवता के प्रति दायित्व निभा सकता है।

विकास का ढाँचा कैसे होगा, आर्थिक रीढ़ कैसे सुदृढ़ होगी, परिवर्तन व आधुनिकीकरण के आयाम कैसे सुदृढ़ होंगे इसके संदर्भ में विकास पत्रकारिता हमें शिक्षित करती है। विकास की राह प्रगतिगामी व ऊर्ध्वगामी होती है। अवरोहण अथवा अवतरण विकास की प्रकृति नहीं होती है। विकास की आराधना करनी होती है तभी गगनचुंबी अट्टालिकाओं का निर्माण होता है, साँप के समान लिपटी लंबी-चौड़ी सड़कें, हमारी राहें बनती हैं। विकास हमें हवाई किले बनाने के लिए नहीं अपितु कर्म की धरती पर चलने की सीख देता है। और हम जान पाते हैं कि एक-एक दाने का संयोजन करनेवाली चींटी सौ योजन पार कर जाती है। जबकि हवाई किले बनानेवाला गरुड़ एक योजन भी पार नहीं कर पाता। विकास की इतिहास-शिला पर खड़े होकर किसी कृष्ण ने, भले ही वह सृष्टि नियंता ही क्यों न हो, अर्जुन को यही शिक्षा दी कि "कर्म ही तुम्हारा कर्तव्य है।" कर्तव्य के बल पर ही जय और पराजय के सेतु बनते हैं। भाखड़ा-बाँध जैसी परियोजना को पंडित नेहरू ने आधुनिक भारत का मंदिर इसीलिए कहा क्योंकि वे जानते थे कि ये मंदिर हमारी विकास की आराधना के फलस्वरूप अस्तित्व में आये हैं।

विकास के लिए हम नई-नई तकनीकें अपनाते हैं, नई-नई तकनीकें अपना कर स्वयं लाभान्वित होते हैं तथा समाज, राष्ट्र तथा विश्व को भी लाभान्वित करते हैं। लाभान्वित करनेवाली इन हस्तियों को प्रकाश में लाना ही विकास पत्रकारिता का अहम कार्य है। विकास पत्रकारिता हमें सिखाती है कि घटनाएँ तत्काल न घटकर, दूरगामी परिणाम पर आधारित होती हैं। विकास पत्रकारिता से जुड़े पत्रकार स्वभाव से खोजी तथा अन्वेषण प्रतिभा से संपन्न होते हैं। अतः सनसनीखेज पत्रकारिता को बढ़ावा देना विकासात्मक-पत्रकारिता का हिस्सा नहीं है।

विकासात्मक पत्रकारिता का मूल लक्ष्य वर्गों तथा क्षेत्रों के बीच भावनात्मक एकता को बढ़ावा देना है। और तकनीकी आधारभूत ढाँचे का निर्माण कैसे होता है ? समाज के आधुनिकीकरण की दिशाएँ कैसे प्रशस्त होती हैं, रूढ़ियों के त्याग

की प्रेरणा कैसे प्राप्त की जाती है, स्वावलंबन कैसे प्राप्त होता है, इसका दिशा-निर्देश करना ही विकास पत्रकारिता का लक्ष्य होता है।

लोगों के जीवन-स्तर को देखकर ही वास्तविक प्रगति का अनुमान लगाया जा सकता है। जब व्यक्ति गरीबी की रेखा की चट्टान के नीचे दबा हुआ, कराहता हुआ सुनाई देता, तन-वसन के अभाव में आदमी जब पुनः आदिम मनुष्य बन जाता है, तब यह अंदाज सहज में लगाया जा सकता है कि विकास से मनुष्य का जीवन स्तर बेहतर नहीं हुआ है। जबकि यह बेहतर जीवन जीने के लिए आवश्यक है। और विकासात्मक पत्रकारिता का अभिन्न हिस्सा भी है।

विकास का नियोजन व विकासात्मक गतिविधियों को प्रकाश में लाना साथ-साथ संभव हो सकता है। क्योंकि विकासात्मक पत्रकारिता अपनी प्रकृति से सनसनीखेज नहीं है। एक समय था जब भारत देश, जहाज नहीं बनाता था और अब भारत विभिन्न प्रकार के जहाज बनाता है और अब यह कार्य हमारे उद्योग का एक अटूट हिस्सा है। जबकि प्रारंभ में यह एक सनसनीखेज बात थी। एक समय, आकाश पर उड़ान भरना असंभव रहा होगा, जैसे चंद्रलोक पर पाँव धरना। ऐसी कल्पनाएँ, कपोल-कल्पित रही होंगी। किंतु जब दो रूसी साथियों के साथ राकेश शर्मा चंद्रलोक पर रह आया तो विकास की नई राहें तो प्रशस्त हुईं ही साथ में कुछ अज्ञेय रहस्यों पर से भी पर्दा उठाने में मदद मिली। तब समस्त विश्व की समाचार पत्र-पत्रिकाओं में, ये विकासात्मक उपलब्धियाँ, हमारे गौरव एवं गर्व का हिस्सा बनीं।

विकासात्मक पत्रकारिता के अंतर्गत मात्र सामाजिक एवं आर्थिक विकास की ही चर्चा नहीं होती, औषध-विज्ञान, उद्योग तथा तकनीकी विषय भी इस विधा के अभिन्न अंग हैं। हृदय-सर्जरी की आधुनिक तकनीक भी विकास पत्रकारिता के ही सुखद विषय हैं।

प्रश्न उठता है कि क्या विकास पत्रकारिता सदैव सकारात्मक ही रहेगी। इसका उत्तर निश्चित रूप से यही होगा कि पत्रकार का दायित्व प्रशासन की कमियों को प्रकाश में लाना भी है ताकि उन कमियों का निवारण कर, स्वस्थ एवं सृजनात्मक कार्यों को गति मिले। गार्डयन मानचेस्टर के ज्येष्ठ एवं श्रेष्ठ संपादक सर सी. पी. स्टाक ने तभी कहा है कि "तथ्य सदैव पवित्र होता है, जबकि कोई बात कहना निरपेक्ष हो सकती है।" (कामेंट इज फ्री, बट फैक्ट इज सेक्रेड)

विकास की इस प्रतिगामी, प्रगतिशील प्रक्रिया में बहुत कुछ ज्ञात है, कुछ अज्ञात भी है और कुछ अज्ञेय भी है। अतः वास्तविक समाचार वह नहीं है जो प्राप्त करने की ही सूचना दे, वास्तविक समाचार तो वह सूचना भी होगी, जिसे हमने अभी तक प्राप्त नहीं किया है।

विकास पत्रकारिता विचार केंद्रित न होकर, व्यक्ति केंद्रित होनी चाहिए तभी

इतिहास में कोई कृष्ण-सा योगीराज, कर्ण, भीम, अर्जुन, अभिमन्यु, भीष्म, द्रोणाचार्य, कृपाचार्य-सा वीर, जगदीश चंद्र बसु, न्यूटन, खुराना जैसे महान् वैज्ञानिक, पं. जवाहर लाल नेहरू, राधाकृष्ण से कर्णधार, जयशंकर प्रसाद, टैगोर और व्यास से कवि-मनीषी प्रकाश में आ सकेंगे। भ्रामक सूचनाएँ विकासात्मक पत्रकारिता की सुर्खियाँ नहीं बननी चाहिए। रिपोर्टिंग के अंतर्गत, ''ऐसा विश्वास किया जाता है'' ''ऐसा कहा गया है'' जैसी कल्पनाप्रधान पंक्तियों को स्थान दिया जाना ठीक नहीं हो सकता। विकास पत्रकारिता सच्चाई व तथ्यों पर आधारित होनी चाहिए। क्योंकि विकास का गुलाब कर्म की हरी डाली पर ही इठला सकता है। तभी उसकी लालिमा का रंग भला लगता है। इसीलिए विकास पत्रकारिता की विषय वस्तु अर्थप्रद होनी चाहिए। महान् पुरुषों के संदेश, क्रिया-कलाप चाहे वे जिस क्षेत्र में रहे हों, उन्हें विकास पत्रकारिता की प्राण वायु बनाया जाना चाहिए। उन संदेशों व कर्मगत ऊँचाइयों की पृष्ठभूमि, विकास पत्रकारिता की ही प्राण वायु है। भ्रामक सत्य को कभी अधिमान नहीं दिया जाना चाहिए। आंकड़ों व तथ्यों को सावधानी के साथ स्पष्ट किया जाना चाहिए। आलोचना जो सृजनात्मक है, गुणवत्ता जो ग्राह्य है, उसे प्रकाश में लाने के लिए उदारता की जरूरत होनी चाहिए। विकास के कई आधारभूत तथ्य हैं जो सकारात्मक, नकारात्मक, सामाजिक, आर्थिक, सांस्कृतिक, राजनैतिक, आध्यात्मिक व आर्य-परंपरा से जुड़े हो सकते हैं। इनके परिणाम भी दूरगामी होते हैं। इन तथ्यों पर विशद विवेचना एवं धैर्यमय चिंतन का सहारा लेना पड़ता है।

विकास पत्रकारिता का मूल लक्ष्य बुराई के अंधेरे के बीच प्रकाश की किरण बनना है। जो किरण समस्त संसार के अंधेरे के सामने प्रबल होती है। किंतु हमें भूलना नहीं चाहिए कि उस किरण का अस्तित्व भी अंधेरे से ही है। और किरण की उपलब्धि भी अंधेरे से टक्कर लेने में ही है। अतः विकास पत्रकारिता की मूल विषय वस्तु भी भ्रष्टाचार को उघाड़ना है। विकास-व्यय की योजनाओं के कार्यान्वयन के साथ-साथ ही भ्रष्टाचार के कदम भी बढ़ते हैं। किंतु लोगों की बेहतरी को नजरअंदाज नहीं होने दिया जाना चाहिए। भ्रष्टाचार के मामले तभी प्रकाश में आते हैं जब हमें इसका भलीभाँति एहसास होता है, कि पैसा और धन ही भ्रष्टाचार का जनक है। आज के समाज में तो मूल्य भी पैसे से तथा राजनीति से बन रहे हैं यह तो विकास के चोली-दामन बन गये हैं। कितु लोगों का सही जागरण हो, यह देखना विकास पत्रकारिता की पहली शर्त है।

जहाँ जन-जीवन पलता है उसके क्या संसाधन हैं ? वहाँ क्या-क्या सुविधाएँ उपलब्ध हैं, इनके उत्तर पत्रकारिता के माध्यम से अर्थप्रद हो सकते हैं घटनाप्रद क्रम की समस्त जानकारी, नवीनता, बहुसंख्यकों की अधिकतर रुचि, उत्तेजक सूचना, परिवर्तन की सूचना के समाचार ही विकासात्मक पत्रकारिता की सुर्खियाँ बन सकती

हैं। विकासात्मक पत्रकारिता से जुड़ी लेखनी आडंबर का पक्षधर नहीं बन सकती, वह व्यक्ति के उन मुखौटों को उतारती है जिन्हें जीते हुए वह समाज के साथ छल करता है। किंतु जो सच्चाई के दामन से जुड़ा है, काम को आनंद प्राप्ति के लिए करता है, वह अपने कार्य को बिना किसी प्रदर्शन, सादगी और स्वाभाविकता के साथ करता है। धरती से, आकाश के तारों से जुड़ाव, उसका ही हो सकता है जो कर्म पथ पर जिज्ञासु है और यह जिज्ञासा ही पत्रकारिता विशेषतया विकास-पत्रकारिता की सहचरी है।

अधिकांश लोग स्वतंत्र, निष्पक्ष समाचारों को ही अधिमान देते हैं। उनकी चाहना होती है कि बगैर किसी रंग में रंगे समाचार उन्हें प्राप्त हों, घटनाओं का वस्तुनिष्ठ वर्णन हो, केवल राजनीतिक समाचार नहीं, अपितु जीवन के विभिन्न अंगों को स्पर्श करनेवाली आर्थिक, सामाजिक, सांस्कृतिक गतिविधियों का सहज निरूपण भी खबरों में होना चाहिए तभी कोई भी समाचार पत्र-पत्रिका अथवा समाचार-प्रेषण का कोई भी माध्यम विश्वास का पात्र बन सकता है।

पत्रकारिता की अपनी एक विशिष्ट शैली होती है यह शैली, हर पत्रकारिता जैसे खेल, वाणिज्य, अनुसंधान, विज्ञान आदि विषयों में अलग रूप से प्रतिध्वनित होती है। विकास पत्रकारिता की भी अपनी एक विशिष्ट शैली है। जिसके साँचे में विकास की तस्वीर बनती अथवा बिगड़ती है। जो तस्वीर बनती है वह इस विधा की आत्मा है। राजस्थान में इंदिरा नहर के प्रवाहमान होने की बात जब पत्रकारिता जगत् के माध्यम से जानी गई तो इससे न केवल राजस्थान क्षेत्र के लाभान्वित लोगों को प्रसन्नता का आभास हुआ, अपितु पूरे देश के लिए यह प्रसन्नता का समाचार था। तपती व रेतीली मरुभूमि पर इंदिरा नहर राजस्थान के जन-जीवन के लिए एक वरदान थी उस हरीतिमा को सुनिश्चित करने के लिए जिससे जीवन भी हरा-भरा हो सकता है। विकास पत्रकारिता की सूचनात्मक पद्धति से हमने जान लिया कि परिश्रम सफलता की कुंजी है, परिश्रम के बल पर असंभव को भी संभव बनाया जा सकता है। यह ठोस सत्य, आज रेडियो, टी.वी., समाचार-पत्रों के माध्यम से भली भाँति प्रचारित हो रहा है और इससे मानव जीवन के इतिहास में अद्भुत क्रांति का सूत्रपात हुआ है। इस क्रांति के मूल में श्रम की ही वह सच्चाई है जो विकास पत्रकारिता की भी जननी है। "जीने के लिए चेष्टा-प्राणी के विकास में बहुत सहायक सिद्ध हुई है। चेष्टा स्वयं एक श्रम है, इसीलिए हम कह सकते हैं कि श्रम ने मानव के विकास को संपादित किया है, यद्यपि इसका अर्थ यह नहीं है कि प्रकृति की सहायता के बिना यह काम हो सका।"[1] श्रम शक्ति के विकास के साथ ही मानव का प्रभुत्व प्रकृति पर संभव हो पाया और हमारा प्रगति का पथ प्रशस्त हो पाया। निरंतर श्रम करते रहने की भावना ने नये-नये प्रयोगों का

1. ले. राहुल सांकृत्यायन : मानव समाज का विकास, पृष्ठ 1

पता लगाया और इससे समाज को सहयोग और प्रयोग अनिवार्य बात बन गई। श्रमशक्ति ने मानव समाज को अनेक लाभ दिये और उन लाभों को स्वीकार, वह आगे प्रयत्नशील हुआ। विकास पत्रकारिता के माध्यम से विकसित समाज की जो तस्वीर हमारे सामने उभरती है वह समाज को साधन संपन्न बनाने की बलबती इच्छा का ही तो प्रतिफलन है। श्रम को साकार किया मानव के मस्तिंष्क ने। विकास के समस्त चमत्कार व क्रिया-कलाप मनुष्य के मस्तिष्क के ही परिचायक हैं। और परिचायक हैं उस सत्य के जो हमें बल देता है कि आज का काम कल पर टालना बुद्धिमानी नहीं है।

विकास पत्रकारिता का लक्ष्य है प्रगति के सत्य को उजागर करना और गरीबी के अभिशाप से मुक्ति दिलानेवाले कार्यक्रमों के बारे में विस्तृत जानकारी देना। राष्ट्रपिता महात्मा गांधी ने स्वतंत्र भारत में हर गरीब की आँख से आँसू पोंछने का एक सपना संजोया था और इस स्वप्न को साकार करने के लिए उन्होंने अंत्योदय अर्थात् गरीबी की पंक्ति के अंत में खड़े व्यक्ति की सामाजिक व आर्थिक उत्थान में सर्वप्रथम सहायता की। परंतु आजादी आई, पर धरती पर नहीं उतरी। उस झोंपड़ी तक नहीं पहुँची जिसमें बिलखते परिवार की भूख, बेकारी और बीमारी से आजाद कराना, आजादी का पहला उद्देश्य होना चाहिए था।

"निर्धनता किसी की भी नियति नहीं होती। भगवान किसी को गरीब पैदा नहीं करता। यह तो दोषपूर्ण सामाजिक व्यवस्था तथा सामाजिक न्याय का अभाव है। जो आर्थिक विषमता और गरीबी के कारण बनता है। स्वाधीनता के बाद हमारे देश में बहुत विकास हुआ है इसमें संदेह नहीं किंतु सामाजिक न्याय नहीं हुआ। गरीबी नारों से दूर नहीं हो सकती। उसके लिए आवश्यकता होती है दृढ़ संकल्प की, लगन और समर्पण की, राजनैतिक इच्छा शक्ति की।"[1] हिमाचल प्रदेश सरकार ने समान विकास को सुनिश्चित करने के लिए अंत्योदय कार्यक्रम शुरू किया और इस कार्यक्रम को अमलीजामा पहनाने के लिए सरकार ने संकल्प लिया कि हिमाचल निवासियों की आँख का अंतिम आँसू जब तक सूख नहीं जाता और इस प्रदेश के गरीब और दलित लोगों की आह जब तक उल्लास में नहीं बदल जाती तब तक सरकार कार्य करती रहेगी। सरकार के इस संकल्प को साकार होने में कहाँ तक सफलता मिली, गरीब का कहाँ तक उद्धार हुआ यह जानने के लिए कुल्लू जिले के कुछ लाभान्वितों से साक्षात्कार किया गया और उन पर विकासात्मक कहानी बनाई। यह कहानियाँ विकास पत्रकारिता की जीवंत उदाहरण हैं। और आदमी खुद अपना उद्धार करना चाहता है तथा सरकार भी कहीं न कहीं आम आदमी के उद्धार के लिए आगे आई है। इससे जो परिणाम सामने आये हैं वे विकास की अद्‌भुत

1. अंत्योदय गरीबी से मुक्ति का संकल्प पुस्तिका जो निदेशक लोक संपर्क विभाग द्वारा वर्ष 1991-92 में प्रकाशित की गई है।

कहानियाँ हैं। जिनमें मानवीय दुःख, पीड़ा, हर्ष और उल्लास मुखर हुआ है। अंत्योदय कार्यक्रम से संबंधित छः कहानियाँ क्रम बार प्रस्तुत हैं।

सही तर्ज पर सही स्वर

"जब तमाम सहारे जवाब दे देते हैं और विपदा के बादल जीवन को पूरी तरह घेरे रहते हैं, ऐसी हालत में सगे-संबंधी भी साथ छोड़ जाते हैं और ईश्वरीय-विश्वास से भी नाता टूट जाता है।" ये शब्द किसी दार्शनिक के नहीं अपितु कुल्लू जिले के आनी विकास खंड के लूहरी कस्बे जिसे कुल्लू जिले का आदि कोना कहा जाता है, में रह रहे 50 वर्षीय सागुराम के हैं। जिसका चयन अंत्योदय कार्यक्रम के अधीन किया गया है अंत्योदय कार्ड नं. है 437।

जाति से हरिजन और स्वभाव से खुद्दार, सागुराम का किरदार बहुत ऊँचा है। परिवार में एक 7 वर्षीय सीता और 6 वर्षीय रींकू। दोनों बच्चियाँ लूहरी के प्राइमरी स्कूल में पढ़ती हैं, माता का साया सिर से उठ जाने के कारण, माँ के स्नेह-स्पर्श से दोनों बेखबर हैं। पिता ही उनके लिए माता का भी प्यार दे रहे हैं।

लूहरी में सागुराम एक आदमी के बैठने भर की जगहवाले एक तंग खोके में जूतों की मरम्मत का काम करता है यदि किसी ने नये जूते बनाने की पेशकश की तो वह नये जूते भी तैयार कर देता है। मेहनत उसके जीवन की प्राणवायु है। भीख मांगना या किसी की दया का पात्र बनना उसे स्वीकार्य नहीं है।

सागुराम अपनी दोनों बेटियों को बेहतर शिक्षा उपलब्ध करवाना चाहता है ताकि उनका भविष्य स्वावलंबी बन सके। समाज में किसी प्रकार के शोषण का शिकार होने से बच सके। पत्नी की मृत्यु के बाद उसके भविष्य की एक मात्र आशा उसकी दो बेटियाँ हैं और पुनर्विवाह को वह अपनी समस्या का समाधान नहीं मानता। सागुराम अपनी पत्नी को बेहद प्यार करता था अब उसकी मौत के बाद अपने उस प्यार, जिसमें भले ही उसकी पत्नी का शरीर गैरहाजिर है, को वह कलंकित नहीं करना चाहता।

रोजी-रोटी कमाने के लिए उसे काफी संघर्ष करना पड़ता है। अंत्योदय कार्यक्रम के अंतर्गत मिलनेवाले सस्ते राशन से उसकी मुश्किलें काफी आसान हुई हैं। और प्रति माह उसे सस्ता राशन नियमित रूप से उपलब्ध हो रहा है। उसकी पारिवारिक स्थिति को ध्यान में रखते हुए उसे जरसी गाय दी जा रही थी किंतु उसने लेने से इंकार कर दिया क्योंकि गाय की पालना करना उसके लिए मुश्किल काम था। अंत्योदय कार्यक्रम के अधीन उसके बच्चों को छात्रवृत्ति मिलने से भी प्रसन्नता हुई है। जिसके बल पर दोनों बेटियों को शिक्षित करने हेतु उसके संकल्प को मजबूती मिली है।

सागुराम के पास न तो जमीन है, न ही मकान। इन बुनियादी आवश्यकताओं

का अभाव उसकी चिंता का प्रमुख कारण है। उसे यह चिंता भी है कि उसके मरने के बाद उसकी बेटियों का भविष्य अवश्य प्रभावित होगा क्योंकि सागुराम के सिवा इस संसार में दोनों बेटियों का कोई नहीं है। इसीलिए वह दोनों बेटियों को इस योग्य बनाने का स्वप्न पाले है जिससे दोनों बेटियाँ समाज में सम्मानपूर्वक जी सकें।

सागुराम का कहना है कि भूख से लड़ने के लिए उसे अपना हुलिया बिगाड़ना पड़ता है तथा कमर तोड़ मेहनत करनी पड़ती है तब कहीं दो समय की रोटी का जुगाड़ होता है। ऐसे समय में सरकार से थोड़ी राहत भी मिल जाए तो वह बड़ी सुखकर होती है उसका मानना है कि गरीबों के उद्धार के लिए पहले भी कई राग अलापे गये हैं किंतु अंत्योदय कार्यक्रम सही तर्ज पर सही स्वर है, जिससे गरीबों को बेहद सांत्वना मिलने की आशा है।

जाति रहित समाज का दिशा-सूचक है अंत्योदय कार्यक्रम

कुल्लू जिले के बाहरी सिराज के आनी उपमंडल में एक गाँव है रिवाड़ी। इस गाँव में 65 के लगभग ब्राह्मण परिवार हैं। इसी गाँव में रहता है एक 23 वर्षीय युवक चंदन लाल शर्मा। साधारण-सा दिखनेवाला यह युवक संघर्षों के हाथों की कठपुतली नहीं है। कर्तव्य-निष्ठा और विरासत में मिले संस्कारों के संगुफन में युवक की अभावों में पली जिंदगी की राम कहानी प्रेरक भी है और संवेदना से ओत-प्रोत भी। इसी युवक का अंत्योदय कार्यक्रम के अंतर्गत चयन किया गया है। अंत्योदय कार्ड नं. है 20।

चंदनलाल को कभी भी पिता का दर्शन प्राप्त नहीं हुआ है। पिता का साया तो सिर से उस समय उठ गया था, जब चंदन लाल मात्र एक वर्ष का था। पिता का प्यार कैसा होता है वह नहीं जानता। अशिक्षित माँ ने जैसे-तैसे करके चंदन लाल और उसके अन्य दो भाइयों को पाला, पर एक अशिक्षित माँ के पास पैसा था भी क्या, जो कि बच्चों को दे पाती। पर माँ बच्चों को राख की ढेरी पर भी पाल लेती है, इस लोक कहावत को चंदन की माँ ने चरितार्थ कर दिखाया है।

चंदन की माँ स्वयं भी भरे यौवन में विधवा हो गई थी। उसे केवल माँ कहलाने का रुतबा तो मिल गया किंतु उसके पति ने नियतिवश उसकी शेष जिंदगी को दुःखों की सेज के अर्पण कर दिया था।

कुल्लू जिले के बंजार में, चंदन के पिता राजस्व विभाग में कर्मचारी थे। वह 2 जून 1963 को पदभार से मुक्त हुए थे और फरवरी 1968 में उनका निधन हो गया था। आज तक चंदन के पिता की मृत्यु के बाद इस परिवार को कोई सरकारी सहायता प्राप्त नहीं हुई है। न ही चंदन की विधवा माता को पेंशन मिली है। यहाँ तक कि पिता द्वारा जमा किया विभागीय पैसा भी परिवार को अभी तक

नहीं मिल पाया है।

चंदनलाल शर्मा के सहोदर नीलचंद आयु 26 वर्ष और तरसेम आयु 22 वर्ष दोनों भाई चंदन के साथ रहते हैं। और साथ रहती है उनकी 60 वर्षीय बूढ़ी माँ। जिसे संघर्षों की आँधी ने पहले ही अशक्त एवं जर्जर कर दिया है।

भाई तरसेम मैट्रिक पास है, बड़ा भाई नवीं पास है। तीनों भाई बेकार हैं। बड़े भाई नीलचंद की शादी कर दी गई है और परिवार में उसकी पत्नी तथा उसके दो बच्चे भी हैं। यह परिवार मेहनत-मजदूरी करके जीवन-यापन कर रहा है। परिवार के पास मात्र तीन बीघा जमीन है। सीढ़ी-नुमा जैसी जमीन से परिवार का भरण-पोषण करना असंभव है।

गरीबी के कुहासे में भटकते चंदन लाल को सरकार के अंत्योदय कार्यक्रम ने रोशनी दिखाई है और इस कार्यक्रम के अधीन चयन हो जाने पर उसका विश्वास प्रबल हो उठा है। चंदन ने मैट्रिक परीक्षा तो प्रथम श्रेणी में पास की है और उसने प्रभाकर परीक्षा भी पास कर ली है और अब उसे बी.ए. अंतिम वर्ष की परीक्षा में बैठना है। वह लक्ष्य सिद्धि का मानी है और पी-एच.डी. करने का इच्छुक है। फिलहाल उसने जे.बी.टी. प्रशिक्षण तथा स्वयंसेवी अध्यापक हेतु आवेदन पत्र दिये हैं। उसे विश्वास है कि अंत्योदय परिवार से संबंध होने के कारण उसे चयन प्रक्रिया में प्राथमिकता मिल सकेगी। वह अपने भविष्य को संवारने के लिए निरंतर प्रयत्नशील है। साहित्य में भी उसकी रुचि बढ़ी है। उसके भीतर छिपी संभावनाएँ उसकी प्रेरणा बन रही हैं। वह किसी शायर की इन पंक्तियों से बेहद प्रभावित है कि :

"शाही है तू परवाज है काम तेरा।
तेरे सामने आसमां और भी हैं।।"

चंदन लाल खुद को बुलंद करना चाहता है। सफलता मिले या नहीं पर उसका ध्येय ऊँचा है। उसने रोजगार न मिलने पर, अपने गाँव से 10 किलोमीटर दूर तांदी नामक गाँव में एक साथी की सहायता से कुछ बच्चों को ट्यूशन पढ़ाने का काम शुरू किया है। इससे वह प्रतिमाह 300 रुपये कमा रहा है। ट्यूशन कार्य पूरा करने के लिए वह इतनी दूर किसी प्रकार की आशा लेकर नहीं जाता। पर इस कार्य से अर्जित हो रहे अध्यापन अनुभव से उसे नई आशा का अधिकार मिल रहा है। और वह एक आदर्श अध्यापक की भूमिका का वहन कर रहा है। अंत्योदय कार्यक्रम के अंतर्गत मिलनेवाले राशन से उसने परिवार को राहत पहुँचायी है।

वह इस गरीबी उन्मूलन के कार्यक्रम को जाति रहित समाज का दिशा-सूचक मानता है। उसका विश्वास है कि अंत्योदय कार्यक्रम से मिलनेवाले लाभों को, यदि सरकारी अधिकारी ईमानदारी के साथ गरीबों तक पहुँचायेंगे तो

इससे गरीबों का काया-कल्प संभव हो सकेगा। चंदन का कहना है कि इस कार्यक्रम के कार्यान्वयन से जुड़े अधिकारी, कर्मचारी यदि अंत्योदय कार्यक्रम को स्वच्छता एवं निष्पक्षता का जामा पहनायेंगे तो यह कार्यक्रम संदेह की परिधि से निश्चित रूप से बाहर रहेगा ओर बेरोजगार युवकों को एक निश्चित अवधि के भीतर रोजगार भी सुनिश्चित हो सकेगा और यही इस कार्यक्रम की मूल अवधारणा भी है।

स्वावलंबन का मूल मंत्र है अंत्योदय कार्यक्रम

कुल्लू जिले के बंजार कस्बे का 40 वर्षीय चमनलाल ब्राह्मण परिवार से संबंध रखता है। गरीबी के दिनों में बीते अतीत को जब याद करता है तो उसके रोंगटे खड़े हो जाते हैं। समाज में गरीब होने के कारण उससे अंत्यजों जैसा व्यवहार होता था। सगे-संबंधियों की नजरों में भी वह एक अजनबी-सा बन गया था। जब चमनलाल 18 वर्ष का था तो उसके पिता की मृत्यु हो गई थी। फटेहाल जिंदगी और परिवार की जर्जर आर्थिक स्थिति के कारण उसकी माँ भी उसके पैतृक घर को छोड़ कर अपने मायके चली गई और आज तक अपने मायके में ही रह रही है। पर जीवन में गरीबी के साँचे को तोड़ने की अदम्य प्रेरणा ने, चमनलाल के भीतर आशा और विश्वास की ज्योति प्रज्वलित कर दी। उसने मेहनत-मजदूरी करके अपने भरण-पोषण का यत्न बनाये रखा। अब उसका चयन, अंत्योदय कार्यक्रम के अंतर्गत हो गया।

समय के पराग में सिंकी चमनलाल की आँखों की झाइयों तले दुःखों की स्पष्ट रेखाएँ उभरी हुई हैं और उसके दिमाग में, अतीत के बुरे दिनों की यादों का एक बड़ा खाका है। पर अब परिश्रम के बल पर वह गरीबी के दिनों से निजात पाने लगा है। उसकी 25 वर्षीय पत्नी शकुंतला भी चमनलाल के साथ कंधा-से-कंधा मिला कर काम करती है। बंजार में किराये के छोटे से खोके में एक छोटी सी दुकान चला रहे हैं। इस दुकान के पिछवाड़े में ही छोटी-सी जगह में इनका बसेरा भी है। दुकान में, दैनिक जीवन की आवश्यकतावाली फुटकर चीजों की बिक्री करते है। चमनलाल के पास जमीन न होने के कारण ही उसे दुकानदारी करनी पड़ी। किंतु काम इतना मंदा रहा कि गुजारा होना बड़ा मुश्किल था। अपनी आर्थिक स्थिति में सुधार करने के दृष्टिगत उसने पंजाब नेशनल बैंक से 4,000 रुपये का ऋण भी लिया। किंतु घर में स्टोव फट जाने से वह बुरी तरह जल गया और कई दिनों तक जीवन-मृत्यु से संघर्ष करता रहा। इलाज आदि कार्यों में उसके 6,00 रुपये लग गये इस तरह गरीबी के नागपाश ने उसे फिर से अपनी गिरफ्त में कर लिया। सरकार ने इस दौरान उसे 1500 रुपये की तुरंत सहायता दी और अब चमनलाल पूरी तरह स्वस्थ हो गया है और फिर से अपने काम में जुट गया है। उसके जीवट

व्यक्तित्व में टूटन नहीं अपितु कुछ कर गुजरने की अद्भुत ललक है। परिवार में उसके पास दो बच्चे हैं। बेटी शालू पाँचवीं कक्षा में, बेटा नीलकंठ तीसरी कक्षा में पढ़ता है। अपने दोनों बच्चों को बेहतर शिक्षा उपलब्ध करवाने के लिए पति-पत्नी दोनों बेहद इच्छुक हैं। इसके प्रति दोनों बड़ी-से-बड़ी कुर्बानी देने को तैयार हैं। वे नहीं चाहते कि जो बुरे दिन उन्हें देखने पड़े हैं वह उनके बच्चों को भी देखने पड़ें। अपने बच्चों के उज्ज्वल भविष्य के प्रति वे आशावान हैं। अंत्योदय कार्यक्रम के अधीन पहली से पाँचवीं कक्षा तक मिलनेवाली 150 रुपये की वार्षिक सहायता भी उन्हें मिल रही है। चमनलाल का कहना है कि अंत्योदय कार्यक्रम के तहत सरकार ने जो सस्ता राशन उपलब्ध करवाया है तथा बच्चों को जो छात्रवृत्ति दी जा रही है उससे उनका मनोबल बढ़ा है। उनका यह दृढ़ संकल्प है कि वे अपने बच्चों पर गरीबी की काली छाया तक नहीं पड़ने देंगे।

चमनलाल शर्मा का मानना है कि अंत्योदय कार्यक्रम ने इस सोच को पुख्ता किया है कि गरीब जब तक पाँचों उँगलियों से दाल-भात मुँह में नहीं डालेगा तब तक सरकार गरीब की भूख को शांत करने में प्रयत्नशील रहेगी। अंत्योदय कार्यक्रम से निर्धन समाज का बड़ा उपकार हुआ है और अब वे निस्सहाय नहीं रहे हैं। चमनलाल का कहना है कि सरकार को चाहिए कि वह अंत्योदय कार्यक्रम को उद्देश्यपूर्ण बनाने के लिए इस पवित्र कार्यक्रम पर बिचौलियों की छाया न पड़ने दे, ताकि पात्र व्यक्ति को इसका समुचित लाभ मिल सके। चमनलाल की पत्नी शकुंतला अंत्योदय कार्यक्रम को, सामाजिक न्याय सुनिश्चित करने तथा गरीबी के विरुद्ध जेहाद छेड़ने का एक सशक्त हथियार मानती है। निःसंदेह अंत्योदय कार्यक्रम निर्धनों के लिए स्वावलंबी बनने की दिशा में एक मूलमंत्र सिद्ध हुआ है। गरीब व्यक्ति के मरुस्थल जैसे नीरस जीवन में समृद्धि की उर्वरता ने अपने चिह्न छोड़ने शुरू किये हैं।

गरीबी के अंधेरे में उजाले की प्रखर किरण है अंत्योदय योजना-अभियान

अंत्योदय कार्यक्रम ने गरीब व्यक्ति के लिए सहानुभूति और साधनों की बैसाखियाँ देकर मानसिक मुक्ति दिलाई है। निर्धन व्यक्ति ने ईमानदारी से परिश्रमपूर्वक तथा धैर्य के साथ अपनी अमानत में इजाफा किया है और अपने जीवन-स्तर को बेहतर बनाने में सफलता प्राप्त की है। इसका जीवंत उदाहरण है कुल्लू वाशिग गाँव की हरिजन महिला मानदासी।

मानदासी निस्सहाय भले है पर उसका अधिकांश समय दो लड़कों लोंगूराम और जोडूराम के पालन-पोषण में व्यतीत होता है। दोनों लड़के उसकी बहन के बेटे के बेटे हैं। अब इस संसार में न तो मानदासी की बहन जिंदा है और न ही उसकी बहन का बेटा और मानदासी के जीने का एक मात्र सहारा है अब दो अनाथ

बच्चे। वह अपने अतीत पर से पर्दा उठाने के लिए तनिक भी तैयार नहीं। बीते समय को वह वृक्ष की उस जड़ की तरह मानती है जिसे अंधेरे में ही रखना चाहिए। मानदासी ने अपने दुःखों के आँसुओं को भीतर ही पीकर जीने का साहस किसी भी तरह जुटा लिया है।

मानदासी के 70 वर्षीय पति हीणुराम की भी लंबी बीमारी के बाद मौत हो गई। निःसंतान होने पर भी वह अपनी अकेली जिंदगी से मुँह न मोड़ सकी। वह मातृशक्ति है। मानदासी को जिंदगी में एक साथ दो-दो दर्द झेलने पड़े हैं। एक ओर अपने पति के मौत का सदमा दूसरी ओर अपनी दिवंगत बहन के युवा बेटे की दर्दनाक मौत से उत्पन्न विकट स्थिति। उसका दर्द उस समय और भी बढ़ गया, जब बहन के बेटे की पत्नी जोगटी विधवा होने के बाद कहीं भाग गई। अब आठ वर्षीय लोंगूराम और बारह वर्षीय जोडूराम दोनों अनाथ बच्चों को वह पाल रही है। और पहाड़ से बड़े दर्द को झेल रही है।

अनाथ बच्चों के पालन-पोषण और अपने भरण-पोषण की चिंता ने उसे ऋण लेने के लिए विवश किया। पति की लंबी बीमारी के कारण उपचार के लिए भी उसे कर्ज लेना पड़ा और संघर्षपूर्वक लोगों के घरों में बर्तन धोकर तथा इधर-उधर जहाँ भी काम मिला, उससे अर्जित आय ही उसके जीने का एक मात्र संबल है।

मानदासी के पास पाँच बीघा के करीब जमीन तो थी जो कुछ तो दरिया में बह गई, कुछ यूँ ही बेकार पड़ी है। घर पर कोई पुरुष सदस्य कमानेवाला भी नहीं है। पति की मृत्यु के बाद उसे सरकार ने 5,000 रुपये की अनुग्रह राशि प्रदान की। इस राहत राशि के मिल जाने का जिक्र करते ही उसकी आँखें नम हो गईं, उसने कृतज्ञभाव की मुद्रा बनाकर, अनुग्रह राशि देने के लिए सरकार का शुक्रिया अदा किया। 5,000 रुपये की अनुग्रह राशि से वह कर्ज के बोझ को उतारने में समर्थ हो पाई है अन्यथा वह कर्ज के कुएँ में आकंठ डूब गई होती। राहत राशि से उसने नई जिंदगी जीने का संबल प्राप्त किया है। उसे सस्ती दरों पर दिया जानेवाला राशन भी नियमित रूप से मिल रहा है। गरीबी के अंधेरे में रह रही मानदासी के लिए अंत्योदय उजाले की प्रखर किरण सिद्ध हुआ है।

जिस गाँव में 50 वर्षीय मानदासी रहती है उसी गाँव में कच्चे टूटे-फूटे मकानों में मैले-कुचैले कपड़ों से ढकी कई और भी थकी-माँदी जिंदगियाँ रहती हैं और इनके घरों के चूल्हे-चौके के पास गोबर की सड़ांध आती रहती है यही है इस गाँव का अतीत और वर्तमान। हाँ अंत्योदय योजना अभियान ने इस गाँव की मानदासी जैसी कई बेसहारों को जीने का सहारा दिया है।

मानदासी के जीवन को देखकर तो लगता है कि सरकार ने गरीब परिवारों के उत्थान के लिए ऐसी पुख्ता व्यवस्था विकसित कर ली है जिसमें पक्षपात या

किसी भी तरह के भेदभाव की कोई गुंजाइश नहीं है। अंत्योदय योजना से इसके अधीन चयनित परिवारों की किस्मत भी बदली है और गरीबी उन्मूलन की दिशा में भी प्रभावकारी भूमिका का निर्वहन हो रहा है। मात्र गरीबी उन्मूलन को ही उच्च प्राथमिकता दी गई है और वह दिन दूर नहीं जब समाज से, गरीबी और पिछड़ेपन का कलंक मिट सकेगा।

कामधेनु से बढ़कर सिद्ध हुआ है अंत्योदय कार्यक्रम

कुल्लू से लगभग 36 किलोमीटर दूर आऊट बंजार सड़क पर स्थित है गाँव फुहारी। यह एक छोटा-सा गाँव है जहाँ 50 के करीब हरिजन रहते हैं। इसी गाँव में एक हरिजन युवक हुमणु भी रहता है। भाग्य-विडंबना के कारण यह युवक घोर गरीबी की हालत में जीने के लिए विवश था। हमारे देश में 70% लोग ऐसे हैं जो गरीबी की रेखा से नीचे रहते हैं। किंतु 60% लोग ऐसे भी हैं जो घोर गरीबी की स्थिति में रहते हैं। हुमणु ऐसे लोगों की श्रेणी में अपना जीवन-यापन कर रहा था। जिसके भाग्य में सुबह का नाम तक न था और न ही उसके अंधेरों पर अपने भविष्य की आशा के कोई बोल थिरकते थे। हर दिन उसका जीवन भूख और प्यास के रू-ब-रू था। घोर गरीबी के कुहासे से वह हर पल घिरा रहता था। दर-ब-दर की ठोकरें खाना उसकी नियति-सी बन कर रह गई थी। पिता का बचपन में स्वर्गवास हो गया था, 9 वर्ष का जब हुआ उसकी माँ विश्रामगृह के जमादार के साथ भाग गई। किशोर निस्सहाय हुमणु का भविष्य इस तरह पूर्णतः अंधकारमय हो गया था।

हुमणु ने मेहनत-मजदूरी करके जीवन से संघर्ष किया। अब हुमणु ने अपनी वय के 21 वर्ष पूरे कर लिए हैं और आज वह सम्मान के साथ अपना जीवन जी रहा है।

अंत्योदय कार्यक्रम के अधीन उसका चयन हो जाने से उसके भाग्य में भारी परिवर्तन हो गया और उसके जीवन की दशा और दिशा ही बदल गई है। उसे सस्ता राशन के अधीन गेहूँ 6 किलो प्रति व्यक्ति 1.50 रुपये प्रति किलो की दर से, चावल एक किलो प्रति व्यक्ति 2.50 रुपये प्रति किलो की दर से तथा नमक एक किलो प्रति परिवार 25 पैसे प्रति किलो की दर से प्रति माह सुलभ हो रहा है। इस तरह बाजार के मूल्यों की अपेक्षा उसे सस्ते राशन का उपलब्ध होना निःसंदेह एक बड़ी राहत है। इसके साथ ही हुमणु ने 2500 रुपये का ऋण लेकर तथा इतने ही रुपये के उपदान से एक दुधारू जर्सी गाय खरीदी और अब वह गाय से मिलनेवाले दूध को, 3 रुपये प्रति किलो के हिसाब से बेच रहा है और इससे उसकी 300 रुपये की अतिरिक्त आमदन होने लगी है। और धीरे-धीरे वह अपने पांव पर खड़ा होने लगा है। आत्मनिर्भरता के फलस्वरूप उसकी शादी भी

संभव हो पाई है।

आज हुमणु अपनी 20 वर्षीय सुंदर पत्नी तिल्लो देवी के साथ आनंदपूर्वक जीने लगा है। अब उसे अपने कष्टपूर्ण अतीत से, किसी प्रकार की कोई शिकायत नहीं है। उसके पास एक बीघा 3 बीसवा जमीन भी है और इस जमीन से भी वह कुछ-न-कुछ प्राप्त कर लेता है। एक मास पूर्व एक बच्ची ने उसके परिवार में खुशी की महक बिखेर दी है। उसका संकल्प है कि परिवार को एक तो नियोजित रखेगा, दूसरे अपनी बच्ची को खूब पढ़ायेगा तथा उसे भरपूर प्यार देगा ताकि बच्ची का जीवन खुशहाल बन सके।

अंत्योदय कार्यक्रम के फलस्वरूप इसके जीवन में जो परिवर्तन आया है इसके लिए वह वर्तमान सरकार की नीतियों तथा मुख्यमंत्री श्री शांता कुमार तथा उनकी सरकार की सदस्यता के प्रति बेहद कृतज्ञ है। उसे विश्वास है कि उसके गरीबी के दिन शीघ्र ही छँट जाएँगे, ताकि समाज में सम्मान के साथ जी सके। वह अपने जीवन को भरण-पोषण की भूल-भुलैया तक सीमित नहीं रखना चाहता। अपनी पत्नी के सहयोग से, जो बराबर उसके सुख-दुःख की भागीदार है, हुमणु समाज तथा राष्ट्र के विकास में भी योगदान देना चाहता है। सच्ची मेहनत को ही वह तपस्या का नाम देता है और इसी मेहनत के सहारे वह एक उद्देश्यपूर्ण जीवन जीना चाहता है।

हुमणु का कहना है कि "अंत्योदय कार्यक्रम ने निर्धन व्यक्ति के आँसुओं को पोंछ कर खुशहाल जीवन जीने की आशा बँधाई है।" इस तरह गरीबी की अंतिम पंक्ति में बैठे हुमणु का यह मिथ भी टूट गया है कि उसे गरीबी में ही जन्म लेना तथा गरीबी में मरना था। अब गरीबी उसकी नियति नहीं है, अंत्योदय कार्यक्रम की बैसाखी कें संबल से वह अपने बुरे दिनों को सौभाग्य के क्षणों में बदलने लगा है और इस दृष्टि से अंत्योदय कार्यक्रम हुमणु तथा उसके परिवार के लिए कामधेनु सिद्ध हुआ है।

पीढ़ियों के दर्द का हिसाब चुकाया है सरकार ने

कुल्लू जिले से लगभग 6 किलोमीटर दूर कुल्लू मनाली सड़क पर से एक किलोमीटर दूरी पर एक गाँव है वाशिंग। दुर्गम पहाड़ी पर बसे इस गाँव की आबादी 250 से ज्यादा नहीं है।

आजादी मिलने के बाद यहाँ गरीब की उम्र भी 44 वर्ष है और इस गाँव की समस्या की उम्र भी इतनी ही है। किंतु अब इस गाँवों की समस्या के समाधान में पड़ी लक्ष्मण रेखा की बाधा को अंत्योदय अभियान योजना ने समाप्त करना शुरू कर दिया है और इस गाँव की अतीतकालीन गरीबी के साये में बीती रातें छँटने लगी हैं। लगने लगा है कि इस गाँव के वाशिंदे अब सुख का नया सवेरा

देख पाएँगे।

वाशिंग गाँव की डोलमा देवी इसका एक जीता-जागता उदाहरण है। 35 वर्षीय डोलमा जो अपने पति चूहडूराम के साथ संघर्षपूर्ण जीवन जीते हुए भी अपने पति को जीते जी अपने को सौभाग्यशाली समझती थी और उसें पूर्ण विश्वास था कि तंगहाली में जीते हुए भी उसके जीवन की गाड़ी चल निकलेगी और अपने झोंपड़ीनुमा घर में अपने छः बच्चों सहित रहते हुए वह दिन काट ही रही थी। पर एक दिन उसका जवान बेटा उत्तमराम प्रकृति की क्रूर नियति के हाथों उससे सदा-सदा के लिए बिछुड़ गया। जवान बेटे के अकाल-काल-कवलित हो जाने से चूहडूराम के परिवार पर मानों वज्रपात हो गया। चूहडूराम परिवार की आशा की किरण और जवान बेटे की मौत के सदमे को सह न सका। चूहडूराम को असाध्य बीमारी ने घेर लिया और उसकी शेष जिंदगी बिस्तर का हिस्सा हो गई। उसकी जवान पत्नी पर तो मानों विपदाओं का पहाड़-सा टूट पड़ा हो। एक दिन अचानक ही उसका पति चूहडूराम भी अपने पाँच बच्चों शेतू, कालू, हेमराज, श्याम चंद, जिनकी आयु क्रमशः 8 वर्ष, 10 वर्ष, 12 वर्ष तथा 14 वर्ष है, (सभी बेटे) और एक 6 वर्षीय पुत्री को छोड़ कर दम तोड़ गया और इसके बाद डोलमा के लिए पहाड़-सी जिंदगी जीनी दूभर हो गई। पर इस दैवी मुसीबत का सामना डोलमा ने बड़ी मुस्तैदी के साथ किया। वह टूट गई जरूर, मगर हारी नहीं।

डोलमा अपने पाँच बच्चों के साथ जिस झोंपड़ी में रहती है उसमें न तो छत ही ठीक से पड़ी है और न ही यह झोंपड़ी ठीक से रहने योग्य है।

डोलमा की गरीबी और फटेहाल जिंदगी को देख कर लगता है कि आजादी के इतने वर्ष बीत जाने के बाद भी अतीत में सरकार के उद्देश्य इतने शंकाशील क्यों रहे हैं और डोलमा जैसी असहाय नारी की सहायता में क्यों चूक होती रही है और वाशिंग जैसे गाँव का कायाकल्प क्यों नहीं हो सका ? ये प्रश्न हमें झिंझोड़ते हैं।

अंत्योदय योजना ने डोलमा के भीतर साहस और संघर्ष के साथ जीने की ललक पैदा की है। डोलमा अंत्योदय पहचान कार्ड की संख्या है 5। उसे प्रति मास सस्ता राशन उपलब्ध हो रहा है। और वह अपने पाँच बच्चों का पालन-पोषण करने में सक्षम हो पाई है। डोलमा को उसके पति की मृत्यु के बाद 5,000 रुपये की बीमा राशि उपलब्ध कराई गई और इस राशि के मिल जाने से वह सरकार की आभारी है। अब वह अपने झोंपड़ीनुमा घर की हालत में सुधार करना चाहती है उसकी आँखों में नया घर बनाने का सपना तैरने लगा है। ताकि उसे बीते दिनों की तरह सर्दी-गर्मी का प्रकोप न सहना पड़े। बच्चों का लालन-पालन भी वह बेहतर ढंग से करना चाहती है। अपने दो बच्चों को तो उसने अब स्कूल भेजने का भी पक्का निश्चय कर लिया है। यद्यपि उसके छोटे-छोटे बच्चों ने संघर्ष की जिंदगी

जीने की आदत पाल ली है तथापि उनके भीतर भी जीवन जीने की आकांक्षा के अंकुर फूट पाये हैं। ऐसा उन सरकारी योजनाओं के कारण ही है जो गरीब के घर-द्वार पर दस्तक देने लगी हैं। डोलमा को भी पूरा विश्वास है कि सरकार गरीबों के आँसुओं को पोंछने के लिए सचमुच आगे आई है। वर्तमान सरकार के प्रति डोलमा का कहना है कि इस सरकार ने अपनी संवेदनशीलता के व्यवहार से दलित वर्ग की सुध ली है और मुझ जैसी अभागिन के पीढ़ियों के दर्द का हिसाब चुकाया है।

स्वतंत्रता प्राप्ति से पूर्व पराधीनता के साये में रहते हुए हमारे जीवन में प्रगति की किसी प्रकार से कोई आशा नहीं थी। हम सामाजिक, आर्थिक, धार्मिक और राजनैतिक दृष्टि से पिछड़े हुए थे। स्वतंत्रता के पश्चात् आजादी की किरण ने देशवासियों के घर-आंगन के समक्ष उजाला करना शुरू किया। प्रगति की चाहना से भारत के नव-निर्माण का स्वप्न देशवासियों की आँखों में तैरने लगा। इसी प्रबल आकांक्षा के फलस्वरूप पंचवर्षीय योजनाओं का सूत्रपात हुआ। और नये भारत यानि महान् भारत की कल्पना को हम साकार करने के लिए कदमों को गति देने में लगे हैं। प्रगति और विकास के जिन शिखरों का आरोहण हम कर रहे हैं उसके बल पर जहाँ देश में औद्योगिक क्रांति आई वहीं भौतिक विज्ञान, चिकित्सा पद्धति, ग्रह-उपग्रहों के अभियान, सैन्य-विद्या, कला, सामाजिक समानता, शिक्षा, आम आदमी के रहन-सहन में वृद्धि आदि ऐसे क्षेत्र हैं जिनमें देश ने प्रशंसनीय प्रगति की है। इन्हीं उपलब्धियों को स्वर देने के लिए विकास पत्रकारिता ने अहम भूमिका निभाई है।

प्रगति के पथ पर अग्रसर रहते हुए हरिजन, आदिवासियों एवं पिछड़ी जातियों के उत्थान के लिए बहुविध कार्यक्रम चलाए गए हैं और इनके सर्वांगीण विकास के लिए अपार सुविधाएँ उपलब्ध करवाई गईं और करवाई जा रही हैं। शिक्षा एवं कृषि में भारी सुधार हुआ है। नारी-शिक्षा केन्द्र, प्रौढ़ शिक्षा केंद्रों की स्थापना करके साक्षरता के प्रति विशेष ध्यान दिया जा रहा है। गरीबी और बेरोजगारी को दूर करने के लिए निरंतर संघर्ष जारी है। बड़े-बड़े कारखाने स्थापित किए जा रहे हैं। और अंततः इनसे देश का सुनियोजित विकास संभव हो सकेगा। प्रत्येक व्यक्ति को गरीबी और पीड़ा से मुक्ति मिल सके, आधुनिक दुनिया की सुख-सुविधाएँ गाँव के निचले स्तर पर उपलब्ध हों, यही विकास पत्रकारिता के महत्त्वपूर्ण विषय हैं। विकास पत्रकारिता द्वारा ही प्रगति के साथ मानव मूल्यों को महत्त्व दिया जा सकेगा।

हमारी सोच कभी भी पदार्थवादी नहीं रही। भारत आदिकाल से शांति का उपासक रहा है उसकी कामना रही है कि 'सर्वे भवंतु सुखिनः, सर्वे संतु निरामयाः सर्वे भद्राणि पश्यंतु मा कश्चिद् दुःख भागू भवेत्।' बुद्ध ने समन्वय की नीति अपनाई

और परिस्थितियों को शांत किया था। अशोक ने हिंसा की ज्वाला में व्यक्तियों को जला हुआ देख कर अहिंसा को अपनाया और शांति की उपासना की थी। अशोक ने विश्व शांति के लिए विश्व में दूत भेजे थे। कबीर ने खंजड़ी पर शांति के गीत गाये थे। अहिंसा और सत्य के सिद्धांतों को लेकर महात्मा गांधी ने भी शांति का अनुसरण किया था। वे हिंसा करनेवालों के प्रति भी उदार रहे, क्योंकि शांति उनकी विभूति थी। त्याग, परोपकार और उदारता भारतीय संस्कृति के गुण हैं। 'बहुजन हिताय और बहुजन सुखाय' उसका मूल स्वर है। 'सत्यमेव जयते' उसका नारा है। नेहरूजी ने कहा था कि "हमारा विश्वास है कि मानवीय प्रगति का महान् कार्य हिंसा और घृणा के द्वारा पूरा नहीं हो सकता है। विश्व की सभी समस्याएँ मैत्रीपूर्ण और सरकारी प्रयत्नों के द्वारा ही सुलझ सकती हैं।"[1]

प्रगति की गति बनी रहे, कहीं कोई भ्रष्टाचार का कीट न लगे, हर तरफ खुशहाली का दौर संभव हो सके, इसके लिए विकास पत्रकारिता की कलम ही वरदान सिद्ध हो सकती है। विकास पत्रकारिता का मूल लक्ष्य नाना प्रकार की रूढ़ियों एवं कुरीतियों से ग्रस्त समाज को छुटकारा दिलाना तथा अशिक्षा, निर्धनता एवं शोषण का उन्मूलन कर, कर्मठ, अध्यवसायी और अनुशासित राष्ट्र का गठन करना है और विकास की तस्वीर में सही रंग भरना है। विकास पत्रकारिता से जुड़े पत्रकारों को आत्मसंयम और विवेकशीलता के साथ काम करना पड़ता है क्योंकि उनका काम ज्यादातर सकारात्मक होता है नकारात्मक तो होता ही नहीं क्योंकि देशवासियों की कठिनाइयों की ओर ध्यानाकर्षण न तो अधिकारियों का विरोध है, न राज्य की निंदा। क्योंकि अंततः इससे राष्ट्र कल्याण के लिए शुरू किये गये कार्यों के अवरोध दूर कर, उन्हें सफल बनाने में ही मदद मिलती है।

इसके साथ ही विकास पत्रकारिता का कार्य अपने आप में एक श्रम-साध्य कार्य है। इस कार्य को लेकर गाँव में धूल फाँकनी पड़ सकती है तभी वास्तविकता का पता चल सकता है। सरकार के प्रयासों को भी ईमानदारीपूर्वक प्रकाश में लाना पड़ता है। सरकार की उपलब्धियों की जानकारी उपलब्ध करवाना भी उतना ही महत्त्वपूर्ण होता है जितना विफलताओं की आलोचना करना। एक तरह से देखा जाए तो आलोचना करना उतना ही कठिन काम होता है। विकास कार्यों से संबद्ध पत्रकारिता करना भी जोखिमभरा एवं कष्टसाध्य कार्य है। विकास कार्यों की वस्तुस्थिति पर से पर्दा उठाना कोई आसान काम नहीं है।

विकास पत्रकारिता का क्षेत्र भी बहुत व्यापक है। आर्थिक, सामाजिक,

---

1. "मानवीय प्रगति हिंसा और घृणा द्वारा नहीं हो सकती" लेखक अभिमन्यु ठाकुर, खनन भारती, नेहरू विशेषांक, संपादक राजेन्द्र पपेरिया, कोल इंडिया लिमिटेड, प्रतिनिधि हिंदी पत्रकारिता, पृष्ठ 14

वैज्ञानिक, प्रौद्योगिकी, तकनीकी, साहित्य, कला, संगीत, रंगमंच, आदि क्षेत्रों में होने वाली हर गतिविधि विकास समाचार बनती है। कृषि विकास के लिए उन्नत बीज, नये कृषि यंत्र का आविष्कार, पशुओं की नस्ल में सुधार, नई सिंचाई योजना, कोई नया कार्यक्रम, जैसे हिमाचल सरकार द्वारा चलाये गये अंत्योदय कार्यक्रम से लाभान्वित परिवार, नई वैज्ञानिक खोजें, सभी तरह की जानकारी, जिनसे अंततः जनहित होना है, विकास समाचार है। एक बाँध बनाया जाता है उसके बनने से होनेवाले लाभ तथा बाँध बनाये जाने से विस्थापित परिवारों की व्यथा-कथा, उनका पुनर्वास हो पाया या नहीं ? इसी तरह जब कोई उद्योग लगाया जाता है उससे समीपस्थ क्षेत्रों में प्रदूषण बढ़ने की संभावना बनी रहती है। प्रदूषण-निवारक उपाय बताना आदि सभी विकास पत्रकारिता के हिस्से हैं। लहलहाते खेत, कारखानों की धुआँ उगलती चिमनियाँ विकास की कहानी कहती हैं। किंतु सही तस्वीर तो तभी सामने आ पाती है जब विपरीत प्रभाव से उत्पन्न स्थितियों में रह रहे लोगों की व्यथा-कथा भी सामने आती है।

वस्तुतः विकास पत्रकारिता का क्षेत्र बहुत व्यापक है। और यह काम श्रम-साध्य भी है। जबकि भीड़ का हिस्सा बने संवाददाता यह कार्य मनोयोग से कर नहीं पाते। निहित स्वार्थवाले लोग भी विकास पत्रकारिता के आगे एक बाधा हैं, क्योंकि उन्हें डर रहता है कि सच्चाई से पर्दा हटने के बाद वे कठघरे में खड़े होंगे। पर विकास पत्रकारिता को गबन-घोटालों पर भी अभय होकर लिखना होगा।

खेल पत्रकारिता

खेल-जगत् के रोमांचिक क्रिया-कलापों पर आधारित क्रीड़ा पत्रकारिता का प्रारंभ हिंदी में स्वतंत्रता के पश्चात् ही हुआ। हमारे विद्यालयों, महाविद्यालयों और विश्वविद्यालयों में खेलों के प्रति छात्र-छात्राओं की रुचि को विकसित करने के लिए जो प्रयास किये जा रहे हैं, देश में अलग से जिस तरह से खेल महाविद्यालय खोले गये हैं, इन सभी प्रयासों से खेल-जगत् में जबरदस्त हलचल शुरू हुई है। खेल-जगत् में राष्ट्रीय एवं अंतर्राष्ट्रीय स्तर पर अनेक खेल प्रतियोगिताएँ आकर्षण का कारण बन रही हैं।

खेल मात्र ख़ेल न रह करके एक अद्‌भुत व्यवसायिक रंग में रंग गये हैं। बैडमिंटन, टेनिस, बास्केट बाल, बॉलीबाल, खो-खो, कबड्डी, हॉकी और क्रिकेट जैसी खेलें आज जीवंत चर्चा का विषय हैं। करोड़ों व्यक्ति विश्व भर में खेलों के प्रशंसक एवं दिवाने हैं। धीरे-धीरे खेल-जगत् को अब सामाजिक प्रतिष्ठा मिलने लगी है। स्कूल में खेल प्रशिक्षण को अनिवार्य कर दिया गया है। खेल-साहित्य की माँग

धीरे-धीरे बढ़ने लगी है। "ऐतिहासिक दृष्टिकोण से भारतीय स्वतंत्रता की प्राप्ति के पश्चात् सन् 1951 में नई दिल्ली में प्रथम एशियाई गेम्ज आयोजित हुए थे। उसी समय से क्रीड़ा पत्रकारिता का हिंदी में स्फुट रूप में आरंभ माना जा सकता है। परंतु अपने प्रारंभिक काल में यह छुट-पुट समाचारों की रिपोर्टिंग के रूप में ही थी। कालांतर में रेडियो और दूरदर्शन के माध्यम से राष्ट्रीय एशियाई और ओलंपिक गेम्स सारे संसार में देखना-सुनना संभव हो गया।"[1] खेल को जिज्ञासा और कोतूहल का विषय खेल पत्रकारिता ने ही बनाया है।

खेल पत्रकारिता में शब्दों को मोहरा बनाना पड़ता है और शायद तभी अंग्रेज विद्वान् जेम्स ब्राइस ने ठीक ही कहा है कि "शब्द मोंहरे हैं, जिनसे अक्लमंद खेल खेलते हैं।" प्रायः देखा जाता है कि कभी खिलाड़ी, खेल के मैदान में हार के क्षणों में हतोत्साहित रहते हैं, खेल के मैदान में उनके पैर उखड़ते हुए दिखाई देने लगते हैं ऐसे समय में विजय के साहस को बटोरने के लिए वे जो अथक प्रयास करते हैं उन रोमांचित क्षणों को जीवंत रूप से वर्णित करने का काम खेल पत्रकारिता करती है।

खेल-जगत् में कई बार अविश्वसनीय और अति रोमांचित वृत्तांत देखने-सुनने को मिलते हैं। इंग्लैंड में संपन्न हुई क्रिकेट प्रूडैंशियल विश्वकप प्रतियोगिता में, भारत की चमत्कारिक, अविश्वसनीय एवं अकल्पनीय विजय को खेल पत्रकारिता के पृष्ठों पर "एक करिश्मा, पूरब का जादू, न भूतो, न भविष्यति" की संज्ञा दी गई थी। इस तरह समाचार-पत्रों के पृष्ठों पर खेल पत्रकारिता, उद्गार और विशेषण की अधिकारिणी सिद्ध हुई थी। समाचार-पत्रों के पृष्ठों में इन विशेषणों से ही खेल पत्रकारिता, सचमुच मनोरंजन का हेतु सिद्ध हुई।

खेल के क्षणों में 'करो या मरो' जैसे प्रदर्शन जहाँ दर्शकों में उत्साह का संचार करते हैं, वहाँ खेल से लक्ष्य के प्रति आत्मसात् होने की अद्भुत प्रेरणा भी मिलती है और प्रेरणा का निश्चय, खेल पत्रकारिता द्वारा संभव हो पाता है। अतः खेल पत्रकारिता का इतिहास भले ही बहुत पुराना न हो, किंतु महत्त्वपूर्ण अवश्य है। हिन्दी क्रीड़ा-लेखन का क्षेत्र विशाल है। जिनके पास शब्दों का भंडार है और जिनकी लेखनी में नया मोड़ देने की क्षमता अथवा नयी विधा से पाठकों को आकर्षित करने की लगन है, उन्हें वास्तव में हिन्दी क्रीड़ा लेखन की सेवा से बढ़िया मौका अन्य क्षेत्र में शायद ही मिल सके।

क्रीड़ा लेखनी के दो रूप होते हैं। एक तो यह है कि आप मेज पर बैठे-बैठे किसी समाचार एजेंसी की रपट का अनुवाद कर डालें और दूसरा यह कि स्वयं

---

1. बृहत् हिंदी पत्रकारिता कोश : संपादक डॉ. प्रताप नारायण टंडन, साहित्य शिल्पी प्रकाशन लखनऊ, पृष्ठ 674

मैदान में जाकर स्वतंत्र रूप से रपट तैयार कर लें।[1] सही परिप्रेक्ष्य में, खेल पत्रकारिता मात्र सूचना एकत्रित करना नहीं है। इस क्षेत्र में साधना की भावना अपेक्षित है। खेल पत्रकार को खेल से संबद्ध जानकारी के साथ-साथ भाषा के चमत्कार को प्रदर्शित करने के अवसर भी सुलभ हो जाते हैं किंतु इस चमत्कार प्रदर्शन के साये में खेल-पत्रकार सत्य की कदापि हत्या नहीं होने देता। हिंदी पत्रकारिता में क्रीड़ा लेखन में नवीन तकनीक अपनाने, नयी शैली और नयी विधा लिखने की उज्ज्वल संभावनाएँ हैं। ये संभावनाएँ तभी उजागर हो सकेंगी जब खेल पत्रकारिता के क्षेत्र में पत्र-पत्रिकाओं के प्रकाशन को बड़े पैमाने पर बढ़ावा मिलेगा। पत्र-पत्रिकाओं का प्रकाशन भी बड़े पैमाने पर तभी संभव हो सकता है जब खेल पत्रकारिता को साहित्य का अंग माना जाने लगेगा। तभी खेल पत्रकारिता के अंतर्गत आलोचनात्मक एवं विवेचनात्मक लेख लिखे जा सकेंगे। "अधिकांश हिंदी खेल पत्रकारिता रिपोर्टिंग को छोड़ कर, स्वेच्छा से कम, निर्देश के अनुसार ज्यादा की जाती है। स्वेच्छा से न लिखे जाने के कारण अधिकांश सामग्री घिसे-पिटे स्वरूप में ही सामने आती है अर्थात् बाजार की माँग के अनुसार चालू माल ही सामने आता है।"[2] यह बात भी सही है कि जिस खेल पत्रकार को खेल की बारीकियों का ज्ञान ही नहीं है, वे अधिकारपूर्वक लिख ही कैसे सकते हैं। इस दिशा में सुधार एवं परिष्कार किए जाने की भी महती आवश्यकता है।

खेल जीवन की अर्थवत्ता का परिचायक है। संभवतया इसीलिए इस कहावत का महत्त्व है कि जीवन एक खेल है, जिसे बेहतर ढंग से खेला जाना चाहिए। खेल में हार हो या जीत यह महत्त्वपूर्ण नहीं सर्वाधिक महत्त्वपूर्ण है कि खेल को कैसे और किस चुस्ती एवं फुर्ती के साथ खेला गया है। खेल समाप्ति के बाद हारने तथा जीतने के बाद भी खुशी का ही बोध होना चाहिए क्योंकि अंततः यह तो तय होता ही है कि एक को हारना तथा एक को जीतना तो था ही। खेल के वास्तविक निर्णायक क्षण तो खिलाड़ी की खेल दक्षता ही होती है। खेल का सर्वाधिक मानवीय दृष्टिकोण होता है खिलाड़ियों का पारस्परिक स्नेह व सौहार्द। उनमें शत्रुता का भाव न होता है और न ही होना चाहिए। खेल जगत् का जो खिलाड़ी होता है उसका जीवन गुलाब के फूल के सदृश आकर्षक एवं लुभावना होना चाहिए तभी वह अपनी खेल भावना की सुगंधि से दर्शक समाज को अपनी ओर आकृष्ट कर सकता है। इन्हीं मूल्यों को ध्यान में रखते हुए खेल पत्रकारिता को अपना दायित्व पूरा करना चाहिए।

समाचार-पत्रों में खेल से संबद्ध जो नियमित स्तंभ प्रकाशित किये जाते हैं तथा जो पत्र-पत्रिकाएँ प्रकाशित की जाती हैं उनमें खेल तथा खिलाड़ी की सभी

1. हिंदी पत्रकारिता : विविध आयाम, पृष्ठ 330
2. हिंदी पत्रकारिता : विविध आयाम, सं. वेदप्रताप वैदिक।

विशेषताओं पर विस्तृत चर्चा की जानी चाहिए। खिलाड़ी आज खेल आकाश का उज्ज्वल सितारा बन गया है, लोगों की उनके जीवन में गहरी रुचि होने लगी है अतः खेल स्तंभ के पृष्ठों पर इन सितारों के जीवन के प्रेरक पक्ष को उजागर किये जाने से पाठकों की जिज्ञासा का शमन हो सकेगा।

खेल स्तंभ में खेल समाचार के अतिरिक्त खेलों के स्तर, खेल की स्थिति, टीम का चयन, खेल में हार-जीत पर टीका-टिप्पणी रहनी ही चाहिए। खिलाड़ी के बेहतर खेल-प्रदर्शन की प्रशंसा भी खुलकर की जानी चाहिए इससे खिलाड़ी का मनोबल बढ़ता है। उनकी कमियों को भी प्रेरक ढंग से उघाड़ा जाना चाहिए ताकि वह हतोत्साहित होने की अपेक्षा ज्यादा स्फूर्ति के साथ खेल खेलने में सक्षम हो। इस कार्य को खेल समीक्षक अपने ज्ञान व अनुभव के आधार पर बखूबी कर सकता है। खिलाड़ियों को प्रेरित करने की दृष्टि से समाचार-पत्रों में विशेष संपादकीय भी लिखे जा सकते हैं।

प्रेरणा तथा अपनापन जतलाने की दृष्टि से जब संपादकीय लिखे जाएँगे तो उससे खिलाड़ी का मान-सम्मान भी बढ़ेगा ही, राष्ट्र का गौरव भी स्वतः कांतिमय हो जाएगा। 2 फरवरी, 1985 को जनसत्ता, नई दिल्ली के संपादक श्री प्रभाष जोशी का संपादकीय इस दृष्टि से उपयोगी जान पड़ता है। श्री जोशी ने क्रिकेट के इतिहास में अजहर के आगमन, उसकी खेल दक्षता तथा जानेमाने खिलाड़ी सुनील गावस्कर के खेल जगत् से संन्यास के संदर्भ में पठनीय संपादकीय लिखा है। जिसका एक अंश यहाँ अनुकृत है कि "चौदह साल पहले सुनील गावस्कर धूमकेतु की तरह क्रिकेट के आकाश में चमचमाए थे और अब ध्रुवतारा बन गए हैं। उनके बाद सबसे बड़ा धूमकेतु कल सुबह आकाश में चमका जिसका नाम है मुहम्मद अजहरुद्दीन। दुनिया भर के बल्लेबाजों को बरसों लगेंगे गावस्कर की बराबरी करने में और बड़ी मुश्किल से कोई अजहरुद्दीन पैदा होगा। इन दोनों महान् भारतीयों को हम गर्व से उठे सिर और गीली आँखों से देखकर गद्गद होते रहेंगे।" जिस तरह विश्वविद्यालय में प्रवेश के लिए बौद्धिक-अभ्यास ऊर्जा के प्रतीक होते हैं उसी तरह खेल पत्रकारिता के खेल समाचार, फीचर, लेख तथा संपादकीय, खेल जगत् के खिलाड़ियों के लिए पुष्ट तथा शारीरिक ऊर्जा के प्रतीक बन सकते हैं।

रेडियो पत्रकारिता

रेडियो पत्रकारिता के प्रारंभिक समय से ही हमारा देश रेडियो को संचार का प्रमुख साधन मानता है। संभवतः इसीलिए महात्मा गांधी ने कहा था कि "मैं रेडियो में

शक्ति देखता हूँ।"[1] गांधीजी के कथन में सच्चाई इसलिए भी जान पड़ती है क्योंकि देश में रेडियो सबसे सस्ता एवं सुलभ साधन है संचार का यह ऐसा माध्यम है जिससे श्रव्य आनंद सहज में लिया जा सकता है। रेडियो संचार के माध्यमों से इसलिए भी अलग है क्योंकि सस्ता साधन होने के कारण इस माध्यम का आम आदमी से सीधा संबंध है। क्योंकि ग्रामीण क्षेत्रों तथा सीमावर्ती क्षेत्रों में तो रेडियो का महत्त्व सर्वोपरि है। अशिक्षित ग्रामीणों को कृषि, स्वास्थ्य, पोषाहार आदि के संदर्भ में जितने कम खर्च पर शिक्षा दी जा सकती है उतना किसी प्रभावी एवं परंपरागत शिक्षा पद्धति से भी नहीं दी जा सकती। यह सत्य, मात्र हमारे देश में ही नहीं अपितु विश्व के अनेक देशों पर भी चरितार्थ होता है। "जब कभी मिस्र के खेतिहर या दूसरे मजदूर विदेशों में काम करने के बाद मिस्र में अपने दूर-दराज के गाँवों में वापस आते हैं, तो हम पाते हैं कि उनमें से प्रत्येक अपने साथ एक बड़ा-सा ट्रांजिस्टर, रेडियो अवश्य लाता है भले ही वह कितना ही गरीब हो या उसके पास कितनी ही कम चीजें हों। शुरू में हमने सोचा कि मिस्र लोगों की विशेष मानसिकता होगी। किंतु उन्हीं दिनों विश्व में तेल की कीमतों में गिरावट आने के कारण नाइजीरिया को छोड़कर जानेवाले अफ्रीकियों की तस्वीरें अखबारों में देखने को मिलीं। इन तस्वीरों में देखा गया कि अपने देशों को वापस जाते हुए वे सभी अपने साथ बड़े आकार के ट्रांजिस्टर, रेडियो भी ले जा रहे थे।"[2] इससे स्पष्ट होता है कि रेडियो निर्धनतम लोगों के लिए सूचना प्राप्ति के उद्देश्य से कितना महत्त्वपूर्ण है।

सूचना प्राप्त करने का आधार होता है शब्द, जो एक ऐसी भाषा का निर्माण करता है, जो आम लोगों के गले में सहजता से उतरती है। उस शब्द में देश प्रेम का ऐसा जज्बा होता है, जिससे देश भक्ति की परिभाषा बनती है। इसीलिए सर्वप्रथम यह जानना अति आवश्यक है कि रेडियो में हिंदी है और यदि है तो किस स्तर की। क्या उसमें वह प्राणवत्ता है भी कि वह जन-मन को स्पर्श कर सके या आंदोलित कर सके। क्योंकि रेडियो ऐसा सशक्त माध्यम है जो तुरंत संप्रेषण और विस्तृत प्रसारण की सुविधा के कारण पत्र-पत्रिकाओं से भी ज्यादा महत्त्वपूर्ण भूमिका निभा सकता है।

रेडियो के पास हिंदी पत्रकारिता की त्यागी पीढ़ी द्वारा निर्मित किया गया संस्कार नहीं है। रेडियो का आरंभ 1935 में विदेशी सरकार द्वारा किया गया था। इसीलिए यह माध्यम राष्ट्रभक्तों के हाथों कभी रहा ही नहीं। इस माध्यम का नाम पहले 'इंडियन स्टेट ब्राडकास्टिंग सर्विस' रखा गया था बाद में लार्ड लिनलिथगो

---

1. आकाशवाणी शिमला के प्रवेशद्वार पर अंकित।
2. गिरिराज साप्ताहिक, 5 सितंबर, 1984, पृष्ठ 5

ने 8 जून, 1938 को इसे 'ऑल इंडिया रेडियो' का नाम दिया। रेडियो से प्रसारित होनेवाले अधिकांश शब्द अंग्रेजी चिंतन और परंपरा पर आधारित थे और इन शब्दों का अर्थ वही था, जो एक क्रूर शासक एक गुलाम देशवासियों के लिए प्रयुक्त करता आ रहा था। इस माध्यम से देश-भक्ति की किसी प्रकार की रचना के प्रसार का प्रश्न ही पैदा नहीं होता था। यह अंग्रेजों के ही मनोरंजन का आधार था।

ऑल इंडिया रेडियो के डायरेक्टर जनरल ए.एस.बुखारी ने रेडियो को अभिजात्य वर्ग तक सुरक्षित रखा। यद्यपि माध्यम की पकड़ व प्रबंध कुशलता उनमें थी तथापि उनमें हिंदी के प्रति कोई लगाव नहीं था। उनका विचार था कि बोला हुआ शब्द लिखे हुए शब्द से अलग था। "बुखारी साहब उर्दू के मुहावरे के उस्ताद थे, लेकिन भारतेंदु से निराला, पंत, महादेवी, प्रसाद तक जो साहित्यिक शैली और सूक्ष्म अभिव्यंजनाएँ पनपी थीं उससे न केवल अपरिचित थे अपितु उस समय गोरों द्वारा भड़कायी गई सांप्रदायिक विभाजनवादी मनोवृत्ति के कारण यह तवका साहित्यिक हिंदी के प्रति जिस दुर्भावना से भर गया था उससे वे स्वयं भी ग्रस्त थे। उनके द्वारा निर्मित और संयोजित अधिकांश अफसर वर्ग हिंदी लेखक को बहुत नीची निगाह से देखता था। कुछ प्रचलित विशेषण थे–"गँवार, पंडितजी, धोती प्रशाद"[1] आदि उनकी जुबान में रहते थे। जब हिंदी प्रेमी के प्रति बुखारी साहब के ऐसे विचार थे वह फिर उस शब्द को कैसे निर्मित कर सकते थे जो रेडियो की ध्वनि के माध्यम से इस देश कें आम श्रोता को सुलभ हो सकता था। रेडियो का स्वर भोजन का वह हिस्सा बना दिया गया, जिसके प्रथम ग्रास में ही कोई कीट-पतंग भोजन को विषाक्त कर देता है। रेडियो से स्वतंत्रता के पश्चात् अपेक्षा थी कि इस माध्यम का हर शब्द जनतंत्र और राष्ट्रीय-निर्माण के लिए समर्पित हो। रेडियो क्रांति के युग में लोक चेतना और लोक मानस को जो आश्वस्ति और ज्ञान का नव क्षितिज मिलना चाहिए था वह आज तक दिशाहीन, कुंठाग्रस्त और मशीनी बना हुआ है। शब्द संस्कार जब तक रचनात्मक नहीं होता तब तक उसके परिणाम सार्थक हो ही नहीं सकते।

रेडियो के सभी अधिकारियों जिसमें निदेशक भी सम्मिलित हैं, से एक अधिकारी के बजाए एक प्रेरक रसज्ञ मित्र के व्यवहार की अपेक्षा रहती है ताकि इस रेडियो जैसे सशक्त माध्यम का सृजनात्मक सहयोग देश के लिए वरदान सिद्ध हो सके। पर रेडियो की स्थिति अभी तक विचित्र ही बनी हुई है आज भी स्वाधीनता के कंधों पर पराधीनता के शब्दों का ही बोझ लदा हुआ है। स्वाधीनता के आलोक में, त्रुटियों के अस्तित्व के रहते हुए भी, रेडियो पत्रकारिता का महत्त्व है। रेडियो का सूचना का माध्यम पढ़ने का नहीं अपितु सुनने का है और इसीलिए रेडियो

1. हिंदी पत्रकारिता : विविध आयाम, सं. वेदप्रताप वैदिक, पृष्ठ 46

की भाषा अटपटी एवं क्लिष्ट नहीं होनी चाहिए। क्योंकि रेडियो का सरोकार सबसे है शिक्षित जन से भी तथा अशिक्षित जन से भी। अतः रेडियो की भाषा में सरलता का प्रयोग किया जाना अपेक्षित है किंतु भाषा का संस्कार ऐसा हो, जिससे स्वर स्वाधीन भारत माँ के हर बेटे के मन-मस्तिष्क पर अमिट प्रभाव छोड़ते हों। रेडियो की भाषा में शब्द-आडंबर का बंधन न आ सके। शब्दाडंबर से भाषा को मुक्त रखा जाना हितकर होगा। क्योंकि रेडियो श्रोता को पुनरावृत्ति का लाभ नहीं मिलता शब्द स्मृति से ओझल हो जाते हैं अतः रेडियो द्वारा ऐसी भाषा प्रयुक्त की जानी चाहिए जिसे समझने में, ग्रहण करने में कठिनाई न हो।

रेडियो पत्रकारिता के अंतर्गत रेडियो का समाचार प्रभाग, बड़ा महत्त्वपूर्ण है। समाचार बुलेटिन किस तरह से तैयार किए जाने चाहिए ताकि उन्हें सुनने व समझने में शिक्षित अथवा अशिक्षित वर्ग दोनों को समान लाभ मिल सके। समाचार की भाषा संक्षिप्त एवं सारगर्भित होनी चाहिए। मिश्रित एवं दुरूह वाक्यों के प्रयोग से बचना ही श्रेयस्कर है। वाक्य में एक ही सूचना को प्राथमिकता दी जानी चाहिए। शब्दों का कम-से-कम प्रयोग ही, समाचार को अर्थप्रद एवं सुनने योग्य क्षमता प्रदान करता है।

रेडियो द्वारा शब्द, आम लोगों तक कितनी त्वरित गति से पहुँचता है इसीलिए जरूरी है कि रेडियो की भाषा शैली स्पष्ट और शालीन ही होनी चाहिए ताकि रेडियो पत्रकारिता, स्वतंत्रता के खुले परिवेश में साँस ले सके।

रेडियो पत्रकार को अपने व्यावसायिक स्तर के उच्च मानदंडों को बनाये रखने के लिए रेडियो के लिए भी सत्य और तथ्य के अर्थ की उच्च गरिमा को ठीक से समझ लेना चाहिए, इससे वह तमाम प्रकार के अनैतिक दबावों से बचा रह सकता है। देश की एकता, अखंडता, सांप्रदायिक सद्भाव बनाये रखने तथा देश-प्रेम का पाठ पढ़ाने में रेडियो-पत्रकारिता का योगदान अद्वितीय और प्रशंसनीय हो सकता है और यह दायित्व तथा सत्यनिष्ठा के द्वारा ही संभव हो सकता है।

भारत जैसे विकासशील राष्ट्र में रेडियो पत्रकारिता का कार्य, मात्र घोषणाओं तथा वक्तव्य तक सीमित नहीं रखा जा सकता अपितु रेडियो पत्रकारिता का कार्य, सामाजिक, आर्थिक तथा सांस्कृतिक क्षेत्र में हो रहे विकास की अर्थवत्ता को भी स्वर देना होना चाहिए ताकि राष्ट्र की सही तस्वीर उकेरी जा सके।

रेडियो पत्रकार को समाचारों का चयन एवं एकीकरण इस ढंग से करना चाहिए जिससे राष्ट्र-निर्माण की संभावनाएँ उजागर हो सकें। देश में धर्म-निरपेक्ष सत्ता है और रेडियो पत्रकार को इस सत्ता के परिपोषण के प्रति जागरूक रहना होगा।

विश्व में हो रहे विकास परिदृश्य को स्वर देने के लिए विदेशों में रेडियो पत्रकारों की नियुक्ति फलप्रद हो सकती है ताकि विकसित राष्ट्रों के साथ एक समन्वय की संस्कृति स्थापित हो सके। लोकतांत्रिक व्यवस्था में रेडियो पत्रकार को

ऐसी नीतियों का सहारा लेना चाहिए जिससे आम श्रोता की रुचि रेडियो में बनी रहे तथा लोकतंत्र भी चंचल होने से बच सके।

दूरदर्शन के बढ़ते प्रभाव ने रेडियो के समक्ष चुनौती खड़ी कर दी है और इस चुनौती का सामना, रेडियो-पत्रकार तभी कर सकता है जब वह कर्तव्य-परायण होकर ऐसे कार्यक्रम रेडियो के माध्यम से प्रसारित करेगा जो विश्वसनीय तथा उपयोगी तो हों ही इसके साथ रुचिपूर्ण भी होने चाहिए। रेडियो द्वारा प्रसारित किया जानेवाला हर कार्यक्रम लोगों के हितों के प्रति प्रतिबद्ध होना चाहिए ताकि आम जनता संवैधानिक ढाँचे के अनुकूल अपने अधिकारों के प्रति जागरूक हो सके। यह जागरूकता जनहित उन्मुख कार्यक्रम तैयार करके ही संभव हो सकती है। नागरिक अधिकारों के परिप्रेक्ष्य में रेडियो, जब सामाजिक न्याय तथा राष्ट्रीय एकता की दिशा में अपने कार्यक्रमों के निर्माण को प्राथमिकता देने लगेगा तो उसकी विश्वसनीयता अपने आप कायम होने लगेगी। रेडियो जब जनहित में सामाजिक समस्याओं के समाधान में, निर्भीक होकर बोलने लगेगा तो जन-समर्थन भी मिलेगा, राष्ट्रहित में उपयोगिता भी बढ़ेगी तथा जन-जन के लिए रेडियो सुनना अपरिहार्य भी हो सकेगा।

दूरदर्शन पत्रकारिता

भारत जैसे विकासशील देश में दूरदर्शन ने विभिन्न आर्थिक स्तर के लोगों को एक ही सांस्कृतिक धरातल पर बनाये रखने में महती सफलता प्राप्त की है। एक राष्ट्रीय संस्कृति के निर्माण में दूरदर्शन ने जिस सफलता को प्राप्त किया है, वह दूरदर्शन की महत्त्वपूर्ण एवं प्रभावी भूमिका ही है। साक्षरता, शिक्षा और स्वास्थ्य आदि के कार्यक्रमों में तो दूरदर्शन ने एक सफल प्रचारक की भूमिका का वहन किया है।

दूरदर्शन संप्रेषण का एक ऐसा माध्यम है, जिसमें दृश्य एवं श्रव्य दोनों प्रकार का आनंद लिया जा सकता है। विश्व के समक्ष घट रही हर घटना तुरंत और हू-ब-हू दूरदर्शन के समक्ष बैठकर, दर्शक सहज में देख सकता है। काले और सफेद तथा रंगीन दूरदर्शन के दर्शक, दृश्य की संपूर्ण पृष्ठभूमि के साथ तादात्म्य स्थापित कर देता है। इसीलिए दूरदर्शन की लोकप्रियता में अभूतपूर्व विस्तार हो रहा है। आज झोंपड़-बस्तियों में भी टेलीविजन हैं और घरों के ऊपर ऐरियलों का एक जाल-सा बिछा हुआ दिखाई देने लगा है।

भारत में संचार व्यवस्था का नियंत्रण तथा प्रबंध दो भागों में विभक्त है। एक सरकारी नियंत्रण है, दूसरा गैर-सरकारी नियंत्रण में। रेडियो तथा दूरदर्शन संचार

के ऐसे माध्यम हैं जिन पर सरकार का पूरा नियंत्रण है। भारत सरकार का सूचना एवं प्रसारण मंत्रालय इन सरकारी सूचना माध्यमों को पूरी तरह नियंत्रित करता है। दूरदर्शन और रेडियो पर, केंद्रीय सत्ता की छवि निर्माण करते रहने का दोषारोपण किया जाता है और इसीलिए इन दोनों माध्यमों को सरकारी भोंपू कह कर दुत्कारा जाता है। इसके साथ समय-समय पर दूरदर्शन को पूर्ण स्वायत्त बनाने की बातें भी होती रही हैं। इसके लिए प्रसार भारती बिल भी बनाया गया है किंतु दूरदर्शन को पूर्ण स्वायत्त माध्यम बनाने के प्रयासों को पूर्ण सफलता अभी तक मिल नहीं पाई है। तथापि प्रसार भारती बोर्ड के गठन के साथ ही प्रसारण मंत्रालय या सरकार गौण हो गए हैं तथापि प्रसार भारती के गठन के बाद भी रेडियो और दूरदर्शन की स्वायत्तता को लेकर अभी बहुत कुछ करना शेष है।

भारतीय राजनैतिक चेतना तथा समाज के अंतःसंबंधों में तेजी से परिवर्तन हुआ है। विगत कई दशकों के सामाजिक-राजनैतिक चेतना के प्रभाव को इस परिवर्तन के मूल्य में देखा जा सकता है। इसी चेतना ने दूरदर्शन को सामाजिक दर्पण बनाये जाने की माँग को बढ़ावा दिया है। दूरदर्शन संस्कृति के माध्यम से निरंतर भारतीय चेतना का विस्तार करने का प्रयास भी किया जाने लगा है। किंतु "दूरदर्शन की उपयोगिता क्या हो और कैसी हो, यह भी सरकारी नीतियों पर निर्भर है। उदाहरण के लिए पहले अस्पताल, सड़कों और बिजली-पानी की समस्या की बात होती थी। अब उसी तरह दूरदर्शन के केंद्र और रिले सेंटर खोलने की माँग उठाई जाती है। आज दूरदर्शन इतना लोकप्रिय हो रहा है कि ऐसा लगने लगा है कि शायद एक दिन यह संचार के दूसरे माध्यमों को निगल जाएगा।"[1] दूरदर्शन ने आज भारतीय घरों में पूरी घुसपैठ कर ली है इस संबंध में हरेश वशिष्ठ का विचार है कि "दूरदर्शन के कार्यक्रम घर-घर में बच्चों, महिलाओं तथा युवकों पर विशेष प्रभाव डाल रहे हैं। सच तो यह है कि देश को एक सूत्र में पिरोने में दूरदर्शन कार्यक्रमों की विशेष उपलब्धि रही है।"[2] दूरदर्शन के हर कार्यक्रम जनरुचि के परिचायक बनें, इस तथ्य को समक्ष रखते हुए हमारे देश में दूरदर्शन को बी. बी.सी. की तरह विश्वसनीय और खोजपरक बनाने में दिलचस्पी जतलाई जा रही है, पर इस सोच के साथ यह प्रश्न भी मुँह बाये खड़ा है कि क्या यह संभव हो पायेगा ?

दूरदर्शन से प्रसारित की जानेवाली सांस्कृतिक, साहित्यिक वार्ताओं, कवि-गोष्ठियों एवं अन्य ज्ञानवर्द्धक कार्यक्रमों में भी सेंसर की कैंची अक्सर चलाई जाती है कई बार तो कविताओं का भी संपादन कर दिया जाता है और ऐसे बिंब और प्रतीकों को काट दिया जाता है जिसमें देश की सही तस्वीर उभरती है, और सरकार की

---

1. जनसंचार में दूरदर्शन का योगदान : लेखक कृष्ण कुमार, पृष्ठ 252
2. जनसंचार : सं. राधेश्याम शर्मा, पृष्ठ 197

खामियों का भी पर्दाफाश होता है। ऐसी स्थिति में दूरदर्शन क्या खोजपरक तथा तथ्यात्मक सूचना दर्शकों को उपलब्ध करवा पायेगा, इसमें अभी संशय है।

दूरदर्शन को वास्तव में मनुष्य की प्रगति तथा मानवीय संस्कृति के विकास के लिए होनेवाले संघर्ष के साथ अपने को जोड़ना चाहिए। मनुष्य की मनुष्य के रूप में सही पहचान हो यह दूरदर्शन के कार्यक्रमों का केंद्रीय बिंदु होना चाहिए। इस पहचान की प्रतीति कराने के लिए दूरदर्शन किसी कल्पित संसार की सृष्टि नहीं कर सकता। जब जीवन की वास्तविकता की पहचान के लिए दूरदर्शन का मरोकार रोजमर्रा की जिंदगी से होगा तो वह सत्य से कदापि मुँह नहीं मोड़ सकता। इस परिप्रेक्ष्य में दूरदर्शन के पर्दे पर दर्शाये जानेवाले कार्यक्रमों में 'सत्य और तथ्य' का साक्षात्कार होना ही चाहिए। दूरदर्शन की भूमिका की सार्थकता इसी में है कि वह आम दर्शकों में 'चाव' का पोषण करे। दर्शक जो कार्यक्रम देखे वह उसके लिए ज्ञान और सूचना का पर्याय हो। तभी मनोरंजन, शिक्षा और जनसंचार का महत्त्वपूर्ण साधन बन सकता है। दूरदर्शन का महत्त्व इसलिए भी है क्योंकि इससे एक साथ ही आँख, कान और मन पर प्रभाव पड़ता है और एक छवि अंकित होती है।

दूरदर्शन के अलग अस्तित्व में आने के बाद इसके कार्यक्रमों में अभूतपूर्व परिवर्तन हुए और दूरदर्शन अपनी सार्थक पहचान बनाने के लिए निरंतर संघर्षरत है। और यह माना जा रहा है कि हमारा दूरदर्शन आज तक बी.बी.सी., स्टार प्लस, एम.टी.वी., प्राइम स्पोर्ट्स और इधर जी.टी.वी. के मनोरंजक, रुचिकर, ज्ञानवर्द्धक, सामयिक कार्यक्रमों की उत्कृष्टता से प्रतिस्पर्द्धा करने के लिए अभी तक तैयार नहीं हुआ है। फिर भी दूरदर्शन से अपार अपेक्षाएँ हैं और इस माध्यम की जन-शिक्षण की दृष्टि से उज्ज्वल संभावनाएँ भी हैं। दूरदर्शन पत्रकारिता से जो लोग जुड़े हैं "उन सबकी यह जिम्मेदारी बनती है कि वे यह देखें कि दूरदर्शन पत्रकारिता का अवमूल्यन न हो क्योंकि शब्द ही आजादी के हथियार हैं। शब्द ही ताकत हैं। बनावट, नाटकीयता या दोहरे आचरण, शब्दों की ताकत को खत्म कर देंगे। शब्द ही मानवता की सबसे बड़ी करेंसी है। जिनका स्थान कोई और चीज नहीं ले सकती। हमारे शास्त्रों में शब्द को ब्रह्मा कहा गया है। लेकिन इसके साथ कई शर्तें आज जुड़ गई हैं।"[1] इन शर्तों के परिप्रेक्ष्य में कार्यक्रमों के निर्माण से वे सभी अपेक्षाएँ हैं। जिनमें एक महत्त्वपूर्ण अपेक्षा दूरदर्शन से यह है कि वह ऐसे कार्यक्रम तैयार न करे जो भ्रम पैदा करते हों। जब दूरदर्शन के सभी कार्यक्रम भ्रमरहित होंगे तो उन कार्यक्रमों के हर शब्द मानवता की सबसे बड़ी उपलब्धि वन पायेंगे।

हमारा देश आज स्वतंत्र तो है पर इस स्वतंत्रता की सुरक्षा हमारी बड़ी

1. जनसंचार : सं. राधेश्याम शर्मा, पृष्ट 179

जिम्मेदारी है और दूरदर्शन इस जिम्मेदारी के वहन के लिए देश के नागरिकों को ठीक व शिक्षाप्रद पाठ पढ़ा सकता है। समाज में जो रूढ़ियाँ एवं विकृतियाँ व्याप्त हैं और देश जिन से जर्ज़र हो रहा है उसके खिलाफ दूरदर्शन जबरदस्त धर्मयुद्ध छेड़ सकता है और इसकी क्षमता दूरदर्शन में है।

देश की एकता और अखंडता को आज जिस तरह से खतरा पैदा हो गया है उस खतरे से भिड़ने के लिए दूरदर्शन के पर्दे पर देशभक्ति से ओतप्रोत कार्यक्रम विविध प्रकार से दिखाए जा सकते हैं। दूरदर्शन की शिक्षाप्रद जानकारी, देश तथा समाज को नींद से जगाने का काम कर सकती है बस यदि कुछ जरूरत है तो कर्तव्य एवं निष्ठा की।

दूरदर्शन के कार्यक्रम, आज दुर्गम स्थानों पर देखे जाने लगे हैं। ऐसे स्थानों पर जहाँ किसी नई बात का पहुँचना अत्यंत असंभव था। दूरदर्शन के माध्यम से देश में असहाय, अपंग, निर्बल, निर्धन सभी वर्ग के लिए नये विचार, नई आवाज, नये-नये कलाकारों, जन-नायकों के दर्शन तथा सूचनाप्रद, शिक्षाप्रद मनोरंजन सुलभ होने लगा है वह एक बड़ी उपलब्धि है। दूरदर्शन जनजीवन में क्रांतिकारी प्रभाव के साथ संचार का एक ऐसा माध्यम बन गया है जिसके पास व्यावसायिकता की भी जबरदस्त सामर्थ्य है। अब वह मात्र भोंदू बाक्स नहीं, ज्ञान का ठोस आधार माना जाने लगा है। भले ही दूरदर्शन के पास अखबारी पत्रकारिता की तरह त्यागी पीढ़ी का इतिहास विरासत में नहीं है क्योंकि आजादी के संघर्ष के दिनों में दूरदर्शन उपलब्ध नहीं था, तथापि दूरदर्शन उस विरासत से अपरिचित भी नहीं है और दूरदर्शन पर ऐसे कार्यक्रम दिखाये जाने लगे हैं जिन्हें देखकर दर्शक आजादी के संघर्ष को, निकट से देखने जैसे सुख बटोरने लगा है। यह भी सही है कि दर्शकों का अधिकांश समय अब दूरदर्शन कार्यक्रमों को देखने की भेंट चढ़ गया है तथापि यह रुचि भी तो किसी भाव की ही परिचायक है। दूरदर्शन जैसे संचार के सशक्त माध्यम के लिए जब कोई निश्चित नीति तैयार हो जाएगी, जिसमें दूरदर्शन की स्वायत्तता की गारंटी भी हो तथा जीवन-मूल्यों के निर्माण का स्वप्न भी हो तो दूरदर्शन देश की एकता, अखंडता एवं जीवन मूल्यों को पोषित करने में महत्त्वपूर्ण भूमिका का वहन कर सकता है।

फिल्मी पत्रकारिता

हिंदी पत्रकारिता के अंतर्गत फिल्म पत्रकारिता ने एक अलग अस्तित्व स्थापित करके लोकप्रियता अर्जित कर ली है। प्रारंभ में साहित्यिक एवं फिल्म पत्रकारिता के बीच एक दूरी-सी बनी रही और काफी समय तक फिल्म पत्रकारिता को निम्न स्तर की

पत्रकारिता के रूप में माना जाता रहा है। आज भी जेठी पीढ़ी के पत्रकार, फिल्म पत्रकारिता को सम्मान की दृष्टि से देखने के पक्षधर नहीं हैं। फिल्म पत्रकारिता को मान्यता देने में उनके भीतर एक झिझक है। "ऐतिहासिक दृष्टि से फिल्मी पत्रकारिता का आरंभ 1931 में प्रकाशित 'मंच' नामक पत्रिका से हुआ था। इसी क्रम में सन् 1932 में दिल्ली से प्रकाशित होनेवाली 'नवचित्रपट' नामक पत्रिका का उल्लेख भी किया जा सकता है। कालांतर में फिल्मों की लोकप्रियता बढ़ने के साथ फिल्मी पत्रकारिता का भी तीव्र गति से विकास हुआ।"[1] आज फिल्म पत्रकारिता भी तीव्र गति से लोकप्रियता प्राप्त कर रही है। जहाँ फिल्मी-पत्रिकाएँ अलग रूप से बड़ी मात्रा में प्रकाशित होने लगी हैं, वहाँ सभी दैनिक, साप्ताहिक, मासिक सभी तरह की पत्र-पत्रिकाओं में फिल्मी जगत् से संबद्ध स्थायी स्तंभ नियमित रूप से प्रकाशित किये जा रहे हैं।

एक समय फिल्म बनाना भी कठिन था क्योंकि पात्र ही नहीं मिलते थे। विशेषकर नारी पात्र। स्थिति ऐसी थी कि वेश्याएँ भी फिल्मों में काम करने को तैयार नहीं थीं। आज तो नायक और नायिकाएँ बड़ी संख्या में इस ओर आकृष्ट हुए हैं। फिल्मी पर्दे पर हर तरह के दृश्य बेरोक-टोक दिखाए जाने लगे हैं। फिल्मी-निर्माण के प्रारंभिक दिनों से लेकर आज तक की स्थिति के अंतर्गत फिल्म जगत् के इतिहास में जो गुह्य सत्य बातें अप्रकाशित रही हैं, उसे प्रकाश में लाना फिल्मी पत्रकारिता का कार्य है। पहले फिल्म-निर्देशन की स्थिति क्या थी, वह किन आदर्शों से प्रेरित होकर फिल्में बनाता था, उसके समक्ष क्या कठिनाइयाँ थीं ? आज का निर्देशक कितना साधन-सम्पन्न एवं सुविधा-सम्पन्न हो गया है। इस संबंध में पर्याप्त कथा-वार्ताएँ प्रकाश में लाई जा सकती हैं।

एक समय या जब नायक-नायिका की फिल्म जगत् में तलाश रहती थी अव नायक-नायिकाएँ सहज में उपलब्ध हैं और फिल्म-जगत् में प्रवेश पाने के लिए नायक-नायिकाओं को कई तरह के संघर्ष करने पड़ते हैं। इन संघर्षों का अपना एक इतिहास है तो हर नायक, हर नायिका का अपना-अपना अनुभव, जिसे फिल्म स्तंभों व पत्रिकाओं में प्रकाश में लाया जा सकता है।

आज तो फिल्म नायक और नायिकाओं का जीवन बेहद आकर्षण का केंद्र भी बन गया है। नायक अथवा नायिका को सार्वजनिक जीवन में चहलकदमी करते हुए देखने पर भीड़ जमा हो जाती है। फिल्मी कलाकारों का रहन-सहन आज नई पीढ़ी के लिए प्रेरणा का आधार बन गया है फिल्मी कलाकारों ने फैशनपरस्ती को बढ़ावा दिया है। फिल्मी कलाकारों द्वारा पहने जा रहे परिधानों का सहज में नई पीढ़ी द्वारा अनुकरण किया जाने लगा है।

1. बृहत् हिंदी पत्रकारिता कोश : सं. डॉ. प्रताप नारायण टंडन, साहित्य शिल्पी प्रकाशन लखनऊ, पृष्ठ 673

फिल्मी कलाकारों की लोकप्रियता को राजनीति में वोट बटोरने, भीड़ जमा करने के लिए भी भुनाया जाने लगा है। कई फिल्मी कलाकार सक्रिय राजनीति में शामिल हुए हैं और हो रहे हैं। उनके निजी जीवन के कई किस्से अखबारों की सुर्खियाँ बनने लगे हैं। प्रेम-रोमांस के फिल्मी किस्सों को पाठक चटखारे मार कर पढ़ने लगा है। इस तरह फिल्मी पत्रकारिता को एक नया विस्तार मिलने लगा है।

फिल्म पत्रकारिता का यह भी दायित्व है कि वह जिंदा तथा दिवंगत फिल्मी कलाकारों जिन्होंने अपने अभिनय कौशल से जन-मन को प्रभावित किया है उनके संदर्भ में रोचक सामग्री तैयार करे। बलराज साहनी, सत्यजीत, विमलरॉय, मीना कुमारी, संजीव कुमार, पृथ्वीराज कपूर, स्मिता पाटिल जैसे दिवंगत कलाकारों का आज भी जन-मन पर प्रभाव है। दर्शक उनकी फिल्मों की आज भी मुक्त कंठ से सराहना करते हैं। उनके बारे में, अभिनय से लेकर जीवन के विभिन्न पहलुओं पर, रोचक सामग्री पत्र-पत्रिकाओं में प्रकाशित की जा सकती है।

फिल्म निर्माण बेहतर फिल्मों पर समाचार-पत्रों, फिल्म-पत्रिकाओं में जो मूल्यपरक आलोचना प्रकाशित की जाती है उसे पाठक बड़े चाव से पढ़ता है। इस आलोचना को पठनीय व रोचक बनाने के लिए फिल्म पत्रकारों को गहन अध्ययन एवं अथक परिश्रम करना आवश्यक है ताकि वे पाठकों को पठनीय एवं रोचक सामग्री उपलब्ध करवा सकें। कोई फिल्म, दूसरी फिल्म से कितनी बढ़िया थी कितनी मनोरंजक एवं अर्थप्रद थी इस दिशा में फिल्म पत्रकार खोजबीन करके बेहतर काम कर सकता है। इसके लिए मात्र फिल्में देखकर ही आलोचना करना पर्याप्त नहीं होगा अपितु फिल्म पत्रकारों के लिए फिल्म इतिहास, फिल्म पत्र-पत्रिकाओं का गहन अध्ययन भी अपेक्षित है।

फिल्म निर्माण एक कला है। यह समाज के लिए वरदान और अभिशाप सिद्ध हो रही हैं। फिल्मों ने हमारे जीवन दर्शन को गहरे रूप से प्रभावित किया है अतः फिल्मों के निर्माण के लिए एक आचार संहिता का निर्माण तथा उसका सही परिचालन भी अपेक्षित हैं। इसके लिए एक राष्ट्रीय नीति तय की जानी चाहिए ताकि बेहतर फिल्में बन सकें। फिल्में बेहतर व शिक्षाप्रद कैसे बन सकती हैं ? इस दिशा में फिल्म पत्रकारिता एक मार्गदर्शक का कार्य कर सकती है।

फिल्में आज संचार का एक सशक्त माध्यम बन गई हैं। फिल्मों के दर्शक बड़ी संख्या में न केवल सिनेमा घरों में जाते हैं इसके अतिरिक्त घरों में भी फिल्में देखते हैं। घर पर तो संख्या दर्शकों की नहीं, अपितु फिल्में देखने की होती है। ऐसा इसलिए हो रहा है क्योंकि फिल्में मनोरंजन का एक सशक्त माध्यम बन पाई हैं।

फिल्में आम आदमी की चिंताओं, संघर्षों, आकांक्षाओं और उपलब्धियों को प्रतिबिंबित करने लगी हैं। फिल्मी कलाकार जहाँ अपने युग को चित्रित करने लगा

है वहाँ वह राष्ट्र की नियति का निर्धारक भी तो बन रहा है। अतः फिल्मों को वह कार्य करना है जो न कोई कर सके और न कोई और ऐसा अद्‌भुत कार्य कर पाया हो, इससे फिल्म पत्रकारिता को भी एक स्वस्थ दिशा मिल सकेगी।

फिल्म पत्रकारिता का एक नैतिक दायित्व है कि वह फिल्मों के पात्रों में ठोस संघर्षशीलता, संकल्पशक्ति, दृढ़-चरित्र, कर्तव्यपरायणता तथा राष्ट्र-प्रेम के उदात्त भावों को अंकित करे ताकि फिल्में, जीवन स्तर को ऊँचा उठाने में प्रेरक शक्ति की प्रतीक बन सकें।

पत्र-पत्रिकाओं में नई आनेवाली फिल्मों की समीक्षा, कलाकारों तथा संगीत के संबंध में रोचक जानकारी उपलब्ध करवाई जा सकती है। फिल्मों के संबंध में भी जो समीक्षाएँ प्रकाशित की जाती हैं वे निष्पक्ष होनी चाहिए क्योंकि पाठक इन्हीं समीक्षाओं को पढ़कर फिल्म के संबंध में अपनी राय बनाता है। समीक्षा करते हुए फिल्म समारोहों, अंतर्राष्ट्रीय फिल्म समारोहों, फिल्म-उद्योग, अभिनय कला-पक्ष व संगीत पक्ष पर भी जानकारी दी जानी अनिवार्य है।

फिल्म समाचारों, लेखों व साक्षात्कार के शीर्षक भी आकर्षक होने चाहिए। इन दिनों समाचार-पत्रों व फिल्म पत्रिकाओं में भड़कीले काम-उत्तेजक फिल्मी कलाकारों के चित्र-प्रकाशन को बढ़ावा दिया जा रहा है इससे एक विचित्र प्रकार की पत्रकारिता को बढ़ावा मिल रहा है और नई पीढ़ी के मन-मस्तिष्क इनसे विकृत होने लगे हैं। फिल्मी सितारों के प्रेम संबंधी रोमांस के किस्से व अर्द्धनग्न शरीर जिस तरह से पत्र-पत्रिकाओं में छापे जा रहे हैं वे कदापि स्वस्थ पत्रकारिता के आधार नहीं बन सकते जबकि नैतिक दृष्टिकोण पत्रकारिता की प्राणवायु है, चाहे वह फिल्मी-पत्रकारिता हो या दूसरे स्तर की पत्रकारिता।

आध्यात्मिक पत्रकारिता

अध्यात्म हमारे देश की प्राणवायु है। अध्यात्म के बिना हमारे जीवन के कोई भी क्रिया-कलाप न तो शुरू होते हैं और न ही उनका कोई अंत है। आध्यात्मिक और धार्मिक आस्थाओं के दार्शनिक पक्ष को अभिव्यक्ति देने के लिए हिंदी में न-केवल आध्यात्मिक पत्रकारिता का श्रीगणेश ही हुआ अपितु, अध्यात्म और पुराण को आधार बना कर, हिंदी में बहुत-सी पत्र-पत्रिकाओं का विधिवत् प्रकाशन भी किया जाने लगा। स्वामी विवेकानंद ने हमारे इस आध्यात्मिक जीवन की श्रेष्ठता पर प्रकाश डालते हुए कहा था कि अध्यात्म की बात केवल भारत की पुण्यभूमि में ही होती है। "अगर इस पृथ्वी में ऐसा कोई देश है जिसे पुण्यभूमि कहा जा सके। यदि कोई ऐसा स्थान है जहाँ पृथ्वी के सभी जीवों को कर्मफल भोगने के लिए आना

होगा, अगर ऐसा कोई स्थान जहाँ ईश्वर को पाने की इच्छा रखनेवाले जीवों को आना होगा, यदि कोई देश है, जहाँ पर सबसे अधिक आध्यात्मिक और अंतरात्मा का विकास हुआ है तो मैं निश्चयपूर्वक कह सकता हूँ वह हमारी मातृभूमि यह भारतवर्ष ही है। प्राचीनकाल से यहाँ पर भिन्न-भिन्न धर्मों के संस्थापक आविर्भूत होकर सारे जगत् को कई बार सनातन धर्म की पवित्र आध्यात्मिक धारा में नहला चुके हैं।''[1] इसी के कारण भारत को धर्मपरायण, ऋषि-मुनियों व दार्शनिकों का देश भी कहा जाता है। किंतु धर्म से सहज संपर्क बढ़े, यह पीढ़ी-दर-पीढ़ी आवश्यक है।

धार्मिक और आध्यात्मिक वातावरण से सोचने-समझने की दृष्टि से हर व्यक्ति में बदलाव आ सकता है। हमारे धार्मिक-ग्रंथों में इस संदर्भ में अनेक बातें लिखी गई हैं। जिन पर चिंतन-मनन करने से जीवन सुखपूर्ण बन सकता है। यह चिंतन-मनन संभव हो सके, इस दिशा में आध्यात्मिक पत्रकारिता अहम भूमिका निभा सकती है।

आज हम तनावपूर्ण एवं हिंसापूर्ण समाज में रह रहे हैं। सच्चाई तो यह है कि तनाव झेलना हमारी आदिम प्रवृत्ति है। हिंसा और तनावपूर्ण वातावरण ने आज उग्र रूप धारण कर लिया है। इस हिंसा और तनावपूर्ण वातावरण से मुक्त होने के लिए अध्यात्म ही एक कारगर साधन है। अध्यात्म के संबल से मनुष्य जीवन में शांति और सुख का अनुभव कर सकता है। यूँ भी ''हमारे देश में धर्म और संस्कृति की जड़ें गहरी हैं। धार्मिक पत्र-पत्रिकाओं की खासी बड़ी संख्या से भी यह प्रकट है कि धर्म-निरपेक्ष राज्य में भी करोड़ों देशवासी धर्म के प्रति आस्थाशील हैं। किंतु इस तथ्य को भी हम नकार नहीं सकते कि दिनोंदिन धर्म के प्रति उदासीनता बढ़ रही है। नैतिकता का ह्रास हो रहा है। पिछली पीढ़ी की अपेक्षा वर्तमान पीढ़ी ने धर्म कर्म का संबंध पाखंड से जोड़ कर, उसके प्रति उपेक्षा दर्शाता है। आज का भागमभरा जीवन जीनेवाला और आर्थिक, सामाजिक तनावों में घिरा मानव, धार्मिक क्रिया-कलाप में कितना समय दे सकता है ? वास्तव में हमारे धार्मिक-पत्रों में गंभीर चिंतन तथा समय-सापेक्ष विवेचन न होने से यह भटकाव की स्थिति उत्पन्न हुई है। उनकी सामग्री ही नहीं साज-सज्जा और मुद्रण भी प्रायः समय से पिछड़ा हुआ है। वैज्ञानिक चकाचौंध में धर्म, संस्कृति तथा नैतिकता को नये संदर्भ और नये आयाम चाहिए।''[2] और ये नये संदर्भ एवं आयाम धार्मिक पत्रकारिता से ही जुटाए जा सकेंगे। सत्य, अहिंसा, दया, परोपकार, दान, पुण्य, आत्मा और परमात्मा, संतोष, सुख-दुःख और सत्य आदि के संदर्भ में वांछित जानकारी; ताकि जीवन में परिष्कार संभव हो सके, आध्यात्मिक पत्रकारिता द्वारा

1. विश्वशांति का संदेश : स्वामी विवेकानंद, सन्मार्ग प्रकाशन, दिल्ली-7, पृष्ठ 9
2. हिंदी पत्रकारिता : विविध आयाम : संपादक वेदप्रताप वैदिक, पृष्ठ 412

ही संभव है। देशवासी भौतिक सुख-सुविधाओं की भूल-भुलैया में भौतिक मूल्यों को ही यदि सब कुछ मान बैठें तो राष्ट्र का बड़ा अहित होगा। इस दिशा में आध्यात्मिक पत्रकारिता की विशिष्ट भूमिका हो सकती है।

आध्यात्मिक पत्रकारिता द्वारा ही यह सत्य प्रकाशित किया जा सकता है कि नास्तिक वृत्ति ने ही हमें भौतिकवादी बनाया है। सभी दुर्गुण धार्मिक वृत्ति के अभाव में हमारे भीतर पैदा होते हैं। मोह, क्रोध, द्वेष, काम, अहंकार तथा लोभ हमारे शत्रु हैं। आध्यात्मिक पत्रकारिता हमें जतलाती है कि हमारे भीतर मन एक जंगल है जिसमें काम, अहंकार, ईर्ष्या-द्वेष के पशु रहते हैं।

आध्यात्मिक पत्रकारिता हमें सन्मार्ग पर चलने की प्रेरणा देती है। क्योंकि आध्यात्मिक पत्र-पत्रिकाओं के पृष्ठों पर अंकित एक भी धार्मिक सूक्ति या श्लोक हमारे जीवन में अद्‌भुत परिवर्तन का कारण हो सकता है। यही कारण है कि आज हर समाचार-पत्र के पृष्ठों पर आध्यात्मिक स्तंभ शुरू किये जाते हैं जिनमें धार्मिक सामग्री प्रचुर मात्रा में विद्यमान रहती है। धार्मिक सामग्री में अमृतभरा ज्ञान भरा पड़ा रहता है। उसे पढ़ कर संसार की वास्तविकता का सहज में बोध होता है और सृष्टिकर्ता ईश्वर में हमारी आस्था प्रगाढ़ होती है। धार्मिक ग्रंथों में अद्‌भुत जादू है जो उन धार्मिक ग्रंथों की शिक्षाओं से परिचित होता है उस पर उनका जादू-सा ही असर होता है।

गुरुनानक ने अनुभव के आधार पर कहा था कि 'नानक दुखिया सब संसार', फिर उन्होंने आगे कहा कि 'सो सुखिया जो नाम आधार' रोग बताया तो उन्होंने औषधि भी बताई और कहा है सर्व रोग को औषध नाम।

आज के युग में धर्म ही विवाद का भी कारण बन गया है। इसलिए आध्यात्मिक पत्रकारिता का दायित्व और भी बढ़ गया है। आध्यात्मिक पत्रकारिता को जहाँ सामाजिक रूढ़ियों, अंध-विश्वासों से मुक्ति दिलाने में योग देना चाहिए वहाँ सही धार्मिक आस्था की सीख भी देनी चाहिए ताकि आम आदमी के बीच सन्मति पैदा हो सके।

आध्यात्मिक पत्रकारिता को गति देने के लिए ऐसी पत्र-पत्रिकाएँ प्रकाशित की जानी चाहिए जो धार्मिक वाद-विवादों से दूर हों। इन पत्र-पत्रिकाओं में भगवान की भक्ति का प्रतिपादन, आध्यात्मिक ज्ञान, तथा सदाचार की अमूल्य बातें हों। सभी देशों के सद्‌पुरुषों, संत महात्माओं व आध्यात्मिक रहस्यों पर प्रचुर मात्रा में सामग्री प्रकाशित की जानी चाहिए।

हिंदी पत्रकारिता के अंतर्गत सभी साहित्यिक, सामाजिक व राजनैतिक पत्र-पत्रिकाओं में यद्यपि धर्म संबंधी सामग्री दी जाती है और इसके लिए इन पत्र-पत्रिकाओं में, धर्म, दर्शन, धर्म-चर्चा, चिंतन-मनन, आस्था, दर्शन जैसे स्तंभ शुरू किये गये हैं, तथापि विशुद्ध आध्यात्मिक पत्रकारिता को बढ़ावा देने में, गोरखपुर

के गीता प्रेस से प्रकाशित 'कल्याण' ने ख्याति अर्जित की है। 'कल्याण' का प्रथम अंक अगस्त, 1926 में सत्संग भवन बंबई द्वारा प्रकाशित किया गया था। बाद में कल्याण का मुद्रण व प्रकाशन गोरखपुर से किया जाने लगा। आध्यात्मिक पत्रकारिता को पोषित करनेवाली पत्रिकाओं में, गीता संदेश, धर्म-दूत, विश्व-ज्योति, श्रीकृष्ण-संदेश, वेदप्रकाश, संदर्भ प्रचार, सप्तगिरि श्रमण, अनुव्रत और जैन-भारती पत्रिकाओं का उल्लेख किया जा सकता है। किंतु अभी तक धार्मिक पत्रकारिता के क्षेत्र में ऐसी कोई पत्र-पत्रिका प्रकाश में नहीं आई है जो अन्य व्यावसायिक पत्र-पत्रिकाओं से होड़ ले सके। तथा आध्यात्मिक ज्ञान से संबद्ध ज्ञान-चेतना को भी विकसित कर सके। आध्यात्मिक पत्रकारिता के लिए परिवेश बनना चाहिए, पाठक पैदा किये जाने चाहिए क्योंकि आध्यात्मिक पत्रकारिता में अध्यात्म की विद्या होगी। जिसे हमारे ऋषि-मुनियों ने वर्षों की तपस्या के बाद खोजा है। अध्यात्म का मूल आधार आत्मा है। आत्म तत्त्व जितना गूढ़ है, उतना ही स्पष्ट है। उसे सही रूप से समझ लिया जाए तो परमात्म तत्त्व का कोई रहस्य अज्ञात नहीं रहता। यही आध्यात्मिक पत्रकारिता का लक्ष्य भी है। क्योंकि वह प्राणी जो परमात्मा की खोज में लग जाता है वह न तो हिंसावादी है न असत्यवादी अर्थात् अनैतिक हो ही नहीं सकता। हर देशवासी नैतिक हो, दैवी विभूतियों से संपन्न हो, यह सुनिश्चित करना आध्यात्मिक पत्रकारिता का मूल उद्देश्य होना चाहिए। सत्य क्या है ? शिव क्या है ? सुंदर क्या है ? जीवन का मूल लक्ष्य क्या है ? जीवन क्या है और मृत्यु क्या है ? ऐसे कई जटिल प्रश्न हैं जिन्हें आम पाठक जानना चाहता है और इन प्रश्नों के सही उत्तर आध्यात्मिक पत्रकारिता के पृष्ठों में अंकित होने चाहिए, इसी में आध्यात्मिक पत्रकारिता की सार्थकता है।

आध्यात्मिक पत्रकारिता को स्पष्ट करना होगा कि अध्यात्म, चमत्कार नहीं है, वह कोई सम्मोहन नहीं है वह जीवन के रहस्य को जानने का मूलमंत्र है। अध्यात्म, आत्मा और परमात्मा के महामिलन की पुण्यस्थली है। अथर्ववेद का ऋषि जब कहता है कि 'कथम बातो नेलयति, कथम न रमते मनः' अर्थात् पवन और मन स्थिर क्यों नहीं है तो इसका उत्तर अध्यात्म विज्ञान ही तो दे सकता है और आध्यात्मिक पत्रकारिता को इस अध्यात्म विज्ञान का ही मूल आधार बनना होगा। आध्यात्मिक पत्रकारिता को यह दायित्व निभाना है कि विज्ञान मनुष्य को यह सीख दे कि वह भले ही बंदर की संतान है किंतु उसे नर से नारायण बनना है।

प्रश्न उठता है क्या आध्यात्मिक पत्रकारिता विश्व में व्याप्त समस्याओं कां समाधान ढूँढ़ सकती है। क्या अन्न की समस्या हल हो सकती है ? अस्त्र-शस्त्रों के युद्ध को रोक सकती है ? क्या आध्यात्मिक पत्रकारिता के द्वारा मजदूर, पूँजीपति की समस्याओं का समाधान संभव है ? तो इसके लिए आध्यात्मिक पत्रकारिता को शास्त्रों में अंकित उन प्रेरक कथाओं, सूत्र वाक्यों को प्रकाश में लाना होगा

जिन प्रेरक प्रसंगों में हमारे धर्मप्रिय शासकों ने इस देश में घोषणा की थी कि इस देश में न कोई चोर है, न कोई डाकू है, न कोई कंजूस है, ऐसा कोई व्यक्ति नहीं जो दान न देता हो, कोई शराबी नहीं, कोई पुरुष व स्त्री व्यभिचारी नहीं हमारे देश में कोई बुरा नहीं है ऐसी सत्य घटनाएँ या सत्य वृत्तांत आध्यात्मिक पत्रकारिता के हिस्से होने चाहिए।

आध्यात्मिक पत्रकारिता को बताना होगा कि दया, दान व इन्द्रिय-दमन हमारी संस्कृति के अभिन्न अंग हैं, यह देश जगत् गुरु की संज्ञा से जाना जाता रहा है, इस देश की विद्या विवाद के लिए, धन, मद के लिए, शक्ति पीड़ा के लिए कभी नहीं रही अपितु इस देश में विद्या ज्ञान के लिए तथा शक्ति दूसरों की रक्षा करने के लिए रही है।

षष्ठ अध्याय

पत्रकारिता बनाम साहित्यिक पत्रकारिता

साहित्य संक्षेप में किसी भी भावों एवं विचारों के ठोस संवाद को कहा जा सकता है जिसमें समाज के हित की भावना निहित हो और पत्रकारिता का सर्वोपरि उद्देश्य भी, क्योंकि समाज का मंगल ही है, इसीलिए साहित्य और पत्रकारिता का संबंध सर्वथा अटूट है। दोनों एक-दूसरे के बिना अधूरे हैं, पत्रकारिता साहित्य संप्रेषण का एक उत्कृष्ट माध्यम है। एक अच्छा पत्रकार पत्रकारिता की पालकी में साहित्य को सजा-सँवारकर समाज तक पहुँचाने का पुनीत दायित्व पूरा करता है।

साहित्य और पत्रकारिता दोनों समान रूप से यथार्थ के वाहक रहे हैं। किंतु वह यथार्थ, समाज के लिए कदापि हितकर नहीं हो सकता, जो नितांत नग्न हो अथवा मर्यादाहीन हो। यह बात साहित्य और पत्रकारिता दोनों के लिए महत्त्व रखती है। साहित्य और पत्रकारिता का स्वास्थ्य इसी में निहित है कि यथार्थ-सत्य के चित्रण में इन्हें 'शिवम्' और 'सुंदरम्' का सर्वथा ध्यान रखना होगा। यह भी सत्य है कि यथार्थ कभी काल्पनिक नहीं होता। इसलिए पत्रकार और साहित्यकार दोनों को अभिव्यक्ति के अंदाज ग्रहण करने पड़ते हैं। जिसके लिए पत्रकार और साहित्यकार दोनों मिथकों का भी सृजन करते हैं। क्योंकि यह तो तय है कि साहित्य के संसार में वास्तविक जीवन के ही मूल्य हों, क्योंकि कहीं-न-कहीं यह मूल्य जीवन का अनुकरण भी करते हैं। कहीं जीवन इन मूल्यों का अनुकरण करता है। इस प्रकार साहित्य में जीवन की अभिव्यक्ति अथवा जीवन का साहित्य में अभिव्यक्त होना सर्वथा सत्य बात है। पत्रकारिता भी जीवन मूल्यों को ही संप्रेषित करने का माध्यम है। जिससे जीवन-मूल्य फिर रक्षित भी होते हैं। पत्रकार उस घटना स्थल पर पहुँचता है जहाँ कुछ घट रहा है, घट चुका है या घटनेवाला है। इसके साथ पत्रकार उस व्यक्ति को भी अपने लेखन का आधार बनाता है, जो इतिहास का निर्माण करने में जुटा है। साहित्य का कर्म भी इन्हीं तत्त्वों का सुपरिचायक ही तो होता है। दोनों की लेखन अभिव्यक्ति जीवन से बरबस जुड़ी होती है। दोनों विधाओं का दायित्व है कि जीवन से जुड़कर वे प्रभावित घटनाओं और चरित्रों की सृष्टि करें। साहित्यकार के पास किसी विराट कल्पना की प्रतिभा हो सकती है, जिसे वह लेखन द्वारा अभिव्यक्त कर सकता है, किंतु इस प्रतिभा से पत्रकार अपने लेखन में, नितांत

कल्पना को आधार नहीं बना सकता। क्योंकि उसका कर्म वास्तविक जिंदगी की अपेक्षाओं से ज्यादा जुड़ा हुआ है। अतः उसकी विराट कल्पना भावी घटनाक्रम पर चित्रित नहीं होती, अपितु उसके भाव वर्तमान जीवन मूल्यों, जो भावी जीवन के आधार हैं, को स्थायी बना देने के महत् कर्म से जुड़े हुए हैं। यह भी ध्यातव्य है कि साहित्यकार और पत्रकार दोनों के जीवन से जुड़ाव के अतिरिक्त कोई अलग सत्ता नहीं होती। मूलतः साहित्यकार और पत्रकार, परिवेश, प्रकृति, संस्कारों और मान्यताओं से सदैव जुड़े रहते हैं, पत्रकार और साहित्यकार दोनों के अंतर का प्रश्न तभी दिखाई पड़ता है जबकि उनके कर्म का दिशाबोध अस्पष्ट रहता है। किसी भी साहित्यकार अथवा पत्रकार का कर्म किसी व्यवसाय का है, या ऐयाशी का, या सनातन मूल्यों की सौंदर्यात्मक अभिव्यक्ति का है, हर तरह के लेखन के संबंध में मर्यादा का प्रश्न उठना स्वाभाविक होता है। "जयपुर की एक घटना है पाँचवें दशक के उतरार्द्ध की। गणराज्य (साप्ताहिक) के संपादक पाण्डेय बेचन शर्मा 'उग्र' को इस साप्ताहिक के मालिक रामरत्न कोचर ने अपने किसी निकट मित्र के बारे में प्रकाशित हुए समाचार पर आपत्ति करते हुए पाण्डेय बेचन शर्मा 'उग्र' के नाम एक प्रतिक्रियात्मक पत्र लिखा कि इस संबंध में यह समाचार प्रकाशित नहीं किया जाना चाहिए था। तो पाण्डेय बेचन शर्मा ने अपनी नौकरी की परवाह न करते हुए सत्य की रक्षार्थ समाचार के मालिक श्री रामरत्न कोचर का प्रतिक्रियावादी, वह सिफारिश पत्र भी मुखपृष्ठ पर छाप दिया। क्योंकि संपादक का आग्रह था कि निकट मित्र या निकट संबंधी की अपराधवृत्ति पर पर्दा डालने से सत्य की रक्षा नहीं हो सकेगी।" इसी प्रकार एक अन्य घटना अविभाजित भारत में 'प्रकाश' नामक पत्र के संपादक श्री हितैषी के साहस के बारे में है। "प्रकाश के संपादक श्री हितैषी ने सनातन मूल्यों की रक्षार्थ प्रकाश के ऋषि अंक में मीट (मांस) मसाले के संदर्भ में आम विज्ञापन छापने के बारे में असहमति प्रकट की थी। यद्यपि परीक्षा लेने के भाव से प्रकाश पत्र के मालिक एवं जाने-माने पत्रकार महाशय कृष्ण ने श्री हितैषी को ज़ोरदार शब्दों में कहा कि उस विज्ञापन का मूल्य तुम्हारे मासिक वेतन जितना है। किंतु श्री हितैषी ने विनीतभाव से महाशय जी को स्पष्ट शब्दों में कहा था कि मुझे मासिक वेतन लेना स्वीकार्य नहीं होगा, किंतु ऋषि अंक में मीट मसालेवाला विज्ञापन कदापि नहीं छप सकेगा।"[1] इन दोनों घटनाओं के नायक पत्रकार सर्वश्री पाण्डेय बेचन एवं श्री हितैषी के उज्ज्वल चरित्र तथा कार्य की ईमानदारी और उनके कार्यपरक मूल्यों के लिए पर्याप्त साधुवाद मिला था। किंतु इन दोनों घटनाओं के उल्लेख के पीछे जो भाव है वह यही है कि चाहे साहित्यकार हो या पत्रकार हो, उसे सत्य के लिए यदि सब कुछ खोना पड़े तो भी सदैव तत्पर

1. पंजाब केसरी जालंधर के साहित्य संपादक स्व. श्री विजय निर्बाध द्वारा सुनाए गए संस्मरण।

रहना चाहिए। सनातन मूल्यों की सौंदर्यात्मक अभिव्यक्ति की दिशा में साहित्यकार तथा पत्रकार को साधना, उत्सर्ग, कष्टसहन, संघर्ष तथा परिश्रम के महनीय गुणों का सदैव पक्षधर बना रहना चाहिए। तभी यह दोनों जिम्मेदारियों के साथ, ज्ञान-विज्ञान, गति-दुर्गति के छोटे-बड़े प्रवाहों को प्रतिबिंबित करने में समर्थ हो सकते हैं।

साहित्यकार और पत्रकार दोनों क्रांति के जनक भी हैं। दोनों का कार्य सदैव क्रांतिदर्शी रहा है। दोनों ने सामाजिक परिवर्तन में सदैव महत्त्वपूर्ण भूमिका का वहन किया है। कोई भी राजतंत्र यदि समाज विरोधी रुख अपनाता है तो उसकी सबसे पहली प्रतिक्रिया साहित्यकार तथा पत्रकार की लेखनी को प्रभावित करती है। दोनों के लेखन का स्तर, उग्र होकर बदल जाता है। ऐसे समय में साहित्यकार तथा पत्रकार पूर्णरूपेण कर्तव्य का वहन करते हैं। क्योंकि युद्ध और शांति दोनों स्तरों पर अपनी भूमिका निभानी हो, तो भी न तो सच्चा साहित्यकार, न ही सच्चा पत्रकार, सत्तापक्ष का मुखापेक्षी होता है तथा विषम परिस्थितियों में भी सभी सुविधाओं को खोकर अपनी लेखनी की गरिमा को कायम रखता है और जुल्म के विरुद्ध साहित्यकार तथा पत्रकार सदैव जोखिम उठाते हैं। इस तरह अपने लेखन कर्म की निष्ठा बनाने हेतु ये दोनों ईमानदारी के साथ, अपनी एक अलग पहचान बनाते हैं, अपनी विचारधारा को गिरवी रखकर सही लेखक अथवा सही पत्रकार जीना व्यर्थ समझता है। क्योंकि दोनों का कार्य नए समाज का निर्माण कर, समाज को नए दिशा-बोध की दृष्टि देना है। समान स्तर पर, दुर्गति, व्यभिचार, गरीबी, शोषण के विरुद्ध पत्रकार एवं साहित्यकार अपनी कलम उठाते हैं, तथा किसी भी अनिवार्य कार्यकलापों के विरुद्ध व्यथा-कथा की अभिव्यक्ति के ये प्रस्तोता होते हैं। इनके कर्म में समाज तथा मानवता के प्रति दायित्व बोध तथा कर्तव्यनिष्ठा की छाप रहती है।

अतः साहित्य तथा पत्रकारिता की परस्पर अपेक्षिता की कदापि अनदेखी नहीं की जा सकती। सामान्य रूप से पत्रकारिता एवं साहित्य का कोई विशेष संबंध नहीं तथा हम पत्रकारिता को साहित्य की तुलना में नगण्य समझते हैं। क्योंकि "पत्रकार हल्के-फुल्के तथा सामयिक लौकिक विषयों पर अपनी राय देता है जबकि साहित्यकार स्वानुभूति पर आधारित जीवन के चिरंतन स्थायी मूल्यों को उजागर करता है। किंतु गंभीरतापूर्वक विचार करने से पत्रकारिता और साहित्य एक-दूसरे के पूरक जान पड़ते हैं।"[1] पत्रकार क्योंकि समसामयिक यथार्थ को अपने लेखन के माध्यम से सर्वाधिक महत्त्व देता है जबकि रचनाकार की लेखन-प्रतिभा, यथार्थ को संजीदगी से गढ़ती है और वह उसे और सूक्ष्म बनाने की पुरजोर कोशिश भी

1. महाराष्ट्र मानस नवंबर, 83 संपादकाचार्य पंडित बाबूराव विष्णु पराडकर : विशेषांक लेख : पत्रकारिता का मापदंड आचार्य अत्रे के संदर्भ में, ले. : डा. जगदीश चंद्र जैन, पृ. 103

करता है ऐसे साहित्यिक कर्म को समझने के लिए पाठक को गहरे में उतरना पड़ता है। श्रेष्ठ साहित्य में सामयिकता अनुपस्थित नहीं रहती अपितु उसका स्पर्श मात्र उसमें अवश्यम्भावी रहता है। श्रेष्ठ-साहित्य में सामान्य तथ्यों को शाश्वत मूल्यों का बाना पहनने के लिए विशिष्ट रचना-शक्ति की आवश्यकता होती है। जबकि पत्रकारिता में ऐसा संभव नहीं होता। सत्य और तथ्य को प्रकट करने के लिए पत्रकार रचनाधर्मिता का निर्वाह तो अवश्य करता है किंतु पत्रकार की रचनाधर्मिता मूल्यों के परिधान में भी सूचनापरक होती है। उसका अस्तित्व कालजयी नहीं होता। पत्रकार तात्कालिक प्रभाव से प्रभावित रहता है। वह युग सापेक्ष रचनाधर्मिता से नहीं जुड़ता अपितु घटित घटना का सूचनात्मक विवरण ही प्रस्तुत करता है। समसामयिक परिवेश से साहित्यकार भी प्रभावित होता है किंतु साहित्यकार अपनी रचनात्मक संवेदना को शाश्वत मूल्यों का परिधान पहनाता है और इस तरह उसका साहित्यिक कर्म युग-युग में मार्ग-दर्शन का कार्य करता है। हाँ साहित्यकार और पत्रकार की सूक्ष्म दृष्टि, संप्रेषणीयता एवं गहरी संवेदना पत्रकार तथा साहित्यकार दोनों के लिए अपरिहार्य है। दोनों सामाजिक घटनाक्रम में घट रही घटनाओं के प्रति बेहद संवेदनशील रहते हैं और इसी संवेदना के कारण उनकी कलम कभी आग उगलती है तो कभी पाठक के मन और मस्तिष्क को झकझोरती है, तो कभी पाठक को असीम शांति भी प्रदान करती है। देश-हित तथा मानवता के हित के प्रति दोनों रचनाकार जागरूक रहते हैं, समाज के बनते-बिगड़ते चेहरे को अपनी तूलिका से दोनों रूपाकार देते हैं और पाठक समाज के समक्ष एक सही झाँकी प्रस्तुत करते हैं। पर दोनों की रचनाधर्मिता दो समांतर रेखाओं की तरह है जो आपस में कभी भी मिलती नहीं हैं। दोनों की दशा और दिशा एक होते हुए भी उनका कर्तव्य कर्म मिलता नहीं है। अपनी-अपनी दशा और दिशा के प्रति अग्रसर रहना ही उनकी नियति है। तभी रचनाकार मात्र रचनाकार कहलाता है और पत्रकार मात्र पत्रकार।

प्रत्येक पत्रकार अंशतः साहित्यकार हो सकता है और प्रत्येक साहित्यकार अंशतः पत्रकार भी हो सकता है पर लेखन की कसौटी में पत्रकार का धर्म और लेखक का धर्म स्वतः भिन्न हो जाता है। भले एक लेखक पत्रकारिता कर रहा हो या एक पत्रकार साहित्य का सृजन। बालकृष्ण राव ने माध्यम पत्रिका के एक वर्षीय प्रथम अंक में पत्रकार और साहित्यकार की भूमिका को बनार्डशाह के शब्दों में इस प्रकार से स्पष्ट किया है कि "ऐसा कुछ भी साहित्य के रूप में बहुत दिनों तक जीवित नहीं रह सकता, जो पत्रकारिता भी न हो। जो व्यक्ति अपने और अपने समय के बारे में लिखता है, केवल वही सचमुच समस्त मनुष्यता और सभी युगों के लिए लिख सकता है।"[1] वास्तव में शाश्वत साहित्य के लिए पत्रकारिता

1. हिंदी पत्रकारिता ले. : कृष्णबिहारी मिश्र, पृष्ठ 5

बाधा नहीं और उसी तरह बेहतर पत्रकारिता के लिए साहित्य एक सशक्त आधार है। हिंदी साहित्य के अधिकांश लेखक श्रेष्ठ पत्रकार भी रहे हैं। भारतेंदु बाबू से लेकर हीरानंद सच्चिदानंद वात्स्यायन तथा डॉ. विद्यानिवास मिश्र तक ऐसे कई लेखक और पत्रकार चर्चा के विषय बन सकते हैं जिन्होंने श्रेष्ठ पत्रकारिता भी की और श्रेष्ठ साहित्य भी हमें दिया।

इस सत्य की पृष्ठभूमि में दोनों विधाओं की बीच की दूरी को स्पष्ट किया जा सकता है और हम कह सकते हैं कि पत्रकारिता ने साहित्य को और साहित्य ने पत्रकारिता को निखार दिया है। दोनों का पारस्परिक रूप में चोली और दामन का साथ है। भले ही अस्तित्व भिन्न ही क्यों न हो। अस्तित्व भिन्न रहना भी चाहिए तभी हम जान सकते हैं कि पत्रकारिता का स्वरूप क्या है और साहित्य का स्वरूप क्या है ? यही सही पहचान ही, साहित्य को साहित्य तथा पत्रकारिता को पत्रकारिता की गरिमा प्रदान करती है।

पत्रकारिता में साहित्यकार ही मुख्यतः संपादक के रूप में सामने आए हैं। इसके कारण उनके मन में एक अहम् भी उपजा है यह एक दुर्भाग्य की भी बात है। क्योंकि साहित्यकार पत्रकारिता को साहित्य से भिन्न कर्म मानते रहे हैं। इस तरह लगता है कि साहित्य से जुड़े लोग एहसान की मुद्रा में पत्रकारिता के क्षेत्र में उतरे हैं। यह नहीं है कि पत्रकारिता अपने आप में एक स्वतंत्र विधा है, क्योंकि इसके माध्यम से आम जनता रोजमर्रा की जिंदगी से जुड़ पाई है। पत्रकारिता एक व्यक्ति की विधा न होकर सामूहिक कार्य का परिणाम है। यह अनुशासित सेना के रूप में एक टीम वर्क है। जबकि साहित्य एक व्यक्ति की विधा है। वह एक दूसरे प्रकार की ऊँचाई है। इसलिए साहित्य और पत्रकारिता के कर्म को दो अन्य विधाओं के रूप में ही लिया जाना चाहिए।

खोजी पत्रकारिता

खोज एक कल्पनाशील प्रक्रिया है। इस प्रक्रिया से जुड़े व्यक्ति के लिए प्रशिक्षण की आवश्यकता नहीं, क्योंकि शायद यह गुण एक दैवी वरदान ही है, जो व्यक्ति को ईश्वर-कृपा से जन्म-जात ही सुलभ होता है। इस वरदान से लाभान्वित व्यक्ति का मस्तिष्क बड़ा उर्वर एवं सृजनशील होता है। कहा जा सकता है कि व्यक्ति स्वभाव से ही सृजनशील एवं वैज्ञानिक सोच का स्वामी होता है। जिसके लिए खोज एक कठिन परीक्षा एवं एक ठोस अध्ययन एवं अन्वेषण की प्रक्रिया होती है। जिसके बल पर वह ठोस जानकारी हासिल कर पाता है। इस जानकारी से खोजी व्यक्ति के मस्तिष्क में उभरे प्रश्नों के उत्तर मिल पाते हैं। उसके लक्ष्य के आगे जो समस्या

जटिल बनी होती है उसका सहजता के साथ समाधान हो जाता है। किंतु समाधान की यह प्रक्रिया बड़ी लंबी है क्योंकि खोजी व्यक्ति को एक परिकल्पना विकसित करनी होती है। खोजी व्यक्ति तथ्यों को बटोरने की भरसक चेष्टा में निमग्न रहता है, इसलिए खोज-प्रक्रिया को विस्तृत प्रक्रिया माना गया है। जिसमें सूचनाओं के एकत्रीकरण के साथ-साथ तर्क-शक्ति तथा ठोस कारणों के आधारभूत तथ्यों का संबल होता है। निष्कर्ष की तह तक पहुँचने के लिए खोज एक निरंतर प्रक्रिया है।

खोजी-व्यक्ति को जो सबसे महत्त्वपूर्ण रहस्य जानना होता है उसमें सफलता प्राप्त करना ही उसके लिए सबसे महत्त्वपूर्ण काम होता है। फिर चाहे वह रहस्य एक इतिहास हो, या अतीत से जुड़ी कोई घटना अथवा वर्तमान का कोई घटनाक्रम हो। उस रहस्य को जानने के लिए खोजी व्यक्ति को हमेशा अज्ञात में उतरना होता है जो ज्ञात है, वह भी उसके लिए एक विश्वस्त सूत्र बन सकता है किंतु जो अज्ञात है वह ज्ञात बन जाए यानी पर्दा हट जाए, इसी चाह ने खोजी पत्रकारिता को जन्म दिया है।

खोजी पत्रकारिता आज के युग की जीवंत विशेषता है, जिसके प्रति हर कोई व्यक्ति गहरी दिलचस्पी का इजहार करता है। ज्ञात व अज्ञात के सूत्रों को जोड़ने की कड़ी के रूप में खोजी पत्रकारिता ने पत्रकारिता के क्षेत्र में नए आयाम स्थापित किए हैं जो सद् प्रयासों के पर्याय भी बन गए हैं।

"सद्प्रयासों के अवलंबन पर जीवन के महापापों से छुटकारा पाया जा सकता है, सद्प्रयास ही मन की पवित्रता को भी बनाए रख पाने में सक्षम हैं। सद्प्रयास, नैतिकता का दूसरा नाम है, जो समाज में न्याय के माँग के भी पक्षधर हैं। सामाजिक मानव से जुड़े आंतरिक हितकर भाव ही भावुकता से हमारा नाता जोड़ते हैं। भावुकता भावुक मन की सहचरी है और भावुक मन और समाज के अनाचारों, दुराचारों का समर्थन नहीं करते। पत्रकार की भावुकता की बात तब समझ में आती है जब पत्रकार सामाजिक-मानव-उद्धार के लिए सीढ़ी बनाता है और अपने खून की स्याही में कलम डुबोकर कुछ लिखता है।"[1] सत्ता की व्यवस्था कभी-कभी प्रगति की भी शत्रु बन जाती है। जिससे मनुष्य की आंतरिक वयैक्तिकता रुग्ण और कुंठित हो जाती है। भय का भूत व्यक्ति को डराता रहता है जिसके कारण व्यक्ति का स्वाभिमान टूट-सा जाता है। व्यवस्था के नृशंस तरीकों से व्यक्ति, अपनी वैयक्तिकता पर अधिकार खो बैठता है। जिन कामों की वह इतिश्री करता है उनके प्रति अपने को वह उत्तरदायी नहीं मानता। जिन कार्यों को उसने किया नहीं, उनका अपराधी अपने को मानकर झूठे बयान पर स्वेच्छा से हस्ताक्षर कर आता है। इन्हीं

1. ठाकुर दत्त शर्मा 'आलोक' : हिंदी पत्रकारिता के बढ़ते चरण : प्राक्कथन पृष्ठ से उद्धृत।

मनोवैज्ञानिक कारणों ने समाज में कई महत्त्वपूर्ण सत्यों पर कालिमा का रंग पोत डाला है उसे स्वच्छ करने की जरूरत है जिसके प्रति अनुसंधान पत्रकारिता मैल शोधक का काम करने में पूरी तरह सक्षम है। इसके साथ-साथ खोजी पत्रकारिता का गुण-धर्म जासूसी एवं वकालत जैसा है और कभी-कभी खोजी पत्रकारिता को जासूसी एवं वकालत के हथियार के रूप में प्रयोग किया जाता है। वाशिंगटन पोस्ट के दो संवाददाता वर्नहस्टन और बुडवर्ड ने इस दिशा में उल्लेखनीय कार्य किया है। वाटरगेट कांड के माध्यम से इन दो पत्रकारों ने सत्ता ही बदल डाली थी।

खोजी पत्रकारिता का काम उघाड़ना है, जहाँ पर्दा डालने की बात आती है वहाँ कोई रहस्य छिपाने का एक प्रयास होता है, जहाँ द्वार बंद करने का कर्म सामने आता है वहाँ भीतर कुछ गड़बड़ी की हलचल सुनाई पड़ने लगती है, जहाँ वस्तुओं को दबाया जाता है, वहाँ रहस्य का सूत्र गाँठ बन जाता है। इन सब गाँठों को खोलना, रहस्य से पर्दा उठाना और बंद दरवाजों की देहरी को पार कर देना ही खोजी पत्रकारिता का मूल कर्म है।

"सत्ता-व्यवस्था द्वार बंद कर देती है, प्रेस उसे खोल देती है, व्यवस्था के लिए हानिप्रद दस्तावेजों को अँधेरे में छिपा लिया जाता है, प्रेस इस अँधेरे पर प्रकाश डालती है तथा दस्तावेजों पर लगी धूल-मिट्टी को स्वच्छ कर देती है। गोपनीयता शासकों का एक जीने का तरीका है। खुलापन तथा प्रचार संसद तथा प्रेस के शक्तिशाली हथियार हैं।"[1] खोजी पत्रकारिता की रणभूमि में खुलेपन तथा प्रचार के हथियारों से ही विजय हासिल की जाती है। इस विधा का लक्ष्य अंततः जनता की सेवा करना है। जन-सेवा के कार्य को सर्वोपरि मानना, खोजी पत्रकारिता का मूल लक्ष्य है। इसके लिए पत्रकार, बड़ी-से-बड़ी यातना झेलने के लिए तत्पर रहता है।

खोजी पत्रकारिता के लिए अत्यंत साहस की जरूरत होती है। वर्तमान भयावह दौर के मध्य, जबकि हम आतंकवाद के साए में जीने के लिए विवश हैं, ऐसे चुनौती-भरे समय में, साहस, संजीवनी जैसी औषधि से बढ़कर है। इसके साथ पत्रकारिता की इस विधा के साथ राजनैतिक एवं कानूनी खतरे जुड़े हुए हैं वाटरगेट कांड की विजयश्री एक ऐसी प्रकाशमणि है, जो आज भी खोजी/पत्रकारिता की इस विधा के शीश पर प्रदीप्त हो रही है। वास्तव में हमारे देश में पहला समाचार-पत्र हिकिज गजट निःसंदेह खोजी पत्रकारिता का प्रतीक माना जाता है। बंगाल गजट की घोषणा थी कि बंगाल गजट एक राजनीतिक और व्यापारिक पत्र खुला तो सबके लिए है, पर प्रभावित किसी से नहीं है। हिकी की धारणा तो और भी दृढ़ थी। इसलिए वह मन और आत्मा की स्वतंत्रता के लिए शरीर को कष्ट में डालने में

1. एच.वाई. शारदा प्रसाद के विचारों का अनुवाद : कम्यूनिकेटर, अक्तूबर 1982, पृष्ठ 8

आनंद महसूस करता था। हिकी से लेकर आज तक की पत्रकारिता में उस सत्ता से प्रतिकार करने का भाव रहा है जो सत्ता अँधेरे में अपराध के ताने-बाने बुनती है। स्वतंत्रता प्राप्ति के बाद ही भारत में लोकतंत्र की स्थापना हुई। नए रचनात्मक क्रियाकलापों और राष्ट्रहित में कर्तव्यों के सही परिपालन में समाचार-पत्र ठोस भूमिका का निर्वहन कर रहे हैं। बढ़ती हुई जनसंख्या, आर्थिक और औद्योगिक आयाम संचार की सुविधा एवं साक्षरता की वृद्धि के कारण पत्र पाठकों का महासागर उमड़ पड़ा है। अतः आज सचमुच पत्र निर्वाक की वाणी सिद्ध हो रहे हैं। पराधीन भारत की पत्रकारिता का चरित्र प्रतिरोध का था वह जोखिम भरी थी जो इस पर चलते थे वे झुकते नहीं थे भले ही टूट जाते थे। पत्रकार भावुक था परंतु अब नए परिवेश में चतुर होना उसके लिए बहुत जरूरी है। भ्रष्टाचार, पक्षपात, लालफीताशाही और सत्ता के दुरुपयोग द्वारा समाचार-पत्रों को जनसामान्य के हितों को भी तो सुरिक्षत रखना है। विधायक और कल्याणकारी दृष्टि द्वारा लोकरुचि के परिष्कार का महान् कार्य पत्रकारिता के द्वारा ही संभव है। लोक मानस को प्रभावित करने के कारण पत्रकार क्या विश्व का शासक नहीं ? वास्तव में रोचक एवं चुनौतीपूर्ण इस पेशे में, वही पत्रकार सक्षम सिद्ध होता जिसमें कवि की कल्पना, कलाकार की सृजनात्मकता और कम्प्यूटर मशीन की गति हो। ऐसे पत्रकार को ढेर सारे विषय में थोड़ा-सा और अन्य विषयों में ढेर-सा जानना चाहिए। तभी पत्रकार ऐसे रहस्यों जिन्हें छिपाने में कोई लगा है, उसे प्रकाश में लाने में, सफलता प्राप्त कर सकता है। आज यूँ भी काल्पनिक प्रसंगों, अफवाहों, अप्रमाणिक तथ्यों से पत्रकारिता दूषित हो रही है उसी के निवारणार्थ सत्य पर आधारित पत्रकारिता की अहम जरूरत है और खोजी पत्रकारिता इसे पूरा कर सकती है।

चतुर्दिक व्याप्त भ्रष्टाचार को उघाड़कर ऐसे तत्त्वों पर नियंत्रण रखा जा सकता है, जो तत्त्व भ्रष्टाचार में संलिप्त हैं। जाने-माने पत्रकार अरुण शोरी ने सीमेंट घोटाले, सरकार की लापरवाही, बोफोर्स तोप जैसे मसले पर अंतर्भेदी दृष्टि डाली और प्रशंसनीय कार्य किया। अतीत में भी ऐसी खोजपूर्ण पत्रकारिता के ज्वलंत उदाहरण देखने को मिलते हैं। और इन ज्वलंत उदाहरणों को जानकर लगता है कि खोजी पत्रकारिता का विषय नया नहीं है। हाँ, चर्चा भले ही इस विषय पर नया स्वरूप ग्रहण करती रही हो।

पत्रकारिता ने प्रारंभ से ही खोजी-कुत्ते की भाँति काम किया है। इस खोजी-कुत्ते ने दफ़न रहस्य की हड्डियों को कुरेदा है और जो भ्रष्टाचार के बल पर प्राप्त ग्रास को गले में उतारनेवाले ही थे, उनसे उस ग्रास को छीन डाला है। अमेरिका और भारत देश में प्रदीप्त खोजी-पत्रकारिता की चर्चा की गरमाहट के तहत हमें अतीत के कुछ संदर्भ भी मस्तिष्क की स्मृति में कुरेदने होंगे। वर्ष 1930 के आस-पास तिलक ने पूना में 'कार्यालय-धोखाधड़ी' बंबई में 'बैंक वे रेक्ट' जैसे कांडों

का पर्दाफाश किया था। वास्तव में उघाड़ना खोजी पत्रकारिता की प्राणवायु है। इसका अस्तित्व इसी में है कि यह अधिक से अधिक व ठोस जानकारी उपलब्ध करवाए। संदेहास्पद गतिविधियाँ अनायास घटित नहीं होतीं इसके पीछे पूरी तैयारी होती है या तैयारी का क्रम चल रहा होता है तभी संदेहास्पद गतिविधियाँ शुरू कर दी जाती हैं। इन्हीं मतिविधियों पर से पर्दा उठाना ही अनुसंधानात्मक पत्रकारिता का मुख्य लक्ष्य होता है।

अनुसंधान अपने आप में परीक्षा, अध्ययन, खोज, ट्रेकिंग तथा तथ्यात्मक सूचना का एकत्रीकरण है। इसी प्रक्रिया से उन प्रश्नों के उत्तर मिलते हैं जो बिच्छु के डंक की भाँति टेढ़ी-मेढ़ी प्रकृति लिए होते हैं। अनुसंधान अथवा खोजी पत्रकारिता विज्ञान की अपेक्षा एक कला है। उपलब्ध सूचना के सहारे ही यहाँ भी परिकल्पना का सहारा अपेक्षित है और तथ्यों को बटोरना भी अनिवार्य है। इस प्रक्रिया में विस्तार रहता है और तथ्यों को बटोरने की यह प्रक्रिया बड़ी श्रम-साध्य है। इसमें सूचनाओं को एकत्रित करना होता है। जबरदस्त तर्क-शक्ति इसके मूल में सन्निहित रहती है।

ऐसी गतिविधियाँ जो आपत्तिजनक हैं, उन पर से पर्दा उठाने का काम सृजनात्मक है। और जब कोई घटना घट जाती है और उस घटित घटना की वास्तविक सच्चाई जानने के लिए हमें पूर्ण सृजनात्मक अनुसंधान को प्राथमिकता देने की महती जरूरत रहती है। इस खोजी पत्रकारिता से गोपनीयता एक सार्वजनिक विषय बन जाती है। घटना के मूल में भी छः ककार हैं जो रूडियाड किपलिंग की पत्रकारिता जगत् को अद्भुत देन हैं अर्थात् खोजी पत्रकारिता का काम भी क्या, कौन, कहाँ, कब, कैसे और क्यों आदि प्रश्नों के उत्तरों को स्वर देना है। अनुसंधान की प्रवृत्ति अथवा प्रक्रिया अपने आप में कल्पनाशील कार्य भी है। भले ही हम इसके लिए सभी आधुनिक तकनीकों को प्रयोग में ला रहे हों।

खोजी पत्रकारिता के अंतर्गत ईश्वर प्रदत्त प्रतिभा भी बड़ी सहायक होती है। अनुसंधान की प्रक्रिया के इर्द-गिर्द जबरदस्त कुहरा छाया रहता है जिसे प्रतिभा तथा सच्चाई के संबल से हटाना ही संभव हो पाता है। कठिन परिश्रम, अनथक प्रयासों, को भी गति देनी जरूरी होती है। खोजी पत्रकारिता से जुड़े पत्रकार के लिए जरूरी है कि वह कुछ विशिष्ट गुणों का धनी हो। उसे सतर्क, साधन-संपन्न, संपर्क पटु, सहनशील, जन-कार्यों में रुचि, जन-व्यवहार की समझ, कानूनी दाँव-पेंचों की समझ, गुण-ग्राही, संशयवादी, कर्म के प्रति समर्पित, व्यावसायिक एवं कुशाग्र बुद्धि होना होगा।

खोजी पत्रकार को अपने पत्र की, अपने कर्म की निष्पक्षता, निष्ठा, सत्यनिष्ठा, न्यायबुद्धि पर जनता के विश्वास को प्रगाढ़ बनाना चाहिए। इनके प्रभावी होने से पत्र और पत्रकारिता की उपयोगिता, पक्षपातरहिता, सम्मान व प्रभावोत्पादकता की

जीवन शैली, स्वतः लोकप्रिय बन जाती है। स्वतंत्र निष्पक्ष समाचार-पत्रों को सभी पढ़ना चाहते हैं। एंडरसन, बुडवर्ड, बर्नहस्टइन जैसे पत्रकारों के लिए खोजी पत्रकारिता कभी तथ्यहीन सूचना नहीं रही है। जनमत बनाने, मानव की विचारधारा को प्रभावित करने में इन पत्रकारों ने महत्त्वपूर्ण कार्य किया है।

खोजी पत्रकारिता ने सिंहासन तक हिला दिए हैं। खोजी पत्रकारिता व्यक्ति की स्वतंत्रता और पत्रकारिता की स्वतंत्रता का जीता-जागता प्रमाण है। सच्ची पत्रकारिता, निष्पक्ष भाव से समाज के सामने किसी तथ्य को लाती है तो, वह एक सामाजिक उपकार करती है। भले ही उसका निशाना राष्ट्र की सर्वोच्च सत्ता ही क्यों न हो। पर आवश्यक यह है कि वह होनी चाहिए निष्पक्ष। शायद प्रसिद्ध यूनानी दार्शनिक सुकरात ने तभी कहा था कि आवश्यक यह नहीं कि हम उत्तर दें, आवश्यक यह है कि हम सही सवाल करें तभी हम कह सकते हैं कि पत्रकार का काम यह बताना है कि सड़ाँध कहाँ से आ रही है।

प्रजातंत्र में विचारों की स्वतंत्रता रहती है और इसे कायम भी रखा जाना चाहिए। इसी के साथ ऐसी व्यवस्था में, समाचार-पत्र यदि घाटे में चल रहा है तो ऐसे समाचार-पत्र को या तो राजनैतिक दल या पूँजीपति व्यक्ति का सहारा लेना पड़ता है अन्यथा पत्रकारिता, ऐसी राह का सहारा लेने लगती है जिसका काम ब्लैकमेल करना होता है। ऐसे में समाचार-पत्र का चरित्र संदेहास्पद बन जाता है।

खोजी पत्रकारिता के महान् कार्य-संपादन को ध्यान में रखते हुए समाचार-पत्रों को अपना दायित्व नहीं भूलना चाहिए। समाज, राष्ट्र तथा मानवता के प्रति समाचार-पत्रों को, महान् दायित्वों का वहन करना पड़ता है। चाहे राष्ट्र-कार्य के लिए अपने जीवन का बलिदान भी करना पड़े तब भी संकोच नहीं करना चाहिए। जिससे संवाददाता कोई समाचार प्राप्त करता है उस संपर्क-सूत्र के विश्वास की धरोहर बनना उसका सबसे पहला कर्तव्य है। संपर्क-सूत्र हमेशा संवाददाता से यही अपेक्षा रखेगा कि क्या संवाददाता उसके विश्वास को कायम रखने में सक्षम है। क्योंकि हर व्यक्ति अपने हितों के प्रति उतना ही जागरूक होता है जितना स्वयं संवाददाता। अतः संपर्क-सूत्र के हितों की रक्षा करना संवाददाता का नैतिक कर्तव्य है। जहाँ तक संभव हो संवाददाता को हर स्थिति में चाहे उसे व्यक्तिगत तौर पर कितना ही लाभ हो रहा हो, अपना विश्वास कायम रखना चाहिए।[1] हमारे देश में खोजी पत्रकारिता का संक्षिप्त इतिहास है। पत्रकार निर्भीक होना चाहिए। पत्रकारिता स्वतंत्र, निर्दोष, स्वच्छ और निष्पक्ष होनी चाहिए। पत्रकारिता का उपयोग व्यक्तिगत, दलगत अथवा मित्रगत लाभ के लिए और चरित्रहनन के लिए किया जाए अथवा बदले की भावना से लिखा जाए तो यह भयंकर दोष बन जाता है। इंगलिश सण्डे मैगजीन अंक, 28 अप्रैल 1984 में जाने-माने पत्रकार एम.वी. कामथ

1. ठाकुरदत्त शर्मा 'आलोक' : हिंदी पत्रकारिता के बढ़ते चरण, पृष्ठ 17

लिखते हैं कि "खोजी पत्रकारिता न तो बुडवर्ड और बर्नहस्टइन से प्रारंभ हुई तथा न ही यह अरुण शोरी के साथ खत्म हो जाएगी। भारत में तो पत्रकारिता प्रारंभ से ही विद्यमान है। हिकी ने भारत में इस दिशा में प्रशंसनीय काम किया है।" इसी अंक में ही जाने-माने खोजी पत्रकार और ब्लिट्स के संपादक श्री करंजिया के शब्दों को उद्धृत किया गया है। करंजिया के शब्दों में "अतीत में जो पीत पत्रकारिता थी, वही आज खोजी पत्रकारिता है।" खोजी पत्रकारिता के नाम पर जो चरित्रहनन, अवमानना तथा ब्लैकमेल की जो बातें चर्चा की विषय बन रही हैं वे शायद श्री करंजिया को कचोटती रही हों और उनका इशारा भी इसी ओर हो सकता है। खोजी पत्रकारिता ने जहाँ सत्य-तथ्य के आधार पर रहस्य उद्घाटन किए हैं उनकी अधिक जानकारी प्राप्त कर, जनता-जनार्दन ने सुख की साँस ली है। अतः प्रेस का भी दायित्व है कि वह खोजी पत्रकारिता के क्षेत्र में विश्वास को बनाए रखे ताकि मोहभंग न हो। जब खोजी पत्रकारिता मात्र सनसनीखेज लगने लगती है और उसमें विश्वास अर्थहीन लगने लगता है तो अरुण शोरी जैसे महान् पत्रकारों पर भी प्रश्नचिह्न लग जाता है। 29 अप्रैल-5 मई 1984 के दिनमान साप्ताहिक में पत्रकारों की अदालत में अरुण शोरी शीर्षक से आलोक मेहता की आवरण कथा प्रकाशित है। आलोक मेहता लिखते हैं कि निश्चय ही अरुण शोरी ने पिछले कुछ वर्षों में पत्रकारिता के नए आयाम स्थापित किए हैं और काफी ख्याति भी अर्जित की। मेगासेसे पुरस्कार ने उनकी विश्वसनीयता पर अंतर्राष्ट्रीय छाप लगा दी। जिस अरुण शोरी की कलम की ताकत से आज अंतुले अदालत में खड़े हैं वह खुद पहली बार कठघरे में लाए गए हैं। परंतु क्यों और कैसे ? आलोक मेहता आगे लिखते हैं कि 19 मई 1983 से घटनाक्रम की शुरुआत होती है। जम्मू-कश्मीर में चुनावों के दौरान कांग्रेस (इ) के कार्यालय में आग लगी उसका काफी बड़ा हिस्सा ध्वस्त हो गया। घटना के लगभग चार महीने बाद अरुण शोरी ने इंडिया टुडे में छह पेजों की रिपोर्ट लिखी। उन्होंने चौंका देनेवाली तस्वीरों की सहायता से यह सिद्ध करने की कोशिश की कि चुनाव के दौरान इंका कार्यालय में लगी आग कांग्रेस (इ) के लोगों ने लगाई थी। आलोक मेहता लिखते हैं कि जनार्दन ठाकुर सरीखे ख्याति प्राप्त पत्रकार ने अरुण शोरी की चौंका देनेवाली तस्वीर पर चौंका देनेवाले संदेह जाहिर किए थे। ऑन लुकर के संपादक योगेश शर्मा ने भी दावा किया कि शोरी की तस्वीरें यह सिद्ध नहीं करतीं कि कांग्रेस (इ) ने अपने दफ्तर में आग लगाई। आलोक मेहता की विस्तृत कथा दिनमान में पढ़ी जा सकती है किंतु इस कथा को पढ़कर ऐसा लगता है कि 'सच्चाई', खोजी पत्रकारिता के नाम पर भरे पृष्ठ नहीं होते, अपितु सच्चाई तो अक्षुण्ण है एवं उस विश्वसनीयता में निहित होती है, जो सत्य पर आधारित तथ्यों के माध्यम से उजागर होती है। इसी आवरण कथा में आलोक मेहता आगे लिखते हैं कि जिस समय कांग्रेस (इ)

के लोग अपने आफिस में आग लगा रहे थे, वहाँ दो फोटोग्राफर भी मौजूद थे। शोरी ने कुछ तस्वीरें पेश कीं···तस्वीरों और स्केच के माध्यम से शोरी ने पूरा दृश्य खींच दिया। मजाल है किसी को जरा भी संदेह रह जाए। लेकिन बहुत-से ऐसे लोग हैं जो शोरी क्या भगवान के मुँह से निकली बात को भी बिना जाँच-पड़ताल के सही मानने को तैयार नहीं होते। आलोक मेहता आगे लिखते हैं कि 'ऑन लुकर' में प्रकाशित लेखों में शोरी की खोज पर, कुछ प्रश्न उठाए गए—वे फोटोग्राफर कौन थे जिन्होंने शोरी को तस्वीरें दीं ? ठीक उस समय जब शोरी के अनुसार आग लगाई गई, वे वहाँ क्या कर रहे थे ? क्या उन्हें आग लगाए जाने की पूर्व सूचना थी ? शोरी ने अपने लेख में यह बात क्यों छिपाई कि तस्वीरें जिस व्यक्ति के मकान से खड़े होकर ली गईं, वह फारुख अब्दुल्ला की सरकार द्वारा नियुक्त सूचना और प्रसारण विभाग का निदेशक है ? एक तस्वीर में शोरी के अनुसार आग लगानेवाले व्यक्तियों में से एक सफेद पैंट पहने दिखाई पड़ता है, दस मिनट बाद ली गई दूसरी तस्वीर में उसकी पैंट काली कैसे हो गई ? इस कथा में शोरी के अनुसार आग ग्राउंड से शुरू हुई थी—फिर बिना लकड़ी के दरवाजे और ग्रिल को जलाए, वह आग सीधे छत तक कैसे पहुँच गई ? इस कथा में शोरी जैसे महान् खोजी पत्रकार पर भी सत्य और तथ्य की आड़ में आरोप लगाए गए और उन्हें पत्रकारों की अदालत में खड़ा कर दिया गया।

यह खोजी पत्रकारिता के पीछे खोज की एक अलग प्रक्रिया है। इस प्रक्रिया से ही सत्य को भी बल मिलना चाहिए। ताकि खोजी पत्रकारिता के नाम पर ऐसा कुछ भी प्रकाश में न आए जो मात्र फिल्मी और नाटकीय ही हो। फोटो पत्रकारिता खोजी पत्रकारिता का एक अद्भुत संबल है। क्योंकि फोटो में एकबारगी में हजारों शब्दों के बराबर अभिव्यक्ति की सामर्थ्य होती है। फिल्मी दुनिया में किसी व्यक्ति के सिर को धड़ से अलग होते हुए दिखाना हो तो कई अलग-अलग तस्वीरों को जोड़कर दृश्य उत्पन्न किया जाता है। किंतु खोजी पत्रकारिता के नाम पर भी यदि ऐसा होने लगे तो सत्य की हत्या हो जाएगी और मूल्य न रहे, तो समाज में फिर खोजी पत्रकार और उसके खोजी कर्म का भी क्या मूल्य रह जाएगा ? खोजी पत्रकार के लिए पृष्ठभूमि वह होती है जिसे पत्रकार जानता है और मत वह होता है जो पत्रकार के मस्तिष्क में उभरता है। अतः घटना की गहराई में उतरना खोजी पत्रकारिता की अनिवार्य माँग है। तभी पता लग सकता है कि घटना किन कारणों से हुई। कारणों और प्रवृत्तियों का पता लगाना बहुत जरूरी है। यही खोजी पत्रकारिता की कसौटी है।

लोकतंत्र में विचारों की अभिव्यक्ति की स्वतंत्रता भी है। यह लोकतंत्र की मजबूती पर बहुत कुछ निर्भर करता है। जितना स्वस्थ लोकतंत्र होगा अभिव्यक्ति की स्वतंत्रता भी उतनी ही स्वतंत्र होगी। सरकार पर यदि अंकुश न हो, तो वह

जल्दी ही निरंकुश होकर नागरिकों को सताने लगेगी। लोकतंत्र में इस अंकुश का काम प्रेस करती है। लेकिन समाचार-पत्रों की स्वतंत्रता एक पहरेदार कुत्ते की तरह है, जो कभी-कभी भयंकर रूप धारण कर सकती है। उसकी प्राण शक्ति हमें उन छिपी हुई अलमारियों तक ले जाती है, जिसमें सरकार, बड़े-बड़े औद्योगिक घरानों तथा बड़े-बड़े नेताओं ने भयावह कंकाल छिपा रखे हैं। जहाँ कुछ छिपा है जहाँ कुछ छिपाया जाने की तैयारी चल रही होती है, ऐसे पर्दे को उठाना ही खोजी पत्रकारिता का संकल्प है, और इस संकल्प के पीछे है राष्ट्र, लोक और मानव हित, ताकि सत्य और न्याय के सुखद साम्राज्य की स्थापना हो सके। अन्याय और धोखे की परिपाटियों के किले ध्वस्त हो सकें। खोजी पत्रकारिता का स्वभाव खुलापन और उघाड़ना है। जो खुलापन बहते नीर की तरह स्वच्छता को कायम रख पाने में सक्षम होता है और इस खुलेपन के खुले प्रचार से ही समाज सेवा भी संभव हो पाती है।

खोजी पत्रकारिता आज की पत्रकारिता का महत्त्वपूर्ण अंग है तथा समय के साथ-साथ इसने अपनी अलग पहचान बनाई है। आज सारा पत्रकार समुदाय तथा सामान्य लोग भी इसके महत्त्व से भली-भाँति परिचित हैं। इसे अन्वेषण पत्रकारिता या खोजी पत्रकारिता भी कहा जाता है। किसी भी समाचार अथवा घटना को ज्यों का त्यों प्रस्तुत कर देना इसका ध्येय नहीं, अपितु बात की तह तक पहुँचना तथा संपूर्ण पृष्ठभूमि तथा परिणामों का विवेचन ही इसका ध्येय है। एक अच्छे खोजी पत्रकार में इन विशेषताओं का होना अत्यावश्यक माना गया है।

निरीक्षण, धैर्य, व्यवहार, कानून अथवा विधि-संबंधी ज्ञान, अच्छा वक्ता, ग्रहण करने की क्षमता, कार्य के प्रति समर्पित भाव, संदेह करने की प्रवृत्ति, अंतर्ज्ञान, कुशल अभिनय, तर्क करने की शक्ति, प्रबुद्धता, रचनाधर्मिता और सच्चरित्र एवं निरीक्षण की क्षमता एक अत्यावश्यक विशेषता है। कुशल, खोजी पत्रकार अपने मिशन से संबंधित प्रत्येक लक्ष्य का बारीकी से निरीक्षण करता है ताकि समय आने पर उससे लाभान्वित हो सके।

खोज एक लंबी क्रिया है। अतः धैर्य तो होना ही चाहिए। जल्दबाजी का परिणाम बहुधा अनुचित निर्णय ही होता है। अतः खोजी पत्रकार को धीरे-धीरे ही मंजिल तक पहुँचना होता है।

इस क्रिया में विभिन्न प्रकार के लोगों से संपर्क होता है। अतः व्यवहार में कुशलता होनी चाहिए कि सामनेवाला व्यक्ति कैसे सब कुछ उगल सकता है, कैसे उसे प्रसन्न किया जा सकता है, ताकि सच्चाई का पता चल सके। खोजी पत्रकारिता के क्षेत्र में विधि का ज्ञान अनिवार्य है अन्यथा पत्रकार कठिनाई में पड़ सकता है। यदि पत्रकार कोई ऐसा लेख लिखे अथवा कानूनी पेचदगियों की उपेक्षा करके कार्य करे, तो वह विधि से संबंधित अनावश्यक उलझनों में पड़ सकता है जिससे

केवल समय की बरबादी ही होती है।

अच्छा वक्ता सबके दिलों को जीत सकता है। प्रभावित करना उसे सहज में ही आता है। ऐसे में उसके विरोधी परस्पर-विरोध को भुलाकर उसके सहायक बन जाते हैं।

हममें बहुत से लोग ऐसे होते हैं जो सामने पड़े ज्ञान को भी समझ नहीं पाते और कुछ ऐसे होते हैं जो हर वस्तु में ज्ञान खोजते हैं। वे ही वास्तव में अन्वेषण कर पाते हैं और खोजी पत्रकारिता में सफल होते हैं।

जो अपने कार्य के प्रति पूर्णतया समर्पित होते हैं तथा आवश्यकता पड़ने पर तन-मन-धन अर्थात् सर्वस्व लगा देते हैं तो उन्हें मंजिल मिल सकती है।

किंतु कार्यारंभ करने के लिए कोई अवलंब नहीं खोजना चाहिए। किसी का सहारा ढूँढ़े बिना, स्वयं निर्णय लेने की प्रवृत्ति विकसित करनी चाहिए।

किसी भी तथ्य पर यूँ ही विश्वास करना भी उचित नहीं है। अतः संदेह करने की आदत लाभदायक है। पूर्ण रूप से संतुष्ट हो जाने पर ही विश्वास करना श्रेयस्कर होता है।

अंतर्ज्ञान एक दुर्लभ गुण अथवा ईश्वरीय देन है जिसके अंतर्गत व्यक्ति को भविष्य में घटित होनेवाली घटनाओं का पूर्वाभास हो जाता है और उसके अनुसार वह अपने कार्य की योजना बना सकता है।

पत्रकारिता में कभी लक्ष्य प्राप्ति के लिए नाटकीयता का सहारा भी लेना पड़ता है अर्थात् मंजिल पाने के लिए जिस भी माध्यम का प्रयोग करना पड़े, कर लेना चाहिए। ऐसे करने के लिए कुशल अभिनय करने की क्षमता अनिवार्य है, ताकि सामनेवाले व्यक्ति को लगे कि जो वह सुन रहा है अथवा देख रहा है, वह सब सत्य है।

खोजी पत्रकार को ज्ञान होना चाहिए कि वाद-विवाद कैसे किया जाता है यदि उसके तर्क सटीक होंगे तभी वह उपस्थित समुदाय पर हावी हो सकता है तथा अपना प्रभुत्व स्थापित कर वांछित परिणाम प्राप्त कर सकता है।

खोजी पत्रकार चरित्रवान भी होना चाहिए तभी लोग उसका आदर करेंगे और उस पर विश्वास करेंगे। अन्यथा वह महत्त्वहीन ही होगा। दुश्चरित्रवाला पत्रकार लोगों का आदर्श कभी नहीं बन सकता। जनसाधारण का विश्वासपात्र न होने के कारण वह अच्छे पद पर होने के बावजूद भी कुछ नहीं कर सकता और उसका होना, न होना समान हो जाता है।

इन सब विशेषताओं से युक्त होने पर भी पत्रकार को अन्य कई बाधाओं का सामना करना पड़ता है। परंतु एक बार यदि अच्छे खोजी पत्रकार के रूप में उसने पहचान बना ली तो भविष्य में संबंधित माध्यम स्वयं उसकी सहायता के लिए आगे आते हैं और बिना माँगे सूचनाएँ प्राप्त होती रहती हैं। परंतु उसे सदैव

सजग रहना चाहिए तथा यह ध्यान रखना चाहिए कि कहीं कोई व्यक्ति अपनी स्वार्थ सिद्धि के लिए तो उसे प्रयोग नहीं कर रहा है ? जब यह विश्वास हो जाए कि संपर्क में आनेवाला व्यक्ति विश्वसनीय है, तभी उसे तथ्यों और उपलब्ध जानकारी की तह में जाकर, अपने कार्य को कार्यान्वित करना चाहिए। खोजी पत्रकार के समक्ष सबसे बड़ी चुनौती है विश्वसनीयता कायम करने की। क्योंकि आज खोजी पत्रकार की विश्वसनीयता पर प्रश्नचिह्न लग रहे हैं। गाँवों, कस्बों में पत्रकारों की साख पुलिसवाली बनती जा रही है। लोग पत्रकार से डरने लगे हैं। अतः खोजी पत्रकार को अपनी विश्वसनीयता कायम करनी चाहिए। सत्ता के समीप जाकर दूसरों के काम न करवाएँ। अपितु ऐसे प्रयत्न किए जाने चाहिए, जिससे पत्रकारिता सम्मान अर्जित कर सके। अपने समाचार-पत्र के माध्यम से पुरस्कार प्राप्त करना, विदेशी यात्राएँ करना, नौकरियाँ दिलाना, अपने लिए मकान बनाना और तमाम प्रलोभनों के जाल में फँसे रहना, खोजी पत्रकार के लिए अपमान की बात है। इससे उसकी विश्वसनीयता शून्य के समीप पहुँच चुकी है। खोजी पत्रकार तथा एक सामान्य पत्रकार का दायित्व मात्र इतना है कि वह ईमानदारी से सारी सूचनाएँ पाठकों को दे, जनता-जनार्दन को उसके मूल कर्तव्यों के प्रति सचेत करे, तभी खोजी पत्रकारिता की दीप्ति उज्ज्वल रह सकती है।

पीत पत्रकारिता

ओस्वाड गैरी सन विलाड़ ने पीत पत्रकारिता को 'गटर पत्रकारिता' की संज्ञा दी है। जाने-माने संपादक चार्ल्स ए. डाना के अनुसार ऐसी पत्रकारिता मात्र पीत पत्रकारिता है। अमेरिका में, पीत पत्रकारिता को जोसेफ पुलिटजर ने बढ़ावा दिया। उत्तेजना और स्फुरण तथा सनसनीखेज वातावरण पैदा करनेवाली पत्रकारिता के पुलिटजर जनक माने जाते हैं। यद्यपि उनका लक्ष्य सामाजिक और आर्थिक विषमता को दूर करना था जिसके लिए हर बुराई का उन्होंने मुस्तैदी के साथ पर्दाफाश किया। किंतु इसी ने उत्तेजना और सनसनी फैलानेवाली पत्रकारिता को भी बढ़ावा दिया।

पुलिटजर के पत्र 'दि वर्ल्ड' तथा एक अन्य पत्रकार हर्स्ट के पत्र में, जो आश्चर्यजनक समाचार सुर्खियों में प्रकाशित किए जाने लगे, उन्हीं से पीत पत्रकारिता का जन्म हुआ। बाद में अनेक पत्रकारों ने पीत पत्रकारिता को बढ़ावा दिया और आज इसका व्यापक रूप पत्रकारिता का हिस्सा-सा बन कर रह गया है।

अध्यात्म के क्षेत्र में सर्वाधिक विवादास्पद गुरु स्व. आचार्य रजनीश ने अपनी एक पुस्तक में लिखा है कि एक बार पोप जॉन पॉल न्यूयार्क गए। पत्रकारों ने उनसे प्रश्नों की झड़ी लगा दी वे अधिकांश प्रश्नों का उत्तर बड़े संतुलित ढंग से

देने लगे। एक पत्रकार ने पोप जॉन पॉल से पूछा कि क्या आप न्यूयार्क में न्यूड-क्लब में जाना पंसद करेंगे तो पोप जॉन पॉल ने अनभिज्ञता जाहिर करते हुए न तो हाँ की, और न ही न की, उल्टे पत्रकारों से जानना चाहा कि क्या ऐसा कोई न्यूड-क्लब न्यूयार्क में है ? पोप जॉन पॉल ने वास्तव में पत्रकारों द्वारा पूछे गए प्रश्न को ही दोहराया था, जबकि अगले दिन समाचार को तोड़-मरोड़कर सुर्खियों में छाप दिया गया कि ''ज्यों ही पोप जॉन पॉल न्यूयार्क में पहुँचे, उन्होंने सबसे पहले पत्रकारों से पूछा कि क्या यहाँ कोई न्यूड-क्लब है ?'

पीत पत्रकारिता के घिनौने रूप का यही एक विकृत उदाहरण है। इसके पीछे सस्ती लोकप्रियता प्राप्त करना ही मूल उद्देश्य होता है। पत्र-प्रसार व अर्थोपार्जन की लालसा ने भी पीत पत्रकारिता को बढ़ावा दिया है। जिसके कारण आधारहीन, भ्रामक, सनसनीपूर्ण खबरें समाचार-पत्रों की सुर्खियाँ बन रही हैं।

इस पीत पत्रकारिता ने पत्रकारो के भीतर दायित्व की भावना को गौण बना दिया है। पाठकों को आकर्षित करने के लिए महज भड़कीले समाचार, विशिष्ट तथा चटपटी शैली में प्रस्तुत किए जाने लगे हैं। रचनात्मक तथा उदात्त भावना से भरी पत्रकारिता का आधार मात्र छिछली बातें बन गई हैं। चरित्र-निर्माण का आदर्श जाता रहा और यौन, हिंसा, अपराध, कुकृत्य, बलात्कार और लचकदार खबरों की भूल-भुलैया में पाठक भ्रम के भँवर में डूबने और उतरने लगा है।

पीत पत्रकारिता उस शरीर की तरह है जो आत्मा के न रहने पर, शव हो गया है। पाप और यौनोत्तेजक और सनसनीखेज खबरों से समाज का बहुत अहित हुआ है।

सन् 1893 में पुलिटजर का समाचार 'दि वर्ल्ड' रंगीन और आकर्षक बना दिया गया। रंगीन चित्रों के कारण पाठक इस पत्र की ओर अधिक मात्रा में आकर्षित हुए और 'दि वर्ल्ड' की बिक्री धड़ाधड़ होने लगी और प्रसार संख्या में भी पर्याप्त इजाफा हुआ। 'दि वर्ल्ड' में एक गोलमटोल ढीले-ढाले वस्त्र पहने दन्तहीन बालक के चित्र को प्रत्येक कार्टून का पात्र बना दिया गया। बालक के कपड़ों को गोल, पीले धब्बे से सुशोभित किया गया और यही 'येलो किड' बहुचर्चित हो गया। सनसनीखेज और उत्तेजनापूर्ण पत्रकारिता का, इस बालक को प्रतीक बना दिया गया। यही येलो जर्नलिज्म यानी पीत पत्रकारिता के नाम से भी जाना जाता है। जोसेफ पुलिटजर ने पत्र की लोकप्रियता और प्रसार के लिए अनेक विधियों को अपनाया। बौद्धिक लेखन उच्च स्तरीय मनोरंजन की सामग्री के साथ-साथ अपराध, हिंसा संबंधी उद्दीप्त करनेवाली बातें उनके पत्र 'दि वर्ल्ड' में छपने लगीं।

विलियम रेन्डोल्फ हर्स्ट भी ऐसा ही महत्त्वांकाक्षी व्यक्ति था जो 'दि वर्ल्ड' की होड़ में अपने पत्र को आगे बढ़ाना चाहता था। उसने अपने पत्र 'एग्जामिनर' के लिए दि वर्ल्ड के ही कुशल पत्रकारों को उखाड़ा और उन्हें अच्छा वेतन देकर एग्जामिनर

में काम पर लगा दिया। एग्जामिनर में सनसनीखेज खबरें प्रमुखता के साथ छापी जाने लगीं। लीड पैराग्राफ में प्रेम, वासना, अपराध और घृणा से संबद्ध मामले आकर्षक रूप में छापे जाने लगे। हर्स्ट का पत्र एग्जामिनर दैनिक पत्रों का सम्राट बन गया। हर्स्ट ने मोटे टाइप में आकर्षक साज-सज्जा तथा रंग-बिरंगे चित्र व आकर्षक शीर्षक देकर एग्जामिनर की प्रसार संख्या में जबरदस्त बढ़ोतरी कर दी।

पुलिटजर ने हर्स्ट की इस प्रतिस्पर्द्धा से सबक सीखा और पीत पत्रकारिता को तिलांजलि दे दी। अपनी आत्मा की आवाज पर पुलिटजर ने पत्रकारिता की आत्मा की रक्षा के लिए मूल्यों पर आधारित पत्रकारिता को अधिमान देना आरंभ किया। हर्स्ट यह विचार ही न कर सका कि पीत पत्रकारिता से समाज का वातावरण दूषित भी हो जाएगा। पत्रकारिता जिसका लक्ष्य सबको खबर देना, सबकी खबर रखना तथा सूचना एकत्रित करना व स्वस्थ मनोरंजन देने के अतिरिक्त, सुशिक्षित करना भी है, जैसे उदात्त मूल्यों की हर्स्ट ने अनदेखी कर दी। जिससे पत्रकारिता की गरिमा और स्थायित्व को खतरा उत्पन्न हो गया है। पीत पत्रकारिता के संक्रामक रोग से समाज की आत्मा जर्जर हो गई है। व्यावसायिक प्रतिस्पर्द्धा ने पत्रकारिता को ब्लैकमेल की बातों से भर दिया है। इसीलिए पत्रकारिता की विधा, पीत पत्रकारिता की न तो आज सर्वमान्य व्याख्या ही बन पाई है और न ही कोई स्वरूप बन सका है।

प्रारंभ में वाटरगेट कांड को भी छिटपुट रूप से पीत पत्रकारिता का रूप माना गया था। जब पूरी तरह रहस्य उद्‌घाटन हुआ तो उसे विश्व में पत्रकारिता के उच्च साहसिक आदर्शों का हिस्सा माना गया। आज पत्र में प्रकाशित एक बिंदु को देखकर पूरे पत्र को पीत पत्रकारिता की संज्ञा दी जाने लगी है।

पीत पत्रकारिता ने आदर्शों की धज्जियाँ उड़ा दी हैं। उत्तेजनापूर्ण खबरों के प्रकाशन के कई उदाहरण हमारे सामने आज मौजूद हैं। पत्रकारिता मिशन के स्थान पर व्यवसाय बन गई है। पब्लिसिटी के स्थान पर प्रोपेगेंडा को स्थान दिया जाने लगा है। छद्‌म प्रतिष्ठा ने पत्रकारिता जगत् का बड़ा अहित किया है।

यौन संबंध और धन को लेकर संसार में कुकृत्य होते हैं। उसकी संख्या भी कुछ कम नहीं होती। क्या निम्न कोटि के कुकृत्यों के समाचारों को समाचार न माना जाए ? कुछ श्रेष्ठ व्यक्तियों की मान्यता है कि वही समाचार प्रकाशित किए जाएँ, जो मानव को उच्च बनाने में सहायक हों।

परंतु मनुष्य का विकास इतना सरल भी नहीं है, जितना हम मान बैठे हैं। क्या यह सत्य नहीं है कि पाप की वृद्धि के अनेक कारणों का आधार उसके प्रति चुप्पी साधना और आँख बंद करना भी है। प्राध्यापक विलियम जेम्स का कथन है कि मैं अनेक व्यक्तियों की तरह पाप से आँख मिचौनी नहीं कर सकता। वह भी अच्छाई के समान वास्तविक है। यदि पाप के प्रति आँख फेरनी है तो वही नियम अच्छाई के प्रति भी लागू होना चाहिए। पाप के अस्तित्व को हम स्वीकार

करें और जब तक शरीर में प्राण रहे उसके प्रति घृणा प्रकट करते हुए विरोध किया जाए।[1] मनुष्य को सभी प्राणियों में श्रेष्ठ होने कीं संज्ञा दी गई है। क्योंकि मनुष्य में विकास की उज्ज्वल संभावनाएँ विद्यमान हैं। "मनुष्य विधाता की रचना का सबसे बड़ा चमत्कार है। और मनुष्य को सर्वप्रधान जीव माना जाता है। भारतवर्ष में आज तक जो सबसे बड़ा विद्वान् हुआ है व्यास, उसने बहुत सोच-विचार कर यह मत प्रकट किया है कि :

गुह्यं ब्रह्म तदिदब्रवीमि।
न मानुषात् श्रेष्ठतर हिं किंचित्।।

अर्थात् यह भेद की बात मैं तुमको बताता हूँ कि मनुष्य से बढ़कर संसार में अन्य कुछ नहीं है। अहं ब्रह्मास्मि मैं ही ब्रह्मा हूँ की भावना से भी यही व्यक्त होता है कि वास्तव में मनुष्य संसार का सर्वशक्तिमान प्राणी है। अब तक मनुष्य ने जो कुछ किया है उससे यद्यपि प्रमाणित होता है कि उसमें अद्भुत शक्तियाँ हैं"[2] किंतु पत्रकारिता से जुड़े कुछ बुद्धिमान लोगों का मानना है कि पत्रकारिता एक साधु संत की तरह प्रचारक या उपदेशक हो नहीं सकती, किंतु श्रेष्ठ गुणों को उजागर करना पत्रकारिता की अहम जिम्मेदारी है और यह जिम्मेदारी जिसके कारण मनुष्य की ज्येष्ठता एवं श्रेष्ठता बनी रहे, पीत पत्रकारिता कभी निभा नहीं सकती।

आदर्श पत्रकारिता के मानदंड

पत्रकारिता को अखंड निष्ठा का परिणाम कहना ही श्रेयकर है। पत्रकारिता साधन नहीं, अपितु पत्रकार जीवन की साधना रही है, और रहेगी। अन्याय और बुराई, अत्याचार और शोषण की मलिन धारा ने जब-जब समाज में प्रवहमान जीवनधारा की सुर-सरिता को कलुषित करने का प्रयास किया है तब-तब पत्रकारिता ने मलिनता के शोधन के लिए, अद्भुत कार्य किया है। आज मानव समाज विघटन के कगार पर खड़ा है। हम भीतर से कहीं टूट से गए हैं और इस टूटन ने हमारे भीतर एक बिखराव पैदा कर दिया है। मानवीय मूल्यों का विघटन हो गया है जिससे मानवीय ज्येष्ठता एवं श्रेष्ठता पर प्रश्नचिह्न लग गया है।

स्वाधीनता प्राप्ति के लिए जो ऊर्जा हमारे भीतर विद्यमान थी, स्वाधीनता प्राप्ति के बाद हमारी समस्त अस्मिता को जैसे लकवा-सा मार गया है। देश-भक्ति की पावन-भावना से हटकर हमारा सारा ध्यान, सारी सोच, निजी स्वार्थों के

---

1. समाचार संपादन : लेख समाचार, लेखक प्रेमनाथ चतुर्वेदी, पृष्ठ 20
2. मनुष्य का विराट रूप : लेखक आनन्द कुमार, पृ. 60

हित-चिंतन पर आश्रित हो गई है। सच्चाई, सफाई, ईमानदारी, कर्तव्यनिष्ठा ये शब्द तो जैसे अपना अर्थ ही खो गए हैं। इस मोहभंग के परिवेश ने पत्रकारिता को भी प्रभावित किया है और पराधीनता काल की पत्रकारिता का आदर्श जैसे बिखरकर रह गया है। पत्रकारिता की संपूर्ण तेजस्विता तेजहीन होकर रह गई है। केवल उदरपूर्ति की चिंता ने हमें दिन-भर में ही कई-कई रंग बदलने का ढंग सिखला दिया है और सच-झूठ में अब कोई अंतर नहीं रह गया है। देश में पत्रकारिता, सर्वसाधारण के हित के विपरीत कार्य कर रही है। पत्र धन से निकलते हैं और धन के संबल से प्रसार संख्या बढ़ती है और पत्रकार भी धन के ही पुजारी बनकर रह गए हैं। अन्याय का प्रतिकार हो सके यह लक्ष्य व्यावसायिक रंग में रँगी पत्रकारिता का हो भी नहीं सकता। पत्रकारिता यंत्रवत हो गई है। "राजनीति के क्षेत्र में जिस प्रकार देश सेवकों ने अपने त्याग और कष्ट सहन का भुगतान पदों और सत्ता केंद्रों के क्षेत्र में कर लिया है, वही बात पत्रकारिता के क्षेत्र में भी हुई है। सरकारी विज्ञापनों की गाढ़ी कमाई, विधान सभाओं और पार्लियामेंट की सीटों तथा विदेश यात्रा के डेलीगेशनों की चकाचौंध ने पत्रकारिता के जगत् पर भी प्रभाव डाला। फलस्वरूप जो बात राजनीतिक क्षेत्र में हुई वही पत्रकारिता के क्षेत्र में भी हुई—यानी नैतिक मूल्यों का ह्रास, आदर्शवादिता का क्षय। आज की पत्रकारिता की यही स्थिति है।"[1] जिस तरह सत्ता, संपत्ति, रूप-यौवन, पदवी आदि मिलने पर कोई व्यक्ति अनावश्यक घमंड करने लगता है, ठीक ऐसी स्थिति तथाकथित प्रतिष्ठा मिल जाने पर आज पत्रकारों की हो गई है।

अपने अहंकार में चूर पत्रकार किसी की कोई परवाह ही नहीं करता। मंत्री हो या कोई उच्च अधिकारी, उस पर पत्रकार आजकल ऐसे रौब जमाते देखे गए हैं कि उनके अहंकार को देखकर कोई भी हतप्रभ रह जाता है। वह अपनी श्रेष्ठता की डींग मारता हुआ दिखाई देता है। जबकि "पत्रकार की समाज के प्रति बड़ी जिम्मेदारी है, वह अपने विवेक के अनुसार अपने पाठकों को ठीक मार्ग पर ले जाता है, वह जो कुछ लिखे, प्रमाण और परिणाम का लिखे और अपनी गति-मति में सदैव शुद्ध और विवेकशील रहे। पैसा कमाना उसका ध्येय नहीं है। लोक सेवा उसका ध्येय है।"[2] पत्रकारिता भी इस सेवा-भाव का एक सशक्त माध्यम है। प्रचार-प्रसार के क्षेत्र में पत्रकारिता को जो प्रतिष्ठा मिली है उसके कारण इसके आदर्शपरक बने रहने की बात भी महत्त्वपूर्ण हो गई है। पत्रकारों के लिए नैतिक आदर्श आवश्यक बताते हुए सन् 1950 में काशी पत्रकार संघ के अध्यक्ष के रूप में पांडेय बेचन शर्मा 'उग्र' ने अपने विचार व्यक्त करते हुए कहा था "मेरी राय

1. हिंदी पत्रकारिता : लेखक कृष्ण बिहारी मिश्र, पृष्ठ संख्या 415
2. श्री गणेश शंकर विद्यार्थी की लेखनी : संपादक जगदीश प्रसाद चतुर्वेदी, पत्रकार कला पर दो शब्द, पृष्ठ 75

में पत्रकार बनने के पूर्व आदमी को समझ लेना चाहिए कि यह मार्ग त्याग का है, जोड़ का नहीं। जिस भाई-बहन को भोग-विलास की लालसा हो वह और धंधे करे, रहम करे इस रोजगार पर। मेरा आदर्श पत्रकार ईमानदार पादरी पीर है, किसी भी भीड़ में जिसे आसानी से पहचाना जा सके।"[1] पत्रकारिता एक पावन एवं पवित्र व्यवसाय है, अतः इस क्षेत्र में कर्मरत कर्मी को उतना ही पावन और निर्मल चरित्रवाला होना पड़ेगा। समाज को स्वस्थ बनाने की दृष्टि से भी पत्रकारिता के लिए आदर्श मानदंडों के महत्त्व को स्वीकारा गया है। पत्रकारिता का इतिहास भी, आदर्श पत्रकारों की साधना के रूप में गरिमापूर्ण आदर्श से महिमामंडित है। पत्रकारिता के महत्त्व और मर्यादा के दृष्टिगत इसके आदर्श भी उच्च ही होने चाहिए तभी आदर्श पत्रकारिता की आधारभूमि तैयार की जा सकती है। "पत्रकारों से सामाजिक चेतना के जागरण के अवगाहन की अपेक्षा करते हुए जवाहरलाल नेहरू ने उनके कर्तव्य-निर्धारण के प्रसंग में कहा था कि जीवन में जो कुछ निकृष्ट है, उसको क्रमशः बढ़ते जाने को रोक लगाने में सहायता करना पत्रकारों का कर्तव्य है। पत्रकारों को अधिक ऊँचे दर्जे की तथाकथित उज्ज्वल सामाजिक चेतना के निर्माण में ही सहायता नहीं करनी है वरन् छोटी-छोटी बातों में सामाजिक व्यवहार करना सिखाने में भी।"[2] पत्रकारिता, क्योंकि एक शिक्षण जैसे दायित्व का काम करती है, हजारों पाठकों के मन और मस्तिष्क पर पत्रकारिता का अमिट प्रभाव पड़ रहा है इस दृष्टि से पत्रकारिता का स्वरूप आदर्शात्मक होना अपरिहार्य है। और पत्रकारिता के लिए विशेष मानदंडों का निर्धारण भी अनिवार्य है। जिनसे पत्रकारों में एक तो दायित्वबोध की भावना का विकास होगा, दूसरे पत्रकारिता की नैतिक गरिमा में भी वृद्धि संभव हो सकेगी।

हिंदी पत्रकारिता के आदर्श स्वरूप से ही वह ऐतिहासिक धरोहर बन सकती है। पत्रकारिता क्योंकि एक अंतर्राष्ट्रीय उद्योग बन गया है जिसके कारण इसके प्रति आकर्षण और लोकरुचि में निरंतर बढ़ोतरी होना स्वाभाविक बात हो गई है। आज पत्रकारिता में धार्मिक, सामाजिक तथा राजनैतिक विषयों का समावेश, पाठक समाज के लिए ज्ञान में बढ़ोतरी करने का माध्यम बन गया है। समाचार-पत्र के प्रति आम पाठक भी जागरूक हुआ है। इसलिए पत्रकार को समाचार-पत्र में ऐसी कोई बात नहीं लिखनी चाहिए, जिससे सत्य पर पर्दा पड़ता हो क्योंकि पत्रकार द्वारा प्रकाशित बात का ज्यादा प्रचार-प्रसार होता है। और अनभिज्ञ व्यक्ति पत्रकार की बात पर विश्वास करता है। सद्‌भावपूर्वक लोकहित में किसी भी प्रकार की टीका-टिप्पणी प्रकाशित करना तो पत्रकार का कर्तव्य भी है। आलोचना की आड़

1. बृहद् हिंदी पत्रकारिता कोश : डॉ. प्रताप नारायण टंडन, पत्रकार की नैतिकता और आचार संहिता, पृष्ठ 639
2. बृहद् हिंदी पत्रकारिता कोश : संपादक प्रताप नारायण टंडन, पृष्ठ 640

में यदि पत्रकार समाचार-पत्रों में ऐसी भाषा का प्रयोग करता है जिससे किसी नागरिक की अवमानना होती हो, तो ऐसी स्थिति में कानून भी पत्रकार को सुरक्षा नहीं दे पाता। पत्रकार का यह कर्तव्य है कि समाचार या सूचना को प्रकाशित करने से पूर्व उसकी भली भाँति जाँच कर ले अन्यथा यदि सामग्री मानहानि की परिचायक हुई तो उसके कारण पत्रकार अपनी जिम्मेदारी से बच नहीं सकता। उसे उपेक्षा और असावधानी के परिणाम अंततः भुगतने ही पड़ेंगे।

न्यायालय और अवमानना की अवधारणा की तस्वीर भी पत्रकार के मन और मस्तिष्क पर पूरी तरह से अंकित रहनी चाहिए। हर व्यक्ति को निर्बाधित न्याय प्राप्त करने का पूर्ण अधिकार है, अतः न्याय-प्रशासन के व्यवस्थित संचालन की रक्षा की जानी चाहिए। अदालतों की निष्पक्षता, योग्यता और न्यायप्रियता में विश्वास बना रहना जरूरी है। व्यक्ति को दोषी न पाए जाने तक उस व्यक्ति को न्याय की नजरों में निर्दोष माना जाता है और उसे अपने को निर्दोष सिद्ध करने का अधिकार है। इसके लिए आवश्यक है कि उसे दोषमुक्त होने (फेयर ट्रायल) का पूरा अवसर मिले। इस प्रक्रिया में किसी प्रकार की बाधा न डाली जाए। यह विचारण न्यायालय करे, कोई अभिकरण ऐसा कुछ न करे जिससे उसका यह अधिकार प्रभावित हो।

इस तरह न्यायालय की अवमानना के लिए दंड के प्रावधान का प्रयोजन न्यायालय और न्यायाधीशों की प्रतिष्ठा और गरिमा, न्याय-प्रशासन, न्याय-प्रक्रिया, अदालत में पेश मामलों से संबद्ध पक्षों के ऋजु विचारण के अधिकार, और एक आवश्यक जनतांत्रिक व मानवीय संस्थान के रूप में न्यायपालिका की रक्षा करना है। यह अवधारणा स्पष्टतः लोकहित में है। इसलिए उच्च अदालतों को न सिर्फ अपमान करनेवालों को दंडित करने के व्यापक अधिकार दिए गए हैं, बल्कि दंड का निर्णय करने की अवधारणा-प्रक्रिया का लाभ भी उन्हें दिया गया है।[1] पत्रकारों के लिए यह बहुत जरूरी है कि उन्हें अपने व्यवसाय के सफल निर्वहन में बहुश्रुत व्यक्तित्व का स्वामी बनना होगा। ज्ञान-विज्ञान के हर क्षेत्र की उचित जानकारी हर पत्रकार के लिए अनिवार्य है तभी वह एक सफल पत्रकार बन सकता है।

आदर्श पत्रकारिता का रहस्य भी इसी में निहित है कि एक पत्रकार किसी तरह अपने कर्म क्षेत्र में सफलतापूर्वक अपने कार्य का निष्पादन करता है। पत्रकार के प्रखर विचार, उसके काम करने की ऊर्जा, उसके व्यक्तित्व में निहित गुण ही आदर्श पत्रकारिता के प्राकृतिक स्रोत हैं। आदर्श पत्रकारिता का एक निश्चित ढाँचा नहीं होता, जिसमें पत्रकार बनते हैं। पत्रकार तो परंपरागत आदर्श की परिपाटी का अनुसरण करता है और अपने समय के समाज की स्थितियों के अनुकूल अपने विवेक से उच्च-आदर्शों का निर्माण करता है। अपनी उर्वर कल्पना शक्ति, समाज

1. प्रेस विधि : डॉ. नंद किशोर त्रिखा, पृष्ठ 75

को देखने-परखने की अद्भुत सूझ से ही पत्रकार अपनी लेखनी से ऐसी आचार-संहिता का निर्माण करते हैं जिससे समाज को सही दिशा-निर्देश मिल पाता है। कोई भी पत्रकारिता प्राणहीन हो ही नहीं सकती। पत्रकारिता में वे ही प्रबुद्ध लोग अपना स्थान बना पाने में सफल होते हैं, जो यह भली भाँति जान लेते हैं कि उच्च-आदर्श पत्रकारिता के साथ आद्यंत चलना हैं। प्रत्येक पत्रकार के भीतर एक आदर्श का भाव विद्यमान रहता है जिससे अपने आसपास के परिवेश को समझने की क्षमता पत्रकार के मन में सहज रूप से पैदा होती है। वह समाज में ऐसे आदर्श के निर्माण में सहायक होता है जिसके अनुसार फिर समाज गतिशील होता है। जब समाज में हर कार्य एक श्रेष्ठ आदर्श की परिधि में संपन्न होने लगते हैं तो स्वतः ही एक आदर्श समाज की कल्पना साकार हो उठती है। पत्रकार को अपनी लेखनी द्वारा सूचनाप्रद जानकारियाँ उपलब्ध करवाने के स्थान पर, समाज को सँवारने का महत् कार्य करना चाहिए। समाज को सँवारने की प्रेरणा, पत्रकार को उसके निजी उच्च विचारों के उदात्त मूल्यों से प्राप्त होती है। पत्रकार कर्म की मर्यादा समाज में बनाए रखने की गारंटी समाज नहीं देता, पत्रकार को स्वयं अपने काम, आचरण और उत्तरदायित्व के प्रति जागरूक रहकर अपनी मर्यादा की विराट पृष्ठभूमि तैयार करनी पड़ती है। एक अच्छा पत्रकार समाज की अंतरात्मा होता है। ताकि वह जान सके कि समाज किधर जा रहा है। तभी पत्रकार समाज के ऐसे विधायक हैं, जिनका निर्वाचन उनके कर्तव्य कर्म के द्वारा होता है। ज्ञान, बौद्धिक संतुलन और व्यक्तित्व की सौम्यता एक अच्छे पत्रकार के प्रमाण चिह्न हैं। पत्रकार इन गुणों को पत्रकारिता के व्यवसाय में पदार्पण करने से पूर्व अपने भीतर आत्मसात कर लेता है। व्यावसायिक-कौशल, आदर्श पत्रकारिता की मूलभूत आवश्यकता है। आनेवाले समय में ज्ञान के विस्फोट में निरंतरता बनी रहेगी। संभव है मनुष्य महासागरों का नवीन ढंग से दोहन करे और अंतरिक्ष में कुछ अद्भुत खोज कर डाले। ज्ञान विस्फोट के लिए एक संतुलित मस्तिष्क की जरूरत होगी ताकि मस्तिष्क की सृजनधर्मिता मानव-कल्याण की हेतु बन सके। ऐसा सुपरिणाम प्राप्त करने के लिए पत्रकार को निश्चित रूप से एक विशिष्ट भूमिका का वहन करना होगा ताकि उन विरोधी शक्तियों को नियंत्रित किया जा सके, जो वर्तमान सभ्यता के अस्तित्व और सुरक्षा पर खतरा बनी हुई हैं। "मनुष्य द्वारा अपने पर्यावरण और प्रकृति की बढ़ती हुई लूट-खसोट बड़े पैमाने पर हुई है और तेज रफ्तार से सीमित संसाधनों का अपव्यय, जिससे पर्यावरण का संतुलन बहुत बिगड़ गया है। यहाँ तक कि हमारी पृथ्वी पर जीवन धारण करने के लिए आवश्यक वायुमंडल ही दूषित हो जाए, गंभीर चिंता का विषय है। प्रकृति की सुरक्षा, पर्यावरण की देखभाल, प्रदूषण की रोकथाम के उपाय अत्यंत आवश्यक हैं। जंगलों की कटाई और महासागरों में प्रदूषण का तकाजा है कि इन बहुमूल्य

साधनों की रक्षा के लिए तुरंत आवश्यक उपाय किए जाएँ। प्रौद्योगिकी शक्ति के दोहन पर अंकुश लगाना आवश्यक है।"[1] इस अंकुश को लगाने में पत्रकार महत्त्वपूर्ण योगदान दे सकता है। वह समाज में ऐसे महत्त्वपूर्ण आदर्शों की अवधारणा को कार्यान्वित कर सकता है, जिनसे मनुष्य एक श्रेष्ठ मनुष्य बनता है। पत्रकारिता अपने आदर्शों के कारण ही, स्वाधीनता आंदोलन की तलवार बनी। और महान् पत्रकारों ने पत्रकारिता को अपना साधना क्षेत्र माना और समाज में नए संस्कार पैदा किए तथा देशवासियों में जिम्मेदारी का जोश पैदा किया। इसका मुख्य कारण यही था कि पत्रकारिता की मूल आकांक्षा सेवा और मिशन जैसी थी।

हमारे देश के ऐतिहासिक पृष्ठों पर जब हम एक नजर डालते हैं तो ऐसा लगने लगता है कि देश सेवा और राष्ट्र-प्रेम की अवधारणा इस देश में गुलामी के जीने के परिवेश में ही बलबती हुई है। गुलामी के दमघोंटू वातावरण में जीते हुए हमें लगा कि राष्ट्र-प्रेम एक पावन कार्य है जिसे पूरा करने के लिए प्राणों का उत्सर्ग किया जाना भी अपरिहार्य बात हो सकती है। इसीलिए देश को गुलामी की जंजीरों से मुक्त करने के लिए पत्रकारिता ने मिशन का रूप धारण किया। आज भी हमारा समांज अज्ञानता की रूढ़ियों की जंजीरों से जकड़ा हुआ है, कठिनता से प्राप्त आजादी की रक्षा के लिए ठोस प्रयत्न अपेक्षित हैं। आज के परिप्रेक्ष्य को, 'वीणा के टूटे तार' नामक कविता संग्रह जिसे दीक्षा प्रकाशन, नई दिल्ली ने प्रकाशित किया, में इस प्रकार कर्तव्यबोध, काव्यकृति के माध्यम से उजागर किया है कि :

कठिन तपस्या
और त्याग के बाद
जो चीज पाई है
उसे थोड़ी सी नासमझी से
खो देना आसान होता है
ऐसा विद्रोह जो
बदल दे देश की प्रगति का रुख
खंड-खंड कर दे सभी उज्ज्वल स्वप्नों को
क्रांति नहीं देशद्रोह होता है।
जिस आजादी के लिए
दिया हमने अपना लहू

1. 'भारत में विद्यालयी शिक्षा प्रेमनाथ कृपाल द्वारा लिखित लेख, इक्कीसवीं शताब्दी के लिए' से उद्धृत, पृष्ठ 281

उस पाए हुए गौरव को गँवाना समझदारी नहीं दोस्त
देश-निर्माण में जुट जाना
तथा यह जान लेना कि
देश रहेगा तो
हम भी रहेंगे
देश नहीं रहेगा तो
हम भी नहीं रहेंगे
यही आत्मिक जागरण
आजादी के मूल्यों को
पहचानने की सार्थक सोच है।

पत्रकारिता को अपने महनीय कर्म द्वारा समाज में एक व्यक्तित्व को विकसित करने की दिशा में लेखनी उठानी होगी। जिससे व्यक्ति का एक पूर्ण विकसित व्यक्तित्व बन सके, जो विवेक, शक्ति, कार्य और कौशल की श्रेष्ठता के महनीय गुणों से ओत-प्रोत हो। अब समय आ गया है, जब पत्रकारिता को अपने कर्म का पुनर्मूल्यांकन करना होगा ताकि सभी क्षेत्रों में होनेवाले विकास, अर्थव्यवस्था एवं व्यक्ति की मूलभूत आवश्यकताओं के अनुरूप पत्रकार, नई चुनौतियों का सामना करने में सक्षम हो सके। ताकि आनेवाले वर्षों में पत्रकारिता की नीतियों के लिए प्रमुख आवश्यकताएँ क्या हैं यह जानने के लिए हर पत्रकार संघर्षरत रहे। इस महत कर्म से ही फिर देश का नागरिक सही अर्थ में प्रबुद्ध हो सकेगा। 4 अप्रैल, 1963 को जवाहरलाल नेहरू ने लोकसभा में कहा था कि "हम जानते हैं कि स्वतंत्रता के पूर्व इस जाति-ग्रस्त देश में सबसे कठोर जाति अंग्रेजी जाननेवालों की थी—अंग्रेजी पोशाक, अंग्रेजी प्रेम, चाहे वह शासक हो या अन्य। हम लोगों में से भी अनेक जाति के थे। यह बहुत ही बुरा था क्योंकि इसने भारतीय जनता और हम लोगों के बीच भंयकर दीवार खड़ी कर दी थी।"[1] प्रथम प्रधानमंत्री के शब्दों में राष्ट्रीय समस्या का यह कँटीला पेड़ अंग्रेजों ने लगाया था और उसकी जड़ें आज भी सूखी नहीं। इस ओर ध्यान खिंचते रहने का काम, एक आदर्श पत्रकारिता का ही है।

किसी प्रकार के स्वार्थ या लोभ के वशीभूत होकर भी पत्रकार को अवांछित सामग्री अथवा अशोभन विज्ञापनों का प्रकाशन नहीं करना चाहिए। "यद्यपि इस संदर्भ में कानूनी प्रतिबंध भी हैं, जिनका आचार-संहिता की दृष्टि से अपेक्षाकृत

1. भारत में विद्यालयी शिक्षा वर्तमान एवं भावी आवश्यकताएँ नामक पुस्तक में शिक्षाविद आ.एन. मेहरोत्रा द्वारा लिखित लेख, शिक्षा का माध्यम, आधुनिक भारतीय भाषाओं के पक्ष से उद्धृत, पृष्ठ संख्या 208

अधिक महत्त्व है। बहुधा किसी विवादास्पद स्थिति के उत्पन्न होने पर पत्रकार का दायित्व अधिक बढ़ जाता है। ऐसी अवस्था में भी पत्रकार को अपने क्रियाकलाप की नैतिक सीमाओं में बँधकर अपना कार्य करना चाहिए।"[1]

"प्रसिद्ध यूरोपीय चिंतक बर्नार्ड शा ने पत्रकारिता को शाश्वत साहित्य की श्रेणी में रखा। उन्होंने लिखा है कि जो व्यक्ति अपने समय के बारे में लिखता है, केवल वही सचमुच समस्त मनुष्यता और सभी युगों के लिए लिख सकता है।"[2] बर्नार्ड शा के ये कथन इतने महत्त्वपूर्ण हैं, जिन्हें बार-बार उद्धृत करने पर भी इन कथनों की नवीनता बनी ही रहती है। आदर्श पत्रकारिता के लिए आवश्यक है कि अत्याचार, असत्य और सामाजिक पाखंड के बारे में खुलकर लिखा जाए। इस बात की भी पूर्ण जानकारी रहनी चाहिए कि समाचार की श्रेष्ठता के रहस्य क्या हैं ? जो समाचार आसपास के परिवेश से संबंध रखता है वही समाचार उस परिवेश में रह रहे पाठकों की संवेदनाओं को उघाड़ता है। पाठकों को सीधे प्रभावित भी करता है। समाचार की प्रसार संख्या भी इसी प्रकार के समाचारों के छपने के कारण बढ़ती है। अन्यथा जो समाचार-पत्र आज पैदा हुआ और अगले कल अपना अस्तित्व ही गँवा बैठा, वह समाचार-पत्र अथवा पत्रिका पत्रकारिता जगत् में किसी भी प्रकार के मानदंडों की स्थापना नहीं कर सकते।

विश्वसनीयता, सम्मान, प्रभावोत्पादकता व देशप्रेम पत्रकारिता के ऐसे आदर्श हैं, जिन्हें व्यवहार में कार्यान्वित करने पर पत्रकार बेहतर कार्य कर सकता है। पत्रकारिता से जुड़े कर्मियों पर आरोप लगाए जाते हैं कि उनके कार्य में पूर्वाग्रह, अर्द्धसत्य तथा लापरवाही तथा मिथ्या-अभिमान की भावना रहती है और इस प्रकार के आरोप निश्चित रूप से आदर्श पत्रकारिता के खतरे भी हैं और संभव है इन दोषों के रहते ऐसा समय भी आए, जब समाचार के पृष्ठों पर कोई विहंगम दृष्टिपात भी न करे। इसीलिए यह अनिवार्य बात है कि पत्रकारों को अपने लेखन के माध्यम से पाठक-समाज में असमंजस की स्थिति पैदा नहीं करनी है, यदि वे ऐसा करते हैं तो वे छद्म-प्रतिष्ठा के धोखे में रहते हैं। इस धोखे से बचाव की एक राह है, वह यह है कि आत्म-निरीक्षण के सहारे पत्रकारों को छपे पृष्ठों पर नजर डालकर अपने को विश्वस्त कर लेना चाहिए कि जो कुछ छपा है क्या वह सत्य से जुड़ी हुई तथ्यपरक जानकारी है ? यदि हाँ, तो तभी पत्रकार पाठकों के विश्वास को अर्जित कर सकता है, जो कि पत्रकारों का सर्वोच्च कर्तव्य कर्म है। पत्रकार सफल होता तभी है जब वह पाठकों की आवश्यकताओं, रुचियों को ध्यान में रखकर लिखता है।

समाचार अथवा पत्रिका के प्रकाशन की पृष्ठभूमि आज व्यवसाय व कौशल

1,2. बृहद् हिंदी पत्रकारिता कोश : लेखक डॉ. प्रताप नारायण टंडन, अध्याय 2, पत्रकारिता की नैतिकता और आचार संहिता, पृष्ठ संख्या 638, 639

हो गई है। इसीलिए इनके अस्तित्व को बनाए रखने के लिए यह आवश्यक है कि समाचार-पत्र, व्यावसायिकता के साथ, सूचना देने, शिक्षा देने तथा शिक्षाप्रद मनोरंजन उपलब्ध करवाने के दायित्व को बखूबी निभाए। व्यावसायिकता के पहलू के आधार पर, समाचार-पत्रों की कौशलगत व्यवस्था बहुत अच्छी होनी चाहिए ताकि समाचार-पत्र आकर्षक बन सकें। पत्र के संचालक भले ही न रहें, किंतु पत्रों की पहचान यथावत् बनी रहनी चाहिए। ताकि यह सत्य उजागर हो सके कि व्यक्ति भले ही नश्वर है किंतु संस्थाएँ अजर-अमर रहती हैं।

आदर्श पत्रकारिता में मानदंडों के परिप्रेक्ष्य में यह भी महत्त्वपूर्ण बात है कि पत्रकार कैसी भाषा का प्रयोग करता है। क्योंकि यह तो सभी जानते हैं कि पत्रकार तथ्यों को प्रकट करने के लिए लिखता है। और एक विशेष संदेश को पाठक समाज तक पहुँचाने के लिए भी पत्रकार लिखता है। किंतु लिखते समय यह ध्यान अवश्य रहना चाहिए कि पत्रकार पाठकों को जो बतलाना चाहता है क्या वह ऐसा करने के उद्देश्य से बेहतर भाषा का प्रयोग करने में समर्थ हो पाया है। इस दृष्टि से विचार, सारगर्भित तथा प्रभावकारी होने चाहिए। जिन्हें पाठक जल्दी से समझ सकने में समर्थ हो सके। भाषा अभिव्यक्ति का माध्यम है, उसे जटिल नहीं बनाया जाना चाहिए। स्पष्ट लेखन के गुण वरदान में नहीं मिलते, इसके लिए स्पष्ट सोच का होना बहुत जरूरी है। तथ्य जब पूरे नहीं होंगे तो, कागज पन्नों पर शब्दों की कालिख कोई जादू का काम नहीं कर सकती, शब्द तभी प्राणवान होता है, जब वह सत्य तथा स्पष्ट-चिंतन का परिचायक होता है। व्यक्त किए गए विचार तर्कपूर्ण एवं अर्थपूर्ण होने चाहिए तभी शब्दों का जादू पाठक के मन और मस्तिष्क को गहरे रूप से प्रभावित करता है।

जो पत्रकार श्रेष्ठ पाठक भी होते हैं, वे ही पत्रकार अच्छे लेखक भी सिद्ध होते हैं। पत्रकार को बेहतर पत्रकारिता करने के लिए निरंतर चिंतनशील और अभ्यासी रहना चाहिए। ताकि वह जो कुछ लिखे वह पाठकों द्वारा प्रशंसित हो और उसके अच्छे परिणाम सामने आ सकें। इसके लिए निष्पक्ष होकर उचित तथ्यपूर्ण तथा व्यावसायिकता के अनुकूल जानकारी पत्रकार को, पाठकों के लिए उपलब्ध करवानी चाहिए। इस परिणाम पर पहुँचने के लिए पत्रकार को आक्रामक होने के साथ, सहानुभूतिपूर्ण रवैया भी अपनाना पड़ेगा।

पत्रकार को चाहिए कि वह जनता-जनार्दन का सम्मान करे और उनके लिए चेतावनी भी दे सके कि वह कोई ऐसा काम न करें जिससे सामाजिक हित को चोट पहुँचती हो। जन प्रतिनिधि बनकर पत्रकारों को भरपूर जन-समर्थन भी जुटाना चाहिए। जनता को यह एहसास कराया जाना चाहिए कि पत्रकार उनके हितों की रक्षा के प्रति सजग प्रहरी है। पत्रकार को चाहिए कि वह जनता में विश्वास पैदा करे कि वह अपनी खोजी प्रवृत्ति के बल पर, अंततः उनके हित कार्य में लगा हुआ

है। महिलाओं, युवाओं, वरिष्ठ नागरिकों, कल्याण कार्यों से जुड़े लोगों, राजनेताओं, शिक्षाविदों, समाज सेवकों, देश-भक्तों सभी वर्ग के लोगों को केंद्र में रखकर, पत्रकार को अपनी लेखनी उठानी चाहिए। मानव-दुर्घटनाओं, राष्ट्रीय-सुरक्षा तथा समाज की ज्वलंत समस्याओं पर, खुलकर लिखने की अत्यंत आवश्यकता है।

पत्रकारिता का यह अहम कर्तव्य है कि वह अपने कर्म द्वारा समाज को जागरूक बनाए, लोगों को पत्रकारिता से मिलनेवाले जन-अधिकारों की जानकारी दी जानी चाहिए ताकि लोग जान सकें कि पत्रकारिता को मिले तमाम अधिकार वास्तव में जनता के अधिकार हैं।

पत्रकारों को प्रतिस्पर्द्धा की दौड़ में अग्रणी रहना चाहिए। अच्छा समाचार त्वरित गति से पाठकों को पढ़ने के लिए तभी मिल सकता है, जब पत्रकार स्वयं प्रतिस्पर्द्धा के बल पर कार्य करेंगे। बेहतर पत्रकारिता की कसौटी इसी में है कि पत्रकार लोक-कल्याण के लिए जनता की पीड़ा को समझे नैतिक मूल्यों के पतन को रोकने तथा लोगों को उनके दायित्व के प्रति जागरूक रहने के लिए सतत लेखन कार्य की गति को बनाए रखे। ताकि लेखन पत्रकारिता के क्षेत्र में अमूल्य दस्तावेज सिद्ध हो सके।

आज अधिकांश समाचार-पत्र, उत्तेजना और आतंकमूलक समाचारों को उच्च प्राथमिकता देकर समाज को गुमराह कर रहे हैं, "पत्र बेचने के लालच से अश्लील समाचारों को महत्त्व देकर, तथा दुराचरणमूलक अपराधों से भी वे बड़े अपराधी हो जाते हैं। अपराधी एकाध पर अत्याचार करके दंड पाता है। और हम सारे समाज की रुचि बिगाड़कर आदर पाना चाहते हैं।"[1] पराडकरजी के इन कथनों में यथार्थ का गहरा एहसास होता है। साफ और सच्ची बात करके पराडकरजी ने आदर्श पत्रकारिता के सत्य को रेखांकित किया है। वास्तव में पत्रकार का लेखन कर्म, जीवन-दर्शन का परिचायक होता है। वह जो कुछ लिखता है उसे पढ़कर यथार्थ बोध होता है और सीधे-सीधे पाठक का मन-मस्तिष्क प्रभावित होता है क्योंकि पत्रकार के विषय-वर्णन में, प्रामाणिकता होती है, चित्रण सजीव होता है और होती है गहरी संवेदना, जिसे पढ़कर पाठक निश्चित रूप से सचेत होता है।

चतुर्थ शक्ति के रूप में पत्रकारिता को मान्यता मिली है उसका कारण मात्र इतना ही है कि पत्रकार अपने कर्तव्यकर्म से जन-जीवन को प्रशिक्षित करता है। उसकी भूमिका विश्वविद्यालय के शिक्षक की तरह हो जाती है, इसीलिए पत्रकार को ज्ञानवीर होना पड़ता है। ज्ञान और क्रिया दोनों में पत्रकार की दक्षता अपेक्षित है। अमेरिकन प्रेस कांग्रेस ने पत्रकारों के लिए इस तरह के निर्देश तय किए हैं, जो आदर्श-पत्रकारिता के मानदंड तथा पत्रकार के लिए तो नितांत अपरिहार्य हैं।

---

1. निर्भीक लेखन का आदर्श : पराडकर : लेखक भगवती प्रसाद शुक्ल, आकाशवाणी पत्रिका, 16 जुलाई 1983, अंक 14, पृष्ठ 2

"क. अपने पक्ष के नाम पर गर्व कीजिए। जोश के साथ अपना उत्साह दिखाइए पर व्यर्थ घंमड मत कीजिए।

ख. पत्रकारों में जड़ता मृत्युवत् है। एक ही लकीर को पीटते रहना बौद्धिक मृत्यु के सिवा और कुछ नहीं।

ग. अवसर मत खोइए। अपना ज्ञान जितना भी बढ़ा सकें, बढ़ाइए। नवीनता-प्रदर्शन से मत चूकिए।

घ. व्यक्ति से बड़ा समाज है, सरकार से बड़ा देश है मनुष्य नश्वर है। संस्था और सिद्धांत अमर हैं।

ङ. आर्थिक और साहित्यिक दोनों क्षेत्रों में आक्रमण का सामना आक्रमण से कीजिए, शांति से रहना हो तो अपनी रक्षा के लिए हमेशा तैयार रहिए। तलवार और पैसा कलम के दुश्मन हैं। आवश्यकता पड़े तो सम्मान की रक्षा के लिए जीवन और धन दोनों की बलि दीजिए।

च. दृढ़ रहिए पर हठी नहीं परिवर्तनशील बनिए पर कमजोर नहीं। उदार बनें, पर हाथ बिलकुल ढीला मत छोड़िए।

छ. स्पष्टवादी, सगर्व और फुर्तीला रहिए, आपका सम्मान होगा कमजोरी परलोक के लिए अच्छी है, नहीं तो वह जड़ता ही है।

ज. जो कुछ छपा हो उसकी जिम्मेवारी लीजिए। व्यर्थ दोषारोपण पाप है। प्रतिष्ठा की हानि करनेवाली चीज न छापिए। घूस लेना पाप है।

झ. अधिक से अधिक मित्र बनाइए। मित्र ऐसे हों जो आपके आदर के पात्र हों या जिनकी मित्रता से आपका सम्मान बढ़े। कुछ लोग आप से शत्रुता भी करेंगे। लेकिन आप निर्भीक और निःस्वार्थ होकर अपना काम करते रहें।"[1]

समाचार-पत्र पाठक समाज के इतिहास पृष्ठ होते हैं, जिनमें झाँककर पाठक समाज अपने व्यक्तित्व का विश्लेषण करता है। इस दृष्टि से समाचार-पत्रों, पत्रकारों यानी समस्त पत्रकारिता को आदर्श मानदंडों का अनुसरण करना ही चाहिए जिनके बल पर पत्रकारिता का चेहरा भी आकर्षक बनता है और पत्रकार को भी यशस्वी होने का गौरव प्राप्त होता है।

विज्ञापन और समाचार-पत्र

साक्षरता की दर में वृद्धि तथा राजनैतिक चेतना में विकास के साथ ही समाचार-पत्र समाज का अभिन्न अंग बन पाया है। जन मानस में समाचार-पत्र के पठन

1. संवाद और संवाददाता : लेखक श्री राजेंद्र, पृष्ठ 204-205

के प्रति रुचि बढ़ी है। प्रातः उठते ही प्रभु-स्मरण की जगह अखबारों ने ले ली है। चाय की चुस्की के साथ समाचार-पत्रों के पठन की प्रक्रिया भी साथ-साथ चलती है। यही कारण हैं कि लघु समाचार-पत्र से लेकर दैनिक समाचार-पत्रों में आशातीत बढ़ोतरी हुई है। समाचार-पत्रों ने न केवल स्वाधीनता संग्राम में अपनी महत्त्वपूर्ण भूमिका निभाई अपितु स्वाधीनता के बाद भी समाचार-पत्रों ने अपना उल्लेखनीय योगदान दिया है। "15 अगस्त 1947 को जब भारत स्वाधीन हुआ तो पराडकर जी ने लिखा : भारत आज नवयुग में प्रवेश कर रहा है। भारतमाता की पराधीनता टूट चुकी है और आज प्रत्येक भारतवासी अपने को स्वतंत्र अनुभव कर रहा है। इस शुभ अवसर पर केवल हम भारतवासी ही प्रसन्न नहीं हैं, सारा विश्व प्रसन्न है। संसार के पीड़ित और पद दलित देश तो भारत की ओर आशा भरी दृष्टि से देख रहे हैं। रूस और अमेरिका सरीखे राष्ट्र भी मंगल कामना कर रहे हैं। स्वाधीनता के बाद राष्ट्र के सम्मुख समस्याओं की चर्चा करते हुए पराडकरजी ने लिखा—हमें सभी प्रकार से अपने को शक्तिशाली बनाना होगा। बिना शक्तिशाली हुए काम नहीं चल सकता। भविष्य में संचालन के लिए यदि हमारी सरकारें शक्तिशाली न हुई तो न समाजवाद का ही कोई मूल्य होगा और न स्वतंत्रता का। अन्न, वस्त्र और सुरक्षा की समस्या, मूल्यवृद्धि तथा भ्रष्टाचार का अंत करने की समस्या, सांप्रदायिक सद्भाव की समस्या देशहित विरोधी शक्तियों के नियंत्रण की समस्या आदि जाने कितनी समस्याएँ आज विराट रूप में हमारे सम्मुख उपस्थित हैं उनका हल करना तत्काल आवश्यक है।"[1] जिन समस्याओं पर पराडकरजी ने ध्यान आकृष्ट किया उनके निदान का दायित्व उन्होंने समाचार-पत्रों पर सौंप दिया था। समाचार-पत्र का प्रकाशन आज एक प्रतिष्ठित व्यवसाय के रूप में मान्य हुआ भी है। "सामान्य रूप से आज के युग में किसी भी पत्र अथवा पत्रिका का कार्यालय उसके प्रचार-प्रसार, विस्तार और महत्त्व के अनुसार अनेक विभागों में विभक्त रहता है। आवश्यकता के अनुसार उनमें से प्रत्येक के अनेक उप-विभाग भी होते हैं। परंतु स्थूल रूप से पत्रकारिता का क्रियाकलाप तीन विभागों से प्रत्यक्षतः संबंधित है और उन पर ही सारा कार्य भी आधारित होता है। इन तीनों विभागों को संपादन व्यवस्था और मुद्रण से संबद्ध और उन्हीं के अनुसार विभाजित किया जा सकता है।"[2] इसी विभाजन के परिप्रेक्ष्य में ही समाचार-पत्र में विज्ञापन विभाग भी होता है। यह विज्ञापन विभाग ही समाचार-पत्र की रीढ़ भी होता है। इसके बिना समाचार-पत्र की गति ही संभव नहीं होती। समाचार-पत्र का पूरा उद्योग विज्ञापनों

1. महाराष्ट्र मानस, नवंबर 1983, संपादकाचार्य पं. बाबूराव विष्णु पराडकर विशेषांक, संपादक : मोहन पाटिल, पृष्ठ 49
2. बृहद् हिंदी पत्रकारिता कोश, पाठ पत्रकारिता कलात्मक तथा व्यवहारिक पक्ष, संपादक डॉ. प्रताप नारायण टंडन, साहित्य शिल्पी प्रकाशन लखनऊ, पृष्ठ 682

के अभाव में जर्ज़र होकर रह जाता है। "विभिन्न समाचार-पत्रों एवं पत्रिकाओं में ज़ो विज्ञापन प्रकाशित होते हैं, वे कई श्रेणियों के होते हैं। इनमें वर्गीकृत विज्ञापन, सज्जित-विज्ञापन, स्थान निर्दिष्ट-सज्जित विज्ञापन, अनुबंधित विज्ञापन होते हैं।"[1] विज्ञापनों की यह व्यवस्था आज की पत्रकारिता की रीढ़ बन गई है। इन विज्ञापनों के बिना समाचार-पत्र अधिक देर चल ही नहीं सकते। जहाँ विज्ञापन समाचार-पत्रों के लिए अपरिहार्य हो गए, वहाँ विज्ञापन पाठक समाज के लिए अहितकर भी हो गए हैं, क्योंकि विज्ञापनों में लुभावनापन तो होता है वे मन-मस्तिष्क पर सीधा प्रभाव भी डाल रहे हैं, पर इन विज्ञापनों में सच और झूठ का कोई अंतर ही नहीं रहता। विज्ञापनों की भाषा बड़ी प्रभावकारी तो होती है पर उस भाषा से विश्वसनीयता का संस्कार यदा-कदा लोप हो जाता है। तथापि समाचार-पत्रों के लिए विज्ञापन जरूरी हैं। क्योंकि समाचार-पत्र आज एक विशुद्ध व्यवसाय भी तो है और जब यह व्यवसाय ही विज्ञापनों के बलबूते पर फल-फूल सकता हो, तो विज्ञापन में वह सब कुछ होगा ही जो होना चाहिए। विज्ञापनों के माध्यम से समाचार-पत्रों में ऐसे बिंब उकेरे जाते हैं जो वास्तविकता से भिन्न होते हैं। आकर्षक विज्ञापनों के माध्यम से जनसाधारण को ऐसी जानकारी उपलब्ध करवाई जाती है जो यथार्थ में नितांत भिन्न होती है। इससे मनोवैज्ञानिक आघात या अभाव की भावना पैदा होती है और विज्ञापित वस्तुओं का उपयोग करने की आकांक्षा भी बलवती होती है। अतः विज्ञापन देने यानी उन्हें प्रकाशित करने के लिए भी दायित्व की भावना, शुद्धता व गहरी सूझ-बूझ की उच्च-क्षमता अपेक्षित है। विज्ञापन प्रकाशित किए जाने के लिए भी समाचार-पत्रों के मालिकों अथवा संचालकों पर नैतिक मानदंडों का नियंत्रण अति आवश्यक है ताकि मानवीय पक्ष कदापि कमजोर न हो।

उत्तरदायित्व की भावना से हर काम में संस्कृति व सभ्यता के बीच रचनात्मक संवाद पैदा होने की संभावना हो सकती है। और जनसाधारण यह भली भाँति समझ सकता है कि शांति और प्रसन्नता के वातावरण की सृष्टि कैसे हो सकती है।

विज्ञापनों से विज्ञापनदाता रिझाने का काम करता है और यही कारण है कि हर प्रकार के विज्ञापनों में स्त्री आकृति को अच्छे और बुरे ढंग से उभारा जाता है। ताकि विज्ञापन का आकर्षण बढ़ सके। ये भी तर्क दिया जाता है कि नारी क्योंकि खरीदारी का काम करती है इसीलिए विज्ञापनों में स्त्री आकृति देखकर वह स्वयं को खरीदी जा रही वस्तु से जोड़ देती है। विज्ञापनदाता नारी को मात्र उपभोग की वस्तु ही समझकर, स्त्री आकृति के चित्रण की शालीनता की सीमा का भी अतिक्रमण कर बैठता है। वस्तु की बिक्री, केवल स्त्री देह को ज्यादा खुलकर दिखाने से ही संभव हो सकती है ऐसी धारणा से विज्ञापन मनोवैज्ञानिक प्रभाव को अनदेखा

---

1. बृहद् हिंदी पत्रकारिता कोश, पाठ पत्रकारिता कलात्मक तथा व्यवहारिक पक्ष, संपादक डॉ. प्रताप नारायण टंडन, साहित्य शिल्पी प्रकाशन लखनऊ,, पृष्ठ 68८

कर रहे हैं और विज्ञापनों में नारी को यौन चिह्न के रूप में ही दर्शाया जाने लगा है। विज्ञापनों में सामाजिक मर्यादाएँ और नैतिकताओं को शिथिल किया जाने लगा है। यौन भाषा का प्रयोग भावी पीढ़ी के मन-मस्तिष्क में विकृति पैदा करने हेतु बन रहा है। "विज्ञापन की मोहक दुनिया आज के शहरी आदमी की पूरी जिंदगी के इर्द-गिर्द लिपटी हुई है। जब से वह होश सँभालता है, तब से मृत्यु तक विज्ञापन और उससे उत्पन्न मृग-मरीचिकाएँ उसका हर समय और हर जगह पीछा करती हैं। विज्ञापन के बारे में दो परस्पर विरोधी धारणाएँ हैं। एक पक्ष का दावा है कि यह उत्पादक को अपना माल और सेवाएँ लाभप्रद ढंग से बेचने में तथा उपभोक्ता को किफायत के साथ और सावधानीपूर्वक चयन करते हुए खरीदने में मदद करते हैं। इससे जीवन स्तर में सुधार होता है, राष्ट्रीय अर्थव्यवस्था को बल मिलता है। दूसरे पक्ष का कहना है कि इससे अवांछित और विलासितापूर्ण खपत बढ़ती है, जिससे उन जरूरी मालों और सेवाओं के उत्पादन में बाधा पड़ती है जो ज्यादा लोगों खासकर समाज के कमजोर वर्गों के लिए उपयोगी है। इसलिए विकासशील देशों में विज्ञापनों पर होनेवाला खर्च फिजूल है।"[1] कुछ भी हो जनसाधारण की विज्ञापन में रुचि रहती ही है और समाचार-पत्र उनके लिए विज्ञापन के प्रमुख स्रोत हैं। भाषा, चित्रांकन की कल्पनाशीलता से ओत-प्रोत विज्ञापन को पढ़ने के बाद जनसाधारण विज्ञापन से प्रभावित होकर वस्तुएँ खरीदता भी है। इसीलिए विज्ञापनों पर होनेवाला खर्च भी नहीं माना जा सकता है। मनभावन विज्ञापनों से लोग उन वस्तुओं को खरीदने का भी लोभ संवरण कर लेते हैं जिन वस्तुओं की उनको कतई आवश्यकता भी नहीं होती। विज्ञापन क्योंकि आकर्षक था इसीलिए खरीदार का आकर्षण बढ़ा और अवांछित वस्तु को भी खरीद डाला। इस तरह विज्ञापन, निंदा तथा स्तुति यानी रुचि व अरुचि के केंद्रबिंदु बने हैं। विज्ञापनों को समृद्धि एवं अपार वैभव का प्रतीक माना जाने लगा है। इसके कारण विज्ञापन जनसाधारण के लिए अपरिहार्य भी हो गए हैं क्योंकि कभी-कभी विज्ञापन खरीदार के लिए एक तरह से सहायक भी सिद्ध होता है और वह जान पाता है कि कौन-सी वस्तु खरीदी जाए अथवा न खरीदी जाए, बाजार में आई किसी नितांत नई वस्तु का पता भी विज्ञापनों से ही चलता है। इसीलिए हमारे देश में विज्ञापन हमारे सामाजिक एवं आर्थिक जीवन का हिस्सा बन गए हैं। इसके बावजूद विज्ञापन की शालीनता पर जो प्रश्न उभरे हैं वे भी चिंता का कारण रहे हैं। इस चिंता के परिप्रेक्ष्य में हम विज्ञापन देने के दायित्व में अपने मूल्यों से अपने को विलग नहीं कर सकते। अतः जरूरी है कि विज्ञापन के पृष्ठों पर ऐसी कोई बात विज्ञापित न करें जिससे सामाजिक संस्कार प्रदूषित होता हो। क्योंकि खरीदार के लिए जहाँ विज्ञापन एक जरूरी सत्य

1. भारतीय जनसंचार संस्थान की पत्रिका जुलाई, सितंबर 1981 के संचार माध्यम में राकेश पाठक का लेख विज्ञापन की पहुँच और प्रभाव।

है, वहाँ खरीदार भ्रमपूर्ण तथा ऐसे विज्ञापनों जो शिक्षाप्रद नहीं हैं, सत्य तथा तथ्य से दूर हैं, उन पर अंध श्रद्धा का भी भाव नहीं रखता क्योंकि आम आदमी को अब इतना तो ज्ञात ही है कि उनका हित अथवा अहित किस में निहित है। सरकारी तौर पर जो विज्ञापन समाचार-पत्रों में छापे जाने हैं चाहे वे डी.ए.वी.पी. के हों चाहे प्रांतीय सरकारों के, पत्र-जगत् में इनकी विज्ञापन नीति में भी खोट ही दिखाई पड़ता जा रहा है। प्रशंसापूर्ण बातें छापनेवाले समाचार-पत्र तो विज्ञापनदाता से पुरस्कृत होते हैं और खरी-खोटी बातें छापनेवालों को विज्ञापन दिए ही नहीं जाते। नवभारत टाइम्स के कार्यकारी संपादक सुरेंद्र प्रताप सिंह ने समाचार-पत्रों में छपनेवाले विज्ञापनों के प्रति एक भिन्न दृष्टिकोण उभारा है। विज्ञापन उनकी दृष्टि में यह बड़ी दिक्कत का स्रोत है। ''क्लासीफाईड क्या, कोई भी विज्ञापन हिंदी पत्र-पत्रिकाओं को सहज में नहीं मिलते।''[1] कारण स्पष्ट है कि जो एजेंसियाँ विज्ञापन बनाती हैं वहाँ अंग्रेजी का ही बोलबाला है। विज्ञापन-दाता भी इसी छोटे-से दायरे में घूमता है उसकी इच्छा रहती है उसका विज्ञापन अंग्रेजी में ही निकले। क्योंकि अंग्रेजी पढ़नेवाला व्यक्ति हमारे देश में आज भी संपन्न वर्ग में ही आता है इसलिए विज्ञापन अंग्रेजी पत्रों में छापा जाना बेहतर समझा जाता है क्योंकि हिंदी के पाठक के पास तो क्रयशक्ति ही नहीं होती। विज्ञापन जगत् में ऐसी धारणा भी हास्यास्पद ही है। समाचार-पत्र की आर्थिक स्थिरता, दृढ़ता और स्वावलंबन की समस्त इमारत विज्ञापन पर आश्रित रहती है। इस युग की इसीलिए विज्ञापन एक महत्त्वपूर्ण देन भी है। प्रत्येक साधन के दो पक्ष होते हैं अच्छा या बुरा, इसी संदर्भ में विज्ञापन के हानि और लाभ को भी लिए जाने की आवश्यकता है। उत्तरदायित्व विज्ञापन प्रयोग करनेवालों पर ही है। बुद्धि की कल्पना और मौलिकता के संबल से, जो विज्ञापन समाचार-पत्रों में प्रकाशित किए जाते हैं उनकी उपयोगिता स्वतः अर्थकर बन जाती है।

विज्ञापन के प्रकाशन में भाषा का सर्वोपरि महत्त्व होता है। भाषा ही विज्ञापनों को मनोरम स्वरूप व आकर्षक बनाती है। यूँ भी भाषा से सभी प्रयोजन सिद्ध होते हैं। भाषा प्रेम के लिए भी होती है, लड़ाई के लिए भी होती है, गाली-गलौज के लिए भी होती है। भाषा चिन्तन के लिए भी होती है और साधन के लिए भी इसी परिप्रेक्ष्य में, भाषा की अर्थवत्ता, विज्ञापन के लिए भी उपयोगी होती है। इस दृष्टि से विज्ञापनों में आकर्षण क्षमता, स्मरणीयता, पठनीयता एवं विक्रय शक्ति का होना अति आवश्यक है। इसी के साथ विज्ञापन के तत्त्व जिनमें सतर्कता, बोध, इच्छा, विचारधारा, उत्पादन का संदर्भ व निर्णयबोध सम्मिलित हैं, उपादेय होते हैं। वाक्य रचना की दृष्टि से विज्ञापनों में प्रायः तीन तरह के वाक्य प्रस्तुत किए जाते

1. हिंदी पत्रकारिता के स्तंभ के अंतर्गत 15 सितंबर 1991 के साप्ताहिक हिंदुस्तान में उषा महाजन की प्रस्तुति।

हैं। साधारण वाक्य, मिश्र वाक्य तथा संयुक्त वाक्य। साधारण वाक्य का उदाहरण :

एटलस साइकल चलने में हल्की और भरोसे मंद

मिश्र वाक्य का उदाहरण :

किफायत में किफायत यह है डाल्फ दाम में कम और असर में बढ़कर।

संयुक्त वाक्य का उदाहरण :

दाँतों को मजबूत बनाता है और मुँह में नए निराले स्वाद की कुदरती ताजगी लाता है कालगेट।

विज्ञापन के प्रकाशन में दायित्व की बात को महत्त्व दिया जाना अपेक्षित है। विभिन्न आयुवर्ग, आमदनीवाले वर्ग के व्यक्तियों की विज्ञापन में रुचि का आधार दायित्व का ठीक से वहन करना है। बहुधा बाल-पत्रिकाएँ विज्ञापन के प्रति लोकप्रिय पाई गई हैं।

प्रायः कहा जाता है कि बेहतर उत्पादन के लिए विज्ञापन की आवश्यकता नहीं होती है जबकि सच्चाई यह है कि जैसे मनुष्य समाज के लिए आक्सीजन जरूरी है ताकि मनुष्य के फेफड़े स्वस्थ रह सकें उसी प्रकार सूचना के विस्फोट के इस युग में प्रचार का महत्त्व है। यदि हम कोई नई चीज खोज करते हैं, पैदा करते हैं वह संसार द्वारा तभी जानी जाती है, जब उसका व्यक्ति दर व्यक्ति समाज तक प्रचार होता है और वह प्रचार विज्ञापन द्वारा ही संभव होता है। पर सत्य का आधार जिस विज्ञापन में रहता है वे ही विज्ञापन के पात्र बनते हैं और उन्हें व्यक्ति की सहमति भी मिलती है। "पश्चिमी राष्ट्रों में जहाँ प्रजातंत्र कायम है और वैचारिक स्वतंत्रता है, समाचार-पत्र अधिकतर आर्थिक लाभ के लिए प्रकाशित किए जाते हैं। कम-से-कम आर्थिक संकट में आत्मनिर्भर होना उनके लिए आवश्यक माना जाता है। अन्यथा उनकी स्वतंत्रता में बाधा उपस्थित हो जाती है।"[1] हमारे देश में भी स्वाधीनता के बाद समाचार-पत्रों के व्यवसाय विभाग के प्रति विशेष ध्यान दिया जाता है। हमारे समाचार-पत्र मालिक समझने लगे हैं कि समाचार-पत्र आर्थिक लाभ की दृष्टि से ही छापे जा सकेंगे जबकि स्वतंत्रता से पहले "समाचार-पत्र आर्थिक लाभ की दृष्टि से हरगिज नहीं प्रकाशित किए जाते थे। अक्सर वे घाटे में ही चलते थे। लोगों से चंदा माँगकर, अपना पेट काटकर, रात-दिन मेहनत करके, घोर संघर्ष और विपदा में उनका प्रकाशन होता था एक अंक निकल गया तो दूसरा अंक कैसे निकलेगा, उसकी चिंता बनी रहती थी। घाटे के दो कारण रहते थे।

1. समाचार-पत्र व्यवस्थापन : अनन्त गोपाल शेवड़े, मध्यप्रदेश हिंदी ग्रंथ अकादमी, पृष्ठ 2

एक तो सरकार की नाराजगी जो हमेशा इन समाचार-पत्रों की तरफ टेढ़ी नजर से ही देखा करती थी। सरकारी विज्ञापन मिलना तो असंभव था, लेकिन सरकारी नौकरों को और सरकारपरस्त नागरिकों को इनका खरीदना भी मना था। सभी उद्योग धंधे ब्रिटिश शासकों के अनुग्रह पर ही चलते थे।"[1]

उस पराधीनता के युग में समाचार-पत्र चलाने का मतलब था आग से खेलना, गरीबी से जूझना और सरकारी कोप का भाजन बनना। लेकिन स्वतंत्रता प्राप्ति के बाद समाचार-पत्रों की नीति में तेजी के साथ परिवर्तन हुए। नए वातावरण, नए कर्तव्यों और दायित्वों के वहन में समाचार-पत्रों का चेहरा बदलने लगा। परिवर्तन अंतरंग रूप से तथा बाह्य रूप दोनों स्तर पर संभव हो पाया। "नई परिस्थिति में समाचार-पत्र व्यवस्था का कार्य एक शास्त्र बन गया है और उसमें प्रवीणता प्राप्त करना समाचार-पत्र के अस्तित्व और सफलता के लिए आवश्यक ही नहीं वरन् अनिवार्य हो गया है। समाचार-पत्र एक विक्रय वस्तु बन गया है। उस पर अब अर्थनीति माँग और पूर्ति के, वे सभी नियम लागू होते हैं जो किसी अन्य दैनिक उपयोग के पदार्थ के लिए, जैसे साबुन, चाय, सिगरेट, कपड़ा आदि लागू होते हैं। उत्पादन कौशल और व्यवसाय बुद्धि की यहाँ अब उतनी ही आवश्यकता होती है।"[2] जनसाधारण अब जागरूक है उसे भले-बुरे, हानि-लाभ की पूर्ण पहचान है। इस तरह उसे गुमराह करना आसान काम नहीं है। इसीलिए विज्ञापन प्रकाशन में सत्य और तथ्य को नजरअंदाज किया ही नहीं जा सकता। प्रकाशन में संयम, शालीनता और सौजन्य हो तो वे विज्ञापन मन और मस्तिष्क पर अमिट प्रभाव अवश्य छोड़ेंगे।

विज्ञापन समाचार-पत्र के प्रमुख साधन होते हैं। इनसे समाचार-पत्रों की आय तो बढ़ती है कभी-कभी आयकर चुकाने का भी सिरदर्द बढ़ता है। इससे समाचार-पत्र को आर्थिक स्वावलंबन मिलता है। किसी पूँजीपति, राजनीतिक दल का मुँह ताकने की आवश्यकता नहीं रहती। समाचार-पत्र निष्पक्ष तथा निर्भीक होकर अपना कार्य कर सकते हैं। अधिक पाठक संख्या और अधिक विज्ञापन के पारस्परिक सामंजस्य से समाचार-पत्र की लोकप्रियता भी बढ़ती है। इसीलिए समाचार-पत्रों में प्रेस कमीशन ने पठन सामग्री तथा विज्ञापन के प्रकाशन में 60:40 का अनुपात सुनिश्चित करके ग्राहक तथा पाठकों के साथ न्याय किया है और समाचार-पत्र के लिए भी आर्थिक आधार को सुनिश्चित किया है। इस दृष्टि से समाचार-पत्रों का प्रकाशन इस तरह होना चाहिए जिससे विज्ञापनदाता तथा आम पाठक को संतुष्टि मिले। इसी मंगल-भावना से समाचार-पत्र में छपी पठनीय

1. समाचार-पत्र व्यवस्थापन : अनंत गोपाल शेवड़े, मध्यप्रदेश हिंदी ग्रंथ अकादमी, पृष्ठ 3
2. वही, पृष्ठ 8

सामग्री एवं विज्ञापन समाज सेवा व लोक कल्याण के आधार स्तंभ बन सकते हैं। जिस तरह विज्ञान तथा अन्य कला से संबद्ध विषयों में निरंतर शोध कार्य होता है और संभावनाएँ फिर भी बनी रहती हैं उसी तरह विज्ञापन के क्षेत्र में भी व्यावसायिक कौशल को बढ़ाने हेतु शोध कार्य को हाथ में लिया जाना चाहिए। इससे समाचार-पत्र तथा समाचार-पत्रों में प्रकाशित किए जानेवाले विज्ञापन सही अर्थ में शिक्षाप्रद, सूचनाप्रद एवं आकर्षक बन पाएँगे और इससे समाचार-पत्र की उपयोगिता भी बढ़ेगी।

समाचार-पत्र और विज्ञापन इन दोनों का सामाजिक महत्त्व इस बात से प्रकट हो रहा है कि हमें घर पर नौकर चाहिए, किराए पर मकान देना या लेना है, नौकरी देनी या लेनी है, अपने व्यवसाय की सूचना आम लोगों को देनी है, अपने उत्पादन की विशेषताओं का बखान करना है, जानवर खरीदने-बेचने हैं, जमीन-जायदाद की खरीद-फरोख्त हो या पेड़-पौधों की, हमें इनका सहारा लेना ही पड़ता है क्योंकि यह एक ऐसा साधन है जिनके माध्यम से हम अपनी संवेदनाओं को सही स्वर दे सकते हैं और अपने मनोरथों की एक सीमा तक प्रतिपूर्ति कर सकने में भी समर्थ हो सकते हैं।

विज्ञापन को प्रभावकारी बनाने के लिए शोध की भी अनेक संभावनाएँ हैं। लोग जब किसी उत्पादन को लाभप्रद रुचि के दृष्टिगत खरीदते हों तो विज्ञापनदाता लोगों से तथ्य बटोरकर तदनुकूल विज्ञापन प्रचार सामग्री तैयार करते हैं ताकि विज्ञापित वस्तु का सत्य उजागर हो सके। "आमतौर पर ये धारणा है कि विज्ञापनों पर किसी कानून की नजर नहीं है। विज्ञापनों पर सरकारी बंधन बहुत तगड़े हैं। शराब के विज्ञापनों पर पूरी तरह रोक है। सिगरेट के विज्ञापन रेडियो और टी. वी. पर स्वीकार नहीं किए जाते। विज्ञापन जगत् की अपनी आचार संहिता है। जिसका पालन हर विज्ञापन एजेंसी को करना ही पड़ता है। विज्ञापन समाचार-पत्र के विज्ञापनों के स्तर के लिए अलग और टी.वी पर विज्ञापनों के लिए अलग-अलग संहिता हैं, नौ ऐसे कानून हैं जो विज्ञापनों पर पूरी नजर रखते हैं। जिनमें ड्रग्स कंट्रोल एक्ट, प्रिवेंशन ऑफ फूड एंड मर्कंटाइल मार्क्स एक्ट, प्रिवेंशन आफ फूड एडल्ट्रेशन एक्ट, फार्मेसी एक्ट, प्राइज कम्पीटीशन एक्ट, एम्बलम्स एंड नेम्स तथा प्रिवेंशन ऑफ इम्प्रापर यूज एक्ट प्रमुख हैं।"[1] जहाँ विज्ञापनों पर अनेक प्रतिबंधों का प्रावधान है वहाँ विज्ञापन के बिना प्रचार कार्य भी असंभव है, व्यवसायी के लिए व्यवसाय करना मुश्किल है। इसके बावजूद आवश्यकता है कि विज्ञापन पाठकों के लिए शिक्षाप्रद तथा सत्यपरक जानकारीवाले सिद्ध हों।

---

1. अंतर्राष्ट्रीय श्रोता समाचार : 16 से 30 नवंबर 92, पृष्ठ 5 व 6, इलाहाबाद, संपादक अजामिल, वर्ष 18, अंक 12, 1974 से प्रकाशित।

प्रेस परिषद

प्रेस परिषद अत्यधिक बहुमूल्य उद्देश्य की पूर्ति की प्रतिपूर्ति कर सकती है। प्रेस परिषद् में जो शिकायतें आती हैं, एक तो उनमें लगातार वृद्धि होना, दूसरे परिषद् पक्षपात रहित, स्वतंत्र विचारों तथा प्रेस की स्वतंत्रता के रक्षक के रूप में प्रेस तथा जनता से अर्जित मान्यता तथा सम्मान का प्रमाण है।

देश में समय-समय पर उठी हिंसा की लहर के दृष्टिगत पत्रकारों तथा आम नागरिकों को जिस तरह उत्पीड़न सहन करना पड़ता है उसके दृष्टिगत प्रेस परिषद् ने प्रेस की स्वतंत्रता के संरक्षण तथा पत्रकारिता नीति के उच्च स्तरों को बनाए रखने का दायित्व सँभाला है। प्रेस परिषद् उन सभी प्रयासों को गति देती है जिससे पत्रकार विरोधी तत्त्वों के डर से मुक्त होकर कार्य कर सकें।

समाज के सभी वर्गों के बीच सांप्रदायिक शांति, सामंजस्य तथा सौहार्द बनाए रखने का ठोस प्रयत्न जारी रखना प्रेस का विशेष उत्तरदायित्व है। प्रेस परिषद अधिनियम 1978 के प्रावधानों के तहत प्रेस को अपना उच्च व्यावसायिक स्तर बनाए रखना जरूरी है। इसके साथ विचारों की अभिव्यक्ति तथा सत्य की प्रतिष्ठा को बनाए रखना भी प्रेस का अहम दायित्व है।

भारतीय भाषा समाचार संघ के लैंगुएज प्रेस बुलेटिन, 1 फरवरी, 1984 के अंक में लिखा है कि "जापान में निहोन शिन्बन क्योकाई अनुसंधान संस्थान समाचार-पत्रों की विश्वसनीयता तथा पाठकों द्वारा इन पर स्थिर विश्वास के सीमा मूल्यांकन के लिए अनेक पुरुषों तथा महिलाओं से भेंटवार्ता करके एक सर्वेक्षण कार्य हाथ में लिए हुए है। इस संस्थान के पाँचवें सर्वेक्षण में कुछ नवीन प्रश्न भी सम्मिलित किए गए थे तथा प्रश्नोत्तर के लिए व्यक्तियों की संख्या 2000 से बढ़ाकर 9000 कर दी गई थी। ये प्रश्न अधिकतर यथार्थता, समाज सेवा, उपयोगिता, पक्षपात रहित, प्रभाव, सम्मान, मनोरंजन, मानव अधिकारों तथा विश्वसनीयता इत्यादि विषयों से संबद्ध थे। यह देखा गया था कि सर्वेक्षण आरंभ होने अर्थात् 1979 के पश्चात् से समाचार-पत्रों पर विश्वास को उच्चतम दर प्राप्त हुई। आलेख कुछ इस प्रकार था। ऐसी विश्वसनीयता में 1980 में कमी आई, 1982 में उतनी ही रही तथा पिछले वर्ष उसकी क्षतिपूर्ति होती प्रतीत हुई। समाचार-पत्रों की विश्वसनीयता, विशेषकर यथार्थता, समाज सेवा तथा सम्मान में और क्षतिपूर्ति हुई तथापि कुछ टिप्पणियों के अनुसार, समाचार-पत्र परिणामों के विषय में प्रफुल्लता अनुभव नहीं कर सकते क्योंकि इस परिवर्तन का कुछ कारण यह है कि प्रत्येक प्रश्न के नकारात्मक उत्तर की दर जो पिछले वर्ष तक बढ़ी, इस वर्ष कम हो गई यद्यपि सकारात्मक उत्तरों में वृद्धि हुई। नकारात्मक उत्तरों की दर उतनी ही रही अथवा पिछले वर्ष से केवल थोड़ी-सी वृद्धि हुई। यह रुचिकर है कि समाचार-पत्र

की विश्वसनीयता के संबंध में समाज सेवा को उच्चतम दर प्राप्त हुई। तत्पश्चात् क्रमशः यथार्थता उपयोगिता, विश्वसनीयता, सम्मान, प्रभाव तथा पक्षपात रहित का स्थान है।"[1] प्रेस परिषद की देख-रेख में हमारे देश में भी समाचार-पत्र की विश्वसनीयता का सर्वेक्षण किया जाए तो यह कार्य अत्यधिक ज्ञानप्रज्ञ होगा। क्योंकि समाचार-पत्र लगभग 85 भाषाओं तथा उपभाषाओं में प्रकाशित होते हैं। लोकतंत्र की भूमिका में भी विभिन्न स्थानीय भाषाओं के समाचार-पत्र ही प्रमुख भूमिका निभा सकते हैं। समाचार-पत्र निरंतर सूचना पहुँचाने तथा लोगों की सेवा करने, विशेषकर शिक्षित व्यक्तियों को ऐसी सामग्री उपलब्ध कराने जो उपयोगी, प्रभावोत्पादक, सम्मानजनक, मनोरंजक तथा समाज की सेवा करने से संबद्ध होने के, प्रमुख स्रोत हैं। इस दृष्टि से देश के समाचार-पत्रों का सर्वेक्षण कार्य अत्यंत हितकर ही होगा। इससे हमारे समाचार-पत्र अपना दायित्व निभाने में सक्षम हो सकेंगे। प्रेस परिषद क्या है पहले इस संबंध में पूर्ण प्रकाश डालना न्याय संगत होगा। प्रथम प्रेस आयोग की सिफारिश के बाद भारतीय प्रेस परिषद की स्थापना की गई। प्रेस की स्वतंत्रता की रक्षा, समाचारों के प्रस्तुतीकरण की वस्तुनिष्ठता, प्रेस के विकास को प्रोत्साहित करने और प्रेस की ब्राह्य दबावों से रक्षा के लिए प्रेस परिषद की स्थापना की गई। संसद द्वारा 1978 में प्रेस कौंसिल एक्ट पारित किया गया। परिषद में एक अध्यक्ष तथा 28 सदस्यों की नियुक्ति की घोषणा की गई। अध्यक्ष के मनोनयन के लिए गठित समिति के सदस्यों में राज्यसभा के सभापति, लोकसभा के अध्यक्ष तथा परिषद के सदस्यों को रखा गया। 28 सदस्यों में विभिन्न वर्गों को उचित प्रतिनिधित्व देने हेतु इस प्रकार की रूपरेखा तय की गई।

तेरह श्रमजीवी पत्रकार, जिनमें से छह समाचार-पत्रों के संपादक होंगे और शेष संपादकों से भिन्न श्रमजीवी पत्रकार होंगे।

छह उन व्यक्तियों में से होंगे जो समाचार-पत्रों के प्रबंध का कारोबार करते हों। बड़े समाचार-पत्रों, मध्यम समाचार-पत्रों तथा छोटे समाचार-पत्रों के प्रत्येक प्रवर्ग में से दो प्रतिनिधि होंगे।

एक सदस्य उन व्यक्तियों में से होगा जो समाचार एजेंसियों का प्रबंध करते हों। ऐसी प्रक्रिया के अनुसरण में नाम निर्दिष्ट किया जाएगा जो विहित की जाए।

तीन ऐसे व्यक्ति होंगे जिन्हें शिक्षा, विज्ञान, विधि, साहित्य तथा संस्कृति के बारे में विशेष ज्ञान या व्यावहारिक अनुभव हो, इनमें से क्रमशः एक विश्वविद्यालय अनुदान आयोग द्वारा, एक भारत की विधि परिषद द्वारा, एक साहित्य अकादमी द्वारा नाम निर्दिष्ट किया जाएगा।

---

1. प्रेस परिषद के पूर्व अध्यक्ष न्यायमूर्ति श्री अमरनाथ ग्रोवर का प्रेस परिषद के अध्यक्ष के रूप में 5वीं वार्षिक रिपोर्ट भारतीय प्रेस परिषद नई दिल्ली के पृष्ठ (i) में प्रकाशित अध्यक्षीय प्राक्कथन से उद्धृत।

पाँच संसद सदस्य होंगे, जिनमें तीन लोक सभा के अध्यक्ष द्वारा सदस्यों के नाम निर्दिष्ट किए जाएँगे और दो राज्यसभा के सभापति द्वारा राज्यसभा के सदस्यों में से नाम निर्दिष्ट किए जाएँगे।

परिषद के उद्देश्य

(क) समाचार-पत्र और समाचार समितियों की स्वतंत्रता को कायम रखना।

(ख) समाचार-पत्र, समाचार समितियों तथा पत्रकारों के उच्च स्तर के अनुरूप आचार संहिता तैयार करना।

(ग) पत्रकारिता व्यवसाय से संबद्ध व्यक्तियों में उत्तरदायित्व की भावना तथा जनसेवा की भावना को विकसित करना।

(घ) समाचार-पत्रों, समाचार समितियों तथा पत्रकारों की ओर से जन रुचि के स्तर को बनाए रखने का विश्वास दिलाना तथा नागरिकता के अधिकारों व उत्तरदायित्व की भावना को पोषित करना।

(ङ) महत्त्वपूर्ण तथा जनरुचि के समाचारों के प्रेषण पर संभावित अवरोधों पर दृष्टि रखना।

(च) भारतीय समाचार-पत्र तथा समाचार समिति को मिलनेवाली विदेशी सहायता का मूल्यांकन करना।

(छ) विदेशी समाचार-पत्रों, जिनमें दूतावासों तथा विदेशी प्रतिनिधि संस्थाओं आदि द्वारा निकाले पत्र सम्मिलित हैं—के प्रसार तथा प्रभाव का अध्ययन करना।

(ज) समाचार-पत्र या समाचार समिति के उत्पादन, प्रकाशन में संलग्न वर्गों के व्यक्तियों के मध्य समन्वय स्थापित करना।

प्रेस परिषद को जन शिकायतों पर विचार करने का पूरा अधिकार है जिससे यह प्रतीत होता है कि समाचार-पत्र, समाचार समिति, संपादक अथवा पत्रकार ने आचार संहिता के विरुद्ध अथवा कोई ऐसा कार्य किया हो जिससे इस व्यवसाय की प्रतिष्ठा को कोई आँच आई हो। शिकायत के सही पाए जाने पर परिषद पक्ष व विपक्ष को दंड भी दे सकती है। परिषद को अपनी गतिविधियों की वार्षिक रिपोर्ट केंद्र सरकार को प्रस्तुत करनी पड़ती है।

प्रेस परिषद के उद्देश्य ने क्या कोई ठोस परिणाम दिखाए ? पत्रकारों के लिए क्या कोई ऐसी आचार संहिता तैयार की जिस पर चलकर पत्रकार दिशा-निर्देश प्राप्त कर सकें। यह दायित्व निःसंदेह प्रेस परिषद निभा रहा है पर प्रेस परिषद की कार्यगत प्रक्रिया पर दोष आरोपित किए जाने लगे हैं। अंतर्राष्ट्रीय श्रोता समाचार के संपादकीय में प्रेस परिषद की इस लापरवाही को रेखांकित किया गया है। "सन् 1954 में बड़े धूमधड़ाके के साथ यह प्रस्ताव लगभग सभी पत्रकारों की सामूहिक

माँग पर प्रस्तावित और पारित किया गया था कि प्रेस आयोग के तहत एक प्रेस परिषद की स्थापना पत्रकारों के लिए उच्चस्तरीय व्यावसायिक मानदंडों के अनुरूप एक आचार संहिता बनाने के उद्देश्य से की जाए। इस माँग का जोरदार समर्थन और स्वागत हुआ था और देखते-देखते प्रेस परिषद बनी, लेकिन कोई पत्रकार ऐसा नहीं है जो इस परिषद से पूछ सके कि उसने अब तक पत्रकारों की कोई आचार संहिता या सदाचार संहिता तैयार क्यों नहीं की ? क्यों बरती गई यह लापरवाही ? पत्रकारों से किया गया वायदा प्रेस परिषद् ने अब तक क्यों नहीं निभाया ? हम क्यों न मानें कि प्रेस परिषद पत्रकार के हितों को ताख पर रखकर अपने निहित स्वार्थों के चलते सफेद हाथी बनकर रह गया है।''[1] प्रेस परिषद को निःसंदेह आज तक किसी आचार-संहिता की विधिवत् घोषणा कर देनी चाहिए थी। जबकि अंतर्राष्ट्रीय श्रोता समाचार में पत्रकारों के लिए आचार-संहिता बनाए जाने की अनिवार्यता को रेखांकित किया गया है। प्रेस परिषद को पत्रकारों के लिए उज्ज्वल किरण का काम करना चाहिए। प्रेरणा तथा संरक्षण ऐसे-ऐसे मूल्य हैं जिन्हें प्रेस परिषद पोषित कर सकती है। अंतर्राष्ट्रीय श्रोता समाचार ने संपादकीय में भी आचार संहिता होने के प्रति अपना पक्ष उजागर किया है कि ''पत्रकारों के लिए एक आचार संहिता होनी चाहिए, यह विचार भारतीय पत्रकारिता जगत् में उसी समय शामिल हुआ था जब अमरीकी समाचार-पत्रों के संपादकों ने 'गिल्ड' का अनुकरण किया था। 1950 में नई दिल्ली में जब अखिल भारतीय पत्रकारों का सम्मेलन हुआ तब उसमें पत्रकारों के लिए निर्धारित ब्रिटिश आचार संहिता के आधार पर एक अलग संहिता प्रस्तावित और पारित कराई गई। तमाम दूसरे देशों में भी पत्रकारों ने आचार संहिता बनाई। सभी में कुछ-न-कुछ नवीनता थी लेकिन स्वतंत्रता और अधिकारों के मुद्दे पर सभी एक मत दिखाई देते थे। प्रेस आयोग ने जब प्रेस परिषद की स्थापना के बाद सदाचार संहिता की सिफारिश की तब उसके समक्ष उपरोक्त अखिल भारतीय पत्र संपादक सम्मेलन में तैयार की गई सदाचार संहिता थी। उस वक्त प्रेस आयोग को कुछ मूलभूत उद्देश्यों की पूर्ति के लिए एक ऐसी प्रेस परिषद की स्थापना करना था जिसमें पत्रकार, प्रकाशक और मीडिया से संबंधित तमाम दूसरे संगठनों के प्रतिनिधित्व की अपेक्षा थी। प्रेस आयोग को प्रेस परिषद की स्थापना में खासा समय लग गया था और जब स्थापना हुई तब इसके कर्णधार आचार संहिता तैयार करने से मुकर गए। बहाना यह बनाया गया कि प्रेस परिषद कानून में कुछ ऐसी पेचीदगियाँ हैं, जिसके रहते प्रेस आयोग स्वयं किसी संहिता को पत्रकारों पर थोप नहीं सकता।'' प्रेस परिषद जो कि प्रेस की शीर्ष संस्था है जिसके अधिकतर सदस्य स्वयं पत्रकार हैं, इस तरह इस संस्था ने स्वयं पत्रकारों द्वारा स्वयं संचालित

1. अंतर्राष्ट्रीय श्रोता समाचार : इलाहाबाद, प्रधान संपादक : अजामिल, वर्ष 18, अंक 12, 16 से 30 नवंबर, 1992

संस्था की भूमिका ग्रहण कर ली है, इस दृष्टि से इस संस्था को अपने ही पत्रकारों के लिए एक आचार संहिता बनाने में क्या गुरेज रहा है ?

प्रेस परिषद को आज के समाज को सही दिशा देने के प्रति जागरूक दृष्टिकोण अपनाना होगा। क्योंकि हिंदी के कुछ समाचार-पत्र बहुसंख्यक समुदाय में अपनी पैठ बनाने के लिए घटनाओं को सनसनीखेज बनाने की होड़ में लगे हैं। ऐसी स्थिति में प्रेस परिषद को निष्ठा और सूचना प्राप्त करने के अधिकार के बीच एक सीमा रेखा तय करनी ही होगी। समाचार जगत् में अनुशासन और संयम बरतना नदी के उस पानी की तरह है जो दो किनारों के बीच बहता हुआ ही बेहतर लगता है जब यह पानी दोनों किनारों का अतिक्रमण करता है तो यह पर्यावरण के साथ खिलवाड़ का हेतु है। प्रेस परिषद के ढाँचे को सशक्त एवं अधिकारपूर्ण बनाकर ही परिषद विवेक-सम्मत निर्णय लेने में सक्षम हो सकती है और फिर परिषद को पत्रकारों के लिए आचार संहिता बनाने में कोई कठिनाई भी नहीं होगी।

सप्तम अध्याय

पत्रकारिता का बदलता स्वरूप

जिस धरा पर हम हैं उसका अवलोकन करें तो इसी निर्णय पर पहुँचते हैं कि इस धरा पर, विकासवादी आकांक्षा के परिप्रेक्ष्य में, परिवर्तन हो रहा है और यह परिवर्तन क्षण प्रति क्षण जारी है। भौतिक जगत् में यह परिवर्तन-प्रक्रिया इतनी सूक्ष्म है कि उसे देख पाना असंभव है, पर हम अनुभव तो कर ही सकते हैं। कण-कण में यह परिवर्तन संगठित, सुनियोजित एवं प्राकृतिक ढंग से पूर्ण निर्धारित क्रम से स्वयमेव हो रहा है।

पत्रकारिता में बदलाव भी प्रकृति से नहीं, अपितु पत्रकार की कलम, उसकी सोच, अनुभव तथा समाज की बदलती परिस्थितियों के कारण आ रहा है और यह प्रक्रिया निरंतर जारी रहेगी। पत्रकारिता, अपने युग का इतिहास, समाचार-पत्र के पृष्ठों पर उकेर रही है। जिन पृष्ठों को पढ़ कर ही, हर युग का सही इतिहास भी जाना जा सकेगा।

पत्रकारिता का प्रारंभिक युग व्यावसायिकता का न होकर त्याग और समर्पण का युग रहा है। इस त्यागी पीढ़ी के पत्रकार असत्य के लिए अडिग थे इसीलिए उन्होंने लंबा संघर्ष और प्रयास किया। उस संघर्षशील पीढ़ी के पत्रकार ने अपने मन और मस्तिष्क को आदर्शपूत और सतत आदर्शोन्मुख रख कर, पत्रकारिता से संबद्ध हर छोटे-बड़े कार्य का सहज अनुभव प्राप्त करके अपने व्यक्तित्व की गरिमा को बनाये रखा और शिखर सम व्यक्तित्व बना डाला। वह पत्रकार अपने को नेताओं के नेता शिक्षकों का शिक्षक तथा वकीलों का वकील सिद्ध कर सका था। इस पीढ़ी के कर्मठ पत्रकार ने पत्रकारिता को कभी व्यवसाय नहीं समझा। इसीलिए समाचार-पत्र, लोकमत के संरक्षक, सहायक एवं पथ-प्रदर्शक बने। सत्य की प्रतिष्ठा के लिए बड़े से बड़ा बलिदान करने का उत्साह अब पत्रकारिता में नहीं रहा।

पत्रकारिता ने यदि व्यावसायिक रूप धारण कर लिया तो भी पत्रकारिता को कौशल की तो आवश्यकता है ही। फिर क्या व्यवसाय में ईमानदारी की अपेक्षा नहीं रही। पत्र भी मात्र प्रचार के आधार वनते जा रहे हैं। जबकि पत्रकारिता में एक समय समाचारों की पवित्रता बनाये रखने तथा सत्य को जीवित रखने के प्रति बड़ा से बड़ा त्याग किया जाता था।

"कौन ऐसा आदमी है जो यह महसूस न कर रहा हो कि उसके पारिवारिक और सामाजिक संबंधों में वणिक संबंधों की प्रधानता होती जा रही है। मातृत्व हो या भ्रातृत्व, पत्य स्नेह हो या दाम्पत्य स्नेह सभी स्तर पर व्यावसायिक सभ्यता की काली घटा धीरे-धीरे छा रही है। इसी काली घटा के बीच बादलों की रगड़ से पैदा होनेवाली बिजली की तरह एक क्षण के लिए कौंध कर, काम करनेवाले पत्रकार का अस्तित्व ही समाप्त हो जाता है। वह अंधकार को दूर करने का ढोंग रच कर आता है, किंतु अंधकार की भयंकरता से स्वयं डर कर खुद भाग जाता है।"[1] पत्रकार की विवशता यह है कि वह एक सीमा रेखा के भीतर काम करता है। उसके अपने समाचार के निर्धारित पृष्ठ छपने हैं इसीलिए उसे इतना समय कहाँ कि वह ये देख सके कि पृष्ठों पर छापनेवाली सामग्री कितनी सार्थक है ?

मुद्रण कला के विकास ने भी पत्रकारिता को एक नया मोड़ दिया है। कार्यगत क्षमता में तेजी आई है सूचना की गति बढ़ी है। एक तरह से इस गति में एक क्रांतिकारी परिवर्तन हुआ है। इसका प्रमुख कारण औद्योगिक विकास और इसी के साथ मुद्रण कला पर्याप्त विकसित हुई है। जिससे पत्रों का संघटन पक्ष पुष्ट हुआ है और रूप-विन्यास में सुरुचि दिखाई पड़ने लगी है। विविधता आई है, किंतु निष्ठा और लगन का ह्रास हुआ है। इस प्रकार पर्याप्त रूप से सँवर कर भी आज पत्रों की शक्ति जाती रही। पत्र महत् उद्देश्य का साधन न बन कर व्यवसाय का माध्यम बन गया। आचार्य नरेन्द्रदेव ने लिखा है कि "जब जनता साक्षर हो जाती है तो समाज में कुछ ऐसे समाचार-पत्रों का भी आविर्भाव होता है उनका उद्देश्य जनता को शिक्षित करना नहीं बल्कि अपनी अर्थ-सिद्धि होता है। वे प्रेम, हत्या तथा अन्य अपराधों के उत्तेजनापूर्ण और सनसनीदार समाचार प्रकाशित करते हैं और इस प्रकार मनुष्य की दुष्प्रवृत्तियों को जगाकर वे अपना घृणित स्वार्थ-साधन करते हैं। ऐसे पत्रों से भयंकर प्रतिस्पर्द्धा करनी पड़ती है। इससे मानव प्रकृति का पतन होता है न कि उत्थान। जन शिक्षा में उनकी कोई रुचि नहीं होती और न उनका यह उद्देश्य ही होता है। वे मानव प्रकृति की कमजोरियों से अपने राजनीतिक उद्देश्यों की पूर्ति करना चाहते हैं।"[2] पत्रकारिता में भी इस प्रकार के निहित स्वार्थों से बदलाव आना तो स्वाभाविक बात है ही, इसके साथ लोकतंत्र भी चलायमान-सा हो गया है। पूँजीपति लोगों के हाथों पत्रकारिता चले जाने से स्पष्टवादिता एवं सत्यनिष्ठा भी प्रभावित हुई है। औद्योगिक युग का यह सबसे बड़ा अभिशाप है कि पत्रकारिता छद्म सत्य की वकालत कर रही है। "पत्र कुछ खास व्यक्तियों या दलों के हाथों में हैं। और पत्रकार उसमें वेतन पानेवाला एक कर्मचारी मात्र

---

1. पत्रकारिता संकट और संत्रास : हेरम्ब मित्र, अनादि प्रकाशन, इलाहाबाद, पृष्ठ 32
2. हिंदी पत्रकारिता : लेखक डॉ. कृष्णबिहारी मिश्र, भारतीय ज्ञानपीठ प्रकाशन, पृष्ठ 416, 417

रह गया है। यहीं यह स्पष्ट हो जाता है कि पत्रकारिता का आदर्श की लीक पर चलना संभव नहीं। जब हम देखते हैं कि कुछ पत्र पूँजीपतियों के हाथ में हैं, कुछ पर पार्टियों का अधिकार है, कुछ किसी पार्टी के गुट विशेष से प्रभावित हैं, कुछ की नीतिं सरकार और विज्ञापनदाताओं के नाराज होने के भय से इधर-उधर नहीं हो पाती और कुछ केवल सनसनी, उत्तेजना और मनुष्य की हीन प्रवृत्तियों का स्पर्श लेकर निकलते हैं तो समझ में नहीं आता कि पत्र का, पत्रकार का और पत्रकारिता का कोई एक सामान्य आदर्श, एक धर्म और एक स्वरूप कैसे माना जाए। आज भी हम पत्रों को चतुर्थ सत्ता का नाम देते आ रहे हैं किंतु यह चतुर्थ सत्ता तो अपने में ही विभाजित है और कोई उसकी टाँग पकड़ कर इधर खींचता है तो कोई हाथ पकड़ कर उधर। ऐसी सत्ता को सर्वसाधारण की एक ठोस और केंद्रित संत्ता कैसे माना जाए ? अपनी इस दुर्दशा में संपूर्ण जनता पर अपना एक-छत्र प्रभाव डालने में वह भला कैसे समर्थ हो सकती है ?"[1] आज पत्रकारिता के शब्द, मोहभंग के प्रतीक बन गये हैं। शब्द शक्ति अपने मूल अर्थ खो चुकी है। शब्दों के माध्यम से एक आदर्शपूर्ण समाज की सृष्टि करना एक बात है और आदर्श को पोषित कर उन आदर्शों पर चलना दूसरी बात है।

इस तरह लगता है पत्रकारिता की कर्तव्य-निष्ठा समाप्त हो गई है क्योंकि लोकतंत्र की राजनैतिक व्यवस्था ने अपने स्वार्थ को महत्त्वपूर्ण हथियार बना डाला है। पत्रकारिता देश की तस्वीर को खुलकर प्रकट करती, पर अब वह कर नहीं सकती। पत्रकारिता का लक्ष्य, सेवा और त्याग का रास्ता होता, किंतु आज वह आदर्शपरक न होकर स्वार्थपरक होकर रह गया है।

पत्रकार भी एक साधारण व्यक्ति की तरह घर-परिवार के भरण-पोषण से जुड़ा है। भरण-पोषण का यह दायित्व उसे कर्तव्य से विमुख कर रहा है। वह लोकतंत्र की सही परिभाषा की व्याख्या करने में पूरी तरह असमर्थ बन कर रह गया है। 'जनता की, जनता द्वारा और जनता के लिए' की लोकतंत्रात्मक परिभाषा को तभी सार्थक बनाया जा सकता है, जब सचमुच जनता को यह अधिकार हो कि वह सरकार के प्रत्येक कार्य और कदम पर नजर रखे और उसके गुण-दोष का विश्लेषण भी करती रहे। किंतु क्या हमने अपने स्वामी और उसकी बिरादरी के तमाम गुण-दोषों पर नजर रखने की बात भी मन के किसी कोने में रख छोड़ी है ? जिस प्रकार पत्रकार के दिमाग की कीमत करीब चार हजार रुपये मासिक है, वह जब समाचार-पत्र को चतुर्थ सत्ता बनाते हुए यह भी कहता है कि जनता की आवाज और सरकार के संदेश वाहक होते हुए भी अखबार दोनों के नियंत्रण से मुक्त होने चाहिए, ताकि समाचार-पत्रों की आजादी सुरक्षित रहे, तब वस्तुतः अपने मालिक की ही आजादी की सुरक्षा की बात क्या उसके दिमाग में होती

1. पत्रकारिता संकट और संत्रास : हेरम्ब मित्र, पृष्ठ 21, 22

है। क्या 'जनता' की ही आजादी की सुरक्षा की बात उसके दिमाग में होती है ? क्या 'जनता' की परिभाषा में अपने स्वामी को शामिल किए बिना ही वह ऐसे विचार रखता है ? ऐसे पत्रकार कभी-कभी यह तो स्वीकार कर लेते हैं कि अपना मत सही होने का दावा नहीं किया जा सकता, किंतु वे शायद मन में भी यह कबूल करने के लिए तैयार नहीं होते कि अपने मालिक के कारण भी उनके मत अक्सर गलत सिद्ध होते हैं।

अस्तु गिनाने के लिए पत्रकारिता के आदर्श की बातें चाहे जितनी रख दी जाएँ, वास्तविकता यही रह गई है कि जैसे अन्यत्र आदर्शों के गले घोंटे जा रहे हैं, वैसे ही पत्रकारिता में आदर्शों के गले घोंटे जा रहे हैं। कुछ पत्रकारों के दिलों में आदर्शों के लिए तड़पन भले ही रह गई हो, आदर्श कहीं नहीं रहा।[1] उत्तेजनापूर्ण तथा सनसनीखेज समाचार छाप देने मात्र से ही पत्रकारिता के क्षेत्र में आदर्श स्थापित हो जाने का स्वप्न, मात्र कोरी कल्पना है और ऐसा स्वप्न कभी साकार किए जानेवाला संकल्प भी नहीं होता। स्वाधीनता की बात उच्च आदर्शों को व्यवहार में अपनाये बिना हो ही नहीं सकती। समाचार और विचार में फर्क तभी नंजर आता है जब समाचार केवल तथ्यों के सहारे ही लिखा जाता है और विचार की सही व्याख्या होती हो। पर आज समाचार और विचार को ही विकृत किया जा रहा है।

इस विकृति ने पत्रकारिता को भी विकृत कर डाला है। "विज्ञान ने भी विश्व को बहुत छोटा कर दिया है। हम एक-दूसरे के इतने निकट आ गये हैं कि एक का दूसरे पर सद्यः प्रभाव पड़ता है। विदेशी विचार-दर्शनों की बाढ़ हमारे देश में भी आ गई है। इसके दो पक्ष हैं। बाढ़ आती है तो जमीन को एक नयी उर्वरा शक्ति दे जाती है साथ ही हमारी पुरानी नींव को भी धक्का दे जाती है। और उपयोगी वस्तुओं को ध्वस्त कर देती है, नयी पौध को अपने वेग के साथ बहा ले जाती है। पश्चिमी विचार दर्शन के प्रभाव से हमारी ज्ञानराशि बढ़ी है, हमारे ज्ञान का विस्तार हुआ है। किंतु यह प्रभाव इतना गहरा है कि हमें अपनी धरती दिखाई नहीं पड़ती। हम अपनी जातीय परंपरा से एक अंश तक टूटते जा रहे हैं।"[2] यह टूटन ही हमारे नैतिक पतन का मूल कारण है। पत्रकारिता ने इस नैतिक पत्र के संकट को और गहरा कर दिया है। मातृभूमि का मोह हमें रहा ही नहीं। आज हम अपने देश से द्रोह कर रहे हैं। हम यदि कोई बड़ा पद प्राप्त करते हैं तो उसका लक्ष्य देश सेवा नहीं, अपितु स्वार्थ लिप्सा की प्रतिपूर्ति होता है। देश हित पीछे और अपना व्यक्तिगत स्वार्थ ही हमारे लिए सर्वोपरि बन गया है।

---

1. पत्रकारिता संकट और संत्रास : लेखक हेरम्ब मित्र, अनादि प्रकाशन, इलाहाबाद, पृष्ठ 30, 31
2. हिंदी पत्रकारिता : लेखक डॉ. कृष्णबिहारी मिश्र, पृष्ठ 421

आज राजनैतिक पार्टियों में जिस तरह से विभाजन हो रहा है, उससे हमारी संपूर्ण राजनैतिक व्यवस्था का आदर्श चिंतन ही बदलकर रह गया है। विभाजन ने पार्टियों को खंड-खंड कर दिया है और इस खंडित मानसिकता से देश अंततः खंड-खंड हो रहा है। क्या इससे देश प्रगति कर सकता है ? देश सेवा के पथ पर चल कर तो हमें अपने तुच्छ स्वार्थों को त्यागना ही होगा।

देश के नागरिक का यह नैतिक कर्तव्य है कि वह देश के हित में सर्वस्व निछावर कर दे, देश की गरिमा तथा प्रतिष्ठा को हर कीमत पर बनाये रखना हमारा प्राथमिक कर्तव्य होना चाहिए। देश के नागरिक का यह नैतिक कर्तव्य है कि वह अपने देश की संस्कृति को सर्वोपरि प्रतिष्ठा दे और संस्कृति के संरक्षण के लिए नैतिक योगदान भी दे। जो नागरिक देश हित में नहीं सोचता, वह मात्र एक शव के अतिरिक्त कुछ नहीं है। अपनी महान् संस्कृति के अनुसार ही एक आदर्श नागरिक अपने देश का सच्चा हित कर सकता है। एकता और अखंडता को देश में बनाये रखना हमारा मौलिक कर्तव्य है। यह एकता और अखंडता तभी बनी रह सकती है जब देशवासियों में सांप्रदायिक सद्भाव तथा आपसी भाईचारा कायम होगा।

आपसी सद्भाव प्रेम के बिना संभव नहीं है। अतः जरूरी है कि हम आपस में प्रेम प्यार के भाव मजबूत करें तभी देश की संस्कृति, एकता और अखंडता बनी रह सकती है और इसी से आदर्श समाज की स्थापना में भी मदद मिलेगी और आदर्श समाज में पत्रकारिता के मूल्य भी बेहतर हो सकेंगे।

मूल्यों का कोई साँचा नहीं होता। मूल्यों का साँचा, प्रेम, आपसी सद्भाव तथा सामूहिक शांति से बन पाता है। जब ऐसे साँचे बनते रहेंगे तभी हम पथ भ्रष्ट होने से बच पाते हैं। देश की आबो-हवा जब प्रेमपूर्ण होगी तो पत्रकारिता का रुख भी प्रेमोन्मुख ही होगा। तमाम भौतिक आदर्शों में विभिन्नता के बावजूद आज देश की एकता को बनाये रखना सर्वोपरि आवश्यकता है। हैवानियत के भँवर से निकलने के लिए हमें इंसानियत की दौलत मिली है, जिसकी सुरक्षा करना समय की माँग है।

महात्मा गांधी ने शायद तभी कहा था कि "प्रजातंत्र का अर्थ मैं यह समझता हूँ कि इस तंत्र में नीचे से नीचे और ऊँचे से ऊँचे आदमी को आगे बढ़ने का अवसर मिलना चाहिए।"[1] वह अवसर तभी मिल सकता है जब एकता और अखंडता, सत्य और अहिंसा, शिव और सुंदर के सन्मार्ग पर चलना हमारा मुख्य लक्ष्य होगा। विज्ञान ने जिस विश्व को छोटा कर दिया है उस विश्व का विराट स्वरूप दिल के विराट भाव से ही बना रह सकता है। विदेशी वस्तुओं और विदेशी विचारों के लिए जो आकर्षण हमारे मनों में बढ़ता जा रहा है, इससे हम पुनः पराधीन

1. सफल बनिए : संपन्न बनिए : लेखक डॉ. रतन कुमार डौन, पाठ गांधीजी के आशीर्वचन, पृष्ठ शून्य

हो जाएँगे। और यदि हम समय पर इस विदेशी प्रेम से मुक्त नहीं होंगे तथा अपनी धरती तथा अपनी संस्कृति के प्रति उन्मुख नहीं होंगे तो हमारा उद्धार संभव नहीं है। पत्रकारिता कोई जादू की छड़ी नहीं है। पत्रकारिता के कर्तव्य भी राष्ट्र-संस्कृति से ही पैदा होते हैं।

राजनैतिक और भौगोलिक एकता हो, सामान्य संस्कृति का प्रखर बोध हो, राष्ट्र-भक्ति की भावना तीव्र हों तभी देश प्रेम की भावना हर नागरिक के मन में पोषित हो सकती है। तभी यह बात हर मन को भली लग सकती है कि 'जननी जन्मभूमि स्वर्गादपि गरीयसी'। "आज शिक्षा प्रणाली देश प्रेम की भावना उत्पन्न नहीं करती। शिक्षा वैयक्तिक आकांक्षा की पूर्ति के लिए प्राप्त की जाती है। राष्ट्रप्रेम के अभाव के कारण ही व्यक्ति और समूह में मतभेद है।"[1] स्वस्थ पत्रकारिता के लिए देश प्रेम से युक्त शिक्षा अपेक्षित है। देश प्रेम के अभाव के कारण शिक्षा प्रणाली ने हिंदी पत्रकारिता की प्राथमिक दिशाओं को भी बदल डाला है।

पत्रकारिता के बदलते स्वरूप के परिप्रेक्ष्य में ऐसा भी नहीं है कि पत्रकारों के लिए पत्रकारिता आज आकर्षण का व्यवसाय नहीं रहा। न ही ऐसा है कि पत्रकार पत्रकारिता के प्रति अब उदासीन रवैया अपना रहे हैं। आज भी पत्रकार पत्रकारिता को एक सम्मोहक व्यवसाय मानते हैं। और इस व्यवसाय से जुड़े खतरों का हँसी-खुशी से सामना कर रहे हैं। यदा-कदा कई कर्तव्यनिष्ठ पत्रकारों ने स्वतंत्रता के बाद भी पत्रकारिता के क्षेत्र में कार्यरत रहते हुए जीवन का उत्सर्ग किया है। ताकि सत्य की प्रतिष्ठा बनी रह सके। पत्रकार उन घटनाओं का भी सजीव वर्णन कर रहे हैं जो समय-समय पर घटती रहती हैं।

पत्रकार उन लोगों को भी समाचार जगत् का नायक बना रहे हैं जो इतिहास वनाने में लगे हैं। इस तरह कोई ऐसा क्षेत्र नहीं है जो आज पत्रकारिता जगत् से अछूता हो। समाचार-पत्रों और पत्रिकाओं की साज-सज्जा, भाषा-शिल्प आज कहीं बेहतर एवं आकर्षक हैं। पर फिर भी आज कर्तव्यनिष्ठा में कमी जरूर आई है क्योंकि आज पत्रकार में स्वतंत्रता से पूर्व के पत्रकार की कर्तव्यनिष्ठा का अभाव है। स्वतंत्रता से पूर्व पत्रकारिता एक मिशन थी, उसका मूल्य त्याग एवं समर्पण का था। तब पत्रकारिता के पृष्ठों पर देश पहले था आज देश हित गौण हो गया है और पत्रकारिता में व्यावसायिक कौशल की भूमिका अधिक मुखर हो उठी है। जबकि पूर्व में "निर्भीक पत्रकारिता का आदर्श हिंदी के उद्भवकालीन पत्रकारों ने उपस्थित किया। एक बड़ी संख्या में हिंदी के समाचार-पत्रों ने तत्कालीन ब्रिटिश सरकार के आर्थिक शोषण, अत्याचार, कर-व्यवस्था, जाति भेद, रंग भेद, पक्षपात पूर्ण प्रशासन-नीति, सरकारी सेवाओं में पक्षपात, स्त्रियों पर अत्याचार, स्वतंत्रता

---

1. अवतारवाणी : पाठ भारत का उज्ज्वल भविष्य, बाबा पत्रिका सनातन सारथी, वर्ष 21, सितंबर 1992, अंक 9, पृष्ठ 17

आंदोलन के दमन, बुद्धिजीवियों के संत्रास आदि का विरोध किया। यह एक उल्लेखनीय तथ्य है कि हिंदी के बहुसंख्यक पत्रकार अपने आदर्शों और विचारों के लिए संघर्ष करते हुए न केवल आर्थिक दंड के भागी हुए वरन् उन्हें जेल यात्रा भी करनी पड़ी। बहुधा उनके द्वारा संपादित और प्रकाशित पत्र बंद कर दिए गये और उन प्रेसों को जब्त कर लिया गया, जिनमें उनका प्रकाशन होता था।''[1] अब पत्रकारिता में प्रखर विचारों और उच्च आदर्श के भाव तिरोहित होते जा रहे हैं। साक्षरता में बढ़ोतरी के कारण समाचार-पत्रों की प्रसार संख्या में वृद्धि हुई है और पत्र समाज के घटनाक्रम के प्रतिबिंब बनते जा रहे हैं। धनाभाव का सामना भी बड़े पैमाने पर नहीं है। पत्रों की प्रसार संख्या तथा साधन-संपन्नता में बढ़ोतरी हो जाने से पत्रों की स्वातंत्र्य हानि भी हुई है। क्योंकि व्यापारिक दृष्टिकोण अपनाने से स्वतंत्रता की शतप्रतिशत रक्षा हो पाना संभव भी नहीं था। पत्रकारों को सरकारी मान्यता एवं सुविधा मिल जाने से भी सत्य पर पर्दा पड़ा है। इसके साथ ही आज पत्रकार जहाँ एक ओर महत्त्वपूर्ण व्यक्ति बन गया है वहाँ उसको खतरों एवं जोखिम से भी रू-ब-रू होना पड़ रहा है। पत्रकार निंदा-स्तुति के पाश में बँध कर दिग्दर्शन के स्थान पर दिग्भ्रांति भी फैलाने लगे हैं।

समाचार-पत्र आज एक सशक्त माध्यम के रूप में प्रतिष्ठित भी है। गर्व और अभिमान एवं गौरव एवं गरिमा से पत्रकारिता के शत्रु और मित्रों की भी कमी नहीं है। शोध, अनुसंधान, अन्वेषण, इतिहास और पुरातत्त्व को आधार बना कर भी हिंदी पत्रकारिता का विकास हुआ है। इसमें भारतीय विद्या, विकास तथा इतिहास आदि पर आधारित पत्र प्रमुख हैं। साहित्यिक शोध से संबंधित नागरी प्रचारिणी पत्रिका, विश्व-भारती पत्रिका, शोध पत्रिका, सम्मेलन पत्रिका तथा हिंदुस्तान उल्लेखनीय हैं।

स्वास्थ्य, आरोग्य, औषधि विज्ञान, योग एवं विज्ञान आदि को भी आधार बनाकर हिंदी में कुछ पत्रिकाएँ समय-समय पर प्रकाशित हुई हैं। इसमें प्राकृतिक चिकित्सा, होम्योपैथिक चिकित्सा तथा आयुर्वेदिक चिकित्सा आदि के प्रचार-प्रसार की भावना परिलक्षित होती है। 'धनवंतरी वैद्य' सुधा निधि, आरोग्य, होम्योपैथिक संदेश, आयुर्वेद रसायन आदि का उल्लेख इस संदर्भ में अपेक्षित है।

इस रूप में हिंदी पत्रकारिता के अनेक भेद विकसित हुए हैं, जिनका आधार जन जीवन के विभिन्न क्षेत्रों से संबंधित क्रिया-कलाप हैं। राजनीति, साहित्य, समाज, धर्म, अध्यात्म, दर्शन, विज्ञान, नारी-संसार, बाल-जगत्, उद्योग, व्यवसाय, वाणिज्य आंचलिक जीवन, कृषक, श्रमिक, चित्रपट, खेलकूद, शिक्षा, अनुसंधान, इतिहास, पुरातत्त्व, स्वास्थ्य, औषधि-विज्ञान, मनोविज्ञान, भूगोल, ज्योतिष, पुस्तकालय, विज्ञान,

---

1. बृहद् हिंदी पत्रकारिता कोश : सं. डॉ. प्रताप नारायण टंडन, साहित्य शिल्पी प्रकाशन लखनऊ, पृष्ठ 609

कानून तथा यातायात आदि से संबंधित अनेक पत्र-पत्रिकाएँ समय-समय पर प्रकाशित हुई हैं और निरंतर उनका क्षेत्रगत विस्तार भी होता जा रहा है।[1] पत्रकारिता के सहज विस्तार के इस आयाम के अंतर्गत पत्रकारिता के क्षेत्र में समृद्धि हुई है। पत्रकारिता के बदलते स्वरूप के प्रति विभिन्न विचारों की पृष्ठभूमि में अनेक तक दिये जा सकते हैं और यह तो कहा ही जा सकता है कि आज की पत्रकारिता की तुलना में प्रारंभिक हिंदी पत्रकारिता के पोषकों ने उसे साधना, गरिमा, नैतिकता और कर्तव्य परायणता का सहज गौरव प्रदान किया। निर्भीकता, निष्पक्षता, निःस्वार्थ भावना आदि गुण उस युग की अतिरिक्त विशेषता रही है।

आज समाचार जानने की उत्कंठा में तेजी आई है। पत्रकारिता अपने आप में एक व्यापक परिधि बन गई है। शिक्षित वर्ग की निर्भरता भी समाचार-पत्रों पर अधिक बढ़ गई है। शिक्षित वर्ग को अपनी प्रत्येक वृत्ति की तुष्टि का माध्यम समाचार-पत्र ही प्रतीत होता है। शिक्षित समाज की दिनचर्या का एक माध्यम समाचार-पत्र प्रतीत होता ही है इसके साथ समाचार-पत्र शिक्षित वर्ग के लिए हवा-पानी की तरह अपरिहार्य भी बन गये हैं। समाचार-पत्र अथवा कोई भी पत्रिका यदि पढ़ने को न मिले तो रिक्तता का आभास-सा होता है। इस तरह पत्रकारिता एक व्यवसाय तो बन ही गई है पर इसके साथ ही इस क्षेत्र में कर्तव्यनिष्ठा का महत्त्व भी अपरिहार्य है।

पत्रकारिता के समक्ष खतरे एवं चुनौतियाँ

पत्रकारिता का प्रभावक्षेत्र इतना विस्तृत हो गया है कि समाचार एवं पत्र-पत्रिकाएँ राष्ट्रीय समस्याओं की प्रवक्ता के रूप में जानी जाती हैं। रेडियो, दूरदर्शन और समाचार-पत्रों के बिना आज हमारा जीवन इतना नीरस एवं एकाकी हो जाएगा, इसकी हमने कल्पना भी नहीं की थी। आज पत्रकारिता नागरिक, अधिकारों की रक्षक एवं संरक्षण होने के साथ-साथ वकालत भी करने लगी है।

सच्चा पत्रकार भी वहीं है जो अपने कर्तव्य कर्म के प्रति सदैव जागरूक है। तभी वह समाज में व्याप्त विसंगतियों का रेखाचित्र सही ढंग से उकेर सकता है। सामाजिक, आर्थिक, राजनैतिक एवं अंतर्राष्ट्रीय समस्याओं के समाधान हेतु पत्रकारिता ने जिस गहराई का परिचय दिया है, उससे इस सम्मोहक व्यवसाय के प्रति पूरा विश्व आकृष्ट हुआ है।

समाज, देश तथा विश्व में जितनी जटिल समस्याएँ पैदा हो रही हैं, नए-नए स्कैंडल प्रकाश में आने लगे हैं उसके कारण इस पावन-व्यवसाय के समक्ष अनेक

1. बृहद् हिंदी पत्रकारिता कोश : प्रताप नारायण टंडन, पृष्ठ 674, 675

खतरे एवं चुनौतियाँ आ खड़ी हुई हैं। "आज पत्रकारिता के सामने सत्ता, पूँजी, राजनीति, विज्ञापन, कागज, प्रतिस्पर्धा और लोभ के दबाव अपने प्रभा-मंडल से पत्रकारिता को विषयगामी बना सकते हैं, वस्तुतः यह न तो असंभव है न कल्पना से परे। सत्ता का सामीप्य और विज्ञापन का लोभ और कागज के कोटे से यदि पत्रकारिता को तोला जाएगा तो सारे स्थापित मानदंड धराशायी हो जाएँगे। यदि स्वच्छ उद्देश्य हो तो कलम की ताकत बिना किसी विज्ञापन और बिना किसी कागज के कोटे के अपनी बात प्रमुखता से कह सकती है। यहाँ छोटे, मंझले या बड़े अखबार की सीमा रेखा खींचना अनावश्यक है, क्योंकि अस्तित्व की लड़ाई विज्ञापन छाप कर पैसे प्राप्त करने से नहीं जीती जाती। सरकार, मंत्री, विधायक और अफसर ही खबरों के केंद्र नहीं होने चाहिए। सरकार और सारी व्यवस्था जनता की बनाई हुई है तो फिर पत्रकारिता को जनता ही को खबर बना कर पाठकों से जुड़ना पड़ेगा तभी उसकी सार्थकता है और उपादेयता भी।"[1] आज समाज में कई आंतरिक संकट हैं। हिंसा और आतंक का वर्चस्व बना हुआ है। पृथकतावादी शक्तियाँ देश को खंड-खंड कर रही हैं।

तुच्छ स्वार्थों का आक्रोश देश को खंड-खंड कर रहा है। आतंकवादी गतिविधियों ने जहाँ इंसानियत को झकझोर कर रख दिया है वहाँ देश की सामाजिक, आर्थिक एवं सांस्कृतिक दशा भी प्रभावित हुई है। देश में संकट, विघटनकारी और प्रतिक्रियावादी दौर चल रहा है। इस अशांत, अस्थिर दौर में जनमानस शांति स्थिरता, एकता और अखंडता के वातावरण का इच्छुक है।

देश तो शांति का चाहक बना ही है, इसके साथ पूरा विश्व, शांति की चाह में, पत्रकारिता के प्रयासों की ओर आशा भरी निगाह से ताक रहा है और ताकता रहेगा। प्रत्येक देश शांति के लिए संघर्षरत है इस तरह शांति की चाह पूरे विश्व के लिए अपरिहार्य हो गई है।

धार्मिक, दार्शनिक ग्रंथों में शांति के प्रति अथाह शिक्षा भरी पड़ी है। राजनैतिक, वैज्ञानिक, तथा प्रौद्योगिक क्षेत्रों में किये जा रहे तमाम प्रयासों का लक्ष्य तथा नित नये शस्त्र-अस्त्रों का अन्वेषण भी अंततः शांति की स्थापना के ही हेतु माना जा रहा है। धरा पर शांति की स्थापना की अपार आकांक्षाएँ एवं आशाएँ बलवती हुई हैं।

हिंसा का तांडव पूरे विश्व में व्याप्त है, दूसरी ओर शांति के लिए शिखर वार्ताएँ चल रही हैं इसके बावजूद शांति कोसों दूर ही जान पड़ती है। विज्ञान में हुई अभूतपूर्व प्रगति के कारण पूरा विश्व बहुत छोटा हो गया है। विज्ञान ने तमाम भौतिक अवरोधों को समाप्त तो कर दिया है किंतु इससे शांति प्राप्ति की समस्या ने भी उग्र रूप धारण कर लिया है। दूरियाँ भले ही मिट गई हैं किंतु दिलों की

---

1. आंचलिक पत्रकार : संपादक विजयदत्त श्रीधर, वर्ष 8, फरवरी 1989, अंक 6, पृष्ठ 22

दूरियाँ बढ़ गई हैं और वातावरण अशांत-सा बन गया है। राष्ट्रीयता, रंगभेद, धर्म, विश्वास, जाति, मतमतांतर के परिप्रेक्ष्य में शांति की तलाश आज विश्व की सबसे बड़ी समस्या बन गई है।

शांति स्थापना की समस्या में गरीबी, अशिक्षा तथा अज्ञानता की भूमिका भी कम महत्त्वपूर्ण नहीं है। क्रोध, लोभ, ईर्ष्या-द्वेष, अहम् तथा शोषण आदि के मनोविकारों ने भी शांति भंग करने में कोई कसर नहीं छोड़ी है। यदि इन समस्याओं पर समय रहते नियंत्रण न किया गया तो शांति की चाह असंभव हो जाएगी और शांति के बिना जीवन का कोई भी अर्थ शेष नहीं रहता।

मानव का स्वभाव यूँ भी अज्ञेय है। मानव की इस अज्ञेय मनोवृत्ति के कारण स्वर्ग भी नरक बन जाता है। मानव के मन की किसी भी तरह की हीन भावना से हर्ष विषाद में, सुख दुःख में बदल जाता है। मन को तो हमारे वैदिक ऋषियों ने बेलगाम घोड़े की संज्ञा दी है। शांति की राह से भटक कर मन, सुख भरे जीवन में काँटों की बौछार कर देता है। मन की दशा और दिशा का कोई पता ही नहीं चलता। नफरत और लोभ का ख़ंजर आज हर व्यक्ति की गर्दन पर टँगा है। इस महाविकृति से समस्त परिवेश में शांति के साम्राज्य के विलोम अशांति का अंधकारपूर्ण वातावरण बना हुआ है। इस दारुण स्थिति में पत्रकारिता को गंभीरता के साथ अपनी कर्तव्य-निष्ठा का परिचय देना होगा। भ्रामक, असंतुलित, असंगत बातों को उघाड़ा न जाए ताकि हिंसा, विद्वेष और भेदभाव की आसुरी वृत्तियों को सहजता के साथ दबाया जा सके।

पत्रकारिता की प्रचंड शक्ति का जनहित, समाजहित और देशभक्ति के हित में उपयोग होना ही चाहिए। निष्पक्ष प्रेस का जनमानस पर निश्चित रूप से अनुकूल प्रभाव पड़ता है। पत्रकार अपनी सामाजिक एवं राष्ट्रीय जिम्मेदारी का निर्वाह करें। अपने व्यावसायिक उत्तरदायित्वों को ईमानदारी से गौरव के साथ निभाएँ, ताकि समाज की कलुषता कम हो। देश और समाज आज दलगत राजनीति तथा अंधविश्वास के गर्त में धँसता जा रहा है। जो लोग इनसे परे हैं, और समाज में कमल की भाँति रह रहे हैं, वे ही समाज को दलदल में से उबारने में प्रभावकारी भूमिका निभा सकते हैं। इसीलिए पत्रकारिता से सार्थक भूमिका के निर्वाह की अपेक्षा करना ही स्वाभाविक है। पत्रकारिता इस दायित्व वहन में कितनी ईमानदार है। यह चर्चा का विषय हो सकता है परंतु पत्रकारों और बुद्धिजीवियों का यह दायित्व है कि वे प्रेस को लोक मंगल की दिशा में प्रेरित करे ताकि शांति की स्थापना हो सके। 'अहिंसा परमो धर्मः' के सिद्धांत पर ही अतीत में भी शांति की स्थापना हेतु प्रयास किये गये हैं।

राष्ट्रपिता महात्मा गांधी ने कहा है कि अहिंसा, एकता, मेल-मिलाप और संगठन का विकास किया जाए। महात्मा गांधी ने स्वतंत्रता संग्राम में अग्रणी आजाद

हिंद फौज की मुक्त कंठ से प्रशंसा की थी "परंतु उन्होंने कहा कि इसमें अपने स्थितप्रज्ञ का आदर्श मनुष्य से निःशस्त्र होने पर भी उतने ही साहस के साथ मृत्यु का सामना करने की अपेक्षा रखता है। उन्होंने आजाद हिंद फौज के लोगों से कहा सशस्त्र युद्ध में जिस साहस और देश भक्ति की जरूरत होती है, उससे कहीं ऊँचे साहस और देशभक्ति की आवश्यकता झाड़ू और बाल्टी उठाने और भंगी बन कर नीचे से नीचे मनुष्यों के साथ तादात्म्य सिद्ध करने में होती है। सब कोई आजाद हिंद फौज के सैनिकों की शारीरिक वीरता की बराबरी नहीं कर सकते। परंतु स्थितप्रज्ञ का आदर्श तो सबके लिए है न कि थोड़े से चुने हुए लोगों के लिए, केवल संतों और ऋषियों के लिए ही।"[1] इस स्थितप्रज्ञ का सही उपदेश आज पत्रकार, देश की जनता में प्रचारित कर सकते हैं ताकि व्यर्थ के अहम् में टकराते लोग, स्थितप्रज्ञ हो आज के तनावपूर्ण माहौल से मुक्ति पा सकें।

अहिंसा के भाव को आत्मसात करने के लिए गांधीजी ने मनसा, वाचा और कर्मणा सतर्क रहने की प्रेरणा दी थी। क्योंकि सत्य की हत्या केवल बोलने से नहीं होती अपितु आँख के संकेत तथा कागज पन्नों पर उकेरे गये शब्द से भी सत्य की हत्या हो सकती है। सत्य, अहिंसा और आपसी सद्भाव से देश में शांति का शाश्वत साम्राज्य कायम हो सकता है। और पत्रकारिता के सहयोग से इस साम्राज्य की नींव सुदढ़ हो सकती है। पर यह कार्य एक चुनौती से कम नहीं। पत्रकारिता आज जन आकांक्षा, आकांक्षाओं का इसीलिए प्रतीक बन गई है।

सरकारें बदलती हैं पर प्रेस का प्रामाणिक रूप यथावत् बना रहता है। "प्रेस की ताकत लगातार बढ़ती जा रही है। एक समय था जब लोकसभा और विधान सभाओं में उछाले गये प्रश्न और उठाये गये मुद्दे प्रेस या समाचार-पत्रों में आकर्षण का केंद्र बनते थे। पर अब स्थिति उल्टी होती जा रही है अखबारों और प्रेस में उठाये गये सवाल और मुद्दे हमारी विधान पालिकाओं में चर्चा और बहस के मुद्दे बनते हैं। इससे स्पष्ट होता है कि जन-प्रतिनिधियों की अपेक्षा प्रेस के लोग जनहित की दिशा में अधिक खोजवृत्ति के तथा जागरूक हो गये हैं। जो चीजें पहले जन-प्रतिनिधियों के माध्यम से शासन तक पहुँचनी चाहिए थीं वे अब प्रेस के माध्यम से पहले पहुँचने लगी हैं।

प्रजातंत्र में प्रेस का बड़ा महत्त्व है। वह सत्ता पक्ष को विवेकशील तथा संतुलित बनाये रखने में अहम् भूमिका निभाता है। वह सत्ता पक्ष को भटकने नहीं देता और उसकी मनमानी की लगाम खींचे रहता है। पर पिछले कुछ दशकों में यह अनुभव में आ रहा है कि विपक्ष अपने दायित्वों को दोयम दर्जे की निगाह में देखता है और सत्ता प्राप्ति की खींचतान में ही अपनी ऊर्जा और शक्ति लगाये

1. महात्मा गांधी पूर्वाहुति : ले. प्यारे लाल, नवजीवन प्रकाशन मंदिर, अहमदाबाद, पृष्ठ 243

रहता है। ऐसी स्थिति में प्रेस पर ही प्रजातंत्र में सफल, सक्रिय और रचनात्मक विपक्ष की भूमिका निभाने का दायित्व आ जाता है।"[1] लोकसभा और विधान सभाओं के सत्र तो कुछ दिनों के लिए चलते हैं जबकि पत्र हर रोज अपने सक्रिय सत्र में रहते हैं। समाचार-पत्र ने संप्रेषणशीलता को व्यापक बनाया है। रेडियो, टेलीविजन ने पत्रकारिता के क्षेत्र को नये आयाम दिए हैं और इस प्रकार पत्रकारिता की चुनौतियाँ बढ़ ही रही हैं। पत्रकार का काम घटिया काम के प्रति उदासीनता के विरुद्ध संघर्ष करना है। इस संघर्ष में सबसे कारगर अस्त्र पत्रकार का स्वयं अपने कार्य के प्रति दायित्व की भावना है।

पत्रकार जिस बात का उपदेश देता है, उसका उसे अनुसरण भी करना चाहिए और शब्दों के प्रयोग के साथ सही ढंग का आदर्श प्रस्तुत करना चाहिए तभी कथनी और करनी में सही समन्वय स्थापित हो सकता है। कोई अखबार या पत्रकार कैसे महान् बनता है और पत्रकारिता जो चौथा स्तंभ है की शक्ति कैसे स्थापित होती है। 'वाशिंगटन पोस्ट' ने दुनिया में व्यवस्था के इस चौथे स्तंभ की शक्ति स्थापित की थी! बाटरगेट रिपोर्टिंग खोजी पत्रकारिता का सर्वोच्च कारनामा था। बाटरगेट स्टोरी के दूरगामी प्रभावों के बारे में बैडली कहते हैं कि निक्सन पर तो जबरदस्त असर पड़ा। पर लगता है अमेरिकी राजनेताओं ने कुछ सीखा है। मेरा मतलब है, वे सच नहीं बोलते, अब भी चीजों को दबाए रखना चाहते हैं। हाँ इसका पत्रकारिता पर प्रभाव जरूर पड़ा है। नौजवान पत्रकार इसमें संभावना देखते हैं एक राष्ट्रपति को अपदस्थ करने की नहीं, बल्कि सरकार के अंधे कुएँ में रोशनी की एक किरण पहुँचाने की ताकि दुनिया को बेहतर बनाया जा सके।

अपनी रिपोर्टिंग के असर से पोस्ट भी हतप्रभ रहा है। उस वक्त के युवा स्टॉपर लैन हाउनी का कहना है कि वह रोमांचिकता पर भयावह था। जब निक्सन ने इस्तीफा दिया तब रोमांच जरूर हुआ, पर साथ में जिम्मेदारी का बोध भी हुआ कि हमने जो लिखा उसका जनता पर गहरा असर होता है।

अगर हम गलत होते, तो हमारा पटाक्षेप हो जाता। कैथरीन ग्राहम का कहना है पर ऐसा नहीं हुआ। इसी तथ्य से कोई अखबार महान् बनता है। इसी से एक संपादक और प्रकाशन का काम दुनिया भर में अत्यंत चुनौती भरा बन जाता है।[2] वस्तुतः समाचार-पत्र या पत्रिका, संपादक और प्रकाशन के प्रश्नों से ही प्रकाशित होती है। इसीलिए दोनों को निष्पक्ष होकर, सत्य को ही उजागर करना होता है। सत्य का पक्ष लेते हुए ही पत्रकारिता के समक्ष खतरे और चुनौतियों को सामने करने का प्रश्न उठता है। अखबारों का प्रकाशन एक प्रतिभा का काम है और प्रतिभा

---

1. आंचलिक पत्रकार : संपादक विजयदत्त श्रीधर, वर्ष 8, फरवरी 1989, अंक 6, पृ. 4
2. श्रोता समाचार : संपादक अजामिल, वर्ष 18, अंक 12, 16 से 30 नवंबर 1992, पृष्ठ 8

को उज्ज्वल सूर्य की तरह प्रखर होना चाहिए।

इसीलिए प्रबुद्ध पाठक के समक्ष आज यह प्रश्न है कि पत्रकारिता, चाहे वह रेडियो के माध्यम से हो, दूरदर्शन के माध्यम से हो, अखबारों या पत्रिकाओं के माध्यम से हो, देश के लिए क्यों कर अनिवार्य है। लेकिन इसके उत्तर भले ही और ढंग से भी मिल जाएँ पर पत्रकारिता की अनिवार्यता का उत्तर तो यही है कि इससे देश का लोकतंत्र मजबूत होता है। इसीलिए पत्रकारिता की चुनौतियों और खतरों के भी पर्याप्त संदर्भ स्वतः ही इसमें जुड़ गये हैं और इस तरह और कई शिखर जैसी समस्याओं से पत्रकारिता को अभी भिड़ना है।

पत्रकारिता एक फूल भी तो है जो अपनी मोहक सुरभि से बिन बुलाये प्रबुद्ध पाठक को अपनी आभा और कांति की ओर आकृष्ट करता है। इस दृष्टि से पत्रकारिता को फूलों का एक उद्यान बनना है और पत्रकार को उस उद्यान का माली। अखबार के रूप में पत्रकारिता का फूल दोपहर होने तक मुरझा भी सकता है, लेकिन जिस मोहक सुरभि के साथ अखबार सुबह विनम्र सूरज की किरण की तरह घर में प्रविष्ट होता है वह उसकी एक खास किस्म की खानदानी अदा है और इस अदा में एक स्पर्द्धा भी छिपी हुई है जिसे बनाये रखना एक बहुत बड़ी चुनौती है। तभी कोई भी अखबार बौद्धिक ऊर्जा का प्रतीक बन सकता है।

खतरों और चुनौतियों के घूँट पीकर ही पत्रकार अखबार को आसपास के घात-प्रतिघातों का आईना बनाता है। जो झनझनाहट समाज तथा विश्व के परिदृश्य पर होती है उसे ही अखबार अपने पन्नों पर आत्मसात करता है और अखबार के कार्यालयों में यह दायित्व लगभग सूर्य की पहली किरण से लेकर रात के अंतिम पहर तक निभाया जाता है। फिर भी कुछ दायित्वगत चुनौतियाँ शेष हैं। "उन्नति समाचार-पत्रों के आकार-प्रकार में हुई है। खेद की बात है कि उन्नति आचरणों की नहीं हुई। हिंदी के समाचार-पत्र भी उन्नति के राजमार्ग पर आगे बढ़ रहे हैं।" पत्रकार कला की भूमिका पर 16 मई 1890 को लिखे गणेश शंकर विद्यार्थी के ये शब्द हमें आज भी प्रेरित करते हैं।[1] प्रश्न पनपता है कि "क्या पत्रकार केवल समाचार बेचनेवाले हैं ? ऐसा है तो उसमें और दूसरे व्यापारियों में कोई अंतर नहीं। इसीलिए समाज में वह किसी सत्कार का अधिकारी नहीं। वह खबर बेचनेवाले से भिन्न है वह सिर भी बेचता है और संघर्ष भी करता है। उसके जिम्मे यह कर्तव्य लगाया गया है कि वह अत्याचारी के अत्याचार के विरुद्ध आवाज उठाये। पीड़ित की सहायता करे। इसका चाहे उसे कितना ही मूल्य चुकाना पड़े। वह सरकार की नाराजगी सहने को तैयार हो। जरूरत पड़े तो वह अपना सिर हथेली पर रख ले। बलवान से बलवान पापी के विरुद्ध डट जाए और कमजोर

---

1. श्री गणेश शंकर विद्यार्थी की लेखनी नामक पुस्तक के 75 पृष्ठ पर से उद्धृत।

से कमजोर धर्मात्मा का समर्थन करे। एक पत्रकार का कर्तव्य है प्रजा के दुख दूर करना। सरकार के अन्याय के विरुद्ध आवाज उठाना। उसे सही परामर्श देना और वह न माने तो उसके विरुद्ध संघर्ष करना। वह यह कर्तव्य नहीं निभाता तो आम दुकानों की तरह एक दुकान है। किसी ने सब्जी बेच ली किसी ने खबर।"[1] विद्वान् पत्रकार ने समाचार-पत्र उद्योग जिसे व्यवसाय भी कहा जाने लगा है में अंतर की एक सीमा रेखा खींच डाली है और स्पष्ट किया है कि त्याग और दिमागी कसरत से जुड़ी व्यावसायिक पत्रकारिता और आम व्यवसाय में अंतर है कि एक तो निजी स्वार्थ के लिए मात्र व्यवसाय करता है दूसरा समाज तथा राष्ट्र को कुछ देने की प्रतिबद्धता से जुड़ कर व्यवसाय की बात सोचता है ऐसी पत्रकारिता में यज्ञ का भाव भी रहता है। और फिर पत्रकार इस प्रकार के यज्ञ में जीवन के कितने ही सुनहरे सालों की आहुति चढ़ा देते हैं। इन्हीं पत्रकारों के अदम्य साहस पर हम दाँतों तले उँगली भी दबा देते हैं। कई पत्रकारों को उनकी निर्भीकता के कारण अपने प्राणों तक से हाथ धोने पड़े हैं पंजाब के आतंकवादियों ने तो पत्रकारों की निर्मम हत्याएँ तो की हैं अखबार के हाकरों तक को भी गोलियों से भून डाला है। आतंकवादी शक्तियों के हाथों शहीद हुए पत्रकारों के रक्त से जो ज्योति इतिहास के दीप में प्रज्वलित हो रही है उसकी आभा में ही पत्रकारिता के समक्ष चुनौतियों और खतरों की तस्वीर को भली भाँति देखा जा सकता है। "महादेवी वर्मा ने पत्रकारिता को एक रचनाशील विधा माना है—इसके बगैर समाज को बदलना असंभव है। अतः पत्रकारों को अपने दायित्व और कर्तव्य का निर्वाह निष्ठापूर्वक करना चाहिए क्योंकि उन्हीं के पैरों के छालों का इतिहास लिखा जाएगा।" अंततः पत्रकारिता का दायित्व जन-जन का ज्ञान बढ़ाना और उनका मार्ग दर्शन करना है। इसीलिए पत्रकार में, सृजनात्मक योग्यता, न्यायाधीश की भाँति नीर-क्षीर का हंसवाला विवेक, वैज्ञानिक की भाँति सुस्पष्ट जिज्ञासा, कम्प्यूटर मशीन की भाँति गति, शिक्षक की भाँति चिंतन के गुण होने अनिवार्य हैं तभी वह पत्रकारिता की चुनौतियों एवं खतरों से लोहा ले सकता है।

हिंदी पत्रकारिता के समक्ष आज भी कई चुनौतियाँ हैं सबसे बड़ी चुनौती तो यही है कि "अंग्रेजी की उँगली पकड़ कर चलनेवाली हिंदी पत्रकारिता अपने पैरों में दमखम आज भी नहीं ला पाई है जिससे वह स्वयं की शक्ति अर्जित कर सके। सच्चाई यह है कि अंग्रेजी आज भी फीडबैक का काम करती है और स्वभाषा दोयम दर्जे की नागरिकता सदृश प्राथमिकता की श्रेणी से एक सीढ़ी नीचे है और कभी-कभी क्या अधिकांश क्षणों में उसकी स्थिति अनूदित कृति जैसी हो रही है। मूल कृति एवं अनूदित कृति के बीच का अंतर हिंदी-अंग्रेजी पत्रकारिता

---

1. वीरप्रताप 4 फरवरी 1987 के श्री वीरेंद्र द्वारा लिखे संपादकीय के अंतर्गत कृष्ण महाशय के विचार एक संपादक के रूप में।

के बीच के अंतर के समान दिखाई देता है।"[1] जब तक हिंदी पत्रकारिता का अपना मौलिक स्वरूप समक्ष नहीं आ पाता उस समय तक हम हिंदी पत्रकारिता को सही गौरव प्रदान नहीं कर सकते। हिंदी पत्रकारिता को अपने वास्तविक स्वरूप में लौटने के लिए संघर्ष करना है तभी हिंदी पत्रकारिता अपनी अर्थवत्ता को रेखांकित कर सकती है।

पत्रकारिता का एक समाज उपयोगी पक्ष भी होता है। सामाजिक पुनर्निर्माण की दिशा में पत्रकारिता की कारगर भूमिका किस प्रकार अर्थप्रद बन सकती है इस दिशा में हिंदी पत्रकारिता को नये आयाम तलाशने ही होंगे। यह एक चुनौतीपूर्ण कार्य भी है। हिंदी पत्रकारिता में मूल्यों को प्राथमिकता देने के साथ-साथ सेक्स की खबरों और चित्रों के छापने के बारे में भी एक सीमा रेखा खिंचनी ही होगी।

हिंदी पत्रकारिता ने ही अतीत में गुलामी के प्रति वितृष्णा का भाव पैदा किया और स्वतंत्रता प्राप्ति के लिए एक बलिदानी ललक पैदा की आज जबकि हम स्वतंत्र हैं किंतु कई बुराइयों, कुरीतियों तथा निहित स्वार्थों की जंजीरों से जकड़े हैं ऐसी स्थिति में पत्रकारिता को गुलामी से भी बदतर स्थिति को बदलने का भी साहसिक कार्य भी करना होगा। हिंदुस्तान पत्र के 4 दिसंबर के अंक में रंजना सक्सेना ने पत्रकारिता के वर्तमान परिप्रेक्ष्य के संदर्भ में लिखा है कि "चीरफाड़ करने का एक नया दौर आरंभ हुआ। अब मात्र सूचना देना पत्र-पत्रिका का उद्देश्य नहीं, बल्कि घटनाओं को रोचक ढंग से प्रस्तुत कर, परदे के पीछे की राजनीति का खुलासा तथा अंदरूनी हथकंडों का खुलासा शुरू हुआ तो पत्र का स्वरूप सृजनात्मक कहानियाँ गढ़ने को सचेष्ट हुआ है। पत्रकारिता के व्यावसायिक तकाजों की संपूर्ति हेतु खोजी पत्रकारिता का युग प्रारंभ हुआ। यह दौर इस प्रकार हावी होता चला गया कि सीधी-सच्ची घटनाएँ प्रमुखता से वंचित होती चली गईं और खबरें व समाचार प्रायोजित होने लगे। खोज परक सूचनाओं का आधिपत्य इस तेजी से आगे बढ़ा कि जहाँ समाचार नहीं वहाँ पर भी समाचार ढूँढ़े और तलाशे जाने लगे। और उन घटनाओं/तथ्यों की छानबीन पर ज्यादा ध्यान दिया जाने लगा, जिसे आम पाठक चटखारे लेकर पढ़े। निश्चय ही यह स्थिति हमारी मानसिक खुराक को विकृत करने अथवा मानसिक शोषण का एक प्रतिरूप दर्शाती है। जैसे चाट खाकर आम आदमी का स्वास्थ्य बिगड़ने का अंदेशा रहता है, उसी प्रकार मनमाना विश्लेषण आम आदमी के स्वास्थ्य को बेहतर बनाने हेतु टॉनिक प्रदान नहीं करता। आज स्थिति यह है कि आम आदमी से जुड़ी समस्याओं-घटनाओं तथा आवश्यकताओं का महत्त्व घट रहा है। जबकि अन्य स्थितियों का बढ़ रहा है। जैसे नेताओं की निजी जिंदगी, फिल्मी सितारों के रोचक किस्से प्रकाश में आने लगे। मात्र राजनेता व फिल्मी

---

1. हिंदी पत्रकारिता के सामने चुनौतियाँ : लेखिका रंजना सक्सेना, हिंदुस्तान, नई दिल्ली, 4 दिसंबर 1992

कलाकार ही नहीं, जिनकी थोड़ी-सी इमेज बननी शुरू हुई उसकी जिंदगी के अंदरूनी पक्ष को ग्लैमरी शैली में जन-सामान्य के सम्मुख परोसा जाने लगा।" इस तरह हिंदी पत्रकारिता के आकाश से यथार्थ के सितारों का प्रकाश ओझल है। पत्रकारिता मात्र व्यवसाय ही न बने, इसके मिशनरी आदर्श की पुनःस्थापना भी जरूरी है। इस दृष्टि से पत्रकारिता की चुनौतियों का सामना दायित्व की अपेक्षा रखता है।

जनसंपर्क अपेक्षाएँ एवं संभावनाएँ

लोक संपर्क या जनसंपर्क एक ही अर्थ के परिचायक किंतु ऐसा एक माध्यम है, जो आज के युग की एक अपरिहार्य आवश्यकता हो गई है। सरकार हो चाहे कोई संस्थान लोक संपर्क दोनों के कारण की क्षमता को बढ़ाने में सहायक सिद्ध हो रहा है। ऐसा ही नहीं कि अतीत में इनकी आवश्यकता नहीं थी, अपितु अतीत में भी लोक संपर्क की आवश्यकता समय की माँग थी किंतु अतीत में साधन इतने क्षिप्र नहीं थे जितने आज उपलब्ध हैं। आज के उपलब्ध साधनों ने, लोक संपर्क के क्षेत्र में क्रांतिकारी परिवर्तन कर डाले हैं।

लोक संपर्क एक द्विपक्षीय प्रक्रिया है। किसी भी योजना कार्यक्रम अथवा अभियान की सफलता के लिए अनुकूल वातावरण या लोकमत का निर्माण आवश्यक है। गुण-दोषों के आधार पर जो संदेश जनता के सामने प्रचारित किया जाता है, उसे जनता कहाँ तक स्वीकार करती है, उसे जानने के लिए वही द्विपक्षीय प्रक्रिया कहलाती है। बृहद् हिंदी पत्रकारिता कोश में डॉ. प्रताप नारायण टंडन ने ए.ए. रालमैन के शब्दों में जनसंपर्क की सही व्याख्या की है कि "जनसंपर्क द्विपक्षीय संप्रेषण है जिसमें सह अभिमति का आधार संपूर्ण सत्य, ज्ञान तथा संपूर्ण-सूचनाएँ होती हैं, जिनमें तनाव कम होता है तथा आपसी सौहार्द पैदा होता है।" जनसंपर्क के एक माध्यम के रूप में पत्रकारिता का वैशिष्ट्य निर्दिष्ट करते हुए अनेक विद्वान्नों ने यह इंगित किया है कि समाज के प्रति उन्मुख विविध क्षेत्रीय प्रयत्न जनसंपर्क, रूप है। लोक संपर्क एक नियोजित, सतत एवं जानबूझ कर शुरू की गई प्रक्रिया है, जिससे एक संस्थान, सरकार तथा जनता के मध्य आपसी समझ पैदा होती है। मानवीय पक्ष की प्रणाली में दर्शनशास्त्र, समाजशास्त्र, अर्थशास्त्र, भाषा, पत्रकारिता, संचार तथा अन्य ज्ञान के सभी स्रोतों का मिश्रित रूप ही लोक संपर्क है।

जनमत पैदा करने के लिए जनसंपर्क का कार्य आपसी समझ, सहानुभूति, समर्थन एवं सद्भाव को पोषित करना है। तभी किसी प्रारंभ किए गए कार्य को मान्यता एवं समर्थन प्राप्त होता है। कार्य के प्रति सहमति का सद्भाव भी लोक संपर्क के कार्य द्वारा संभव हो पाता है। लोक संपर्क के प्रयासों के फलस्वरूप बेहतर

कार्य संभव हो पाता है और किये गये कार्य की विश्वसनीयता भी बढ़ती है। इसके लिए कथनों की अपेक्षा व्यावहारिक पक्ष ज्यादा कारगर सिद्ध होता है। श्रेष्ठ कार्य भी फिर स्वतः प्रशंसा का संबल अर्जित करता है।

आज के युग में तथा आनेवाले समय में भी लोक संपर्क, मानव जीवन का एक आवश्यक आयाम बना रहेगा। समाज में विकास और प्रगति की प्रक्रिया को लोक संपर्क अपने कार्य द्वारा प्रभावित करता है इसके लिए लोक संपर्क का सदुपयोग किया जाना चाहिए।

आधुनिक समाज के लिए लोक संपर्क रीढ़ की हड्डी बन गया है। राजनैतिक, सामाजिक प्रगति को सुनिश्चित करने के लिए लोक संपर्क एक मुख्य घटक बन गया है। लोक संपर्क क्रांति के परिप्रेक्ष्य में, संचार के सभी साधन महत्त्वपूर्ण भूमिका निभाते हैं। हर व्यावसायिक कार्य में सिद्धि, लोक संपर्क के द्वारा ही संभव हो पाती है। लोक संपर्क के तमाम साधनों के मूल में सद्भाव होना भी आवश्यक है, जिसके लिए बेहतर दिल-दिमाग से सोचना पड़ता है। ऐसा करने से बेहतर प्रचार तो होता ही है, लोगों के दिल और दिमाग में भी जगह बनती है और मैत्रीबल का क्षेत्र विस्तृत होता है।

देश में जनतंत्र की परंपरा की जड़ें एक ओर गहरी हुई हैं दूसरी ओर जनतंत्र कुछ चंचल भी होता जा रहा है। अधिक सूचना प्राप्त करने की प्रवृत्ति में भी गति आई है। इस बदलते माहौल में लोक संपर्क का दायित्व भी बढ़ रहा है। ताकि जनता को सूचना देने, उन्हें समझाने, उन्हें एकजुट रखने के कार्य को बेहतर ढंग से संपन्न किया जा सके।

लोक संपर्क का यह कार्य मानव सृष्टि से होता रहा है क्योंकि इससे वांछित परिणाम उपलब्ध होते हैं। हम सहजता से जान पाते हैं कि जनता को हमारे व्यवहार में क्या पसंद है और पसंद नहीं है। इसी के द्वारा सरकार या संस्था की नीतियाँ तथा कल्याणकारी योजनाएँ जनता से जुड़ती हैं और वे स्वीकार्य हो पाती हैं।

लोक संपर्क के साधनों में आज जिन सूचना माध्यमों का प्रयोग हो रहा है, वे किसी जमाने में अत्यंत दुर्लभ थे, किंतु आज इनकी पर्याप्त भरमार है। आज ये सस्ते, सुलभ और तेज हैं और इलैक्ट्रॉनिक टेक्नोलॉजी ने इनकी काया पलट दी है। चाहे हम पंचम स्वर में आवाज लगाते रहे हों, ढोल पीटते रहे हों, कबूतर के माध्यम से संदेश भेजते रहे हों, लिखकर ही कार्य किया हो संदेश प्रेषण का, पत्र-पत्रिकाएँ भी छापते रहे हों या डाक प्रणाली का लाभ उठाते रहे हों, उद्देश्य एक ही रहा है। पहले भी आश्चर्यजनक खोज होती रही है, किंतु तब खोज का मूल्यांकन करने के लिए आदमी के पास साधन नहीं थे। किंतु आज यह परिवर्तन तेज है। जहाँ ज्ञान के नये स्रोत प्रकाश में आ रहे हैं वहाँ सूचनाओं का विस्फोट भी संभव हो पाया है। पुराने साधन भी चल रहे हैं और नये साधनों को भी तेजी

के साथ अपनाया जा रहा है। आज हमने लोक संपर्क के इन संचार साधनों की शक्ति को महसूस किया है। अशिक्षित, शिक्षित हो गये हैं, अज्ञान की दासता से मुक्ति मिल गई है। इस तरह लोक संपर्क के परिप्रेक्ष्य में सूचना माध्यमों की उपलब्धि एक बड़ी लोकतांत्रिक शक्ति है।

विश्वव्यापी स्रोतों से समाचार विश्व के किसी भी कोने में भेजे जा सकते हैं। समाचार-पत्र या मुद्रित प्रचार सामग्री द्वारा यह कार्य हो ही रहा है। आज उपग्रह सूचना लेकर दूसरे स्थानों को भेज रहे हैं। वे अंतरिक्ष से पृथ्वी के चित्र ले सकते हैं। पृथ्वी के अनेकों रहस्यों पर से पर्दा इन्हीं उपग्रहों के माध्यम से उठाया जाने लगा है।

अब आसानी से लघु व कम मूल्य के कम्प्यूटर उपलब्ध हो रहे हैं। भविष्य में लघु कम्प्यूटर इस प्रकार उपलब्ध होंगे जिस प्रकार जेब में रखे जानेवाले कैलक्यूलेटर आज उपलब्ध हैं। सूचना और संचार आदमी के द्वारा बनाये गये ये साधन हैं इसीलिए लोक संपर्क के क्षेत्र में इनका यथेष्ट लाभ उठाया जाना चाहिए। लोगों को बताना होगा कि वे इनसे कैसे लाभान्वित हो सकते हैं। यह कार्य लोक संपर्क अधिकारी का है।

लोक संपर्क अधिकारी और लोक संपर्क विभाग का प्रत्येक कर्मी लोक संपर्क के क्षेत्र में कैसे सफल हो सकता है यह अतिरिक्त विषय है। इस विषय का संबंध योग्यता से है। इसी योग्यता के परिप्रेक्ष्य में लोक संपर्क अधिकारी की विशेषताएँ जान लेना महत्त्वपूर्ण है।

आज के संदर्भ में लोक संपर्क अधिकारी का शिक्षित जानकारी-संपन्न, दक्ष, संवेदनशील, कल्पनाशील एवं रचनात्मक सोचवाला होना अति आवश्यक है। जिन लोगों के बीच में वह कार्य करता है, उन लोगों की सामाजिक, आर्थिक, धार्मिक, राजनैतिक, मनोवैज्ञानिक पृष्ठभूमि को जानने की उसमें निपुणता होनी चाहिए। लोगों के मध्य कार्य करते हुए दिमाग, भावना की प्रबलता, कल्पनाशीलता तथा रचनात्मक सोच कैसे कार्य करती है इसकी जानकारी लोक संपर्क अधिकारी को बखूबी होनी चाहिए तभी वह एक जागरूक लोक संपर्क अधिकारी की भूमिका निभा सकता है।

जिस लोक संपर्क अधिकारी का चरित्र व व्यक्तित्व यदि पावन व पवित्र होगा यानी बेदाग तो वह व्यक्ति तर्कशील बन कर रचनात्मक कार्यों को पूरा करने में सफलता प्राप्त कर सकता है। सत्य और तथ्य के प्रति उसकी प्रतिबद्धता सुनिश्चित होनी चाहिए। समस्याओं के समाधान में गहरी रुचि रखते हुए उसके कार्य उद्देश्य परक होने चाहिए। अपनी सहजबुद्धि तथा अंतःप्रज्ञा को मुखर करने के लिए लोक संपर्क अधिकारी के अंदर प्रभावकारी जिज्ञासा होनी चाहिए। यूँ भी एक सफल लोक संपर्क अधिकारी के लिए अपनी योग्यता के क्षेत्र को एक नया विस्तार एवं

आयाम देना पड़ता है। संचार साधनों की जानकारी, संस्थान को चलाने की प्रबंधकीय योग्यता, ईमानदारी तथा प्रखर सूझ-बूझ लोक संपर्क अधिकारी के लिए अति आवश्यक है। एक आकर्षक व्यक्तित्व के साथ, नेतृत्व करने की क्षमता की समझ को भी विकसित किए जाने की अत्यंत आवश्यकता होती है। सहनशीलता उसकी अतिरिक्त योग्यता मानी गई है।

इसके साथ लोक संपर्क अधिकारी के लिए आवश्यक है कि भाषा पर उसका पूर्ण अधिकार हो। एक श्रेष्ठ वक्ता तो उसे होना ही चाहिए ताकि वह जन-सभाओं में समय को बाँध सके। वाणी का उसे सम्राट बनना चाहिए। प्रेस प्रतिनिधियों के साथ भी लोक संपर्क अधिकारी के संबंध मधुर एवं विश्वसनीय होने चाहिए।

लोक संपर्क अधिकारी को यह बोध होना चाहिए कि वह लोकतांत्रिक व्यवस्था की एक धुरी है। उसके श्रेष्ठ कार्यों द्वारा ही लोकतंत्र की जड़ें मजबूत हो सकती हैं। अतः उसका यह नैतिक कर्तव्य है कि एक लोकतांत्रिक सरकार के अधीन कार्य करते हुए उसे नागरिकों को दायित्वशील बनाने में अपना सक्रिय सहयोग देना चाहिए।

लोकतंत्र में सरकार की नीतियों के ठोस परिणाम स्पष्ट नहीं होते हैं, कुछ व्यक्ति ऐसे भी होते हैं जिन्हें सीधा लाभ पहुँच नहीं पाता है। लोक संपर्क अधिकारी को चाहिए कि वह अनभिज्ञता को तोड़ दे, क्योंकि आलोचना का अंकुर अज्ञान की मनोभूमि से ही प्रस्फुटित होता है। किंतु ज्ञान के प्रकाश से अज्ञान का तिमिर छँट जाता है। लोक संपर्क अधिकारी जब इस बात से भली भाँति अवगत हो कि शब्द नित्य है, शब्द शाश्वत है, शब्द कलेवर बदलते हैं तो वह यह भी जान जायेगा कि ज्ञान के लिए शब्दों के पंख भी चाहिए होते हैं। शब्द कभी मर भी जाते हैं और कभी शब्द मृतप्राय होते हैं कभी शब्द ब्रह्मा तो कभी भ्रम, कभी चंचल। अतः शब्द की अर्थ गंभीरता को समझना भी लोक संपर्क अधिकारी के लिए अति आवश्यक है।

लोक संपर्क अधिकारी को अपने कर्तव्य को नई दिशा देनी पड़ती है। प्रायः उसके कार्य की सफलता सरकार की नीतियों पर आधारित होती है। नीति जितनी कारगर होगी, उसका निष्पादन भी उतना ही सार्थक होगा। नीति-निर्माण के बाद ही विकास की कहानियाँ बनतीं एवं बिगड़ती हैं और इनसे जनता का भाग्य बनता एवं बिगड़ता है। इसीलिए विकास की कहानी, जिंदगी से उभरती है और जिंदगी पर ही आधृत होती है।

प्रचार धर्म, तो लोक संपर्क अधिकारी को निभाना ही पड़ता है इसीलिए उसका प्रयत्न होना चाहिए कि प्रचार धर्म का विरोध न हो। यह तभी संभव हो सकता है जब वह तर्कवाद में मात्र बुद्धिवाद को प्राथमिकता न देकर, हृदय की बात को भी सुने। बुद्धि और हृदय में समन्वय की यह सोच ही उसकी सफलता

बन सकती है। नीति यदि अच्छी है तो उसे समर्थन भी उतने ही अच्छे ढंग से मिलना चाहिए। इसके लिए प्रचार माध्यमों के द्वारा सुनिश्चित प्रयास किए जाने चाहिए।

लोक संपर्क अधिकारी को बोध होना चाहिए कि विचारबल उसका महत्त्वपूर्ण हथियार है। श्रद्धा, विश्वास, सत्य, न्याय, प्रेम, उदारता, धैर्य, आशा, उत्साह, दया, करुणा, त्याग और निर्भीकता, विश्वास आदि दैवी गुण भी मानव हृदय की सहज वृत्तियाँ है और इन गुणों से विहीन होकर, लोक संपर्क अधिकारी समाज, राष्ट्र तथा मानवता के निर्माण में अपना योगदान नहीं दे सकता।

लोक संपर्क अधिकारी को अपने व्यवसाय की उच्च गरिमा को बनाये रखने के लिए अपने व्यक्तित्व में यथेष्ट सुधार एवं परिष्कार करने के लिए निरंतर प्रयत्नशील रहना चाहिए। कार्य में कोई कोताही न हो, यह सुनिश्चित करना उसका मूलभूत कर्तव्य होना चाहिए। शायर का यह काव्यांश जनसंपर्क अधिकारी के लिए प्रेरक बन सकता है कि :

ऐ टायरे लाऊदी
उस रिजक से मौत अच्छी
जिस रिजक से परबाज में
आती हो कोताही।

लोक संपर्क अधिकारी को एक सफल प्रशासक, राजनेता, समाज सुधारक, शिक्षक, उपदेशक की भूमिकाएँ एक साथ निभानी पड़ती हैं। अतः यह जान लेना श्रेयस्कर होगा कि व्यक्ति मनोमय है, वह जैसा सोचता है वैसा हो जाता है। इसके साथ मनुष्य दिव्य भी है और पार्थिव भी है। जागरूकता मनुष्य के दिव्य स्वभाव में विद्यमान रहती है। किंतु जो "जागत ही सोवत रहें, तेहि को सकत जगाई" इसीलिए लोक संपर्क अधिकारी को यह भली भाँति जान लेना चाहिए कि किसी भी परिस्थिति में उसका मनुष्यत्व मरने न पाये। मनुष्य के रूप में लोक संपर्क अधिकारी को अपने अंतर को भी बराबर ठोंकते-पीटते रहना चाहिए। जैसे औजार बनने से पहले लोहा कुछ नहीं होता उसी प्रकार मनुष्य भी योग्यता तथा गुणवत्ता ग्रहण किए बिना मिट्टी का ढेला मात्र ही होता है। आत्म विश्वास, आत्मज्ञान तथा आत्म संयम द्वारा मनुष्यत्व को जाग्रत किया जा सकता है। लोक संपर्क अधिकारी के कार्यों में श्रेष्ठता का भाव रहना चाहिए।

लोक संपर्क अधिकारी का कार्य सूचना देना है यहं कार्य कोई छोटा कार्य नहीं है। सूचना तो एक विधा है इसे तीसरी आँख की संज्ञा भी दी गई है। सूचना के आदान-प्रदान में तन्मयता का भाव होना ही चाहिए। लोक संपर्क का कार्य संपर्क से ही है और संपर्क के लिए भी तन्मयता आवश्यक है। तभी संपर्क में स्वार्थ

की भावना का समावेश नहीं होता। देह गर्व तो नष्ट कर देना चाहिए। अधिकारी होने का गौरव तो रहे पर मनुष्यत्व भी उसी अनुपात में रहना चाहिए।

संपर्क कार्य में समाधिस्थ होना पड़ता है। लोक संपर्क अधिकारी जहाँ भी जाए समाधिस्थ होकर जाए। संपर्क अपने आप में एक प्रार्थना है, सच्चा धर्म है, सच्चा कर्म है। लोक संपर्क अधिकारी को सोचना चाहिए कि वह प्रतिदिन लोगों से मिलता है, क्या उसका यह मिलना केवल स्वार्थ के लिए ही होता है। संपर्क में आनेवाला व्यक्ति लोक संपर्क अधिकारी के लिए स्वार्थ की सिद्धि का साधन नहीं होना चाहिए। लोक संपर्क अधिकारी की पोशाक मूल्यों की, गुणों की पोशाक होनी चाहिए। तभी वह लोभ रहित होकर अपना कार्य कर सकता है।

संपर्क करते हुए लोक संपर्क अधिकारी को शब्दों का भी अपव्यय नहीं करना चाहिए। शब्द अपने शाश्वत रूप में मुड़ कर यदि बोलनेवाले के पास न भी आएँ वे किसी अन्य आत्मा के संस्कार बन सकते हैं। शब्द कभी समाप्त नहीं होता यह रहस्य भली भाँति जानकर, संपर्क कार्य में शब्दों का प्रयोग, सारगर्भित एवं सारतत्व से युक्त ही होना चाहिए। संपर्क कार्य से ही, लोक संपर्क अधिकारी के व्यक्तित्व तथा उसके जीवन मूल्यों की पराकाष्ठा का पता सहज में चल जाता है। सम्मोहन के सिद्धांत के अनुसार प्रत्येक व्यक्ति के शरीर में से ओज जिसे तन्यात्रा भी कहा जाता है ढेर-ढेर हो प्रवाहित होता रहता है। अतः लोक संपर्क अधिकारी को चाहिए कि सम्मोहन के सिद्धांत को समझकर, वह अपने भीतर उच्च चरित्र बल तथा आत्मविश्वास को जाग्रत करे, इससे वह सही मूल्यों का प्रसार करने में सक्षम हो सकेगा। संपर्क कार्य में शुद्ध प्रेम भाव एवं पवित्रता का आधिक्य होना चाहिए।

भारतीय संस्कृति में स्पर्श, भाषण और दर्शन को सात्विक भाव से करने की प्रेरणा दी है। यह सद्प्रेरणा लोक संपर्क अधिकारी के लिए भी लाभप्रद सिद्ध हो सकती है। तभी संपर्क कार्य के माध्यम से सही सूचना देकर लोक संपर्क अधिकारी, जनता के हृदय को बदल सकता है, उनके जीवन को बदल सकता है और इस तरह उनके जीवन की दिशा भी सही राह की ओर बदल सकती है। संपर्क कार्य में सूचनाओं के साधन से संपन्न होकर उद्देश्य की स्मृति सदैव रहनी चाहिए।

संभावनाओं और अवसरों का अनंत विस्तार लोक संपर्क कर्मी के समक्ष फैला होता है। आवश्यकता तो मात्र मैदान में कमर कसकर उतरने की होती है। मनोवांछित अवसरों का चुनाव करना लोक संपर्क अधिकारी का कर्तव्य होता है। लगन और निष्ठा के साथ काम करने के पश्चात् ही सफलता उसकी चेरी बन जाती है। राष्ट्रीय एकता, सामाजिक न्याय हमारे राष्ट्रीय जीवन के आदर्श हैं। इन आदर्शों को ध्यान में रख कर ही धनोपार्जन के अवसर खोजने श्रेयस्कर होते हैं अन्यथा मात्र धनोपार्जन की धुन में राष्ट्रीय आदर्शों की उपेक्षा कर देना अत्यंत घातक है।

लोक संपर्क के क्षेत्र में सफलता की संभावनाएँ अनंत हैं। साधन भी अनंत हैं। अवसरों की खोज, लोक संपर्क अधिकारी की प्रतिभा, चातुर्य, संगठन-क्षमता, कल्पना शक्ति, सद्-विश्वास, उत्साह, निर्णय-शक्ति, लगन और दूरदर्शिता पर निर्भर करती है। कार्यगत क्षमता को बढ़ाने के लिए लोक संपर्क अधिकारी की निर्णय करने की क्षमता प्रबल होनी चाहिए। निर्णय शीघ्र और सुनिश्चित ढंग से किया जाना चाहिए। निर्णय सार्थक तभी सिद्ध होते हैं जब निर्णय को साहस, सद्भावना, संकट झेलने की कर्मठता और संकल्प शक्ति की दृढ़ता का संबल प्राप्त हो। निर्णय कम महत्त्व का हो चाहे अधिक महत्त्व का, उसे प्रभावकारी बनाने के लिए करो या मरो की भावना प्रतिबिंबित होनी चाहिए।

दूसरे के विचार प्रवाह में बह जाना, अफवाहों और अनुमान पर विश्वास कर लेना, अपनी विचार-बुद्धि को दूसरों के पास गिरवी रखने जैसा है। विचारशून्य व्यक्ति जीवन में सफलता प्राप्त नहीं कर पाते और इसीलिए लोक संपर्क अधिकारी को विचारबल अर्जित करने के लिए सदैव तत्पर रहना चाहिए। आवश्यक तथ्यों, सूचनाओं और आंकड़ों की जरूरत की प्रतिपूर्ति पूरे मनोयोग से की जानी अपेक्षित है ताकि प्रयोजन की सिद्धि फलदायक हो सके। लोक संपर्क अधिकारी को जान लेना चाहिए कि सभी समाचार-पत्र, पड़ोसियों की गप्पें, चौराहे पर खड़ी भीड़ के अनुमान, मित्र-मंडली की बहस, सूचना-प्रचार के साधन, बातचीत के सामान्य अवसर सभी विचारों के स्रोत ही नहीं होते अपितु इनमें व्यक्ति को प्रभावित करने के अभिप्राय भी छिपे रहते हैं, ऐसी स्थिति में लोक संपर्क अधिकारी को दूसरे के हृदय में विचार को नीचे उतार लेने का सफल प्रयास करना चाहिए, ताकि मानव चेतना जाग्रत हो सके।

सृजनात्मक संबंधों को जाग्रत करना ही लोक संपर्क की सही परिभाषा है और इसी से इस क्षेत्र की आपार संभावनाओं का बोध हो सकता है। सूचना देने, शिक्षा देने तथा शिक्षाप्रद तथा उद्देश्यप्रद मनोरंजन उपलब्ध करवाने के म्ल उद्देश्य से भी लोक संपर्क की संभावनाएँ उजागर होती हैं।

संवाद की सार्थकता को ध्यान में रखे बिना लोक संपर्क का उद्देश्य पूर्ण हो नहीं सकता। संवाद लोक संपर्क के संदर्भ में सूचना, शिक्षा तथा मनोरंजन के उद्देश्य में एक कारगर भूमिका निभाता है। सफल संवाद स्थापित किये बिना लोक संपर्क का कार्य फलप्रद हो नहीं सकता। जहाँ कहीं असफलता का पता चलता है तो यही सत्य सामने आता है कि कारगर संवाद की कमी के कारण से सफलता हासिल नहीं हो सकी। जनतंत्र के सभी क्रियाकलापों में सार्थक संवाद अत्यंत अपरिहार्य है।

लोक संपर्क की सहज प्रक्रिया में हम मुख्यतः मुद्रित साहित्य, सभा-मंच तथा दृश्य-श्रव्य साधनों का प्रयोग करते हैं। या कहा जा सकता है कि हम मुद्रित शब्दों,

मौखिक शब्दों तथा मूर्त्त शब्दों का प्रयोग करते हैं। मुद्रित साहित्य में पुस्तिकाएँ, पोस्टर, फोल्डर तथा संस्थानिक पत्रिकाएँ आदि सम्मिलित हैं। ये विशुद्ध प्रचार के साधन हैं। मौखिक शब्दों का प्रयोग गोष्ठी, सभा, मंच आदि से संभव हो पाता है और भाषण कला में दक्ष व्यक्ति इन मौखिक माध्यमों के द्वारा सफलता प्राप्त करने में सफल होते हैं।

विज्ञापन, प्रकाशन, मूक चलचित्र या स्लाइड के अतिरिक्त, रेडियो, भाषण वार्ता, सिनेमा एवं दूरदर्शन, इन सभी माध्यमों का अपना-अपना महत्त्व है। और अपना प्रभाव क्षेत्र भी। इन माध्यमों में संदेश की स्पष्टता का होना नितांत आवश्यक होता है। प्रचार माध्यमों द्वारा दिये जानेवाले संदेश को ग्रहणकर्ता की योग्यता एवं क्षमता के अनुकूल बनाया जाना चाहिए ताकि इसका सही उद्देश्य प्राप्त किया जा सके। लोक संपर्क के क्षेत्र में समाचार-पत्र या लिखित प्रचार सामग्री का शिक्षित वर्ग के लिए तो उपयोग है। किंतु आम लोगों के लिए दूरदर्शन व रेडियो भी महत्त्वपूर्ण भूमिका निभा सकता है।

लोक संपर्क के क्षेत्र में चलचित्र, दूरदर्शन, टेपरिकार्डर, रेडियो, वीडियो के माध्यम से जो सफलता लोक संपर्क माध्यमों में कार्यरत कर्मियों को मिली है, उससे प्रचार-तंत्र को नये आयाम हासिल हुए हैं। स्थान और समय का अंतर कम हुआ है। कल्पना और अनुमान के लिए कोई स्थान नहीं रह गया है। प्रत्यक्ष और सामान्य अनुभव महत्त्वपूर्ण हो पाया है। नित नये साधनों की खोज ने लोक संपर्क के क्षेत्र में नयी संभावनाओं के द्वार खोल दिए हैं। यह संभावनाएँ तभी कारगर सिद्ध हो पाएँगी जब इनसे मनुष्य को मनुष्य से जोड़ने के प्रयास जारी रहेंगे तभी लोक संपर्क की भूमिका को लोकतंत्र में महत्त्वपूर्ण माना जा सकता है। आधुनिक तकनीकों द्वारा लोक संपर्क की भूमिका को ज्यादा प्रभावकारी बनाना समय की माँग भी है।

लोक संपर्क के सभी प्रचार माध्यमों का कोई अर्थ नहीं रह जाएगा जब तक ये माध्यम अपना महत्त्व सिद्ध करने में समर्थ नहीं होते। लोक संपर्क एक जबरदस्त शक्ति है, किंतु इस शक्ति का सही प्रयोग करना इस माध्यम से जुड़े दक्ष कर्मियों पर निर्भर करता है।

प्रजातंत्र में यूँ भी जानने की उत्सुकता पहले से कहीं अधिक बढ़ गई है। इस माँग को पूरा करने के लिए लोक संपर्क का दायित्व भी बढ़ गया है। व्यवहारतः जनसंपर्क के द्वारा जो कार्य किए जाते हैं उनमें है "तथ्य विशेष की ओर ध्यान आकृष्ट करना, लोगों का विश्वास जीतना और उन्हें अपना मंतव्य समझाना। इसके द्वारा हर दल, संस्था, उद्योग या विभाग यह लक्ष्य प्राप्त करना चाहता है कि लोगों को यह जँचा दिया जाए कि वे क्या धारणा बनाएँ या स्थिति विशेष में कैसा आचरण करें। यह लक्ष्य प्राप्त करने के लिए संस्था, दल, उद्योग या विभाग के प्रमुख व्यक्ति

को स्वयं आत्म-चिंतन करना होता है कि हम क्या कहना चाहते हैं (अर्थात् हमारा कथ्य क्या है), हम यह बात किससे करना चाहते हैं, और कैसे कहना चाहते हैं। कुल मिलाकर कहें, तो समस्त जनसंपर्क प्रयास इस एक प्रश्न की धुरी पर घूमता है—हम क्या बात किससे, कैसे और क्यों कहना चाहते हैं।"[1] बात वही कही जाए और इस ढंग से कही जाए जिससे संस्थान या सरकार का चित्र उज्ज्वल हो। प्रतिकूल बातों को भी जनसंपर्क महत्त्व दे और उस बात का तुरंत खंडन कर दे जो संस्थान या सरकार के हित में ठीक न बैठती हो ताकि छवि धूमिल न हो सके। प्रचार कार्य में छवि पक्ष को उभारना ही मुख्य ध्येय होता है। हमारे देश में यूँ लोक संपर्क का कार्य बड़ा चुनौतीपूर्ण है। जनसंपर्क प्रक्रिया को सफल बनाने के लिए शोध, मूल्यांकन एवं प्रतिक्रियाएँ जाननी चाहिए तभी लोक संपर्क का कार्य सफल व सार्थक ढंग से किया जा सकता है। संचार माध्यमों के द्वारा जनसंपर्क की जो व्यूह रचना तैयार की जाती है उसके लिए यह सूत्र सार्थक सिद्ध हो सकता है।

(क) समस्याओं की पहचान ताकि जनसंपर्क सार्थक हो सके।

(ख) जनसंपर्क की उपयुक्त शैली अपनाना।

(ग) जन सहयोग प्राप्ति हेतु मनौती के ढंग।

इस व्यूह रचना के लिए जनसंपर्क अभियान की रूपरेखा, प्रेस नोट, भाषण तथा अन्य प्रकाशन सामग्री ठीक ढंग से तैयार किये जाने की भी आवश्यकता है और इसके लिए रचनात्मक दृष्टिकोण भी अपनाना पड़ता है।

जनसंपर्क के ढंगों में कई बार भय पैदा करने के प्रचार का सहारा लिया जाता है जिससे सार्थक परिणाम नहीं निकल पाता। सिगरेट पीना स्वास्थ्य के लिए हानिकारक है। सिगरेट का धुआँ हमारे स्वास्थ्य और धन दोनों को निगल रहा है, पर हम अभी तक लोगों को सिगरेट पीने से रोकने में, फिर भी सफल नहीं हो पाये हैं। इसका एक ही कारण है कि जनसंपर्क अभिय़ान अभी तक त्रुटिपूर्ण है। "जनसंपर्क के क्षेत्र में शब्द की दो महत्त्वपूर्ण भूमिकाएँ होती हैं। एक जहाँ शब्द प्राथमिकता का वाहक होता है, (राजभाषा के रूप में) उसका उद्‌गम होती है सत्ता, प्रशासन और उसका उपयोग होता है निगमन, आयोजन, अनुशासन। वह जन को एक नियमबद्ध अनुशासित गतिशीलता देना है।

दूसरी उसकी भूमिका होती है जहाँ शब्द अनुभूति का वाहक होता है (मातृभाषा के रूप में) जन द्वारा अनुभूत सुख का, प्रेम का, घृणा का, संतोष का, विक्षोभ का। यहाँ उसका उपयोग होता है आत्मा-अभिव्यक्ति के लिए, जीवन के, संस्कृति के नये-नये आयामों को समझने के लिए, महसूसने के लिए। वह एक गहरी दृष्टि और आंतरिक समृद्धि देता है जन को।

---

1. पत्रिका संपादन कला : रामचंद्र तिवारी, पाठ : जन संपर्क और पत्रिकाएँ, आलेख प्रकाशन दिल्ली, पृष्ठ 49

जनसंपर्क की इन्हीं भूमिकाओं में किन अंतर्विरोधपूर्ण तनावों का शिकार हो गई है इसे समझ लेने से उस विडंबना की तस्वीर साफ उतर सकेगी जिसमें हमारे जनसंपर्क के माध्यम हमारे अखबार, आकाशवाणी उलझ गये हैं।"[1] ऐसा खंडित एवं विकलांग मनोवृत्ति के कारण ही हो रहा है जो मानसिकता जनसंपर्क का आधार भूमि बनी हुई है। पहले गोरे शासक ने शब्द को कुचला अब हमारे कर्णधार कुचल रहे हैं। अतीत में हमने शब्द की ज्वलंतता को जिंदा इसलिए रखा क्योंकि हमारा एक स्पष्ट लक्ष्य था और वह था भारत माँ को आजाद करना। माध्यम भले ही सीमित थे किंतु शब्द की गरिमा जाग्रत थी और जनसंपर्क अद्भुत एवं अद्वितीय था। तब शब्द प्राणवान और गरिमापूर्ण था इसीलिए जनसंपर्क झूठा, अधूरा और निरर्थक नहीं था किंतु जब शब्द प्राणवान नहीं रहता तो जनसंपर्क अधूरा, झूठा व निरर्थक हो जाता है। अतीत में "जिन्होंने अपनी स्वतंत्रता की लड़ाई लड़ी थी देशी भाषा के शब्द के सहारे और जिनके महान् जन नायकों ने चाहे वे गुजरात के स्वामी दयानंद सरस्वती हों या बंगाल के केशवचंद्र सेन हों या महाराष्ट्र के लोकमान्य तिलक, उन्होंने उनकी एकता भावना और स्वातंत्र्य चेतना को जगाने के लिए जनसंपर्क का माध्यम हिंदी निर्धारित किया था। फिरंगी हिंदी से, उस शब्द से डरता था क्योंकि 1857 में वही शब्द था जो कमल के फूल और रोटी के टुकड़े के साथ झाँसी से काबुल तक और मेरठ से दमदम होते हुए मद्रास छावनी तक विद्रोह के रूप में घूमा था।"[2] स्वतंत्रता के पश्चात् माध्यमों में अद्भुत विस्तार तो हुआ पर शब्द लघु होता गया कहना चाहिए कि प्राणहीन हो गया। अपने ही प्रशासन ने शब्द को भ्रामक तथा कुंठित कर दिया।

गोरे शासक की वाणी को जो मान्यता अतीत में थी, गुलामी के दिनों में उस वाणी का शब्द आज भी प्रभावी बना हुआ है और हिंदी भाषा जो जन-जन की भाषा होनी चाहिए थी इस अभागे देश में उसको वह सम्मान नहीं मिल पाया जिसकी वह अधिकारिणी थी। यही कारण है कि अपनी जमीन, अपनी भाषा और अपने शब्द संस्कार से तो हमारा जनसंपर्क ठोस आधार ग्रहण नहीं कर पाया है। जनसंपर्क को आज देशी वाणी, स्वाभाविक शब्द की तलाश है। आज भले ही शास्त्र, वीरगाथाएँ, ताड़पत्रों पर अंकित महाकाव्य, शिलालेखों पर उत्कीर्ण संदेश, हरकारों के द्वारा भेजी जानेवाली एलान, पुराने पड़ गये हैं तथापि वे इतने कारगर और धारदार तेज थे, जिनकी तुलना में आधुनिक माध्यम फीके ही दिखाई पड़ते हैं क्योंकि आधुनिक माध्यम जनसंपर्क के लिए वह तकनीक अपना नहीं पा रहे हैं जिससे जनसंपर्क, पूर्ण प्राणवत्ता के साथ जनमन को स्पर्श तथा गहरे रूप से आंदोलित करता है।

---

1. हिंदी पत्रकारिता : विविध आयाम, सं. वेदप्रताप वैदिक, पृष्ठ 36
2. डॉ. धर्मवीर भारती के विचार, पृष्ठ 34-35

जनसंपर्क माध्यम में आज भाषण कला का भी महत्त्व हम नकार नहीं सकते। विचारों की अभिव्यक्ति का सबसे सशक्त माध्यम है भाषण। भगवान श्रीकृष्ण ने गीता में अर्जुन को जो उपदेश दिया था वह भाषण से कम नहीं था और उससे श्रीकृष्ण ने अर्जुन के मन को गहरे रूप से प्रभावित किया था। विचार भाषण से पुष्ट होता है और भाषण के बल पर विचारधारा बदल जाती है, विश्व की दिशा को बदला जा सकता है पर यह इस सत्य पर निर्भर करता है कि भाषण को स्पष्ट, सरल और प्रामाणिक बनाने की आवश्यकता पर कितना बल दिया गया है। "भाषण जब तक श्रोताओं की जिंदगी की कहानी नहीं बन जाता, उसका प्रभाव नहीं होता। भाषण सुनकर हर सुननेवाला महसूस करे कि वह सब कुछ जो कहता है, वह सही है। उसने उसके दिमाग की उलझी हुई समस्याओं को सुलझा दिया है। कुछ प्रश्न होते हैं श्रोताओं के मन में जिसका हल उन्हें महत्त्वपूर्ण भाषणों में मिल जाता है। इसमें बनावटीपन नहीं होना चाहिए। क्योंकि भाषणों का लक्ष्य तो व्यापक से व्यापक क्षेत्र को प्रभावित करना होता है। जिसको सहज विश्वसनीय और स्वाभाविक होने से उसकी पैठ तीखी, पैनी और व्यापक होगी। भाषण देते समय कई वार वक्ता को अपने कथन की पुष्टि में प्रमाण देने की आवश्यकता होती है। वह वेद और पुराणों या अन्य ग्रंथों से प्रमाण छाँट कर लाता है। रामायण, महाभारत, गीता या बाइबिल में प्रमाणों की तलाश करता है, कुरान शरीफ या किसी अन्य धार्मिक ग्रंथ का सहारा लेता है, विश्व के बड़े-बड़े विचारकों और युग निर्माताओं की जीवनी या उनके विचारों को पेश करता है।"[1] विचार भावनाओं, सूचनाओं तथा वाक् चातुर्य के क्रमबद्ध संयोजन से भाषण का जनमत निर्मित करने में महनीय योगदान होता है। उदाहरण है मार्क एंटनी का भाषण। जूलियस सीजर की मौत के बाद मार्क एंटनी के भाषण ने जनमानस की दिशा ही बदल दी थी। भाषणकर्त्ता जनता से सहयोग का आह्वान करता है और अपनी वाणी को जनवाणी का रूप देने की उसमें अद्‌भुत क्षमता होती है।

जनसंपर्क का कार्य शिक्षा का प्रसार करना तथा लोगों में जागृति पैदा करना है। विज्ञान की उन्नति ने नये-नये ढंगों की खोज की है और आम आदमी ज्यादा से ज्यादा जानकारी प्राप्त करना चाहता है। दूरदर्शन और पत्र-पत्रिकाओं ने भी सूचना को नया विस्तार दिया है इससे जनसंपर्क के समक्ष जहाँ चुनौतियाँ आ खड़ी हुई हैं वहाँ इसकी संभावनाएँ भी मुखर हुई हैं। "जनसंचार माध्यमों में सर्वाधिक समुन्नत, परिष्कृत, प्रायोजित एवं व्यवस्थित माध्यम 'जनसंपर्क' ही है जो जनमत या लोकमत, जन अभिमत आदि के निर्धारण में महत्त्वपूर्ण भूमिका का निर्वाह करता है, क्योंकि जनसंपर्क संचार माध्यम की इतनी सशक्त विधा है कि वह व्यक्ति, वस्तु या संस्थान की छवि के निर्माण, अभिरुचि जागरण, समर्थन, सहानुभूति, सहयोग के साथ-साथ

1. जनसंचार : संपादक श्री राधेश्याम शर्मा, पूर्व संपादक दैनिक ट्रिब्यून, पृष्ठ 216

तत्संबंधी अनुकूलता का विस्तार लिए हुए है।"[1] वर्तमान समय में जनसंपर्क एक जीवन दर्शन बन गया है। पारस्परिक सद्भाव एवं शिष्टाचार की आचरण-कसौटी पर खरा उतरना ही जनसंपर्क का महत् कार्य है तभी इससे छवि-निर्माण के कार्य को सहज में पूरा किया जा सकता है।

संचार माध्यमों की विश्वसनीयता

आज सारा संसार एक ऐतिहासिक सूचना क्रांति के दौर से गुजर रहा है। इसी कारण संचार माध्यमों, पत्र-पत्रिकाओं, समाचार-पत्रों, रेडियो, दूरदर्शन, केबल टी. वी. आदि सूचना साधनों की संख्या, गुणवत्ता तथा इनकी भूमिका में असाधारण परिवर्तन हो रहे हैं। वह समय दूर नहीं जब स्वर, सामग्री, चित्र-संचार की एकीकृत व्यवस्था के तहत न सिर्फ फोन, फैक्स, मशीनें काम करेंगी बल्कि कम्प्यूटर, टी. वी. केबल तथा अन्य सुविधाएँ भी उपलब्ध होंगी।

उपग्रह संचार माध्यम के विकास के परिणामस्वरूप पूरी धरती सूचना तरंगों की पर्तों से घिर गई है। विश्व के किसी भी कोने में घटित घटना से क्षण भर में ही संपर्क स्थापित किया जाने लगा है। उपग्रह संचार माध्यम के कारण अखबारों, टी.वी. चैनलों, टेलीफोन, फैक्स तथा अन्य कई प्रकार के संचार-सूचना माध्यमों के विकास में अभूतपूर्व तेजी आई है। संचार माध्यम के परस्पर जुड़ाव से सूचना के उत्पादन, वितरण के स्वरूप में असाधारण परिवर्तन हो रहे हैं। उपग्रह संचार माध्यमों के कारण ही आज पत्रकारिता का विस्तार ग्राम स्तर तक आ पहुँचा है और इस तरह संचार माध्यम जन साधारण के विश्वास का अभिन्न अंग बन गये हैं।

संचार माध्यम आहार, परिधान तथा जल व वायु की तरह जीवन के लिए भी महत्त्वपूर्ण बन गये हैं। जिस तरह जल व वायु से हम अपने को एक भी पल के लिए पृथक् नहीं कर सकते, उसी प्रकार संचार माध्यम के तमाम साधन हमारे लिए अपरिहार्य बन गये हैं। संचार माध्यमों का सामाजिक महत्त्व आज इस बात से भी सर्वविदित है कि हमें अपने बच्चों के लिए नौकरानी चाहिए, किराये के लिए मकान या मकान के लिए किरायेदार, नौकरी देनी है या लेनी। अपने व्यवसाय को आम लोगों में प्रचारित करना है, अपने किसी उत्पादन की विशेषताओं को जग जाहिर करना है, खरीद-फरोख्त, किसी भी प्रकार की जीवन से संबद्ध उपयोगी सूचना देने अथवा लेने के लिए हमारी आश्रिता संचार माध्यमों

---

1. जनसंपर्क प्रचार एवं विज्ञापन : लेखक डॉ. विजय कुलश्रेष्ठ, राजस्थान प्रकाशन त्रिपोलिया बाजार, जयपुर, पृष्ठ 11

के प्रति प्रतिबद्ध हुई है। संचार माध्यमों पर यह निर्भरता इतनी बढ़ गई है कि हमारा विश्वास इसीलिए इनके प्रति प्रगाढ़ भी हुआ है। रेडियो, दूरदर्शन, टेलीफोन, समाचार-पत्र या संचार का कोई भी माध्यम हमारी अभिव्यक्ति का एक सहज माध्यम बन गया है इसीलिए संचार माध्यम आज हमारे जीवन के विश्वसनीय साथी बन गये हैं। यह प्रसन्नता की बात है कि संचार माध्यम किसी संप्रदाय, दल, धर्म, जाति संप्रदाय या किसी समूह की बपौती न होकर, समूचे राष्ट्र तथा समूचे विश्व की धरोहर हैं और इनसे दूरी मिट सकी है और विश्व परिवार की अवधारणा कायम हुई है।

संचार माध्यमों की निष्पक्षता, तटस्थता ने जनमत जाग्रत करने में भी महत्त्वपूर्ण भूमिका का वहन किया है। कला, साहित्य, विज्ञान, मनोरंजन आदि सभी क्षेत्रों में संचार माध्यमों की छाप व्यक्ति पर पड़ी है।

संचार माध्यमों ने पूरे भुवन को एक भवन का स्वरूप प्रदान किया है। 'सारा विश्व हमारा घर है' की अवधारणा को संचार-माध्यमों ने साकार कर डाला है। इन माध्यमों में जहाँ एक गर्म और धड़कनेवाला दिन विद्यमान रहता है, वहाँ इन माध्यमों से विश्वसनीयता के सूत्र भी प्रगाढ़ हुए हैं। पूरा विश्व आज आदमी की पहुँच के परिप्रेक्ष्य में आ गया है । विश्व का परिवेश स्वस्थ एवं सार्थक बने इसके लिए संचार माध्यमों का दायित्व बढ़ गया है। क्योंकि कठिन समय में धैर्य, एकता और अखंडता के पाठ भी, अब संचार माध्यम ही पढ़ायेंगे और पढ़ाये भी हैं। संकट के समय में संचार माध्यम ही सच्चे साथी सिद्ध हुए हैं।

देश क्या चाहता है, देशवासी क्या सोचते हैं, राष्ट्र के कर्णधार की सोच क्या है, विश्व में किस तरह की हलचल है ? आम आदमी की क्या अपेक्षाएँ हैं, इन जीवन से जुड़े सभी प्रश्नों का सहज उत्तर संचार-माध्यमों के पास उपलब्ध है। इसी के कारण इन माध्यमों के प्रति हमारा विश्वास भी बढ़ा है।

संचार माध्यम व्यक्ति को सर्वथा नया अनुभव देते हैं। इसीलिए इन माध्यमों का मानव चरित्र पर सचमुच गहरा प्रभाव पड़ता है, इसीलिए हमारे यहाँ साधारण खेतिहर मजदूर भी रेडियो, दूरदर्शन व अखबारों में गहरी रुचि रखता है। हम इस रुचि से यह अंदाज लगा सकते हैं कि निर्धनतम, लोग जिनका सरोकार पेट की आग को शांत करने तक ही सीमित रहता है और दो जून की रोटी प्राप्त करने के लिए वे अनथक परिश्रम करते हैं, सूचना माध्यमों के प्रयोग के लिए वे भी बड़े आतुर रहते हैं। क्योंकि संचार माध्यम उनके लिए एक ऐसा सूत्र हैं जो उन्हें वैभवपूर्ण जीवन से तो जोड़ता ही है भीतर से उन्हें गरीबी के अभिशाप से मुक्त होने की प्रेरणा भी देता है।

"इससे हम यह पाते हैं कि निरक्षरता को समाप्त करने, स्वास्थ्य अच्छा बनाये रखन के लिए अच्छी आदतों को लोकप्रिय बनाने, उद्योग, कृषि व हस्तशिल्प संबंधी

प्रशिक्षण देने, आम रुचि के स्तर को उठाने तथा पुराने ढर्रे के आदि समुदाय के लिए, समाज विशेष की प्राचीन परंपराओं के स्वीकृत मूल्यों के विकास के लिए, लक्ष्य निर्धारित करने के लिए टेलीविजन एक आश्चर्यजनक साधन है।"[1] टेलीविजन का प्रयोग मनोरंजन के साधन रूप में भी सार्थक सिद्ध हुआ है। किंतु इस संचार के सशक्त साधन पर उस समय प्रश्नचिह्न लग जाता है जब टेलीविजन का प्रयोग मात्र केंद्रीय शक्ति के वर्चस्व को बनाये रखने के लिए किया जाता है और कभी-कभी टेलीविजन के कार्यक्रम ऐसे ढंग से तैयार किये जाते हैं जो प्रेरक सिद्ध होने के विलोम भ्रम उत्पन्न करने के हेतु बन जाते हैं। ऐसी स्थिति में दर्शक के मन पर ऐसा विश्वास घर करने लगता है जैसे उसे अफीम खिला दी गई हो।

ऐसे कार्यक्रम जो लोगों के लिए उपयोगी सिद्ध हों, जिससे देश और देश की संस्कृति के प्रति प्यार पैदा होता हो, पारस्परिक सौहार्द के पुल बनते हों, जो लोगों को वास्तविकताओं से जोड़ते हों, ऐसे कार्यक्रम दूरदर्शन के पर्दे पर दिखाए जाने चाहिए।

संचार माध्यमों का प्रभावी प्रयोग तभी सफल हो सकता है, जब यह भली भाँति जान लिया जाए कि संदेश पानेवाले व्यक्ति को किस तरह की जानकारी अपेक्षित है। और यह अपेक्षित जानकारी ऐसे लोगों को रेडियो, दूरदर्शन, फिल्म, गीत, नाटक के अतिरिक्त सभी लिखित एवं मौखिक माध्यमों से पहुँचानी होगी। सूचना पहुँचाने के लिए हर सार्थक पग भी उठाने पड़ेंगे।

"प्रजातांत्रिक ढाँचे में योजनाबद्ध आर्थिक और सामाजिक परिवर्तन का काम सबके समर्थन से किया जा सकता है। समर्थन जनमत तैयार करके और विकास प्रक्रियाओं में सबको भागीदार बनाकर ही लिया जा सकता है। परंपराओं, अज्ञान, अंधविश्वास और भाग्य के भरोसे रहनेवाले समाज को ज्ञान और सार्थक सूचनाओं से ही बदला जा सकता है। मैक ब्राइड आयोग के विचार में संचार नीतियों को विकास राजनीति का हिस्सा बनाकर समस्याओं के निदान खोजे जाने चाहिए।"[2] इस दृष्टि से संचार माध्यमों को विकास का प्रमुख साधन माना जाना श्रेयस्कर होगा। सूचनाएँ देने का कार्य योजनाबद्ध ढंग से होना चाहिए, ताकि निर्णय लेने की क्षमता का विकास संभव हो सके। यह संभव भी तभी होगा जब सूचनाएँ नीतियों की जानकारी भी दे पाएँगी और राष्ट्रीय प्राथमिकताओं में जागरूकता लाने में भी मददगार सिद्ध होंगी। विकास प्रक्रिया में समाज के निर्धनतम वर्ग को शामिल करने की अत्यंत आवश्यकता है इसके लिए विकास

---

1. गिरिराज साप्ताहिक 5 सितंबर, 1984, पृष्ट 5, लेखक अहमद वाहा एल.दाइन—सं. श्री शिवदत्त गर्ग।
2. संचार माध्यम, जुलाई, दिसंबर 1981, भारतीय जनसंचार संस्थान की जनसंचार पत्रिका, पृष्ठ 25

समाचार एकत्रित किये जाने चाहिए और ये समाचार, समाचार-पत्रों में इस तरह प्रकाशित किये जाने चाहिए जिससे निर्धन वर्ग प्रेरित होकर अपने पूर्वाग्रहों को आसानी से छोड़ सकने में समर्थ हो।

सूचना माध्यमों द्वारा विकास समाचारों का व्यक्तिकरण इस ढंग से हो कि वे ज्यादा उत्तेजक लगें और उन समाचारों का लाभ आम व्यक्ति को सहज में मिल सके। प्रगति के लाभ आम लोगों को बूँद-बूँद करके सुलभ न हों, अपितु विकास एक निर्मल जल धारा की तरह सार्वजनिक जीवन में प्रवहमान हो, इस दिशा में संचार माध्यम विश्वसनीय एवं सार्थक भूमिका निभा सकते हैं। संचार क्रांति के द्वारा ही आम जीवन के भाग्य को बदला जा सकता है। पर संचार क्रांति को अधिकाधिक मानवीय बनाये जाने की भी अत्यंत आवश्यकता है।

प्रश्न यह है कि सूचना-क्रांति को अधिक मानवीय कैसे बनाया जा सकता है। ताकि संचार माध्यम अधिक जागरूकता एवं समझ पैदा करने में समर्थ हो सकें। सच्चाई तो यह है कि पूरा लोकतंत्र, संविधान, कानून और परंपराएँ संचार माध्यमों के विश्वास पर टिकी हुई हैं। और संचार माध्यमों पर यह बहुत कुछ निर्भर करता है कि जनता और व्यवस्था के बीच किस तरह विश्वास की कड़ी को मजबूती का संबल दिया जाए। यह मजबूती निष्पक्षता और तटस्थता के साथ लोगों में जनमत जाग्रत करने से ही संभव हो सकती है ताकि देश के कर्णधार मनमानी न करने पायें। आज देश में अलगाववाद, संप्रदायवाद, भाषा व क्षेत्रवाद की जितनी समस्याएँ हैं और देश इन समस्याओं से जिस तरह से जूझ रहा है, इन समस्याओं के समाधान का पथ, संचार माध्यम बखूबी प्रशस्त कर सकते हैं। संचार के माध्यमों पर आम जनता न केवल विश्वास करती है बल्कि वह इन पर बहुत कुछ निर्भर भी है। "लोग यहाँ तक अखबार पढ़ने के दास हो चुके हैं कि नींद खुलते ही चाय की प्याली के साथ अखबार की ओर लपकते हैं। क्योंकि उनके जहन में बहुत से पुराने किस्सों के हल व नए फैसले जानने की उतावली रहती है। लोगों के उतावलेपन का उदाहरण यहाँ मिलता है कि जो लोग किन्हीं कारणों से अखबार नहीं देख पाते वे अपने संगी-साथियों से बस-स्टाप पर, पान की दुकानों पर, बसों में, दफ्तरों में, विभिन्न मामलों पर हुए कार्यों व फैसलों के बारे में पूछते, आसानी से देखे जा सकते हैं। विभिन्न विषयों में दिलचस्पी रखनेवाले लोग अन्य लोगों से अखबार माँग कर सिनेमा और दूरदर्शन के कार्यक्रमों को भी देखते हैं। अखबार एक तरह से बुखार है। कुछ लोगों पर इस बुखार का तापमान इतना अधिक होता है कि वे अखबार लेकर शौचालय जाते हैं और अपने देश की विभिन्न समस्याओं पर, मित्र-मंडली

---

1. लेख प्रचार-प्रसार माध्यमों के कर्तव्य : ले. सुनील सक्सेना, हिंदुस्तान 11 सितंबर 1992, पृष्ठ 4

में बैठकर विचार-विमर्श करने योग्य बनाकर ही शौचालय से बाहर आते हैं।"[1] संचार माध्यम इतने मानव जीवन के लिए अपरिहार्य हो जाएँगे इसकी किसी ने कल्पना तक न की थी। आज संचार माध्यम मानव जीवन के अभिन्न हिस्सा हो गये हैं। नींद, भूख और प्यार के ये साधन पर्याय बन गये हैं आखिर ऐसा क्यों है ? मात्र इन माध्यमों की विश्वसनीयता के ही कारण। यह विश्वास उस समय और भी प्रगाढ़ हो जाता है जब लोगों को सूचना माध्यमों द्वारा सही वक्त पर सही सूचना उपलब्ध हो जाती है।

विज्ञान ने जहाँ सीमाओं से परे उन्नति कर दी है, वहाँ मनुष्य के मन से संवेदना का ताप भी सूखता जा रहा है। पड़ोस में गमी-खुशी की खबर से व्यक्ति भले ही बेखबर हो किंतु संचार माध्यमों के द्वारा व्यक्ति को सूचनाएँ तेजी से मिल रही हैं और वह जान पाता है कि उसके पड़ोस में क्या कुछ घटा है और क्या घटनेवाला है। संचार माध्यम सत्य और तथ्य के साथ तथा निष्पक्ष होकर सूचनाओं का प्रसार करते रहेंगे तो इन माध्यमों के विश्वास को एक नवीन आयाम एवं विस्तार मिलेगा। संचार माध्यमों के सभी स्रोत एक जीवंत साथी की तरह मनुष्य के मार्ग दर्शक सिद्ध होंगे।

पूर्वाग्रहों से मुक्त, सुस्पष्ट, पूर्ण, तथ्यात्मक, सद्भावपूर्ण, खुलेपन से मुक्त, कोई दुराव छिपाव नहीं, समाचारों में व्यक्ति के प्रति सम्मान, कोई दुर्भावना नहीं, समाचारों द्वारा जनहितों की वकालत, खोजी प्रवृत्ति में भी जनहित का भाव, सेवाभाव से संचार माध्यमों के अधिकारों के बारे में लोगों को बेहतर पत्रकारिता के माध्यम से जब तक सही मनोरंजन, शिक्षाप्रद सूचना मिलती रहेगी तब तक संचार माध्यमों की विश्वसनीयता पर कोई आँच नहीं आ सकती।

उपसंहार

पत्रकारिता किसी भी राष्ट्र के लिए एक प्रेरक शक्ति है। सामाजिक जागरूकता के लिए तो पत्रकारिता एक प्रखर किरण है। पत्रकारिता की दुनिया में केवल सूचना का ही अंबार नहीं है वरन् मत और निर्णय भी पत्रकारिता के रोचक विषय हैं। समाचार-पत्रों यानी सभी संचार माध्यमों ने राष्ट्र एवं संपूर्ण विश्व को महती प्रेरणा दी है। इतिहास इस बात का साक्षी है कि स्वतंत्रता आंदोलन को पत्रकारिता एवं संचार माध्यमों ने ही शक्ति प्रदान की। पत्रकारिता ने हमें जतलाया कि स्वतंत्रता, राष्ट्रीयता एवं एकता जैसे जीवन मूल्य ही मानव जाति के अस्तित्व को सुरक्षित रख सकते हैं। राष्ट्रीय भावना एवं मानवीय मूल्यों को नया रूप देने में पत्रकारिता ने महनीय योगदान दिया है।

पत्रकारिता ने मानवीय गुणों को विकसित करके अज्ञान के समस्त आवरणों को चीर-फाड़ कर, हमें ज्ञानलोक के दर्शन करवाये हैं। पत्रकारिता में भय, झूठ एवं अनावश्यक बातों के लिए कोई स्थान नहीं है। पत्रकार अभय होकर स्पष्ट एवं सत्य बात कहने के प्रति कोई भी खतरा मोल ले सकता है। इस तरह एक पत्रकार जहाँ समाज का सही दिशा-निर्देश करता है वहाँ वह अपने लिए एक दिशा पथ तय कर लेता है।

शासन और समाज के मध्य तो पत्रकारिता ने एक महत्त्वपूर्ण कड़ी का कार्य किया है। पत्रकारिता ने जन-जन को राष्ट्र तथा मानवता से जोड़ा है।

पत्रकारिता जीवन की आधार बन गई है इसके अभाव में जीवन की रीढ़ जर्जर हो सकती है। भविष्य-निर्माण में व्यक्तित्व निर्माण में तथा जन-जन की मूलभूत अपेक्षाओं की प्रतिपूर्ति करने में पत्रकारिता ने उल्लेखनीय भूमिका का वहन किया है। साहित्य, विज्ञान, खेलकूद, फिल्म, कृषि, ज्ञान-विज्ञान के समस्त विषय आज पत्रकारिता के पृष्ठों पर अंकित हैं। पत्रकारिता ने अध्यापक, शासक, प्रजा, नेता एवं अभिनेता के विचारों तथा गतिविधियों को उजागर किया है। आज पत्रकारिता के बदलते स्वरूप को देखकर लगने लगा है कि जहाँ यह एक कला है वहाँ इस विधा ने ज्ञान-विज्ञान के द्वार पर भी बखूबी दस्तक दी है।

आज कोई भी समाचारविहीन व्यवस्था को स्वीकारने के लिए तैयार नहीं है। इसीलिए पत्रकारिता एवं संचार माध्यमों के द्वारा व्यक्त सत्य को निरपेक्ष सत्य मान

लिया जाता है। पत्रकारिता को ज्ञान के प्रसार, मनोरंजन के स्रोत, जन शिक्षण के पुरोधा, दैनंदिन की घटनाओं के प्रस्तोता, धार्मिक, राजनैतिक एवं सामाजिक स्थितियों के व्याख्याता के रूप में जाना जाने लगा है। विश्व मानस से प्रतिबद्ध पत्रकारिता एवं जनसंचार आज एक उद्योग तो है ही इससे बढ़कर जनसेवा का एक सशक्त माध्यम भी है। यदि इस सेवा के साथ मिशनरी भावना जुड़ जाए तो इससे राष्ट्रीय चरित्र तो उज्ज्वल होगा ही, देश की भावनात्मक एकता भी पुष्ट होगी तथा एक स्वस्थ वातावरण का सृजन होगा जो अंततः मानवता के लिए ही हितकर होगा।

परिशिष्ट

ग्रंथ सूची

1. आधुनिक पत्रकारिता—डॉ. अर्जुन तिवारी, विश्वविद्यालय प्रकाशन, वाराणसी।
2. उपनिषदों का संदेश—आनंद स्वामी, गोविंद राय हासानंद, नई सड़क, दिल्ली।
3. कलर फोटोग्राफी—ओ.पी. शर्मा, हिंद पाकेट बुक्स, दिल्ली-32।
4. चिंतामणि—रामचंद्र शुक्ल, इंडियन प्रेस, प्रयाग।
5. चौथा पन्ना—ओंकार शरद, साहित्य भंडार, इलाहाबाद।
6. जनसंचार—राधेश्याम शर्मा, हरियाणा साहित्य अकादमी, चंडीगढ़।
7. जनसंपर्क प्रचार एवं विज्ञापन—डॉ. विजय कुलश्रेष्ठ, राजस्थान प्रकाशन, जयपुर।
8. पत्रकार—आज्ञाराम प्रेम, कला प्रकाशन, जालंधर।
9. पत्रिका संपादन कला—डॉ. रामचंद्र तिवारी, आलेख प्रकाशन, वी-8, नवीन शाहदरा, दिल्ली-32।
10. प्रेस विधि—डॉ. नंदकिशोर त्रिखा, विश्वविद्यालय प्रकाशन, वाराणसी।
11. रेडियो लेखन—मधुकर गंगाधर, विहार हिंदी ग्रंथ अकादमी, पटना।
12. लेखन पत्रकार निर्देशिका—सैन्नी अशेष/अशोक भाटिया, तारिका प्रकाशन, अंबाला छावनी।
13. लेखन कला और रचना कौशल—अली अशरफ, प्रगति प्रकाशन, मास्को।
14. विश्वशांति का संदेश—स्वामी विवेकानंद, सन्मार्ग प्रकाशन, दिल्ली।
15. बृहत् हिंदी पत्रकारिता कोश—डॉ. प्रताप नारायण टंडन, साहित्य शिल्पी प्रकाशन, लखनऊ।
16. श्री गणेश शंकर विद्यार्थी की लेखनी—जगदीश प्रसाद चतुर्वेदी, साहित्य संगम लूकरगंज, इलाहाबाद।
17. संवाद और संवाददाता—राजेन्द्र, हरियाणा साहित्य अकादमी, चंडीगढ़।
18. संस्कृति के वातायन—कलानाथ।
19. सफल बनिए : सफल बनिए—रतन कुमार जैन, स्वाति प्रकाशन, 10 उत्तर अंबाझरी मार्ग, शिवाजी नगर, नागपुर।

20. समाचार-पत्र कला—पं. अंबिका प्रसाद वाजपेयी, हिंदी समिति सूचना विभाग, उत्तर प्रदेश, लखनऊ।
21. समाचार-पत्र व्यवस्थापन—अनंत गोपाल शेबड़े, मध्य प्रदेश हिंदी ग्रंथ अकादमी, भोपाल।
22. समाचार संपादन—प्रेमनाथ चतुर्वेदी, एकेडेमिक बुक्स नई दिल्ली।
23. समाचार संपादन और पृष्ठ सज्जा—डॉ. रमेश कुमार जैन, द यूनिवर्सल बुक डिपो, जयपुर।
24. स्वतंत्रता आंदोलन और हिंदी पत्रकारिता—डॉ. अर्जुन तिवारी, विश्वविद्यालय प्रकाशन, वाराणसी।
25. हिंदी पत्रकारिता—डॉ. कृष्णबिहारी मिश्र, भारतीय ज्ञानपीठ प्रकाशन, दिल्ली।
26. हिंदी पत्रकारिता के बढ़ते चरण—ठाकुर दत्त शर्मा आलोक, सन्मार्ग प्रकाशन, दिल्ली।
27. हिंदी पत्रकारिता : विविध आयाम—डॉ. वेदप्रताप वैदिक, नेशनल पब्लिशिंग हाउस, नई दिल्ली।
28. हिंदी मौलिक व्याकरण—निगमानंद परमहंस—साहित्यकार धमाणी, मार्केट की गली, चौड़ा रास्ता, जयपुर।

पत्र-पत्रिकाएँ

1. अंतर्राष्ट्रीय श्रोता समाचार, संपादक, अजामिल, इलाहाबाद।
2. आंचलिक पत्रकार, फरवरी 1989—विजय श्रीधर, माधवराव सप्रे स्मृति समाचार-पत्र संग्रहालय, भोपाल।
3. आंचलिक पत्रकार, जून-जुलाई, 1990—विजय श्रीधर, माधवराव सप्रे स्मृति समाचार-पत्र संग्रहालय, भोपाल।
4. आंचलिक पत्रकार, दिसंबर 1990—विजय श्रीधर, माधवराव सप्रे स्मृति समाचार-पत्र संग्रहालय, भोपाल।
5. आंचलिक पत्रकार अक्टूबर, 1991—विजय श्रीधर, माधवराव सप्रे स्मृति समाचार-पत्र संग्रहालय, भोपाल।
6. आकाशवाणी, 16 जुलाई, 1985—विजय श्रीधर, माधवराव सप्रे स्मृति समाचार-पत्र संग्रहालय, भोपाल।
7. गिरिराज साप्ताहिक, संपादक शिव दत्त गर्ग, लोक संपर्क विभाग, हिमाचल प्रदेश।
8. दिनमान, 29 अप्रैल, 5 मई, 1984, संपादक कन्हैयालाल नंदन।
9. नवभारत टाइम्स, प्रधान संपादक, विद्यानिवास मिश्र।
10. पराडकर अंक : उत्तर प्रदेश, भवानी शंकर शुक्ल, लोक संपर्क विभाग, उत्तर प्रदेश।

11. पाँचवीं वार्षिक रिपोर्ट, 1983, भारतीय प्रेस परिषद, नई दिल्ली।
12. महाराष्ट्र मानस, 25 नवंबर, 1983।
13. संचार माध्यम, संपादक डॉ. रामजीलाल जांगिड, जनवरी-जून, 1980।
14. संचार माध्यम, संपादक डॉ. रामजीलाल जांगिड, जुलाई-दिसंबर, 1981।
15. संचेतना, जनवरी-दिसंबर, 1986, संपादक महीप सिंह।
16. साप्ताहिक हिंदुस्तान, मृणाल पांडे, हिन्दुस्तान टाइम्स हाउस, दिल्ली।

ENGLISH BOOKS

1. Fundamentals of Juornalism–Spancer Group, Mo. Graw Hill book company London.
2. Law of Press–Dr. Durga Dass Basu–Prenlice Hall of India Private Limited, New Delhi.
3. Living by pen–Cecil Hunt–Herbert Jenkins London.
4. Mass Communication in India–Keval J.Kumar–Jako publishing House Bombay.
5. The community News Paper–compiled Press foundation of Asia-communicator Assistance foundation the Nether Lands.

QUARTERLY JOURNAL IN ENGLISH

1. The Press council of India Review October, 1982
2. The Press council of India Review January, 1983
3. The Press council of India Review April, 1984
4. The Press council of India Review July, 1984
5. The Press council of India Review October, 1984
6. The Press council of India Review July, 1985
7. The Press council of India Review April, 1987
8. The Press council of India Review July, 1987
9. The Press council of India Review October, 1987
10. The Press council of India Review July, 1989

QUARTERLY JOURNAL OF INDIAN MASS COMMUNICATION INSTITUTE

1. Communicator April, July, 1982
2. Communicator October, 1982
3. Communicator January, 1983
4. Communicator July, October, 1983
5. Communicator January, 1984
6. Communicator April, 1984